똑! 소리나게 배워보는

일러스트레이터 CS5

김혜진, 김승대 저

YoungJin.com Y.
영진닷컴

속전속결 일러스트레이터 CS5

Copyright © 2015 by Youngjin.com Inc.
10F. Daeryung Techno Town 13th, 24, Gasan digital 1-ro, Geumcheon-gu, Seoul 153-778, Korea. All rights reserved. No part of this book may be reproduced or transmitted in any form or by any means, electronic or mechanical, including photocopying, recording or by any information storage retrieval system, without permission from Youngjin.com Inc.

저작권법에 의하여 한국 내에서 보호를 받는 저작물이므로 무단전재와 무단복제를 금합니다.

이 책에 언급된 모든 상표는 각 회사의 등록 상표입니다. 또한 인용된 사이트의 저작권은 해당 사이트에 있음을 밝힙니다.

ISBN 978-89-314-4184-0

내용 문의 | frvrhot@nate.com

만든 사람들

집필 김혜진, 김승대 | 기획 기획1팀 | 총괄 김태경 | 진행 서정임 | 북디자인 열린마음

머리말

일러스트레이터 CS5는 어도비 사에서 개발한 벡터 드로잉 프로그램의 최신 버전으로 2D 그래픽뿐만 아니라 3D 그래픽, 웹 디자인과 동영상 등의 모든 미디어에서 고품질의 그래픽 작업이 가능하기 때문에 그래픽 아티스트, 일러스트레이터 및 그래픽 미디어 관련 전문가들이 선호하는 제품입니다. 이전 버전에서 추가된 고기능의 드로잉 및 3D 도구들을 이용하여 더욱 정교한 그래픽 작업뿐만 아니라 손쉽고 빠르게 창의적인 그래픽 작업을 할 수 있습니다.

이 책은 일러스트레이터 CS5에 새롭게 추가되고 강화된 아트보드 기능, 드로잉으로 원근감을 적용하는 기능, 강력해진 브러시 기능, 일상적으로 사용하는 다양한 툴을 활용하여 신속하게 작업할 수 있도록 기능이 추가되었습니다. 이런 다양한 기능을 많은 예제와 자세한 설명으로 누구나 손쉽게 따라하고 적용할 수 있도록 기획되어 있습니다.

또한 저자의 경험을 바탕으로 만들어진 기초 예제부터 실무에서 바로 활용할 수 있는 수준 높은 예제들까지 수록되어 있으며 예제를 따라하는 중간 중간에 관련 정보를 제공하는 Tip을 바로 제공하여 폭넓은 지식을 쌓을 수 있도록 하였습니다. 또 각 단원이 끝날 때마다 난이도별로 기초 문제와 심화 문제를 수록하여 학습 이해 및 응용능력을 키울 수 있고 HINT를 통해 실습에 필요한 세부 정보를 제공하여 저자의 노하우를 따라 할 수 있도록 하였습니다.

마지막으로 이 책이 나오기까지 많은 도움을 주신 영진닷컴 관계자와 열린마음 여러분께 감사 인사를 드립니다.

열린마음(김혜진, 김승대)

구성과 특징

일러스트레이터 CS5의 다양한 기능에 대해서 Chapter로 나누어 설명합니다. 각 Chapter마다 세부 기능을 Section으로 나누어 구성하였으며, Chapter별로 핵심정리와 종합실습 코너를 두어 학습한 내용을 다시 한 번 정리하고 응용할 수 있도록 하였습니다.

Chapter

기능과 주제에 따라 Chapter로 나누어 설명합니다. 해당 Chapter에서 배울 핵심적인 내용을 미리 학습할 수 있도록 소개하였습니다.

Section

세부적인 기능을 Section으로 구성하였습니다. 어떤 기능을 학습하게 될지 알아두기 코너를 통해 간단하게 살펴보고 시작합니다.

따라하기

구체적인 내용을 단계별로 따라해 볼 수 있도록 순서대로 구성하였습니다. 한 단계씩 따라하다 보면 기능을 마스터할 수 있습니다.

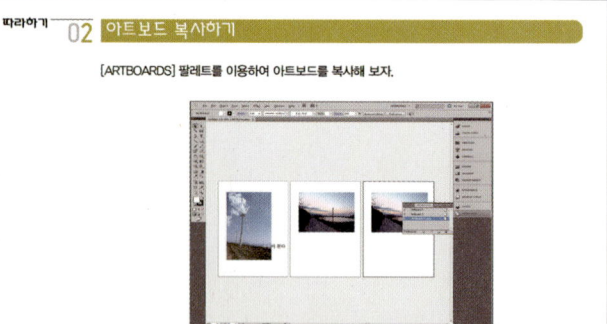

혼자해보기

따라하기에서 익힌 내용을 바탕으로 사용자가 직접 예제를 풀어봅니다. HINT에 있는 내용을 참고하면서 반복 및 심화 학습을 합니다.

HINT

혼자해보기의 예제를 작업할 때 필요한 참고 내용을 담았습니다.

Tip

본문 내용 중에서 알아두어야 할 기능이나 용어들을 소개합니다.

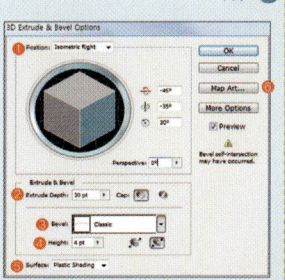

핵심정리

Chapter에서 학습한 핵심적인 내용을 정리해 놓았습니다. 학습 과정에서 놓쳐서는 안될 중요한 사항을 정리하였으므로 다시 한 번 체크해봅니다.

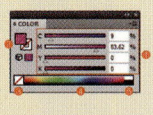

종합실습

Chapter에서 배운 내용에 대한 응용 능력을 높이기 위해 실습 문제를 풀어봅니다. HINT의 내용을 참고하여 지금까지 학습한 내용을 종합적으로 활용해봅니다.

CONTENTS

Chapter 01 | 일러스트레이터 CS5 살펴보기   12

학습 포인트	일러스트레이터 CS5를 어디에 써요?	14
Section 01	일러스트레이터 CS5 실행하고 종료하기	19
Section 02	일러스트레이터 CS5 화면구성 알아보기	22
Section 03	일러스트레이터 CS5의 다양한 툴과 도구모음 알아보기	25
Section 04	파일 만들고 저장하기	38
Section 05	아트보드 다루기(작업 영역 설정)	41
Section 06	레이어의 개념과 구조 이해하기	45
▶ 핵심정리		50
▶ 종합실습		51

Chapter 02 | 편리한 작업을 위한 기본 실력 쌓기   52

학습 포인트	쉽고 빠른 오브젝트 편집과 수정	54
Section 01	기본 편집 기능 알아보기	58
Section 02	오브젝트 관리하기	65
Section 03	간단하게 이미지 변형하기	71
Section 04	오브젝트 대칭 이동하고 자르기	76
Section 05	정확한 작업을 돕는 안내선과 그리드 사용하기	81
Section 06	정밀 일러스트 작업에 필요한 측정 기능 사용하기	86
▶ 핵심정리		89
▶ 종합실습		90

Chapter 03 | 감각적인 일러스트를 위한 드로잉 연습하기　　92

학습 포인트 | 일러스트레이터라는 캔버스 위에 드로잉하기　　94
Section 01 | 다양한 형태의 패스를 완성하는 펜 툴 연습하기　　97
Section 02 | 손으로 그린 듯한 자연스러운 연필 툴 연습하기　　103
Section 03 | 회화 이미지를 만드는 페인트 브러시 툴 연습하기　　107
Section 04 | 손쉽게 오브젝트를 만들 수 있는 도형 툴 연습하기　　116
Section 05 | 빠르고 간편한 선 툴 연습하기　　121
Section 06 | 향상된 드로잉 기능 사용하기　　126
▶ 핵심정리　　129
▶ 종합실습　　130

Chapter 04 | 다채로운 색상 설정하기　　132

학습 포인트 | 그래픽 작업의 기본, 색상 적용　　134
Section 01 | 오브젝트에 색상 적용하기　　138
Section 02 | 생생한 라이브 색상 사용하기　　142
Section 03 | 쉽고 빠르게 색상 지정하기　　149
Section 04 | 메시로 입체적인 캐릭터 만들기　　153
Section 05 | [SWATCHES] 팔레트에 패턴 등록하기　　157
▶ 핵심정리　　162
▶ 종합실습　　164

CONTENTS

Chapter 05 | 타이포 & 캘리그래피를 위한 문자 입력하기   166

학습 포인트	타이포 & 캘리그래피를 위한 문자 기능 알아보기	168
Section 01	기본 문자 입력하기	172
Section 02	패스를 따라 흐르는 문자 만들기	177
Section 03	오브젝트 형태로 문자 만들기	180
Section 04	문자 스타일로 문자 속성 쉽게 적용하기	183
Section 05	이미지 주변으로 흐르는 문장 만들기	186
Section 06	캘리그래피 손글씨 만들기	188
Section 07	문자 형태 왜곡하기	192
▶핵심정리		195
▶종합실습		197

Chapter 06 | 자유롭게 오브젝트 변형하기   198

학습 포인트	오브젝트 변형하기 알아보기	200
Section 01	오브젝트 왜곡 변형하기	204
Section 02	유동화 툴을 이용하여 이미지 변형하기	211
Section 03	[PATHFINDER] 팔레트를 이용한 오브젝트 구성하기	217
Section 04	비트맵 이미지를 벡터 이미지로 만들기	223
▶핵심정리		227
▶종합실습		228

| Chapter 07 | 오브젝트를 효율적으로 관리하고 실행하기 | 230 |

학습 포인트	오브젝트 관리 알아보기	232
Section 01	효율적인 오브젝트 관리를 위한 레이어 사용하기	237
Section 02	중간 오브젝트를 만드는 블렌드 사용하기	242
Section 03	간단하게 그래픽 스타일 적용하기	245
Section 04	마스크 효과 사용하기	247
Section 05	액션 기능으로 편리하게 작업하기	253
Section 06	심볼로 반복 이미지 만들기	258
▶핵심정리		261
▶종합실습		263

CONTENTS

Chapter 08 필터와 이펙트로 이미지 효과 적용하기 264

학습 포인트	이미지에 다양한 효과 적용하기	266
Section 01	이미지에 필터 적용하기	270
Section 02	이미지에 이펙트 적용하기	273
Section 03	[Filter Gallery] 대화 상자를 이용한 다양한 필터 효과	279
Section 04	부드럽거나 혹은 날카로운 효과 적용하기	290
▶ 핵심정리		294
▶ 종합실습		295

Chapter 09 입체감이 살아 있는 3D 오브젝트 만들기 296

학습 포인트	3D 오브젝트 만드는 방법 알아보기	298
Section 01	[3D] 효과로 입체적인 오브젝트 만들기	300
Section 02	[3D] 효과로 입체 타이포그래피 만들기	309
Section 03	원근감 툴을 이용한 입체적인 그래픽 작업하기	312
▶ 핵심정리		319
▶ 종합실습		321

Chapter 10 쉽고 빠른 그래프와 웹 기능 익히기 322

학습 포인트 | 그래프와 웹 기능 알아보기 익히기 324

Section 01 | 수치와 데이터를 이용해 그래프 만들기 327

Section 02 | 그래프에 디자인 적용하기 331

Section 03 | 원하는 형태로 이미지 분할하기 336

Section 04 | 웹 페이지에 알맞은 이미지를 만드는 분할 기능 사용하기 341

Section 05 | 링크시키고 이미지 최적화하기 345

▶ 핵심정리 348

▶ 종합실습 349

01

CHAPTER

일러스트레이터 CS5
살펴보기

일러스트레이터 CS5는 세밀하고 강력한 기능을 제공하는 고급 드로잉 툴, 표현이 풍부하고 자연스러운 브러시 그리고 작업 시간을 단축시켜주는 다양한 기능을 제공한다. 여기에서는 일러스트레이터 CS5의 인터페이스와 도구모음, 간단한 기본 사용법을 살펴본다.

Section 1   일러스트레이터 CS5 실행하고 종료하기
Section 2   일러스트레이터 CS5 화면구성 알아보기
Section 3   일러스트레이터 CS5의 다양한 툴과 도구모음 알아보기
Section 4   파일 만들고 저장하기
Section 5   아트보드 다루기(작업 영역 설정)
Section 6   레이어의 개념과 구조 이해하기

일러스트레이터 CS5를 어디에 써요?

Chapter 1

일러스트레이터 CS5는 열다섯 번의 업그레이드를 통해 탄생되었다. CS5 버전에서는 '표현력의 강화'가 두드러진다. 아트보드의 기능이 향상되고 드로잉에 관련된 새로운 기능들이 추가되었으며, 플래시 카탈리스트와의 양방향 편집, 픽셀 단위로 조절 가능한 벡터 오브젝트 제작 기능 등 웹을 위한 기능도 강화되었다. 어도비 사의 대표적인 벡터 그래픽 편집 툴인 일러스트레이터 CS5를 다루기 전에 점검해야 할 사항들을 알아보자.

01 일러스트레이터란?

일러스트레이터는 미국 어도비(Adobe) 사에서 개발한 그래픽 소프트웨어로써 2차원 컴퓨터 그래픽 등과 같이 주로 편집 디자인과 캐릭터 디자인, 심볼 디자인, 제품 디자인 등의 작업에 사용된다. 벡터 그래픽인 일러스트레이터는 정점의 좌표값을 데이터로 저장하기 때문에 비트맵 그래픽에 비해 수정이 자유롭고 용량이 작다는 장점이 있다. 또한 펜 툴과 여러 가지 도형 툴을 이용하여 자유로운 드로잉이 가능하다.

일러스트레이터에서 제공하는 여러 가지 스타일과 심볼들은 다른 벡터 프로그램에는 없는 기능들이다. 또한 최신 기능으로 타이포그래픽의 실현과 단락 스타일, 문자 스타일을 이용한 문자 서식의 설정, 패치와 문자를 3D로 변환하고 수작업 효과를 나타내는 페인트 터치 기능 등이 있다.

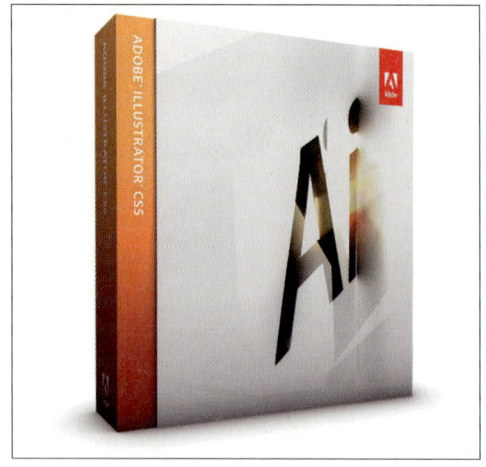
▲ 일러스트레이터 CS5 케이스

▲ 일러스트레이터 CS5 실행 화면

02 일러스트레이터로 가능한 작업들

일러스트레이터는 2D 그래픽뿐만 아니라 3D 그래픽, 웹 디자인과 동영상 등의 모든 미디어에서 고품질의 그래픽 작업이 가능하기 때문에 그래픽 아티스트, 일러스트레이터 및 그래픽 미디어 관련 전문가들이 선호하는 제품이다.

- 일러스트레이션 이미지
- 정밀 일러스트와 CAD
- 패키지 디자인
- 2D 그래픽
- 타이포그래피, 캘리그래피
- 전자 출판 편집 인쇄
- 웹 디자인
- 캐릭터 디자인
- 3D 그래픽
- C.I.P, B.I.P

▲ Delos 일러스트

▲ Feebee 일러스트

▲ Koichi Fujii 일러스트

▲ Adhemas Batista 일러스트　　　　　▲ Adhemas Batista 일러스트

03 일러스트레이터 CS5의 새로운 기능들

1. 아트보드(Artboards)의 눈부신 발전

일러스트레이터 CS4에서 탄생한 아트보드 기능은 CS5에서 더욱 강화되었다. 아트보드로 하나의 파일에서 다양한 크기와 형태의 아트보드를 최대 100개까지 사용하여 작업할 수 있으며, 원하는 방식으로 이름을 지정하거나 구성할 수 있다.

일러스트레이터 CS5에서는 여러 아트보드의 효율적 사용을 위한 새로운 컨트롤이 추가되었으며, 이 컨트롤을 이용하여 그래픽 요소들을 쉽고 간편하게 공유할 수 있다. 동영상 형태의 아트보드는 동영상 프리뷰 형태의 미리 보기가 지원되고 다양한 출력 형태를 위한 다양한 디자인 작업을 단일 작업 환경에서 해결할 수 있으며, 작업에 편리하도록 사용자가 임의로 아트보드를 정렬할 수 있다.

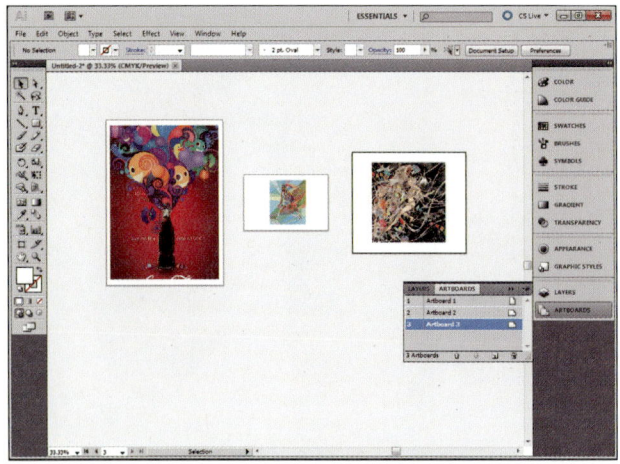

▲ 하나의 파일에서 여러 형태의 아트보드를 사용할 수 있다.

2. 선의 표현 기능 강화

픽셀 단위의 비트맵 그래픽과 달리, 벡터 그래픽은 '선'의 표현 기능이 중요하다. 일러스트레이터 CS5에서는 이러한 선의 표현 기능이 강화되었으며, 패스(Path)에서 가변 폭 선, 화살표, 대시(Dash) 및 아트 브러시의 크기 조절 기능이 강화되었다. 덕분에 이제는 가변 폭 선을 그릴 때, 온갖 편법을 동원하지 않고도 쉽게 표현이 가능하게 되었다. 또한 가변 폭 선의 표현을 위해서 선 폭 조절 툴이 마련되어 있다. 이 툴을 잘 사용하면 각종 선 표현에서 재미있는 효과를 얻을 수 있다. 지금까지는 정확하게 길이와 갭의 길이를 계산해야 했지만, 이제는 일러스트레이터 CS5에 추가된 여러 가지 기능 덕분에 딱히 걱정할 필요가 없다.

3. 드로잉으로 원근감 기능 지원

드로잉 기능에서는 먼저 원근감에 대한 지원이 추가되었다. 이 기능으로 포인트 크기에 따라 수평선 높이의 길, 눈높이에서의 빌딩 코너, 먼 거리에서의 원근감 등 선형 원근감으로 정확하게 모양과 장면을 그릴 수 있고, 깊이와 거리를 적용할 수 있다. 격자 적용을 통해 원근감이 적용된 상태에서 직접 그림을 그리고, 디자인을 추가하고, 변형시킬 수 있다.

4. 다양한 도형 구성 툴

일상적으로 사용하는 다양한 툴을 활용하여 신속하게 작업할 수 있도록 기능이 강화되었다. 한 번의 키 입력으로 패스를 연결하고 툴 바의 드로잉 모드 버튼을 사용해 쉽게 이미지의 표현 영역을 지정할 수 있다. 오브젝트 뒤나 안의 지정된 영역에 이미지 표현을 위해 온갖 툴을 순서대로 조합해야 했던 이전과는 달리 일러스트레이터 CS5에서는 이러한 기능을 통해 간단히 해결할 수 있다. 스케일링 기능에도 9개의 영역별로 확대, 축소 비율을 조절할 수 있는 기능이 추가되어 다양한 활용이 기대된다.

지금까지 많은 기능들을 조합하고 순서를 찾아서 만들어야 했던 작업들도 일러스트레이터 CS5에 새롭게 추가된 도형 구성 툴을 통해 개체의 결합, 편집, 채우기 기능들을 단순하게 해 낼 수 있다. 또한 영역 지정, 자동 갭 인식, 채우기 기능이 강화되어 색 지정 작업을 편리하게 할 수 있다.

5. 강력해진 브러시 기능

아트 브러시와 패턴 브러시는 사용과 활용이 편하도록 바뀌었으며, 이를 통해 다양한 효과를 더 쉽고 간편하게 적용할 수 있다. 또한 일러스트레이터 CS5에는 기존에 제공되던 4개의 브러시 효과보다 강화된 5개의 효과가 지원되어, 기존 버전에 비해 표현력이 더 강화되었다. 또한 추가된 강모 브러시(Bristle Brush)를 사용하여 자연스러운 브러시 선과 유사한 벡터로 페인트가 가능하며, 강모의 특성과 페인트 불투명도를 제어할 수 있다. 오버래핑, 투명 벡터 개체 등의 기능을 사용해 수채화와 같은 느낌의 자연스러운 페인팅 효과와 다양한 느낌의 표현이 가능하다.

6. 정밀한 그래픽 디자인

일러스트레이터는 전통적으로 '벡터 그래픽 툴'이기 때문에 웹 및 모바일 환경에서 사용할 이미지인 비트맵 이미지를 만들기 위해서는 비트맵에서 도트 단위의 편집을 위해 포토샵을 거쳐야 한다. 하지만 일러스트레이터 CS5에서는 웹 및 모바일 디바이스 환경을 지원하기 위해 픽셀 격자 단위의 벡터 편집이 지원된다. 때문에 기본 단위는 벡터이지만 픽셀 단위의 표현으로 정밀한 결과물을 얻을 수 있다.

이미지에 들어가는 문자 형태의 콘텐츠 표현의 기능으로 투명 효과나 오픈 타입(Open Type) 등을 지원하여 거의 모든 미디어에서 사용이 가능한 디자인된 텍스트를 만들 수 있다.

Section 1

일러스트레이터 CS5 실행하고 종료하기

일러스트레이터 CS5를 사용하기 위해서는 먼저 컴퓨터에 해당 프로그램이 설치되어 있어야 한다. 설치된 일러스트레이터 CS5를 실행하고 종료하는 방법을 알아보자.

> **알아두기**
> - 일러스트레이터 CS5는 [시작]-[모든 프로그램]-[Adobe Illustrator CS5]를 선택하여 실행할 수 있다.
> - 바탕 화면에 바로 가기 아이콘을 만든 후, 아이콘을 더블클릭하여 일러스트레이터 CS5를 실행할 수 있다.
> - 일러스트레이터 CS5를 종료하기 위해서는 [File]-[Exit] 또는 ✖ 를 클릭한다.

따라하기 01 일러스트레이터 CS5를 실행하고 종료하기

일러스트레이터 CS5를 실행하고 종료해 보자.

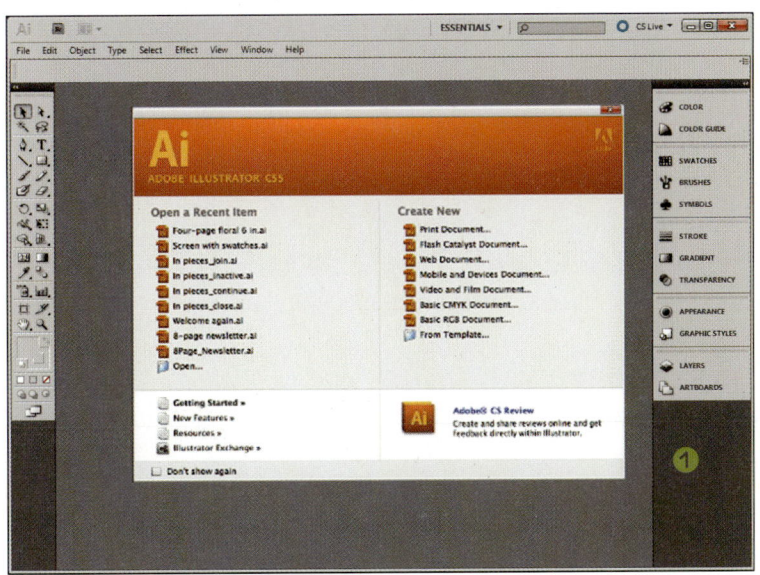

▲ 일러스트레이터 CS5의 초기 화면

❶ 윈도우 바탕 화면의 [시작] 버튼을 누르고 [모든 프로그램]-[Adobe Illustrator CS5]를 선택한다.

❷ 일러스트레이터 CS5가 실행되면서 일러스트레이터 CS5의 로고 화면이 나타난 뒤 다시 사라진다.

❸ 일러스트레이터 CS5의 초기 실행 화면이 나타나고 [Welcome Screen] 창이 나타난다.

❹ [Welcome Screen] 창의 오른쪽 상단에 을 클릭하여 해당 창을 닫는다.

❺ 일러스트레이터 CS5의 상단에 메뉴와 옵션 바, 왼쪽에 도구모음, 그리고 오른쪽에 팔레트를 확인한다.

❻ 프로그램의 종료를 위해 [File]-[Exit]를 선택하거나 `X` 또는 바로 가기 키 `Ctrl`+`Q`를 누른다.

> **tip** ➕
> [Welcome Screen] 창은 일러스트레이터를 실행할 때마다 초기 화면으로 나타난다. 다시 보지 않기를 원하면 [Welcome Screen] 창의 하단에 'Don't show again'를 클릭한다.

01 혼자해보기

바탕 화면에 일러스트레이터 CS5 실행을 위한 바로 가기 아이콘을 만들어 보고, 해당 아이콘을 더블클릭하여 실행해 보자.

▲ 일러스트레이터 CS5의 아이콘이 있는 바탕 화면

HINT | [시작]-[모든 프로그램] 메뉴를 선택한 후, `Ctrl` 을 누른 상태에서 [Adobe Illustrator CS5]를 바탕 화면으로 드래그하여 바로 가기 아이콘을 만든다. 반드시 바탕 화면에 바로 가기 아이콘이 만들어진 것을 확인할 때까지 `Ctrl` 을 누르고 있어야 한다. 생성된 아이콘을 더블클릭하면 일러스트레이터 CS5가 실행된다.

02 혼자해보기

실행한 일러스트레이터 CS5의 창 크기를 [최대화], [최소화] 버튼을 이용하여 조절해 보자.

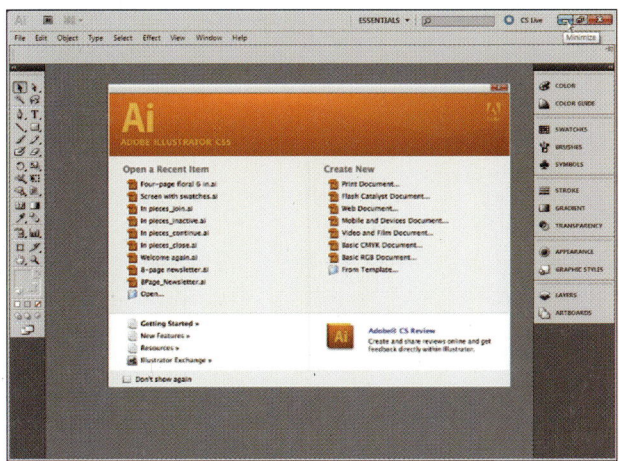

▲ 일러스트레이터 CS5의 창 크기 조절 화면

HINT | 일러스트레이터 CS5의 오른쪽 상단에 있는 버튼들을 클릭하여 크기를 조절한다.

03 혼자해보기

실행한 일러스트레이터 CS5를 종료해 보자.

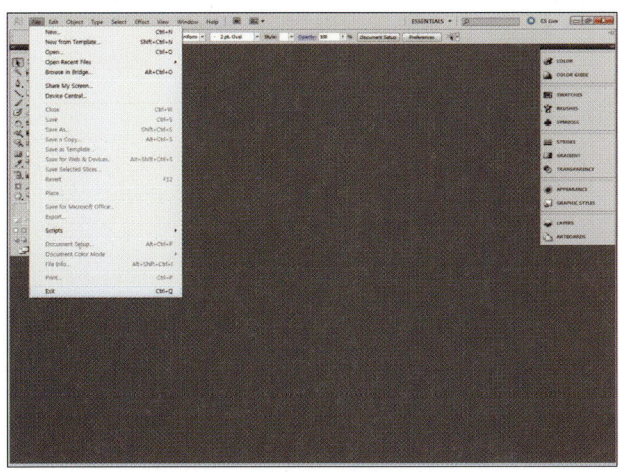

▲ 일러스트레이터 CS5의 종료 화면

HINT | [File]-[Exit]를 선택하거나 [X] 버튼 또는 바로 가기 키 [Ctrl]+[Q]를 누른다.

Section 1 . 일러스트레이터 CS5 실행하고 종료하기

Section 2. 일러스트레이터 CS5 화면구성 알아보기

일러스트레이터 CS5는 사용자의 편의를 중심으로 인터페이스를 구성하고 있으며, 사용자 임의로 구성 요소의 위치를 지정할 수 있어 편리하게 작업이 가능하다. 일러스트레이터 CS5의 화면구성을 알아보고 해당 기능을 알아보자.

> **⊙ 알아두기**
> - 일러스트레이터는 메뉴, 옵션 바, 도구모음, 팔레트, 도큐먼트, 상태표시줄, [Welcome Screen] 창으로 구성되어 있다.
> - 일러스트레이터를 효율적으로 사용하기 위해 기본 명칭과 기능에 대해 알아두도록 한다.

설명하기 01 일러스트레이터 CS5의 초기 화면과 구성요소

일러스트레이터 CS5의 화면은 상단의 메뉴와 옵션 바, 왼쪽의 도구모음, 오른쪽의 팔레트, 작업 영역인 도큐먼트로 구성된다.

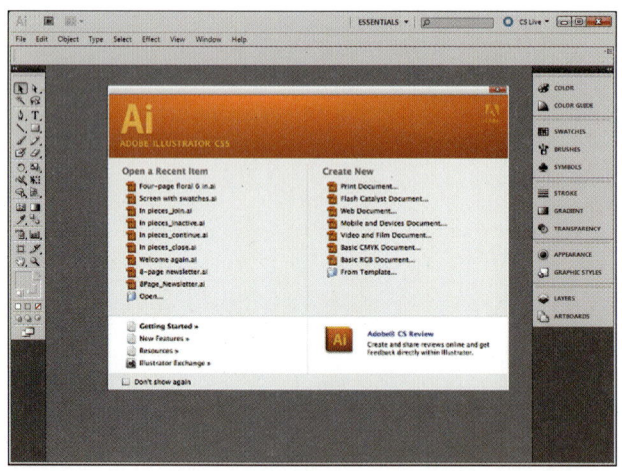

▲일러스트레이터 CS5의 화면구성

1. 메뉴

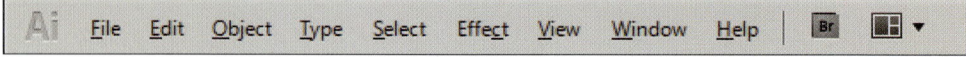

일러스트레이터 CS5에는 아홉 가지의 다양한 메뉴가 있으며, 각 메뉴마다 여러 가지 하위 메뉴를 제공한다. 하위 메뉴에서 메뉴명이 검은색인 경우에는 바로 실행 가능한 메뉴들이 지만, 회색을 띄는 메뉴는 비활성화되어 있는 경우로써 현 상태에서 실행할 수 없는 메뉴이다. 또한 각 메뉴의 오른쪽에 삼각형 화살표가 위치해 있는 경우에는 더 세부화된 여러 가지 종류의 하위 메뉴가 숨어 있음을 의미한다.

2. 옵션 바

도구모음에서 선택한 툴의 옵션을 설정할 수 있으며, 선택한 툴의 종류에 따라 제공하는 옵션의 기능은 다양하게 변화한다.

3. 도구모음

도구모음은 일러스트레이터 프로그램을 사용할 때 가장 기본이 되는 기능이며 아이콘 형태의 툴로 구성되어 있다. 각 아이콘 형태의 툴에서 오른쪽 하단에 표시가 있는 경우, 해당 아이콘을 1~2초간 누르고 있으면 숨겨진 아이콘들이 표시되며 좀 더 다양한 툴을 선택할 수 있다. 아이콘 형태의 툴을 더블클릭하거나 도큐먼트에서 클릭하면 해당 툴의 옵션 대화 상자가 나타나 옵션 설정이 가능하다.

4. 도큐먼트

도큐먼트는 일러스트레이터의 작업 영역을 의미한다. 도큐먼트에서의 작업 내용은 언제든지 저장하여 보관할 수 있으며, 새로운 도큐먼트를 열거나 기존에 보관하고 있던 도큐먼트를 불러와 추가적인 작업을 진행할 수도 있다.

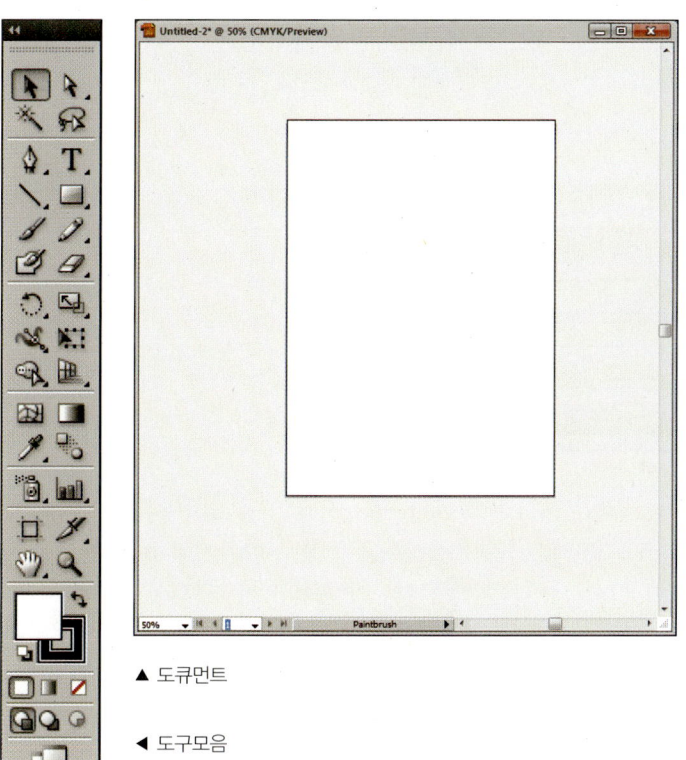

▲ 도큐먼트

◀ 도구모음

5. [Welcome Screen] 창

일러스트레이터 CS5를 실행하면 제일 먼저 [Welcome Screen] 창이 나타난다. [Welcome Screen] 창에는 최근에 작업했던 파일과 저장해 둔 도큐먼트들의 목록이 표시되며 해당 파일을 클릭하여 바로 실행할 수 있다.

> **tip** 'Don't show again'을 체크하여 [Welcome Screen] 창이 나타나지 않도록 설정하였을 때, 다시 나타나게 하고 싶다면 일러스트레이터의 메뉴 중에서 [Help]-[Welcome Screen]을 선택한 후에 'Don't show again'의 체크를 해제한다.

6. 팔레트

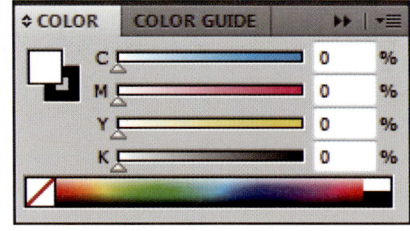

팔레트는 다양한 색을 지정하기 위한 도구이다. 일러스트레이터 CS5에서는 매우 다양한 팔레트가 제공된다. 이러한 팔레트들은 서로 합치거나 독립적으로 분리할 수 있으며 사용자가 임의로 정렬할 수 있다. 또한 각 팔레트의 오른쪽 상단에 있는 팝업 버튼(▼≡)을 클릭하면 다양한 옵션 설정이 가능하다.

7. 상태표시줄

현재 활성화되어 있는 도큐먼트의 정보가 나타나는 곳으로 확대 비율, 현재 선택된 툴의 정보, 아트보드의 개수 및 번호 등이 표시된다.

일러스트레이터 CS5의 다양한 툴과 도구모음 알아보기

일러스트레이터 CS5는 사용자의 편의를 고려한 도구모음의 툴이 배치되어 있다. 각종 툴들은 쉽고 간편하게 사용자가 사용할 수 있도록 여러 가지 기능을 제공하며, 아이콘은 해당 툴의 기능을 나타내고 있어 알아보기 쉽게 구성되어 있다. 또한 그래픽 작업에 필요한 기능과 옵션들은 팔레트 형태로 제공한다.

◎ 알아두기
- 도구모음의 툴들을 이용하여 간편한 그래픽 작업을 할 수 있다.
- 팔레트를 이용하여 다양한 그래픽 작업을 할 수 있다.

설명하기 01 도구모음

툴 이름 옆의 영문자는 바로 가기 키로, 키보드에서 영문자를 누르면 자동으로 도구모음의 해당 툴이 선택된다. ◢ 표시가 있는 툴을 마우스로 잠시 클릭하면 숨은 툴들이 표시된다.

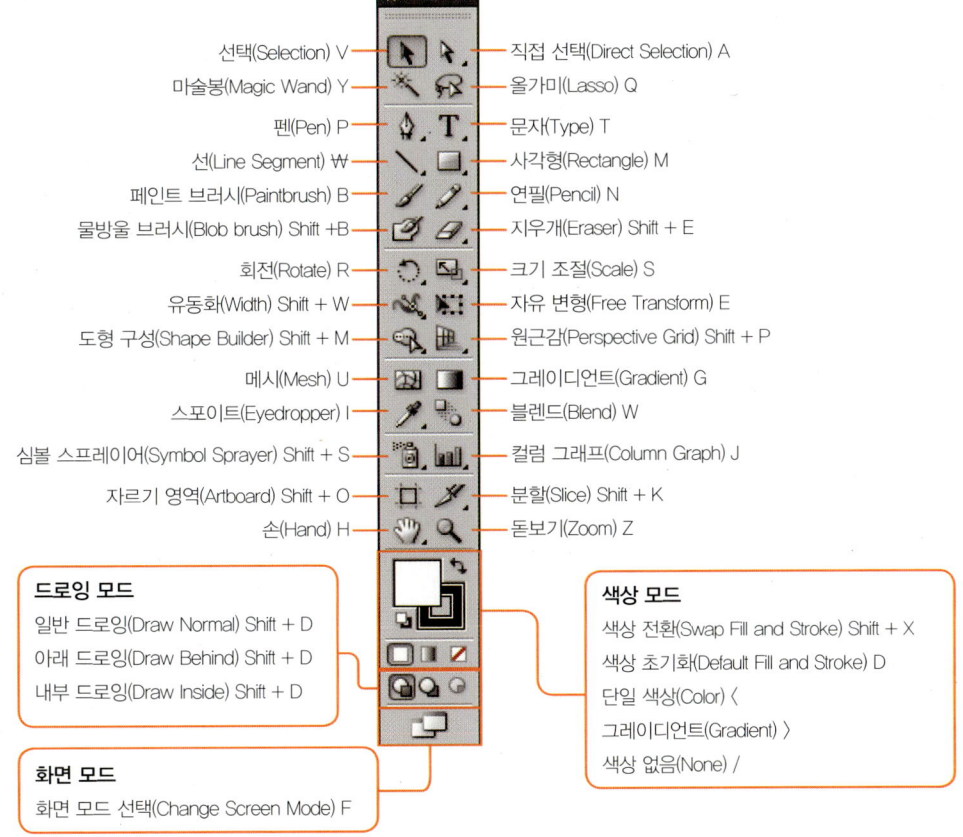

선택(Selection) V — 직접 선택(Direct Selection) A
마술봉(Magic Wand) Y — 올가미(Lasso) Q
펜(Pen) P — 문자(Type) T
선(Line Segment) ₩ — 사각형(Rectangle) M
페인트 브러시(Paintbrush) B — 연필(Pencil) N
물방울 브러시(Blob brush) Shift +B — 지우개(Eraser) Shift + E
회전(Rotate) R — 크기 조절(Scale) S
유동화(Width) Shift + W — 자유 변형(Free Transform) E
도형 구성(Shape Builder) Shift + M — 원근감(Perspective Grid) Shift + P
메시(Mesh) U — 그레이디언트(Gradient) G
스포이트(Eyedropper) I — 블렌드(Blend) W
심볼 스프레이어(Symbol Sprayer) Shift + S — 컬럼 그래프(Column Graph) J
자르기 영역(Artboard) Shift + O — 분할(Slice) Shift + K
손(Hand) H — 돋보기(Zoom) Z

드로잉 모드
일반 드로잉(Draw Normal) Shift + D
아래 드로잉(Draw Behind) Shift + D
내부 드로잉(Draw Inside) Shift + D

색상 모드
색상 전환(Swap Fill and Stroke) Shift + X
색상 초기화(Default Fill and Stroke) D
단일 색상(Color) 〈
그레이디언트(Gradient) 〉
색상 없음(None) /

화면 모드
화면 모드 선택(Change Screen Mode) F

설명하기 02 도구모음의 툴

• 선택 툴

도큐먼트 상의 오브젝트 및 그룹 오브젝트를 선택하거나 이동할 때 사용하는 툴이다. 오브젝트를 클릭하여 선택할 수 있으며, 드래그하여 여러 개의 오브젝트를 선택할 수도 있다. 이동할 경우에는 오브젝트를 클릭한 상태에서 드래그하여 이동한다. 가장 기본이 되는 툴로 어떠한 작업 과정에서도 Ctrl 을 눌러 선택한 툴을 나타낼 수 있다.

• 직접 선택 툴, 그룹 선택 툴

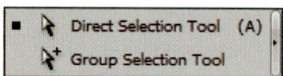

직접 선택 툴은 그룹화된 오브젝트에서 부분 오브젝트를 선택하거나 기준점을 선택하고 수정할 때 사용하는 정교함을 가지고 있으며, 그룹 선택 툴은 오브젝트를 그룹별로 선택할 수 있다.

• 마술봉 툴

여러 오브젝트 중에서 유사한 속성을 가진 오브젝트만 선택할 수 있는 기능으로 포토샵의 마술봉 툴과 기능이 유사하다.

• 올가미 툴

자유롭게 드래그하여 자취에 포함되는 오브젝트나 선, 기준점을 선택하는 툴이다.

• 펜 툴

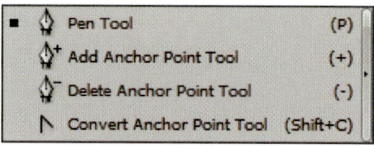

펜 툴과 기준점 추가, 기준점 삭제, 방향점 전환 툴은 주로 자유로운 형태를 드로잉할 때 사용된다. 오브젝트를 만들거나 베지어 곡선의 형태를 조절하는 것과 같이 일러스트레이터에서 원하는 이미지를 드로잉할 때 꼭 익혀두어야 할 툴이다.

• 문자 툴

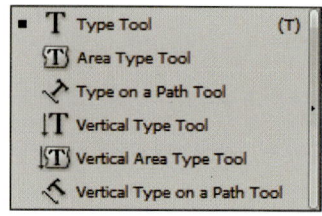

문자, 영역 문자, 패스 문자, 세로 문자, 세로 영역 문자, 세로 패스 문자 툴이 있으며 일러스트레이터에서 문자를 입력하는 다양한 방법을 제공한다.

• 선 툴

직선, 곡선, 나선형, 사각형 그리드, 원형 그리드 툴이 있으며 주로 다양한 형식의 테두리 선을 작성할 수 있다.

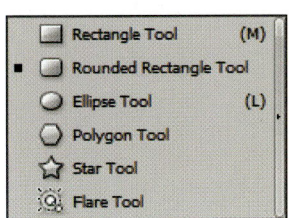

• 도형 툴

사각형, 둥근 사각형, 원형, 다각형, 별형, 플레어 툴로 이루어져 있다. 일러스트레이터에서 다양한 도형을 작성할 때 사용되며 플레어 툴은 조명 효과나 태양광선 효과를 나타낼 때 사용된다.

• 페인트 브러시 툴

페인트 브러시 툴은 일반적인 패스에 다양한 형태의 선 느낌 또는 이미지를 표현할 수 있는 브러시 기능을 이용하여 다양한 붓 터치 효과를 표현할 때 사용하는 툴이다. 마우스를 사용하여 브러시 기능을 100% 사용하기에는 어려움이 있으며, 태블릿과 같은 장비를 이용하면 효과적으로 사용할 수 있다.

• 연필, 스무스, 패스 지우개 툴

연필 툴은 자유 곡선을 그리거나 수정하는 기능을 가지고 있으며 스무스 툴, 패스 지우개 툴과 연동하여 사용한다. 스무스 툴은 선을 부드러운 곡선으로 만들고 패스 지우개 툴은 오브젝트의 기준점과 곡선을 삭제한다.

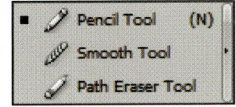

• 물방울 브러시 툴

임의의 오브젝트를 선택한 상태에서 물방울 브러시로 드로잉을 하면, 선택한 오브젝트와 드로잉한 오브젝트가 하나의 깔끔한 벡터 오브젝트가 된다. 물방울 브러시 툴을 지우개 툴 및 스무스 툴과 함께 사용하면 자연스러운 드로잉을 구사할 수 있다.

• 지우개, 가위, 나이프 툴

지우개 툴은 포토샵에서와 같이 자유롭게 이미지를 지울 수 있다. 가위 툴은 오브젝트를 자를 때 사용하며 자르고자 하는 부분의 양쪽 패스를 클릭하여 자른다. 나이프 툴은 오브젝트의 원하는 부분을 드래그하여 자르고, 자른 위치를 기준으로 2개의 오브젝트로 분리된다.

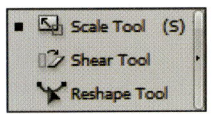

• 회전, 반사 툴

회전 툴은 선택한 오브젝트를 다양한 각도로 회전시키고, 반사 툴은 거울에 비친 모양처럼 오브젝트를 수직, 수평 또는 원하는 각도로 반전시킬 수 있다.

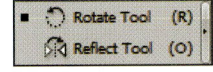

- **크기 조절, 기울기, 리셰이프 툴**

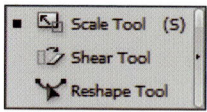

크기 조절 툴은 선택된 오브젝트의 크기를 자유롭고 정확하게 조절하며 기울기 툴은 오브젝트의 기울기를 조절한다. 리셰이프 툴은 선택한 점을 기준으로 기존 형태에 많은 변화를 주지 않으면서 자연스럽게 변형한다.

- **유동화 툴**

위스 툴을 사용하면 브러시 툴로 그려진 선의 강약을 조절할 수 있다. 왜곡, 비틀기, 구김, 팽창, 부채꼴, 크리스탈, 링클 툴은 오브젝트를 다양한 방법으로 변형할 수 있다.

- **자유 변형 툴**

자유 변형 툴은 오브젝트를 둘러싸는 바운딩 박스가 나타나 기준점을 자유롭게 조절하여 크기 조절과 회전, 변형 등을 할 수 있다.

- **도형 구성 툴**

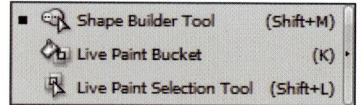

여러 툴과 패널을 사용하지 않고도 도형 구성 툴을 사용하면 아트보드에서 손쉽게 모양들을 결합하고 편집할 수 있다.

- **원근감 그리드, 원근감 선택 툴**

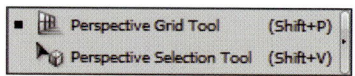

원근감 있는 배경을 손쉽게 제작할 수 있으며, 원근감 있는 타이포그래피를 쉽고 빠르게 제작할 수 있다.

- **메시 툴**

메시 툴은 오브젝트에 그물과 같은 기준점을 배치하여 자연스러운 색상의 그레이디언트 효과를 적용할 수 있다.

- **그레이디언트 툴**

그레이디언트 툴은 오브젝트의 내부에 그레이디언트를 적용하며 그레이디언트의 방향과 거리를 조절할 수 있다.

- **스포이트, 측정 툴**

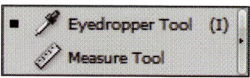

스포이트 툴은 오브젝트의 색상, 선 두께, 속성 등을 복제하여 다른 오브젝트에 손쉽게 적용한다. 측정 툴은 오브젝트의 좌표, 거리, 길이 등의 정보를 알기 위해서 사용하는 툴로 [INFO] 팔레트에 결과가 나타난다.

- **블렌드 툴**

블렌드 툴은 오브젝트와 오브젝트를 연결시켜주며, 오브젝트가 변해가는 중간 단계를 나타낸다.

- **심볼 툴**

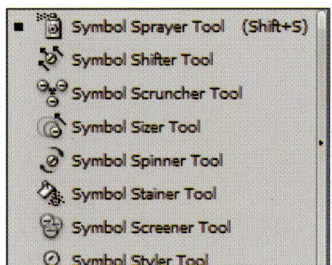

심볼 스프레이어, 이동, 스크런처, 크기 조절, 회전, 색조, 투명도 툴은 도큐먼트에 심볼을 적용하고 적용한 심볼을 쉽고 다양한 방법으로 편집할 수 있는 기능들로 이루어져 있다.

- **그래프 툴**

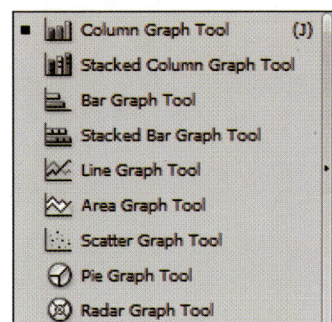

컬럼 그래프, 분할 컬럼 그래프, 바 그래프, 분할 바 그래프, 선 그래프, 영역 그래프, 분산 그래프, 파이 그래프, 레이더 그래프 툴은 다양한 형태의 그래프를 쉽고 빠르게 제작한다.

- **자르기 영역 툴**

자르기 영역 툴은 인쇄 또는 내보내기용 자르기 영역을 상호 작용 방식으로 지정할 수 있다.

- **분할, 분할 선택 툴**

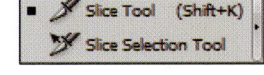

분할 툴은 작업한 오브젝트를 부분적으로 나누는 기능을 가지고 있으며, 분할 선택 툴은 분할된 각각의 이미지를 선택하고 이동하며 옵션을 설정할 수 있는 기능이 있다.

- **손, 페이지 툴**

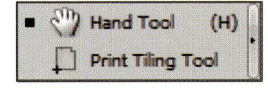

손 툴은 도큐먼트를 자유롭게 이동시킬 수 있고, 페이지 툴은 인쇄 경계를 나타내어 도큐먼트 상에 인쇄할 영역을 이동시킬 수 있다.

- **돋보기 툴**

돋보기 툴은 도큐먼트를 확대 또는 축소하여 작업 환경을 원활하게 하는 기능을 가지고 있다.

- 색상 모드

    오브젝트의 면과 선 색상을 조절한다. 또한 면과 선에 단일 색상, 그레이디언트, 색상 없음을 쉽게 적용할 수 있도록 3개의 속성 아이콘을 제공한다. 단일 색상과 그레이디언트는 오브젝트 내부에 색상을 적용해주는 것이며 색상 없음은 오브젝트에 색상을 적용하지 않는 것이다.

    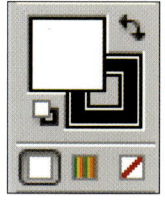

- 드로잉 모드

    도형이나 선을 그릴 때 현재 선택되어 있는 이미지의 앞, 뒤, 내부, 어느 곳에 그릴 것인지를 설정할 수 있다.

- 화면 모드

    화면 모드에는 Normal Screen Mode, Full Screen Mode and Menu Bar, Full Screen Mode의 세 가지 모드가 있다.

설명하기 03 팔레트

- [NAVIGATOR] 팔레트

    팔레트 창에 있는 빨간색 사각형을 마우스로 움직이면 작업 영역에 있는 오브젝트를 이동시킬 수 있다. 그리고 하단의 줌 슬라이더를 사용하면 오브젝트를 확대 또는 축소해서 볼 수도 있다.

    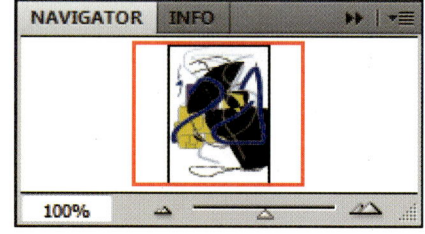

- [APPEARANCE] 팔레트

    오브젝트를 이루는 면과 선에 대한 여러 가지 작업을 할 수 있다.

    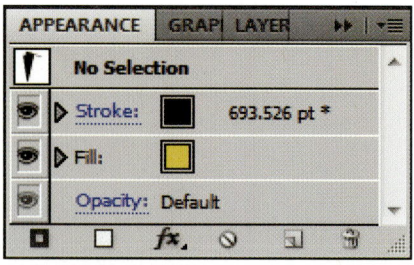

- [INFO] 팔레트

    오브젝트의 위치나 크기, 면과 선에 대한 정보를 보여준다.

    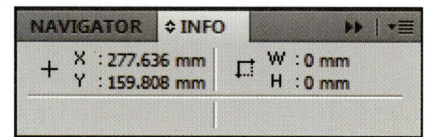

- **[DOCUMENT INFO] 팔레트**

  현재 작업 중인 파일의 이름, 경로, 색상, 크기 등과 같은 정보가 나타난다.

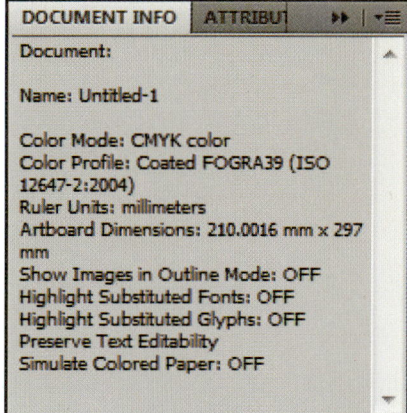

- **[STROKE] 팔레트**

  선이나 점선의 굵기와 관련된 설정을 한다.

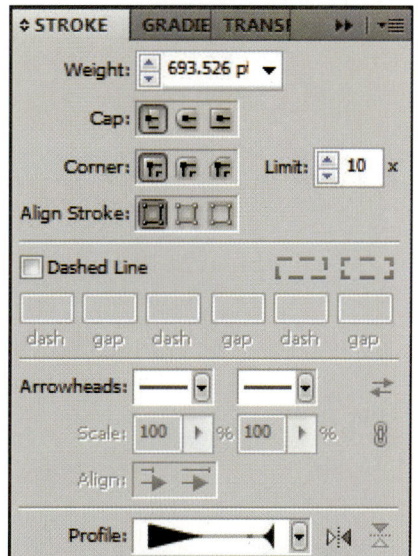

- **[COLOR] 팔레트**

  오브젝트에 색상을 적용할 때 사용하는 것으로 RGB, CMYK, HSB 등 다양한 색상 모드를 사용할 수 있다.

- **[COLOR GUIDE] 팔레트**

  하나의 색상을 기준으로 서로 어울리는 색상들을 여러 개의 배색 띠와 단계별 색상으로 나타낸다.

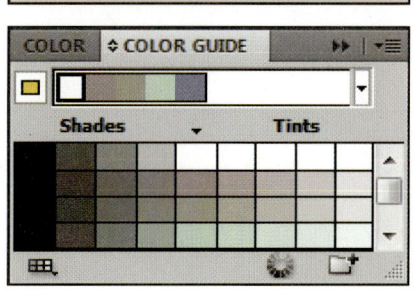

- **[SWATCHES] 팔레트**

  색상 적용과 관련된 작업을 한다. 기본적으로 색상, 패턴, 그레이디언트 등의 작업을 할 수 있다.

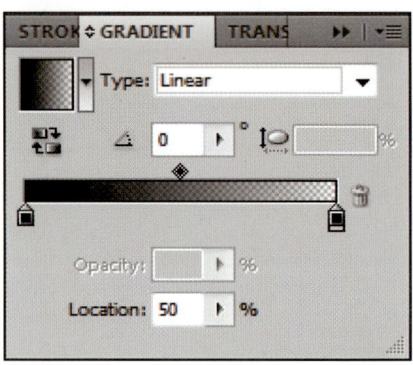

- **[GRADIENT] 팔레트**

  여러 개의 색상 사이를 부드럽게 연결하는 색상 배열을 만들고 오브젝트에 적용할 수 있다.

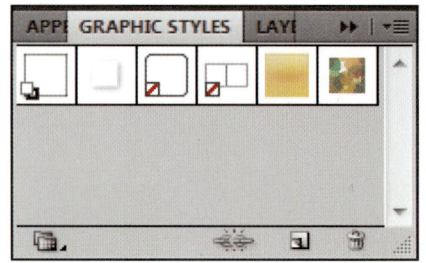

- **[GRAPHIC STYLES] 팔레트**

  오브젝트에 그래픽 스타일을 적용하는 팔레트로 심볼에 적용하면 화려한 모양을 만들 수 있다.

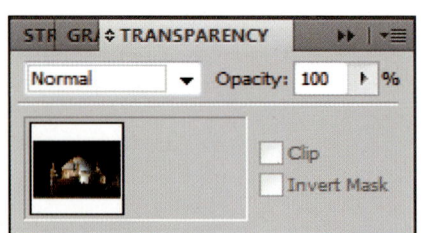

- **[TRANSPARENCY] 팔레트**

  오브젝트에 투명도나 마스크 기능을 적용할 수 있다.

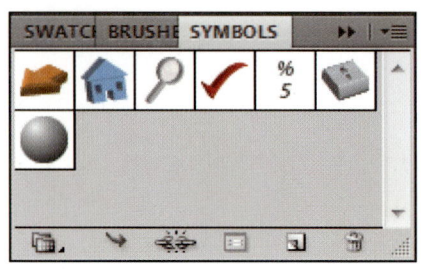

- **[SYMBOLS] 팔레트**

  심볼 스프레이어 툴로 화면에 흩뿌리는 이미지 심볼을 저장하고 사용할 수 있다.

- **[BRUSHES] 팔레트**

  페인트 브러시 툴( )을 사용할 때 그려지는 다양한 형태의 붓 모양이 저장되어 있다.

  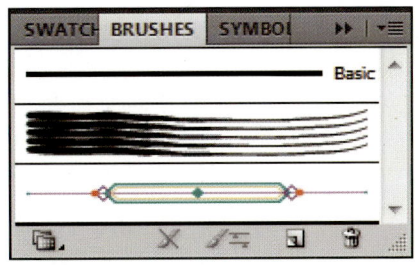

- **[MAGIC WAND] 팔레트**

  오브젝트의 색상, 선 두께와 같은 속성을 기준으로 유사한 오브젝트를 한 번에 선택할 수 있게 하는 마술봉 툴( )의 옵션을 설정할 수 있다.

  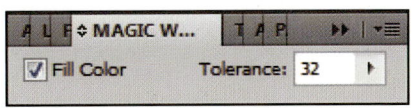

- **[ACTIONS] 팔레트**

  작업 과정을 기록하여 단 한 번의 명령으로 반복된 작업을 할 수 있다. 같은 작업을 여러 번 반복할 때 편리하며 기록된 데이터를 저장해 두면 계속해서 사용할 수 있다.

  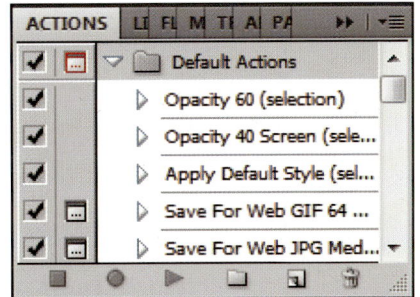

- **[ATTRIBUTES] 팔레트**

  선택한 오브젝트의 속성을 조절하는 팔레트로써 속성을 이용하여 오버프린트, 오브젝트의 중심점 숨김, URL 지정, 출력 장치 해상도 설정 등의 작업이 가능하다.

  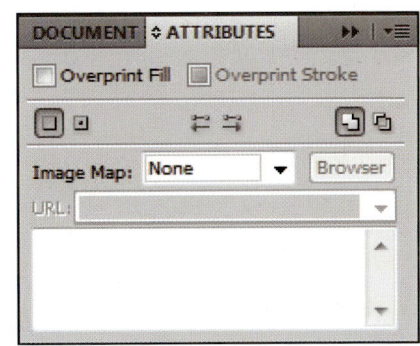

- **[LAYERS] 팔레트**

  여러 오브젝트가 하나의 작업 영역에 있으면 그룹 기능만으로는 분류하기 어렵다. 이때 레이어를 사용하면 좀 더 편리하게 관리할 수 있는데 이런 레이어를 [LAYERS] 팔레트에서 관리한다. 이곳에서 레이어의 목록, 이름, 숨김, 잠금 등의 옵션을 설정할 수 있다.

  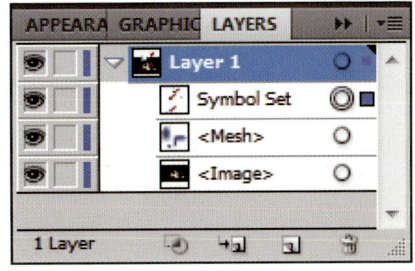

- [ARTBOARDS] 팔레트

  하나의 파일에 여러 아트보드를 만들 수 있고, [ARTBOARDS] 팔레트에는 아트보드의 목록과 이름, 색상 등의 옵션을 지정할 수 있다.

- [LINKS] 팔레트

  [File]-[Place]를 선택해 작업 영역에서 불러온 비트맵 이미지를 관리한다. 외부 팔레트에서 수정된 이미지를 갱신하거나 새로운 이미지를 바꿀 수 있다.

- [ALIGN] 팔레트

  선택한 오브젝트들을 특정 위치에 정렬하거나 일정한 간격을 두고 정렬할 때 사용한다.

  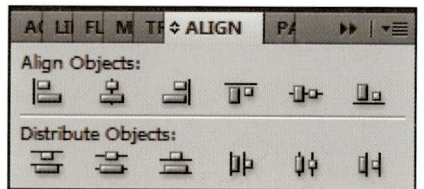

- [PATHFINDER] 팔레트

  2개 이상의 오브젝트가 겹쳐진 부분을 합치거나 나눈 다음 혼합시켜 새로운 형태를 만들 수 있다.

- [TRANSFORM] 팔레트

  선택한 오브젝트의 위치, 크기, 각도, 기울기에 대한 수치값을 조절하여 정확하게 변형할 수 있다.

  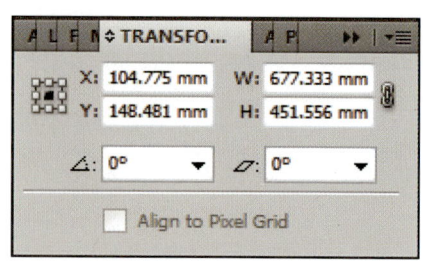

- [TABS] 팔레트

  한글이나 워드프로세서에도 있는 기능으로 도표나 서식 작업을 할 때 사용된다. 글머리, 대시, 마침표, 기타 문자에 탭 지시선 모양을 사용자 정의로 지정할 수 있다.

  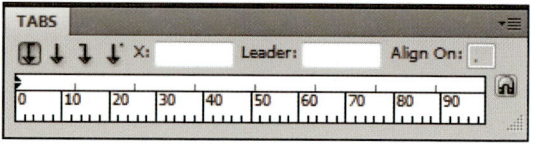

- [PARAGRAPH] 팔레트

  문자의 단락 속성을 지정하고 정렬, 들여쓰기 등을 조절할 수 있다.

  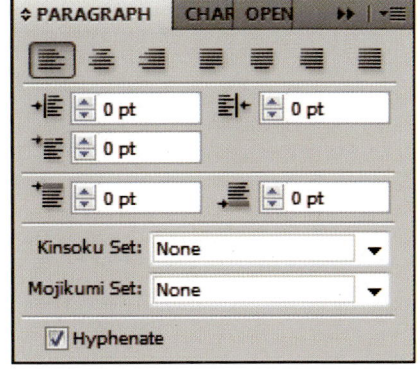

- [PARAGRAPH STYLES] 팔레트

  단락 속성 등을 설정한 후 하나의 스타일로 저장하여 원하는 문장에 쉽고 빠르게 단락 속성을 적용할 수 있다.

  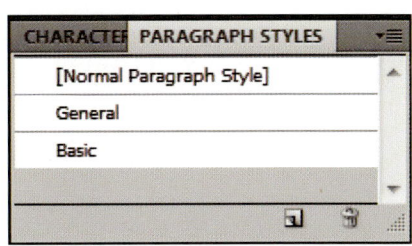

- [CHARACTER] 팔레트

  서체의 크기, 행간, 자간, 문자 폭, 문자 높이, 기준선 이동 등 문자에 관한 여러 가지 속성을 조절할 수 있다. 문자를 섬세하게 조절하여 아름답고 세련된 타이포그래피를 만들 수 있다.

  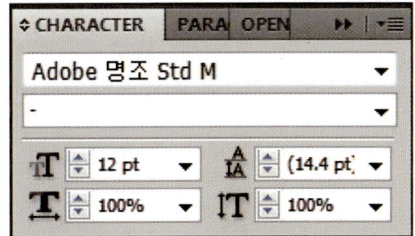

- [CHARACTER STYLES] 팔레트

  서체의 크기, 행간, 자간, 문자 폭, 기준선 이동 등 문자에 관한 여러 가지 속성을 조절한 후 스타일로 저장할 수 있다. 스타일로 저장한 다음에는 다른 문자에도 같은 스타일을 빠르게 적용할 수 있다.

  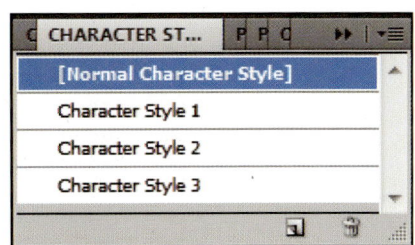

- [SVG INTERACTIVITY] 팔레트

  일러스트레이터 CS5에서 Javascript와 연동을 할 수 있는 팔레트이다.

  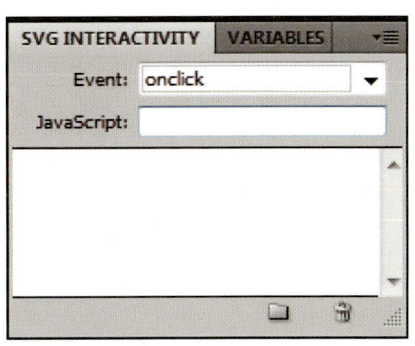

Section 3. 일러스트레이터 CS5의 다양한 툴과 도구모음 알아보기

• [OPENTYPE] 팔레트

다양한 서체와 언어로 된 문자 세트를 열어 작업할 수 있도록 도와준다. 다중 플랫폼 글꼴 관리를 단순화시켜 대체 글리프와 100개 이상의 오픈 타입(Open Type) 글꼴이 포함된 확장 문자 세트의 이점을 최대한 사용할 수 있다.

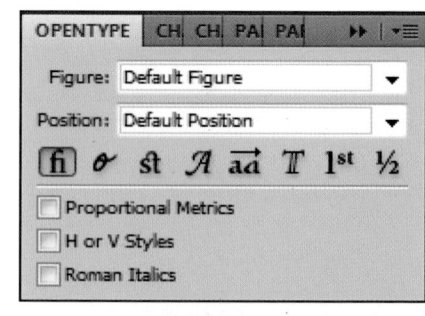

• [VARIABLES] 팔레트

변수를 이용해서 템플릿을 제작할 때 사용한다.

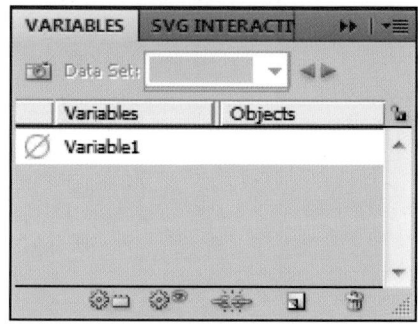

• [FLASH TEXT] 팔레트

플래시와의 통합 기능을 강화하기 위해 일러스트레이터 CS5에서는 플래시 텍스트 팔레트에서 텍스트를 Static Text, Dynamic Text, Input Text로 지정할 수 있다.

• [GLYPHS] 팔레트

특수 문자나, 영문, 기타 문자를 입력할 때 사용한다. 글꼴도 선택할 수 있어 작업 중인 글꼴에 맞는 문자를 입력할 수 있다.

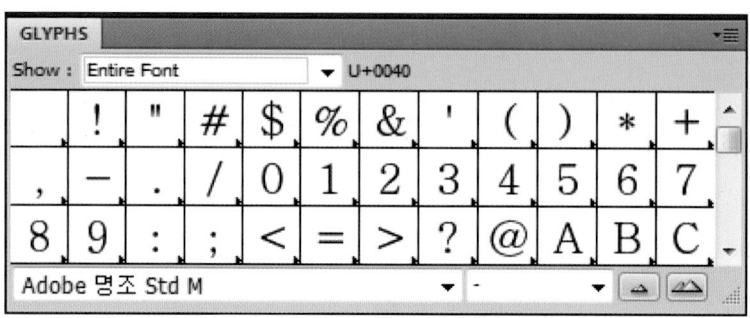

• [FLATTENER PREVIEW] 팔레트

도큐먼트의 오브젝트에 적용된 투명도 효과를 출력하거나 인쇄할 때 사용한다.

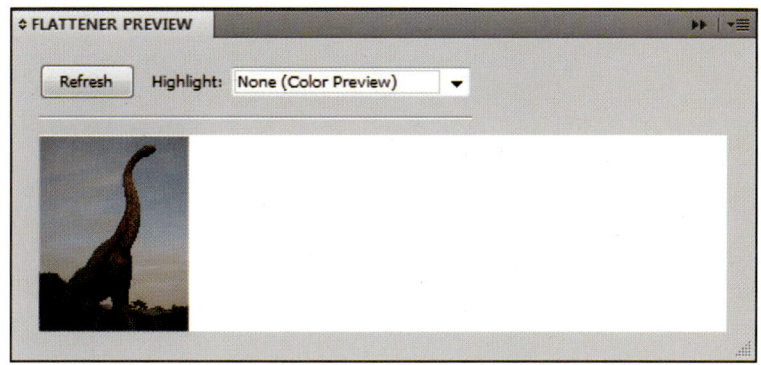

팔레트의 기본 구조

일러스트레이터 CS5에서는 다양한 팔레트가 제공되며 각 팔레트마다 일러스트레이터 작업을 하는 데 있어서 매우 중요한 역할을 한다. 작업공간을 위해 팔레트를 합치거나 분리 또는 최소화할 수 있으며 해당 팔레트 탭을 드래그하여 팔레트를 이동할 수 있고 원하는 곳에 분리시키거나 합칠 수 있다.

❶ 크기 조절 버튼 : 팔레트의 크기를 단계적으로 조절한다.
❷ 팔레트 탭 : 팔레트의 이름을 나타낸다.
❸ 최소화 버튼 : 팔레트를 최소단위의 크기로 줄인다.
❹ 팝업 버튼 : 해당 팔레트의 세부적인 명령이 있는 하위 메뉴를 펼친다.

Section 4. 파일 만들고 저장하기

일러스트레이터 CS5를 다루는 데 있어서 가장 기본적인 작업은 새로운 파일을 생성하고 저장하는 것이다. 새로운 도큐먼트의 크기 및 색상을 설정하고 원하는 파일의 형태로 저장하는 방법을 알아보자.

◑ 알아두기

- [File] 메뉴를 이용하면 새로운 파일을 만들고 저장할 수 있다.
- [Welcome Screen] 창에서 기존에 저장되어 있던 파일을 열 수 있다.

따라하기 01 | 새로운 파일 생성하기

[Welcome Screen] 창이나 [File] 메뉴를 이용하여 새로운 파일을 생성해 보자.

❶ [Welcome Screen] 창의 오른쪽에 있는 [Create New]의 'Print Document' 항목을 선택하거나 [File]-[New]를 선택한다.

❷ [New Document] 대화 상자가 나타나면 생성할 파일의 크기를 설정할 수 있다. 생성할 파일의 [Size] 항목을 'A4'로 설정하고 [OK] 버튼을 클릭한다.

❸ 생성된 도큐먼트의 크기는 가로 210mm, 세로 297mm로 A4 종이 규격이며, 화면에 나타난 흰색 부분이 작업 영역이 된다.

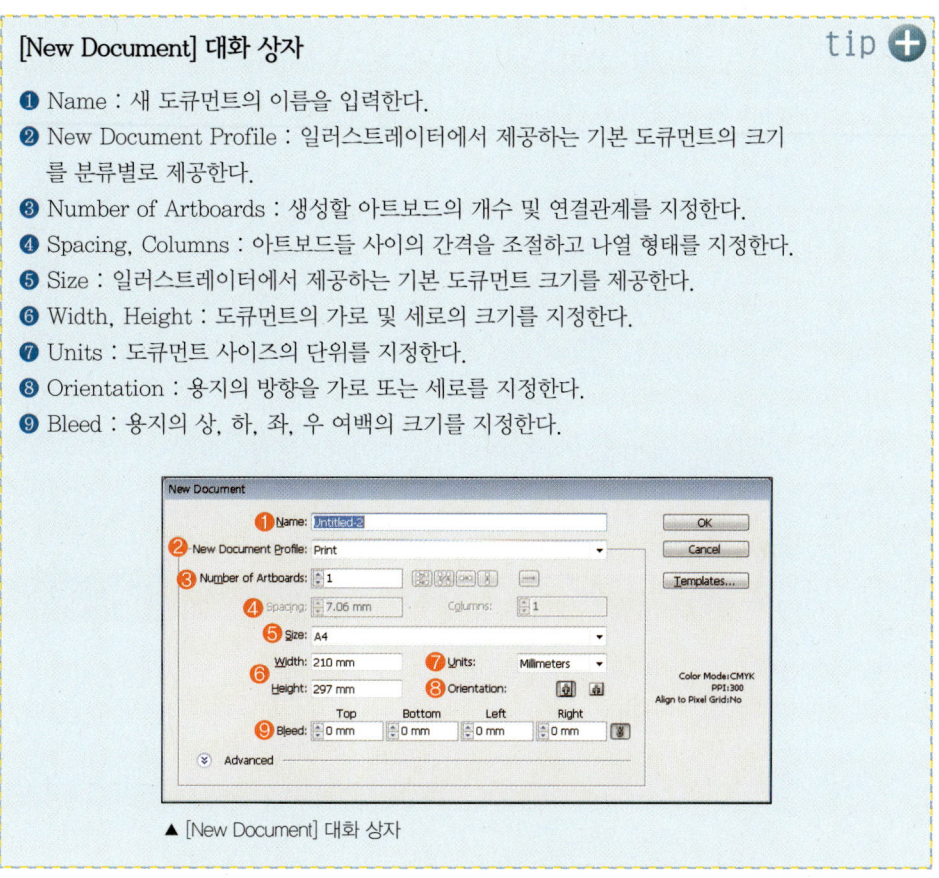

▲ [New Document] 대화 상자

따라하기 02 파일 불러오기

[File] 메뉴의 [Open] 또는 [Place]를 이용하여 저장해 둔 파일을 불러와 보자.

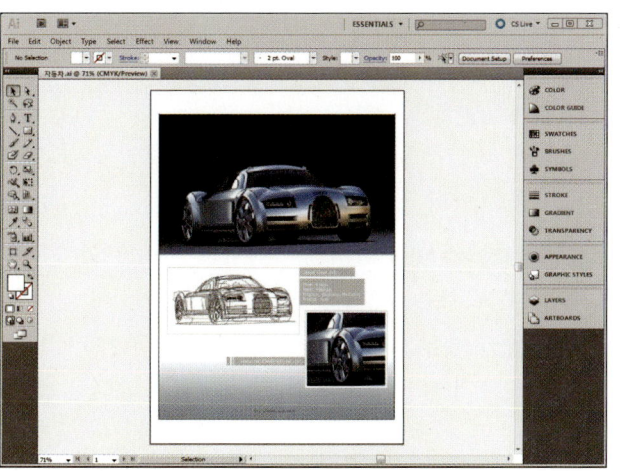

Section 4 . 파일 만들고 저장하기

❶ 기존에 작업하여 저장해 둔 파일을 열려면 일러스트레이터 CS5를 실행하여 나타나는 [Welcome Screen] 창에서 'Open'을 선택하거나 [File]-[Open]을 선택한다.

❷ [Open] 대화 상자에서 저장한 경로를 찾아 파일을 선택하고 [Open] 버튼을 클릭하여 파일을 불러온다.

❸ [File]-[Place]를 선택하여 불러온 파일 위에 다른 형식의 파일을 불러온다.

❹ [Place] 대화 상자에서 저장한 경로를 찾아 파일을 선택하고 [Place] 버튼을 클릭하여 파일을 불러온다.

❺ 현재의 도큐먼트에 불러들인 이미지를 마우스로 드래그하면 이미지의 위치를 지정할 수 있다.

❻ [Open]을 실행하여 불러들인 이미지와 [Place]를 실행하여 불러들인 이미지가 합성되어 또 다른 이미지가 만들어진다.

따라하기 03 작업파일 저장하기

작업을 한 후에는 반드시 작업파일을 저장해야 하며, 저장하는 방법에는 Save와 Save As, 두 가지 방법이 있다. 저장하지 않는 파일은 다시 복구가 불가하므로 꼭 저장하는 습관을 갖도록 한다.

❶ 원본 파일을 보호하기 위해 작업한 파일은 다른 이름으로 저장한다. [File]-[Save As]를 선택한다.

❷ [Save As] 대화 상자에서 저장할 위치를 선택하고 [파일 이름] 항목에 새로운 파일 이름을 입력하고 [저장] 버튼을 클릭한다.

❸ [Illustrator Options] 대화 상자가 나타나면 [OK] 버튼을 클릭한다.

아트보드 다루기(작업 영역 설정)

일러스트레이터 CS5에서는 아트보드의 강화된 기능이 돋보인다. 하나의 파일에서 다양한 크기와 형태의 아트보드를 최대 100개까지 생성할 수 있으며, 아트보드 간의 공유를 통해 다양하고 편리한 작업을 할 수 있다.

> ◯ 알아두기
> - [ARTBOARDS] 팔레트를 이용하면 새로운 아트보드를 생성하거나 삭제할 수 있다.
> - [Artboard Options] 대화 상자에서 아트보드의 속성을 설정할 수 있다.

따라하기 01 | 아트보드 생성하기

[ARTBOARDS] 팔레트를 이용하여 여러 개의 아트보드를 만들어 보자.

❶ 일러스트레이터 CS5 화면의 오른쪽 팔레트 중에서 [ARTBOARDS] 팔레트를 선택한다.

❷ [ARTBOARDS] 팔레트에서 오른쪽 하단의 새 창 아이콘(	)을 클릭하여 새로운 아트보드를 생성한다.

❸ 아트보드가 생성되면 [ARTBOARDS] 팔레트에 'Artboard 2'라는 목록이 추가된다.

따라하기 02 **아트보드 복사하기**

[ARTBOARDS] 팔레트를 이용하여 아트보드를 복사해 보자.

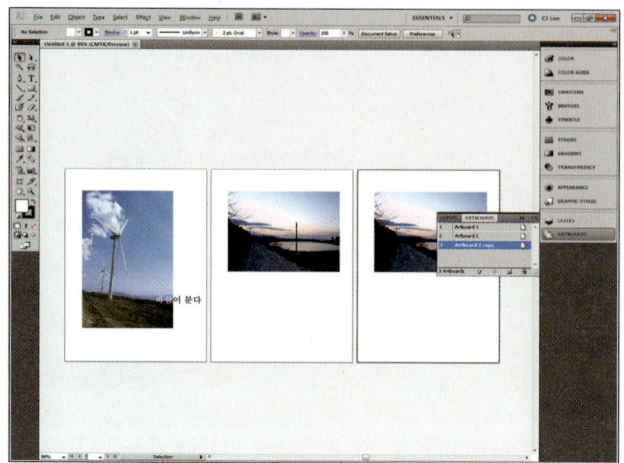

❶ [ARTBOARDS] 팔레트의 아트보드 목록 중에서 'Artboard 2' 또는 복사할 아트보드를 선택한다.

❷ 선택한 아트보드를 [ARTBOARDS] 팔레트의 오른쪽 하단에 있는 새 창 아이콘( ) 위로 드래그한다.

❸ 아트보드가 복사되면 [ARTBOARDS] 팔레트에 'Artboard 2 copy'라는 목록이 추가된다.

따라하기 03 **아트보드 삭제하기**

[ARTBOARDS] 팔레트를 이용하여 생성했던 아트보드를 삭제해 보자.

❶ [ARTBOARDS] 팔레트에서 삭제할 아트보드를 선택한다.

❷ [ARTBOARDS] 팔레트의 오른쪽 하단에 있는 휴지통 아이콘(🗑)을 클릭한다.

❸ 아트보드가 삭제되면 [ARTBOARDS] 팔레트에 해당 아트보드의 목록이 삭제된다.

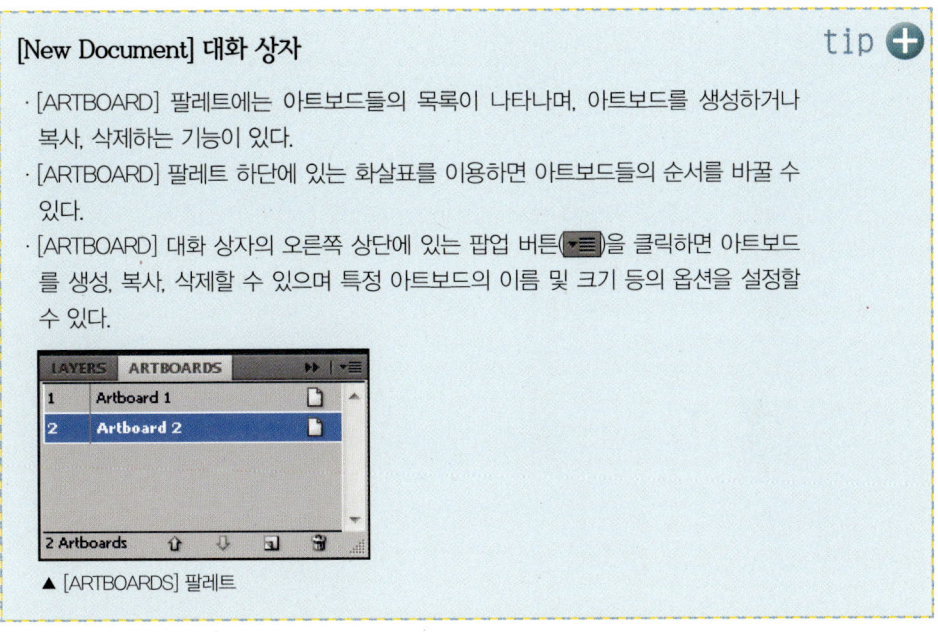

[New Document] 대화 상자 — tip

· [ARTBOARD] 팔레트에는 아트보드들의 목록이 나타나며, 아트보드를 생성하거나 복사, 삭제하는 기능이 있다.
· [ARTBOARD] 팔레트 하단에 있는 화살표를 이용하면 아트보드들의 순서를 바꿀 수 있다.
· [ARTBOARD] 대화 상자의 오른쪽 상단에 있는 팝업 버튼(▼≡)을 클릭하면 아트보드를 생성, 복사, 삭제할 수 있으며 특정 아트보드의 이름 및 크기 등의 옵션을 설정할 수 있다.

▲ [ARTBOARDS] 팔레트

따라하기 04 아트보드의 속성 설정하기

[Artboard Options] 대화 상자를 이용하여 아트보드의 속성을 설정해 보자.

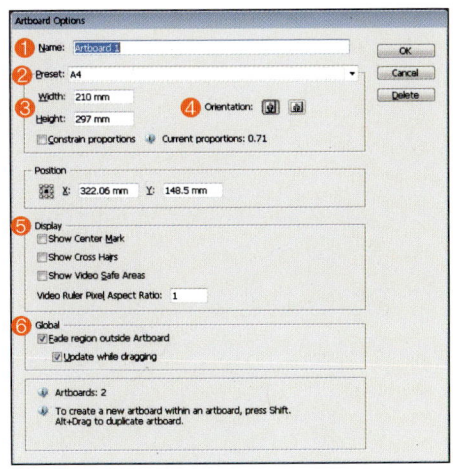

Section 5. 아트보드 다루기(작업 영역 설정) 43

❶ 속성을 변경할 [ARTBOARDS] 팔레트의 'Artboard 2' 아트보드를 선택한다.
❷ [ARTBOARDS] 팔레트의 오른쪽 상단에 있는 팝업 버튼(▼≡)을 클릭하여 나타나는 하위 메뉴에서 [Artboards Options]를 선택한다.
❸ [Artboards Options] 대화 상자가 나타나면 아트보드의 속성을 설정한다.

> **[Artboards Options] 대화 상자**   tip ➕
> ❶ Name : 아트보드의 이름을 설정한다.
> ❷ Preset : 아트보드의 크기를 종이 규격별로 제공한다.
> ❸ Width, Height : 아트보드의 가로, 세로의 크기를 지정한다.
> ❹ Orientation : 아트보드의 방향을 가로 또는 세로를 지정한다.
> ❺ Display : 아트보드의 중앙지점, 가로 및 세로의 중앙지점, 인쇄 또는 다른 미디어에서 사용될 때 이미지가 잘려나가지 않도록 여백 라인(Safe Areas)을 표시해준다.
> ❻ Global : 아트보드 외의 영역을 다른 색으로 표시하여 아트보드와 그 외의 영역이 잘 구별되도록 한다.

레이어의 개념과 구조 이해하기

일러스트레이터 CS5에서 레이어를 사용하면 작업의 속도와 이미지, 작업 단계 구분에 있어서 매우 효율적인 작업을 할 수 있다. 주로 배경, 주 이미지, 겹쳐지는 이미지 등으로 레이어를 나누고, 각 레이어로 겹쳐진 이미지들을 구분할 수 있다. 효율적인 작업을 위해 레이어의 개념과 사용 방법을 알아보자.

◯ 알아두기
- [LAYERS] 팔레트를 이용하면 새로운 레이어를 생성하거나 삭제할 수 있다.
- [Layer Options] 대화 상자에서 레이어의 속성을 설정할 수 있다.

설명하기 01 레이어

레이어(Layer)는 '층'을 의미하는 개념으로 마치 투명한 비닐판과도 같은 역할을 한다. 여러 개의 그룹과 이미지를 담을 수 있으며, 일러스트 작업 시에 방해되는 이미지나 패스 선을 화면 상에서 숨기거나 삭제 또는 하나의 레이어로 합칠 수 있다.

따라하기 01 레이어 생성하기

[LAYERS] 팔레트를 이용하여 여러 개의 레이어를 만들어 보자.

❶ 일러스트레이터 CS5 화면의 오른쪽 팔레트 중에서 [LAYERS] 팔레트를 선택한다.
❷ [LAYERS] 팔레트에서 오른쪽 하단의 새 창 아이콘(　)을 클릭하여 새로운 레이어를 생성한다.
❸ 새 레이어가 생성되면 [LAYERS] 팔레트에 'Layer 2'라는 목록이 추가된다.

따라하기 02 레이어 복사하기

[LAYERS] 팔레트를 이용하여 레이어를 복사해 보자.

❶ [LAYERS] 팔레트의 레이어 목록 중에서 'Layer 2' 또는 복사할 레이어를 선택한다.
❷ 선택한 레이어를 [LAYERS] 팔레트의 오른쪽 하단에 있는 새 창 아이콘( ) 위로 드래그한다.
❸ 레이어가 복사되면 [LAYERS] 팔레트에 'Layer 2 copy'라는 목록이 추가된다.
❹ 'Layer 2 copy' 레이어는 'Layer 2'의 모든 이미지를 똑같이 복사하고 있으며 'Layer 2' 의 위로 겹쳐진다(현재 Layer 2에는 이미지가 없으므로 빈 Layer가 복사된다).

따라하기 03 레이어 삭제하기

[LAYERS] 팔레트를 이용하여 생성했던 레이어를 삭제해 보자.

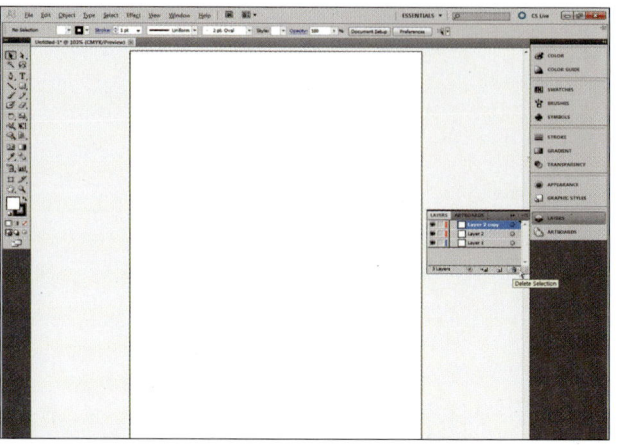

❶ [LAYERS] 팔레트에서 삭제할 레이어를 선택한다.
❷ [LAYERS] 팔레트의 오른쪽 하단에 있는 휴지통 아이콘()을 클릭한다.
❸ 삭제된 레이어가 가지고 있던 이미지와 [LAYER] 팔레트에 해당 레이어의 목록이 삭제된다.

> **tip** ➕
>
> **[LAYERS] 팔레트**
>
> · [LAYERS] 팔레트에는 레이어들의 목록이 나타나며, 레이어를 생성하거나 복사, 병합, 숨김, 잠금, 삭제하는 기능이 있다.
> · [LAYERS] 팔레트에 있는 레이어 목록 중에서 특정 레이어를 선택하여 드래그하면 레이어들의 순서를 바꿀 수 있다. 순서가 높은 레이어가 다른 레이어들 위로 겹쳐진다.
> · [LAYERS] 대화 상자의 오른쪽 상단에 있는 팝업 버튼( )을 클릭하면 레이어를 생성, 복사, 병합, 삭제 등의 작업을 할 수 있다.
> · 레이어의 목록에서 눈 아이콘( )을 클릭하면 해당 레이어를 화면에서 보이지 않도록 숨길 수 있다. 다시 클릭하면 눈 아이콘( )이 나타나면서 해당 레이어의 숨김을 해제할 수 있다.
> · 레이어의 목록에서 빈 아이콘 을 클릭하면 잠금 아이콘( )으로 바뀌면서 해당 레이어를 수정할 수 없도록 잠금 설정을 할 수 있다.
> · 레이어의 이름을 더블클릭하면 해당 레이어의 이름 및 색상 등의 옵션을 설정할 수 있는 [Layer Options] 대화 상자가 나타난다.
>
>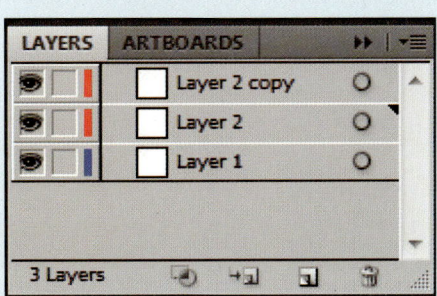
>
> ▲ [LAYERS] 팔레트

Section 6. 레이어의 개념과 구조 이해하기

따라하기 04 **레이어 합치기**

레이어를 많이 사용하면 편집 작업에 도움은 되지만 파일 크기가 커지는 단점이 있다. 파일 용량을 줄이거나 많은 레이어를 정리하기 위해서는 레이어를 합쳐야 한다. [LAYERS] 팔레트의 기능을 이용하여 레이어들을 합쳐 보자.

❶ [LAYERS] 팔레트에서 병합할 레이어를 Shift 를 누른 상태에서 마우스로 선택한다.
❷ [LAYERS] 팔레트의 오른쪽 상단에 있는 팝업 버튼( )을 클릭한다.
❸ 나타난 하위 메뉴 중에서 [Merge Selected]를 선택하면 지정한 레이어들이 하나로 합쳐진다.

따라하기 05 **레이어의 속성 설정하기**

[Layer Options] 대화 상자를 이용하여 레이어의 속성을 설정해 보자.

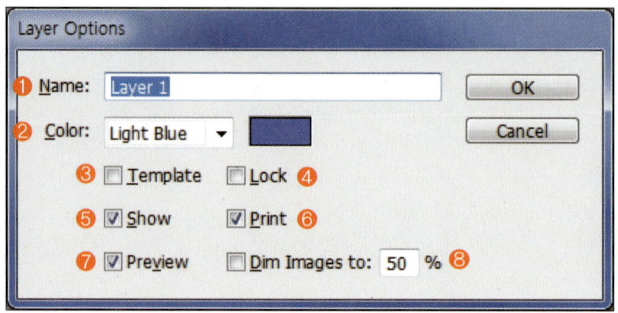

❶ 속성을 변경할 레이어를 [LARYERS] 팔레트에서 선택한다.

❷ [LAYERS] 팔레트의 오른쪽 상단에 있는 팝업 버튼()을 클릭한다.

❸ 나타난 하위 메뉴에서 [Options for "레이어명"]을 선택하면 [Layer Options] 대화 상자가 나타난다.

❹ 나타난 [Layer Options] 대화 상자에서 레이어의 속성을 설정한다.

> **[Layer Options] 대화 상자**   tip
>
> ❶ Name : 레이어의 이름을 설정한다.
> ❷ Color : 각 레이어들 간의 이미지를 구분하기 위한 것으로 해당 레이어에 있는 이미지들을 선택했을 때 나타나는 패스의 색을 지정한다.
> ❸ Template : 템플릿이란 바닥에 이미지를 놓고 본뜨는 것을 말하며 이 옵션을 체크하면 "잠금 상태"가 되면서 이미지가 흐려진다.
> ❹ Lock : 레이어의 잠금 상태를 설정한다.
> ❺ Show : 레이어의 숨김 상태를 설정한다.
> ❻ Print : 인쇄할 때 해당 레이어의 이미지가 출력될 것인지를 설정한다.
> ❼ Preview : 해당 레이어의 이미지가 화면에서 Outline 상태로 표시될 것인지를 설정한다.
> ❽ Dim Images to : 해당 레이어의 투명도 수치를 설정한다.

핵심정리 summary

1. 일러스트레이터

일러스트레이터란 사전적 의미로는 '삽화가'이고, 일러스트레이터 프로그램이란 미국 어도비 사가 개발한 그래픽 소프트웨어를 말한다. 주로 편집 디자인과 캐릭터 디자인, 심볼 디자인, 제품 디자인 등의 작업에 사용되며 화상 이미지의 고정밀도 분리 출력까지 지원하고 있어 출판사나 신문사 등 전문적인 현장에서도 사용되고 있다.

일러스트레이터는 벡터 그래픽을 사용하므로 정점의 좌표값만을 데이터로 저장하기 때문에 비트맵 그래픽에 비해 수정이 자유롭고 용량이 작다. 또한 펜, 브러시 툴과 다양한 도형을 사용하여 자유로운 드로잉이 가능하며, 여러 가지 스타일과 다양한 심볼들을 제공한다.

최신 버전인 어도비 일러스트레이터 CS5는 타이포그래픽의 실현과 단락, 문자 스타일을 이용한 문자 서식의 신속한 설정, 패치와 문자를 3D로 변환하는 기능, 파일을 템플릿으로 보존하여 재사용이 가능, 추가된 브러시 및 도구 툴 등 다양한 작업을 쉽고 빠르게 할 수 있도록 많은 기능을 제공한다.

2. 비트맵 이미지와 벡터 이미지의 차이점

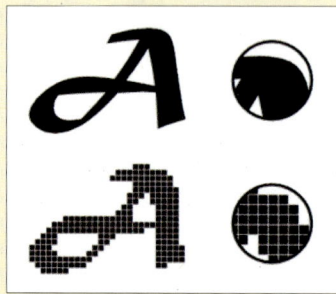

▲ 비트맵과 벡터 방식의 차이

컴퓨터에서 이미지를 처리하는 방식은 크게 비트맵 방식과 벡터 방식이 있다. 먼저 비트맵(BitMap) 방식은 비트(Bit)+맵(Map)의 합성어로 비트는 컴퓨터 신호를 저장하는 최소 단위를 뜻하고 맵은 지도를 뜻한다. 컴퓨터 그래픽에서 모니터 상에 나타나는 영상 데이터의 최소단위는 픽셀(pixel)이라 하는 데, 이 픽셀은 사각형의 작은 점들로 구성된다. 비트맵 이미지는 이러한 사각형의 작은 점들을 각각의 색으로 채워 서로 연결된 지도 모양으로 표현한다. 픽셀은 작은 점마다 색상 정보를 담을 수 있으므로 다양한 색상을 표현할 수는 있지만 이미지 용량이 커지는 단점이 있다.

벡터(Vecter)란 물리학에서 방향과 양을 둘 다 동시에 갖는 것을 말한다. 이러한 벡터를 컴퓨터 그래픽과 연결시켜보면 선은 방향이 되고, 양은 면이 된다. 즉 선과 면으로 이루어진 개체의 시작점과 끝점의 좌표값과 두 점을 연결하는 직선, 곡선, 기울기 정보, 채워질 면의 색상 정보를 저장하여 표현한다. 따라서 그림을 아무리 늘리거나 줄여도 컴퓨터에서는 저장된 정보들을 다시 연산하여 늘 새롭게 모니터 상에 보여주므로 색상이 깨지지 않아 똑같은 품질을 유지하며 파일 크기가 비트맵 이미지보다 훨씬 작다는 장점이 있다. 하지만 비트맵 방식에 비해 다양한 색상을 표현할 수 없다는 단점이 있다.

1. 일러스트레이터 CS5 도구모음의 각 부분 명칭을 적어보자.

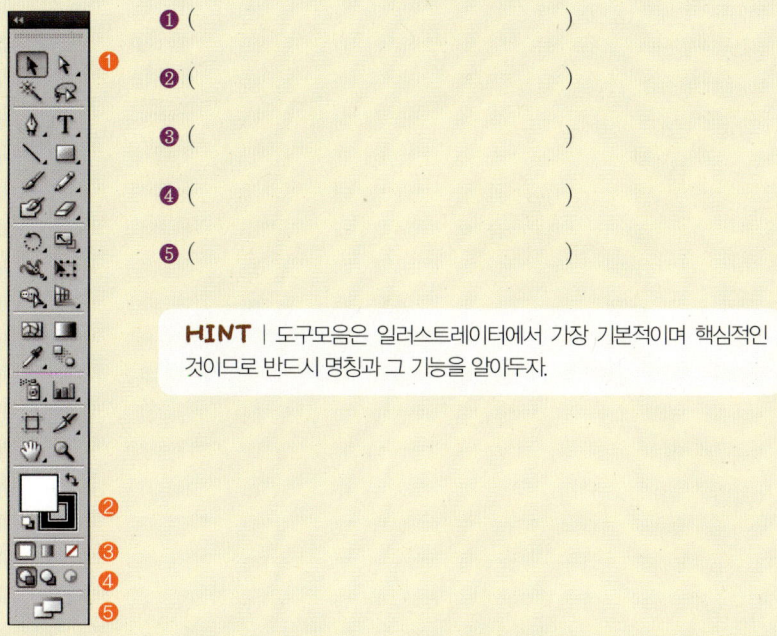

❶ (   )

❷ (   )

❸ (   )

❹ (   )

❺ (   )

HINT | 도구모음은 일러스트레이터에서 가장 기본적이며 핵심적인 것이므로 반드시 명칭과 그 기능을 알아두자.

2. 팔레트의 크기를 조절하거나 이동하고, 팔레트끼리 합치고 분리해 보자.

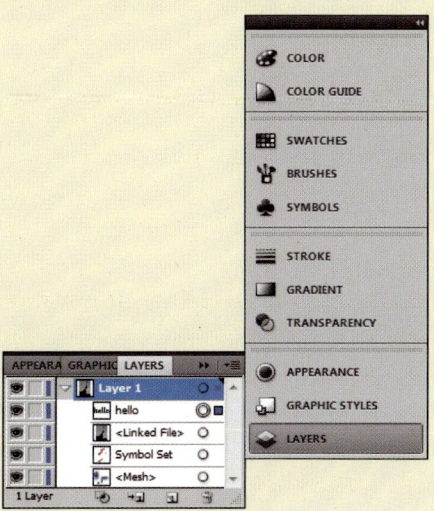

HINT | 일러스트레이터에서는 사용자의 편의를 위해 도구모음 및 팔레트의 크기와 위치를 자유롭게 변경시킬 수 있다. 팔레트의 탭 부분을 클릭한 후 드래그하여 팔레트를 이동시키거나 합쳐보자.

02 CHAPTER

편리한 작업을 위한 기본
실력 쌓기

쉽고 빠르게 원하는 이미지를 만들 수 있도록 일러스트레이터 CS5에서는 고급 드로잉 툴과 다양한 브러시를 제공한다. 여기에서는 드로잉을 위해 도구모음의 툴들을 사용해보면서 툴들의 기본적인 사용법을 알아본다.

Section 1   기본 편집 기능 알아보기

Section 2   오브젝트 관리하기

Section 3   간단하게 이미지 변형하기

Section 4   오브젝트 대칭 이동하고 자르기

Section 5   정확한 작업을 돕는 안내선과 그리드 사용하기

Section 6   정밀 일러스트 작업에 필요한 측정 기능 사용하기

쉽고 빠른 오브젝트 편집과 수정

Chapter 2

본격적인 그래픽 작업을 하기 전에 일러스트레이터 CS5에서 제공하는 여러 가지 기능들을 이용하여 오브젝트를 다루는 기본적인 방법을 학습해 보도록 한다.

01 작업 화면 조정

[View] 메뉴는 미리 보기 기능이나 눈금자, 안내선, 그리드 선 등의 작업을 도와주는 보조 도구들을 실행하는 명령으로 구성되어 있다. 이러한 여러 가지 보기 기능들은 복잡한 작업에서 사용자가 원하는 화면으로 구성해서 보여주거나 웹 환경에 맞는 상태로 미리 보기 기능을 제공하여 사용자가 작업하는 데 많은 도움을 준다.

- 미리 보기(Overprint Preview)

[View]-[Overprint Preview]는 일러스트레이터 CS5가 실행될 때 기본적으로 선택되어 있는 모드로써 오브젝트의 내부 및 외곽선의 색상, 블렌드, 그레이디언트 등의 모든 속성을 화면에 표시한다.

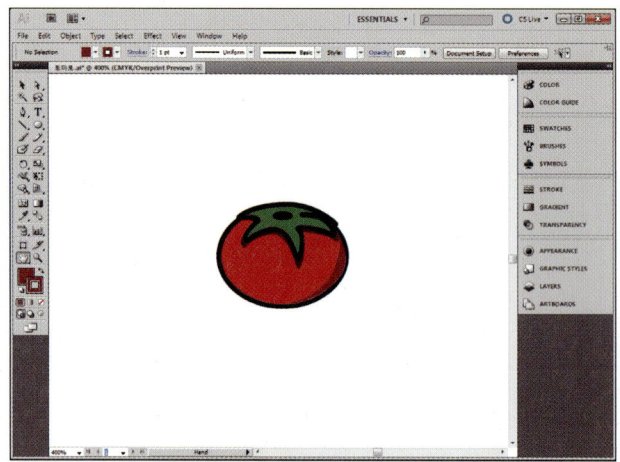

▲ 미리 보기 작업 화면

- **픽셀 미리 보기(Pixel Preview)**

  [View]-[Pixel Preview]는 현재 페이지의 벡터 방식 오브젝트들을 비트맵 이미지로 변형시켜 보여준다.

  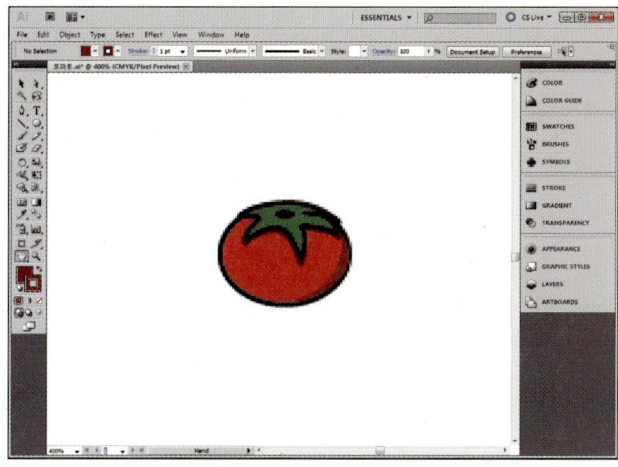
  ▲ 픽셀 미리 보기 작업 화면

- **아웃라인(Outline)**

  [View]-[Outline]은 현재 도큐먼트 상의 오브젝트들의 외각 선들만 보여주는 기능으로 복잡한 오브젝트나 오브젝트들의 중심점 등을 쉽게 확인하고 싶을 때 사용한다.

  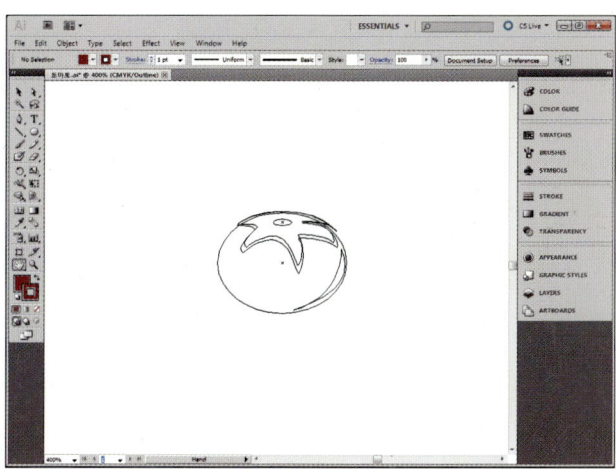
  ▲ 아웃라인 작업 화면

- 눈금자(Ruler) / 그리드(Grid)

[View]-[Ruler]-[Show Ruler]는 화면에 눈금자를 표시하고, [View]-[Show Grid]는 화면에 그리드 선을 표시하여 사용자가 그래픽 작업을 할 때 오브젝트의 위치나 크기를 결정하는 데 도움을 준다.

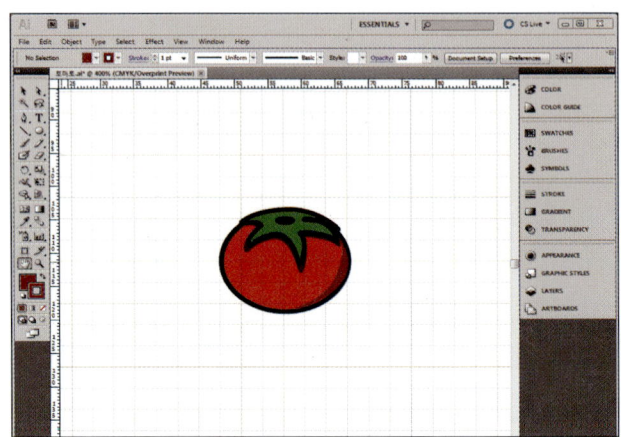

▲ 눈금자와 그리드를 적용한 작업 화면

02 작업 화면 보기 모드

일러스트레이터 CS5에서 제공하는 화면 모드 기능은 작업 공간을 효율적으로 사용하기 위한 방법으로 도구모음 하단에 있는 'Change Screen Mode' 아이콘( )의 하위 메뉴에 작업 화면 보기 모드들을 제공한다.

- Normal Screen Mode

[Normal Screen Mode]는 기본 모드로써 제목표시줄, 메뉴 등이 모두 표시된다. 화면에 모든 메뉴와 도구, 도큐먼트가 함께 보이기 때문에 작업 시에 다른 프로그램으로 쉽게 전환이 가능하지만, 화면에 보이는 도큐먼트의 면적은 가장 작다.

- Full Screen Mode with Menu Bar

[Full Screen Mode with Menu Bar]는 기본 모드인 [Normal Screen Mode]에서 도큐먼트가 최대로 확장된 모드로써 도큐먼트를 넓게 사용하고 싶을 때 유용하다.

- Full Screen Mode

[Full Screen Mode with Menu Bar] 모드에서 도큐먼트 영역이 더 확장된 모드로써 메뉴나 도구모음은 화면에서 보이지 않고 오직 도큐먼트 영역만이 화면에 표시된다. 따라서 바로 가기 키만으로 메뉴들을 사용할 수 있다. 이 모드를 취소하고 싶으면 Esc 를 눌러 이전 모드로 돌아갈 수 있다.

03 도큐먼트 단위 설정

화면에 표시되는 눈금자 부분에서 마우스 오른쪽 버튼을 클릭하면 도큐먼트의 단위를 설정할 수 있다. 그러나 이러한 설정은 현재의 도큐먼트에 해당되기 때문에, 도큐먼트들의 기본 단위를 설정하기 위해서는 [Edit]-[Preferences]-[Unit]에서 설정한다.

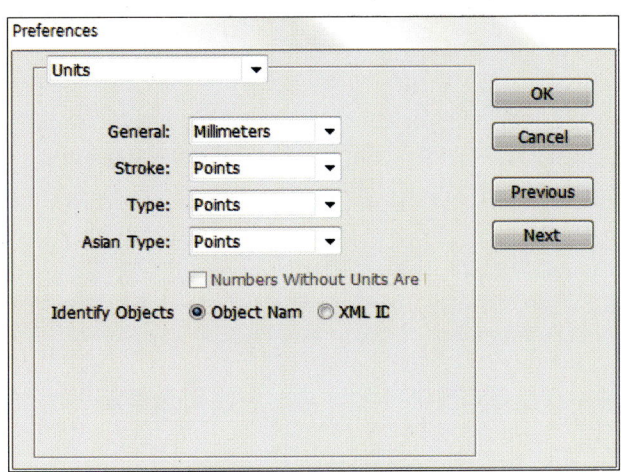

기본 편집 기능 알아보기

Section 1

오브젝트(Object)란 패스로 이루어진 것으로 점, 선과 함께 일러스트 이미지를 구성하는 가장 기본적인 단위이다. 오브젝트를 편집하고 수정하는 방법을 알아보자.

> **알아두기**
> - 돋보기 툴과 바로 가기 키를 이용하여 작업 화면을 확대 및 축소할 수 있다.
> - [Edit] 메뉴와 바로 가기 키를 이용하여 오브젝트를 복사, 붙여넣기, 자르기, 삭제하기 등의 작업을 할 수 있다.

따라하기 01 작업 화면 확대, 축소하기

'챕터2_샘플/옥수수.ai'를 불러온 후 작업의 속도 향상 및 능률을 위해 작업 화면을 확대 또는 축소해 보자.

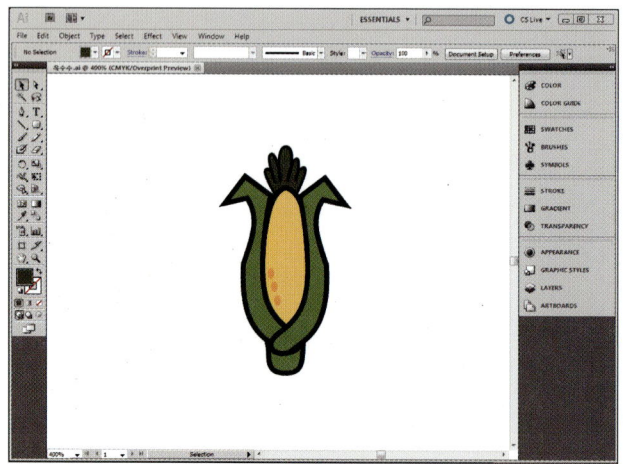

❶ [File]-[Open]를 선택하여 부록 CD의 '옥수수.ai' 파일을 열고 도구모음에서 돋보기 툴(🔍)을 더블클릭하여 화면 보기 비율을 '100%'로 설정한다.

❷ 현재 도큐먼트에서 확대하려는 부분에 마우스 포인터를 위치시키고 🔍상태가 되었을 때 클릭하여 화면을 확대한다.

❸ 위와 같은 방법으로 확대를 원하는 부분에 원하는 만큼 드래그하여 화면을 확대한다.

❹ 확대를 하면서 화면에서 가려진 부분은 도구모음에서 손 툴(✋)을 선택한 후 드래그하여 이동할 수 있다. .

58 Chapter 2 . 편리한 작업을 위한 기본 실력 쌓기

❺ `Alt`를 누르면 마우스 포인터가 🔍로 바뀌는데, 이 때 화면을 클릭하면 확대된 화면이 축소된다.

> tip ➕
> 일러스트레이터 CS5에서는 확대는 최대 6,400%, 축소는 최대 3%까지 가능하다. 클릭한 부분을 중심으로 화면이 일정한 비율로 확대 및 축소되며 확대된 비율이 작업 표시줄과 상태표시줄에 나타난다.

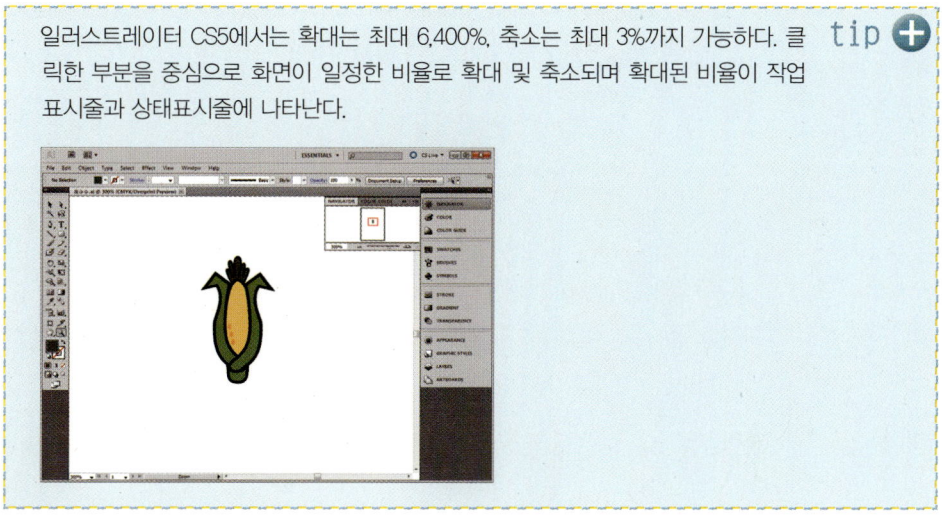

❻ [Window]-[Navigator]를 선택하여 도큐먼트의 화면을 편리하게 확대하거나 축소하고 이동할 수 있는 [NAVIGATOR] 팔레트를 연다.

❼ [NAVIGATOR] 팔레트 위에 마우스 포인터를 올려놓고 마우스 포인터가 손 모양으로 바뀌면 드래그하여 작업 화면을 이동시킨다.

❽ [NAVIGATOR] 팔레트 하단의 줌 슬라이더를 오른쪽으로 드래그하면 화면 비율과 함께 작업 화면의 이미지도 확대된다.

❾ [NAVIGATOR] 팔레트 왼쪽 하단의 입력 상자는 화면 비율을 나타내는 것으로써 '100'을 입력하면 원본 크기의 비율로 조정된다.

> tip ➕
> 도구모음의 돋보기 툴()을 이용하지 않고도 바로 가기 키만으로 화면을 확대 및 축소할 수 있다.
>
> · Zoom In(`Ctrl`+`+`) : [View]-[Zoom In] 메뉴 또는 바로 가기 키(`Ctrl`+`+`)를 활용하여 화면을 확대할 수 있다.
> · Zoom Out(`Ctrl`+`-`) : [View]-[Zoom Out] 메뉴 또는 바로 가기 키(`Ctrl`+`-`)를 활용하여 화면을 축소할 수 있다.
> · Fit in Window(`Ctrl`+`0`) : [View]-[Fit in Window] 메뉴 또는 바로 가기 키(`Ctrl`+`0`)를 활용하여 작업 이미지가 현재 작업 화면에 가득 차도록 확대 및 축소할 수 있다.
> · Actual Size(`Ctrl`+`1`) : [View]-[Actual Size] 메뉴 또는 바로 가기 키(`Ctrl`+`1`)를 이용하면 화면 비율이 실제 이미지의 크기인 100%로 전환된다.

| 따라하기 | 02 | 오브젝트 선택과 이동하기 |

'챕터2_샘플/고구마.ai'를 불러온 후 오브젝트를 선택하기 위한 다양한 기능을 사용해 보자. 그 중에서도 가장 기본적인 선택 툴을 이용한 오브젝트 선택 방법을 알아보자.

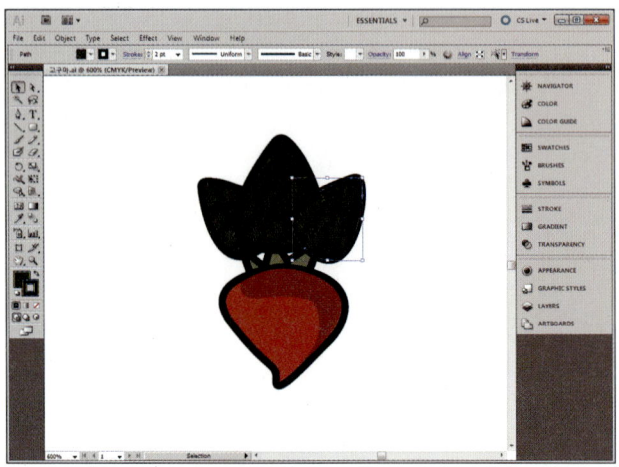

❶ 도구모음에서 선택 툴(▶)을 선택한다.

❷ 선택 툴(▶)로 잎 오브젝트를 하나 선택하면, 선택한 잎 주위로 바운딩 박스가 표시되어 해당 잎이 선택되어 있음을 알 수 있다.

❸ 바운딩 박스의 각 모서리 조절점에 마우스 포인터를 위치시키고, 마우스 포인터가 회전 모양으로 바뀌었을 때 [Shift]를 누른 채 드래그하여 회전한다. [Shift]는 오브젝트를 회전할 때 정확히 45°의 간격으로 회전하도록 하는 기능을 제공한다.

❹ 바운딩 박스의 조절점에 마우스 포인터를 위치시키고, 마우스 포인터가 화살표 모양으로 바뀌었을 때 [Shift]를 누른 채 드래그하면 오브젝트를 확대할 수 있다. [Shift]는 오브젝트의 크기를 조절할 때 가로와 세로의 비율을 일정하게 조절하는 기능을 제공한다.

❺ 선택한 잎 오브젝트의 내부를 클릭한 채 드래그하여 잎 오브젝트를 이동한다.

따라하기 03 실행 취소와 복구하기

'챕터2_샘플/완두콩.ai'를 불러온 후 이미지 작업을 하던 중에 방금 실행한 작업을 취소하거나 취소한 것을 되돌리는 기능을 사용해 보자. [Undo]는 이전에 실행한 순서대로 작업 내용을 취소하고 [Redo]는 [Undo]로 취소했던 작업 내용을 되돌린다.

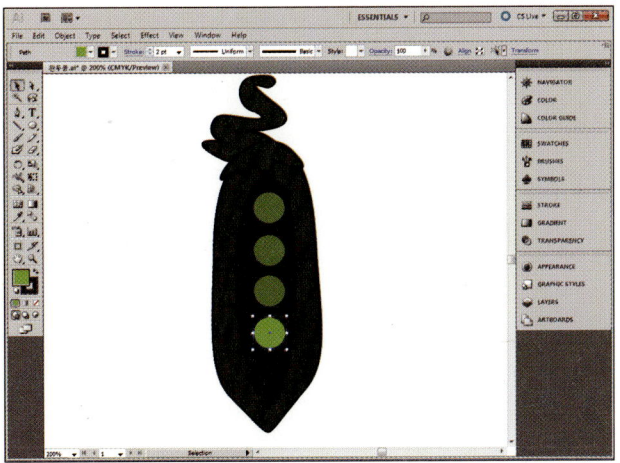

❶ 도구모음의 선택 툴( )로 맨 밑의 콩 오브젝트를 하나 선택한다.

❷ 도구모음의 색상 모드 툴( )에서 오브젝트의 면색을 지정하는 부분을 더블클릭하여 원하는 색을 선택한 후 [OK] 버튼을 클릭한다.

❸ 선택한 콩 오브젝트의 색상이 바뀌었으면 [Edit]-[Undo Paint Style]을 선택하여 콩 오브젝트의 색상을 이전 색상으로 다시 전환한다.

❹ [Edit]-[Redo Paint Style]을 선택하면 취소한 명령을 다시 실행하여 언두색으로 바뀐 콩 오브젝트의 색상을 다시 설정한 색상으로 전환할 수 있다.

> tip ➕
> · Undo 바로 가기 키 : Ctrl + Z
> · Redo 바로 가기 키 : Ctrl + Shift + Z

따라하기 04 **Cut, Paste, Copy, Clear 알아보기**

오브젝트의 편집 작업 중에서 가장 기본적인 자르기, 붙여넣기, 복사하기, 지우기 기능을 알아보자.

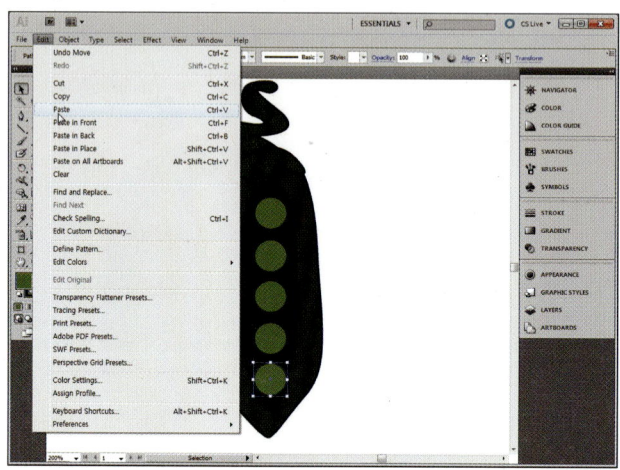

❶ 선택 툴(▶)로 맨 밑의 콩 오브젝트 하나를 선택한다.

❷ [Edit]-[Clear] 또는 `Delete` 를 눌러 선택한 콩 오브젝트를 삭제한다.

❸ 다시 선택 툴(▶)로 콩 오브젝트 하나를 선택한 후 [Edit]-[Copy] 또는 `Ctrl`+`C`를 눌러 선택한 오브젝트를 복사한다.

❹ [Edit]-[Paste] 또는 `Ctrl`+`V`를 눌러 복사한 오브젝트를 붙여 넣는다.

❺ 복제된 오브젝트가 선택된 상태에서 바운딩 박스의 조절점을 이용하여 크기를 조절하고 알맞은 위치로 이동시킨다.

> tip ➕
> · [Cut]은 오브젝트를 도큐먼트에서 잘라내어 메모리에 일시적으로 보관하기 때문에 다시 해당 오브젝트를 붙여 넣을 수 있다.
> · [Clear]는 오브젝트를 도큐먼트에서 잘라낸 뒤 메모리에 보관하지 않기 때문에 해당 오브젝트를 다시 붙여 넣을 수 없다.

따라하기 05 Paste in Front, Paste in Back, Paste in Place

'챕터2_샘플/딸기.ai'를 불러온 후 붙여넣기 명령 중에서 오브젝트 간의 위, 아래 배열 순서를 조절하는 [Paste in Front], [Paste in Back], [Paste in Place]에 대해 알아보자.

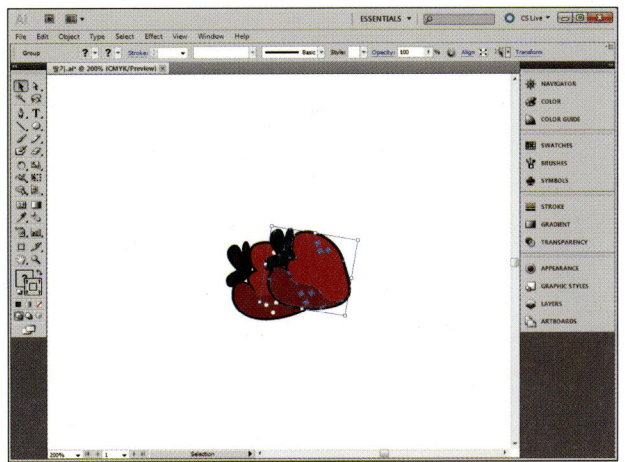

❶ 선택 툴( )로 딸기 오브젝트를 선택한다.

❷ 선택한 딸기 오브젝트를 [Edit]-[Copy] 또는 Ctrl + C 를 눌러 복사한다.

❸ [Edit]-[Paste in Front]를 선택하여, 복사해서 붙여 넣은 딸기 오브젝트를 원본 딸기 오브젝트 위로 위치시킨다.

❹ [Edit]-[Paste in Back]를 선택하면, 복사한 딸기 오브젝트가 원본 딸기 오브젝트 아래의 위치로 붙여 넣어진다.

❺ [Edit]-[Paste in Place]를 선택하면, 복사한 딸기 오브젝트가 원본 딸기 오브젝트의 위로 정확하게 겹쳐져서 붙여 넣어진다.

01 혼자해보기

딸기 오브젝트를 복사하여 맨 뒤로 정렬하여 붙여보자.

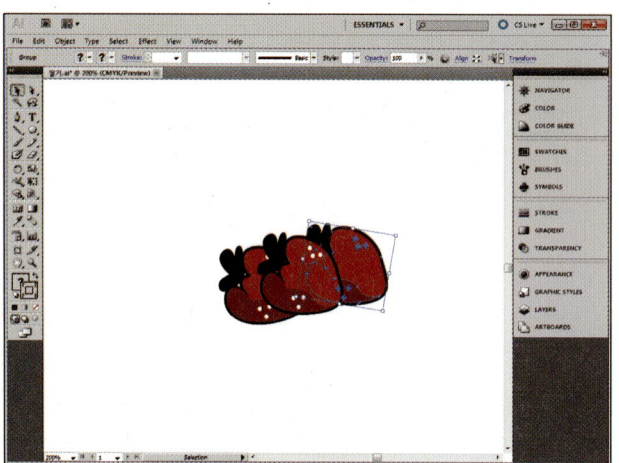

HINT | 딸기 오브젝트를 하나 선택하여 복사한 후, [Edit]-[Paste in Back]를 선택한다.

Section 2. 오브젝트 관리하기

작업의 편리성과 효율성을 높이기 위해 필요에 따라 오브젝트들을 하나의 그룹으로 묶거나 화면에서 숨길 수 있다. 그리고 작업한 오브젝트를 배열하여 완성한 일러스트를 하나로 통합할 수 있다.

◉ 알아두기

- [Group]으로 여러 개의 오브젝트를 하나의 오브젝트로 그룹화할 수 있다.
- [Ungroup]으로 그룹화된 오브젝트를 해제할 수 있다.
- [Lock]을 실행하여 불필요한 오브젝트를 일시적으로 잠금 설정을 할 수 있다.
- [Arrange]를 실행하여 오브젝트들의 배열을 조정할 수 있다.
- [Hide]로 불필요한 오브젝트를 숨겨 겹쳐진 오브젝트를 수정할 수 있다.

따라하기 01 그룹 설정하기

'챕터2_샘플/들꽃.ai'를 불러온 후 그룹을 사용해 보자. 그룹은 여러 개의 오브젝트를 하나의 오브젝트처럼 묶는 기능으로 복잡한 이미지들을 관리하는 데 매우 유용하다.

❶ 도구모음에서 선택 툴( )을 선택한다.
❷ 꽃잎의 오브젝트를 선택하면 꽃잎 오브젝트가 각각 하나씩 선택되는 것을 볼 수 있다.
❸ 꽃잎 오브젝트들을 하나의 오브젝트로 움직이도록 하기 위해 [Shift]를 누른 채 꽃잎 오브젝트들을 모두 선택한다.

❹ [Object]-[Group]을 선택하여 선택한 오브젝트들을 하나의 그룹 오브젝트로 묶는다.

❺ 그룹으로 묶인 오브젝트를 선택 툴( )로 드래그하여 이동시키면 하나의 오브젝트로 움직이는 것을 볼 수 있다.

> · 그룹 지정 바로 가기 키 : Ctrl + G 를 누르면 현재 선택한 오브젝트들을 하나의 오브젝트로 그룹화할 수 있다.   tip ➕
> · 그룹 해제 바로 가기 키 : Ctrl + Shift + G 를 누르면 그룹화한 오브젝트를 그룹 해제를 할 수 있다.

01 혼자해보기
꽃잎과 꽃술, 줄기를 전체 선택하여 그룹화해 보자.

HINT | 선택 툴( )로 Shift 를 누른 채 오브젝트들을 선택하거나, 드래그하여 그룹화할 오브젝트를 선택한 다음 그룹화 명령을 실행한다.

| 따라하기 | 02 잠금 설정하기 |

'챕터2_샘플/나무와집.ai'를 불러온 후 [Lock]을 이용하여 오브젝트를 일시적으로 잠금 설정해 보자. 복잡한 이미지를 작업하는 과정에서 원하지 않는 오브젝트가 선택되거나 변형될 수 있다. 이때 [Lock]을 사용한다.

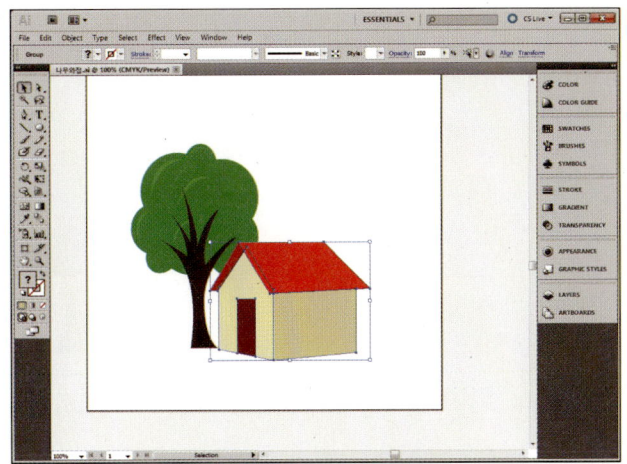

❶ 선택 툴(▶)로 미리 그룹화되어 있는 왼쪽의 나무 오브젝트를 선택한다.

❷ [Object]-[Lock]-[Selection] 또는 바로 가기 키 Ctrl + 2 를 눌러 나무 오브젝트에 잠금을 설정한다.

❸ 선택 툴(▶)로 전체 오브젝트를 드래그하면 나무 오브젝트 외의 다른 오브젝트들만 선택되는 것을 볼 수 있다.

❹ [Object]-[Unlock All] 또는 바로 가기 키 Ctrl + Alt + 2 를 누르면 모든 오브젝트의 잠금 설정을 해제할 수 있다.

Section 2. 오브젝트 관리하기

따라하기 03 오브젝트 배열하기

여러 개의 오브젝트들이 겹쳐져 있을 때는 앞부분에 위치한 오브젝트에 가려져 있어 뒷부분의 오브젝트들은 잘 보이지 않는다. 그림이 그려진 종이들이 겹쳐져 있는 것과 같은 현상이며 각 오브젝트들의 겹침 순서를 바꿀 때 [Arrange]를 사용한다.

❶ 선택 툴( )로 왼쪽 나무 오브젝트를 선택한다.

❷ [Object]-[Arrange]-[Bring to Front]를 선택하여 나무 오브젝트가 집 오브젝트의 위로 겹쳐지도록 이동시킨다.

❸ 나무 오브젝트를 복사한 뒤 집 오브젝트의 오른쪽 위치에 겹쳐지도록 붙여 넣는다.

❹ 복사한 오브젝트를 선택 툴( )로 선택한 다음 [Object]-[Arrange]-[Sent to Back]을 선택하여 나무 오브젝트가 집 오브젝트의 뒤에 겹쳐지도록 이동시킨다.

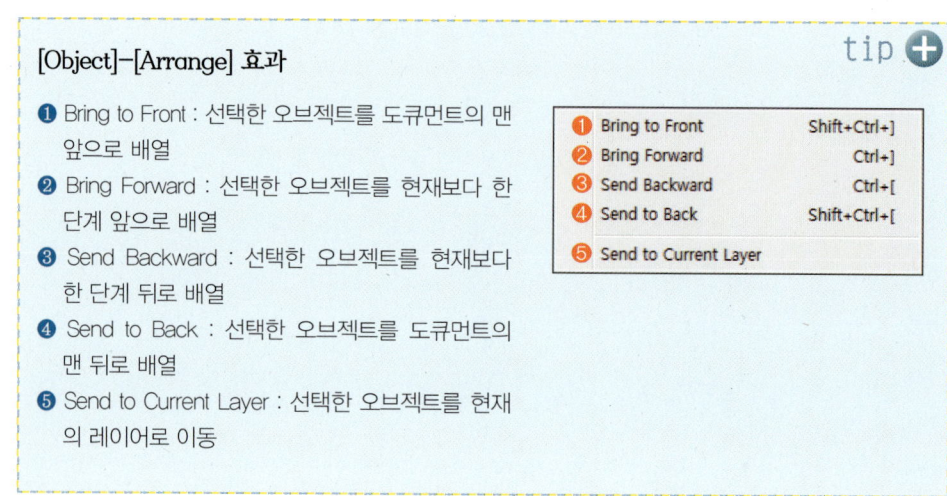

Chapter 2 . 편리한 작업을 위한 기본 실력 쌓기

따라하기 04 화면에서 오브젝트 숨기기

여러 개의 오브젝트들이 겹쳐져 있는 경우에는 뒤에 겹친 오브젝트가 가려져 있어 수정하기가 어렵다. 이때 앞에 겹쳐진 오브젝트를 [Hide]로 화면에서 숨기고 작업을 진행할 수 있다.

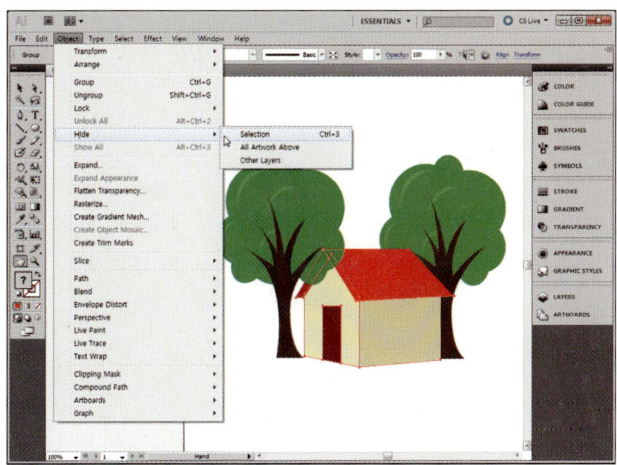

❶ 선택 툴( )로 집 오브젝트를 선택한 후 [Object]-[Hide]-[Selection]을 선택한다.

❷ 화면에서 집 오브젝트가 사라지고 나무 오브젝트들만 남는 것을 확인할 수 있다. 그러나 오브젝트가 화면에서 사라졌다고 해서 도큐먼트에서 삭제된 것은 아니다.

❸ 숨겨진 집 오브젝트를 다시 화면에 나타나게 할 때는 [Object]-[Show All]을 선택한다.

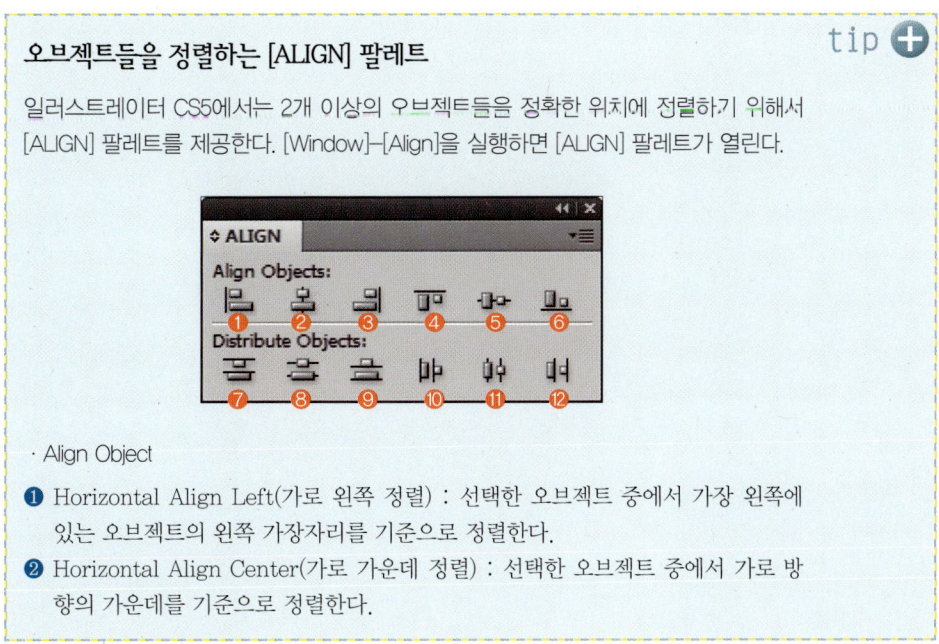

오브젝트들을 정렬하는 [ALIGN] 팔레트 tip ➕

일러스트레이터 CS5에서는 2개 이상의 오브젝트들을 정확한 위치에 정렬하기 위해서 [ALIGN] 팔레트를 제공한다. [Window]-[Align]을 실행하면 [ALIGN] 팔레트가 열린다.

· Align Object

❶ Horizontal Align Left(가로 왼쪽 정렬) : 선택한 오브젝트 중에서 가장 왼쪽에 있는 오브젝트의 왼쪽 가장자리를 기준으로 정렬한다.

❷ Horizontal Align Center(가로 가운데 정렬) : 선택한 오브젝트 중에서 가로 방향의 가운데를 기준으로 정렬한다.

Section 2. 오브젝트 관리하기

❸ Horizontal Align Right(가로 오른쪽 정렬) : 선택한 오브젝트 중에서 가장 오른쪽에 있는 오브젝트의 오른쪽 가장자리를 기준으로 정렬한다.
❹ Vertical Align Top(세로 위쪽 정렬) : 가장 위에 있는 오브젝트의 위쪽 가장자리를 기준으로 정렬한다.
❺ Vertical Align Center(세로 가운데 정렬) : 선택한 오브젝트 중에서 세로 방향의 가운데를 기준으로 정렬한다.
❻ Vertical Align Bottom(세로 아래쪽 정렬) : 가장 아래에 있는 오브젝트의 아래쪽 가장자리를 기준으로 정렬한다.

· Distribute Objects

❼ Vertical Distribute Top(세로 위쪽 분배) : 선택한 오브젝트들의 위쪽 가장자리를 기준으로 세로 간격을 똑같이 분배하여 정렬한다.
❽ Vertical Distribute Center(세로 가운데 분배) : 선택한 오브젝트들의 가운데를 기준으로 세로 간격을 똑같이 분배하여 정렬한다.
❾ Vertical Distribute Bottom(세로 아래쪽 분배) : 선택한 오브젝트들의 아래쪽 가장자리를 기준으로 세로 간격을 똑같이 분배하여 정렬한다.
❿ Horizontal Distribute Left(가로 왼쪽 분배) : 선택한 오브젝트들의 왼쪽 가장자리를 기준으로 가로 간격을 똑같이 분배하여 정렬한다.
⓫ Horizontal Distribute Center(가로 가운데 분배) : 선택한 오브젝트들의 가운데를 기준으로 가로 간격을 똑같이 분배하여 정렬한다.
⓬ Horizontal Distribute Right(가로 오른쪽 분배) : 선택한 오브젝트들의 오른쪽 가장자리를 기준으로 가로 간격을 똑같이 분배하여 정렬한다.

Section 3

간단하게 이미지 변형하기

도구모음의 크기 조절 툴과 자유 변형 툴을 이용하여 오브젝트의 크기를 다양하게 변경할 수 있으며 회전 툴을 이용하여 오브젝트를 자유롭게 회전시킬 수 있다. 도구모음에서 제공하는 다양한 툴을 이용하여 오브젝트를 쉽고 간단하게 변형해 보자.

◐ 알아두기
- 크기 조절 툴로 오브젝트를 확대 및 축소할 수 있다.
- 자유 변형 툴로 오브젝트를 간단하게 변형시킬 수 있다.
- 회전 툴로 오브젝트를 쉽게 회전시킬 수 있다.

따라하기 01 │ 크기 조절 툴을 이용하여 오브젝트 크기 변경하기

'챕터2_샘플/토끼.ai'를 불러온 후 도구모음의 크기 조절 툴을 이용하여 오브젝트의 크기를 변경해 보자.

❶ 선택 툴(▶)로 왼쪽 토끼의 귀 오브젝트 하나를 선택한다.
❷ 크기 조절 툴(🔲)을 선택하면 귀 오브젝트에 바운딩 박스가 표시된다.
❸ 바운딩 박스의 모서리 점 중에서 하나를 드래그하여 귀 오브젝트의 크기를 변형시킨다.
❹ 크기를 변형시킬 때 [Shift]를 누르면, 왼쪽 위 모서리를 중심을 기준으로 가로 및 세로의 비율이 같게 변형된다.
❺ 크기를 변형시킬 때 [Shift]+[Alt]를 누르면, 오브젝트의 중심을 기준으로 가로 및 세로의 비율이 같게 변형된다.

따라하기 02 [Scale] 대화 상자를 이용하여 오브젝트 크기 변경하기

[Scale] 대화 상자에서 일정한 비율의 수치값을 입력하여 오브젝트의 크기를 변경해 보자.

❶ 선택 툴( )로 오른쪽 토끼의 얼굴 오브젝트를 선택한 다음 도구모음의 크기 조절 툴( )을 더블클릭한다.

❷ 크기 조절 툴( )을 더블클릭하면 [Scale] 대화 상자가 나타난다. [Uniform] 항목에서 [Scale] 수치값을 '150'으로 입력한 다음 [OK] 버튼을 클릭한다.

❸ [Scale] 대화 상자에서 입력한 확대 비율만큼 토끼 얼굴 오브젝트가 확대된다.

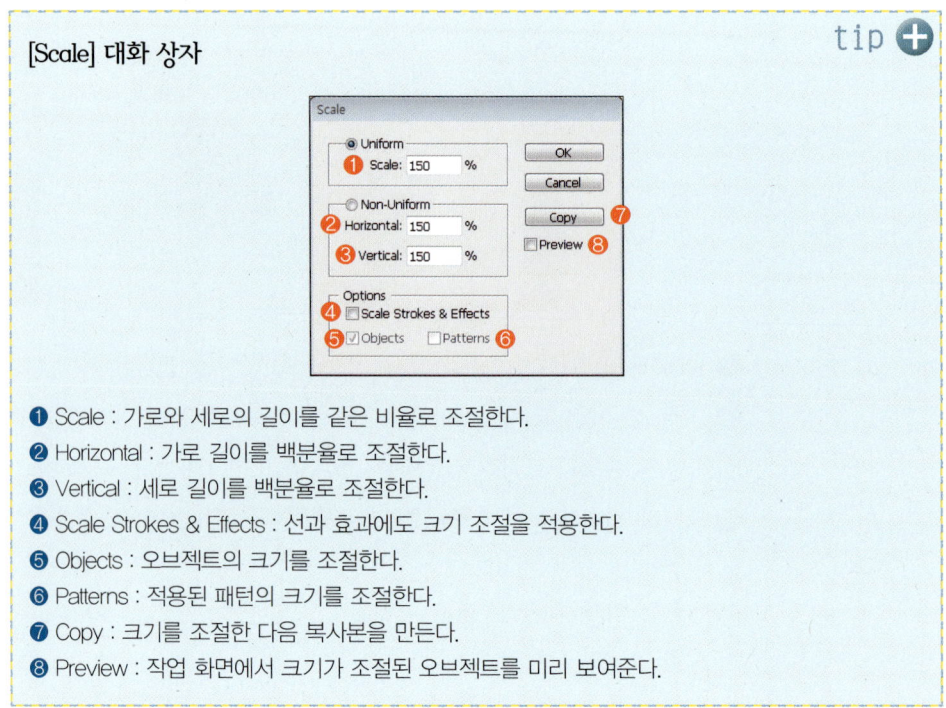

[Scale] 대화 상자

tip ➕

❶ Scale : 가로와 세로의 길이를 같은 비율로 조절한다.
❷ Horizontal : 가로 길이를 백분율로 조절한다.
❸ Vertical : 세로 길이를 백분율로 조절한다.
❹ Scale Strokes & Effects : 선과 효과에도 크기 조절을 적용한다.
❺ Objects : 오브젝트의 크기를 조절한다.
❻ Patterns : 적용된 패턴의 크기를 조절한다.
❼ Copy : 크기를 조절한 다음 복사본을 만든다.
❽ Preview : 작업 화면에서 크기가 조절된 오브젝트를 미리 보여준다.

따라하기 03 자유 변형 툴을 이용하여 오브젝트 변형하기

도구모음의 자유 변형 툴을 이용하여 오브젝트의 크기를 변경해 보자.

❶ 선택 툴(	)로 왼쪽 토끼의 귀 오브젝트 하나를 선택한다.
❷ 자유 변형 툴(	)을 선택하고 선택한 귀 오브젝트의 중심점을 확인한 후 중심점을 드래그하여 이동시킨다.
❸ 자유 변형 툴(	)을 선택한 상태에서 귀 오브젝트의 모서리 점 중에 하나를 드래그하여 귀 오브젝트의 형태를 변형시킨다.
❹ 중심점을 기준으로 귀 오브젝트가 가로 및 세로로 확대 또는 축소되는 것을 볼 수 있다.

따라하기 04 오브젝트 회전하기

도구모음의 회전 툴을 이용하여 오브젝트를 회전시켜 보자.

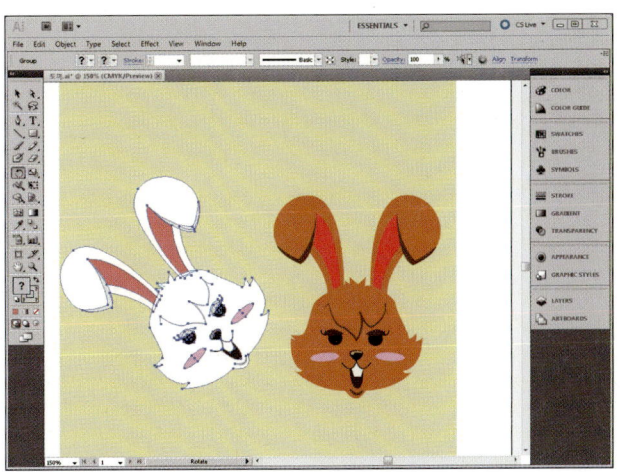

Section 3 . 간단하게 이미지 변형하기

❶ 선택 툴( )로 왼쪽 토끼의 두 귀와 얼굴 오브젝트를 선택한 다음 [Object]-[Group]을 선택하여 그룹화한다.

❷ 도구모음의 회전 툴( )을 선택하면 토끼 오브젝트의 중심에 회전축이 표시된다.

❸ 왼쪽 토끼의 왼쪽 귀 오브젝트를 클릭한 채 아래로 드래그하면 토끼가 회전축을 중심으로 시계 반대 방향으로 회전한다.

❹ 오브젝트의 회전을 하기 위해서는 반드시 회전 툴( )을 선택한 상태에서 회전할 오브젝트의 내부를 드래그한다.

> **tip** ➕
> · 회전축을 드래그하여 이동시킨 다음 Ctrl + Alt 를 누른 채 토끼 오브젝트를 드래그하면 회전축을 중심으로 토끼 오브젝트가 회전하여 복사된다.
> · Shift + Alt 를 누른 채 토끼 오브젝트를 드래그하면 회전축을 중심으로 정확히 45°간격으로 토끼 오브젝트가 회전하여 복사된다.
> · [Object]-[Transform]-[Transform Again]을 선택하면 방금 작업했던 회전 복사 작업을 한 번 더 실행하여 오브젝트가 반복적으로 복사된다. [Transform Agin] 명령은 방금 실행한 작업을 기억하여 실행할 때마다 한 번 더 실행해 주는 명령으로 바로 가기 키는 Ctrl + D 이다.

> **[Rotate] 대화 상자** **tip** ➕
> 회전 툴( )을 더블클릭하면 [Rotate] 대화 상자가 표시된다.
> ❶ Angle : 회전 각도를 지정한다. +는 시계 방향, −는 반시계 방향으로 회전한다.
> ❷ Object : 오브젝트의 회전 여부를 결정한다.
> ❸ Patterns : 패턴의 회전 여부를 결정한다.
> ❹ Copy : 회전한 다음 복사본을 만든다.
> ❺ Preview : 작업한 화면에서 회전한 오브젝트를 미리 보여준다.

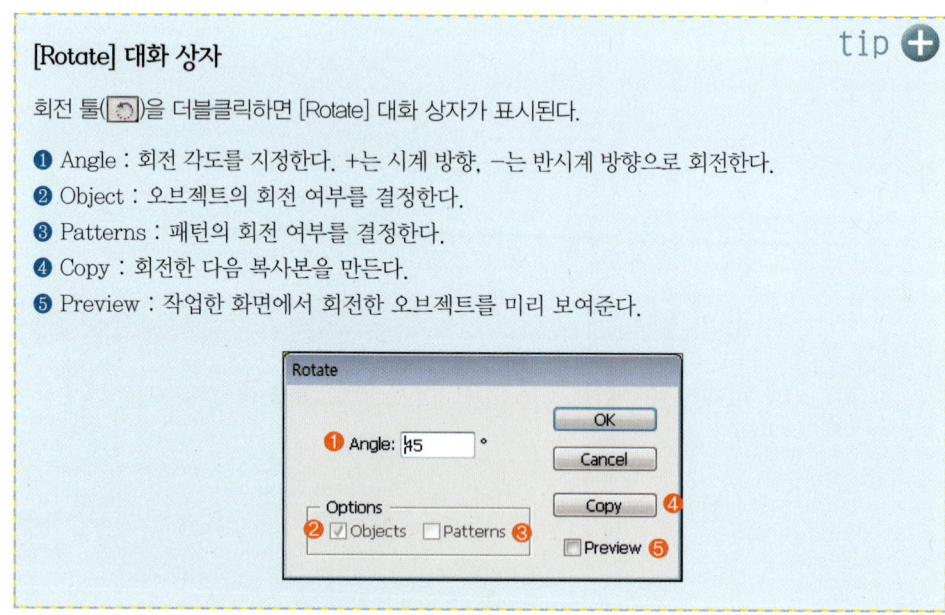

01 혼자해보기
오른쪽 토끼를 시계 방향으로 회전시켜 보자.

HINT | 오른쪽 토끼의 두 귀와 얼굴을 그룹화한 다음, 도구모음의 회전 툴(⟳)을 선택하여 토끼 내부의 오른쪽 부분을 클릭한 채 아래로 드래그한다.

02 혼자해보기
꽃잎를 복사하여 시계 방향으로 회전시켜 보자.

[작업 준비물 : 챕터2_샘플/꽃잎.ai]

HINT | 선택 툴(▶)로 꽃잎을 선택한 다음 회전 툴(⟳)을 선택하고, 회전축을 옮긴 후에 `Ctrl`+`Alt`를 누른 상태에서 꽃잎 오브젝트를 드래그하여 복사시킨다.

Section 3. 간단하게 이미지 변형하기

Section 4. 오브젝트 대칭 이동하고 자르기

도구모음의 회전 툴을 이용하면 오브젝트를 자유롭게 회전시킬 수 있다. 여기에서는 반사 툴을 이용하여 오브젝트를 정확한 각도로 회전시키고 지우개 툴 및 가위 툴 등의 여러 가지 툴로 오브젝트를 자르는 방법을 알아보자.

❍ 알아두기
- 반사 툴로 오브젝트를 정확하게 회전 및 대칭시킬 수 있다.
- 지우개 툴로 오브젝트를 간단하게 지울 수 있다.
- 가위 툴과 나이프 툴로 오브젝트를 쉽게 자를 수 있다.

따라하기 01 반사 툴을 이용하여 대칭 이동하기

'챕터2_샘플/하트.ai'를 불러온 후 도구모음의 반사 툴을 이용하여 오브젝트를 수직 또는 수평으로 대칭 이동해 보자. 거울에 반사된 듯한 형태로 회전하는 것이 회전 툴과는 다르다.

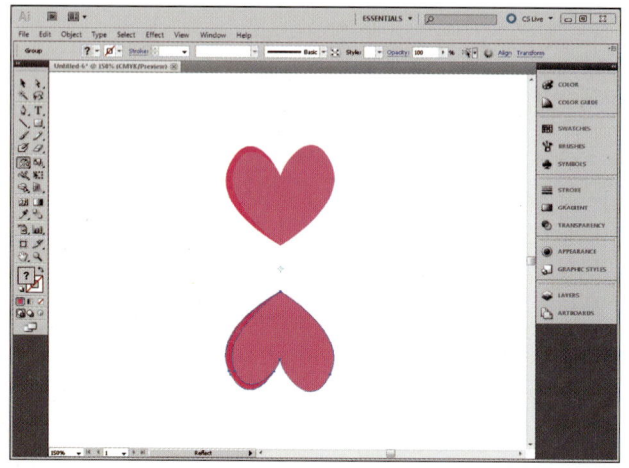

❶ 선택 툴( )로 하트 오브젝트를 선택한 다음 도구모음에서 반사 툴( )을 선택한다. 도구모음에서 반사 툴( )이 없는 경우, 회전 툴( )을 1~2초간 누르고 있으면 하위 메뉴로 반사 툴( )이 표시된다.

❷ 반사 툴( )로 하트 오브젝트의 아래를 클릭하여 회전축을 지정한다.

❸ `Alt` + `Shift` 를 누른 상태에서 하트 오브젝트를 드래그하여 거울에 반사된 모습과 같이 하트 오브젝트를 아래에 복사 및 위치시킨다.

[Reflect] 대화 상자

반사 툴( )을 더블클릭하면 [Reflect] 대화 상자가 표시된다.

❶ Horizontal : 가로축을 중심으로 반사한다.
❷ Vertical : 세로축을 중심으로 반사한다.
❸ Angle : 각도를 지정해서 반사한다.
❹ Objects : 오브젝트의 회전 여부를 결정한다.
❺ Patterns : 패턴의 회전 여부를 결정한다.
❻ Preview : 작업 화면에서 반사된 오브젝트를 미리 보여준다.

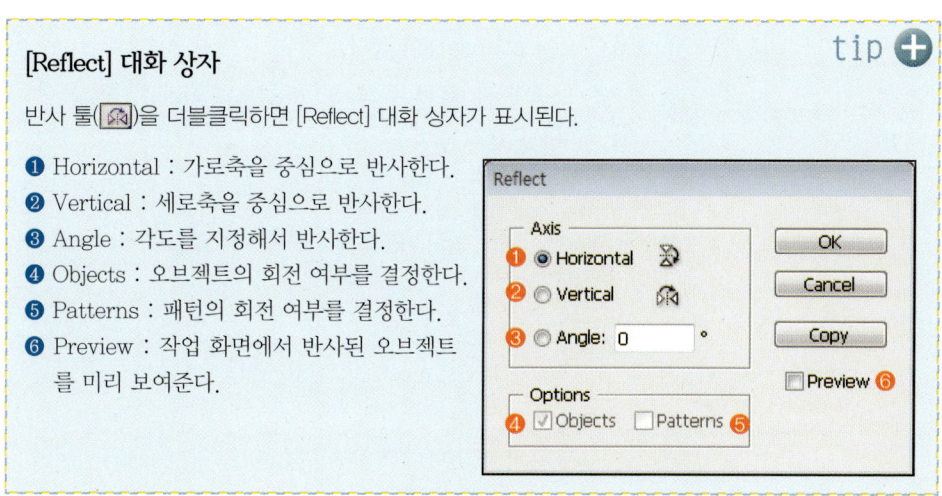

따라하기 02 지우개 툴로 자유롭게 지우기

'챕터2_샘플/하늘.ai'를 불러온 후 지우개 툴로 오브젝트를 자유롭게 지워 보자. 지우개 툴의 너비, 모양, 매끄러움을 지정할 수 있다.

❶ 도구모음의 지우개 툴( )을 더블클릭한다.

❷ [Eraser Tool Options] 대화 상자가 나타나면 [Diameter] 항목을 '20pt'로 입력하고 [OK] 버튼을 클릭한다.

❸ 지우개 툴( )이 선택된 상태에서 하늘 오브젝트에 마우스 포인터를 드래그하여 뭉게 구름을 표현한다. 이때 심볼로 등록된 오브젝트나 비트맵 이미지는 지울 수 없다.

Section 4. 오브젝트 대칭 이동하고 자르기

tip ➕ [Eraser Tool Options] 대화 상자

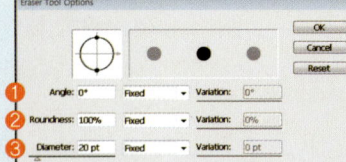

❶ Angle : 지우개의 각도를 조절한다. 'Fixed'는 수치 값을 고정하고, 'Random'으로 설정하면 오른쪽 슬라이더 바를 조절할 수 있으며 수치가 높을수록 변화의 정도가 심해진다.

❷ Roundness : 지우개를 정원 또는 타원형으로 조절할 수 있다. 100%이면 완전한 정원이다.

❸ Diameter : 지우개의 지름을 조절한다. 'Random'으로 설정하면 오른쪽 슬라이더 바를 조절할 수 있으며 수치가 높을수록 변화의 정도가 심해진다.

tip ➕ 패스 지우개 툴과 지우개 툴의 차이점

도구모음의 연필 툴( )을 누르면 표시되는 패스 지우개 툴( )은 오브젝트의 기준점들을 삭제하여 패스 형태의 변형을 가져와 닫힌 패스가 열린 패스로 바꾼다. 지우개 툴( )은 자유롭게 드래그하여 오브젝트의 기준점들을 삭제해 패스 형태의 변형을 가져오지만 닫힌 패스를 열린 패스로 변경하지는 않는다.

---

01 혼자해보기   **지우개 툴을 이용하여 맑은 하늘에 내리는 눈을 그려보자.**

HINT | 지우개 툴( )을 선택한 다음 [,] 를 사용하여 지우개 툴( )의 크기를 조절하면서 하늘 오브젝트를 클릭하여 눈을 그린다.

| 따라하기 | 03 | 가위와 나이프 툴로 오브젝트 자르기 |

'챕터2_샘플/당근.ai'를 불러온 후 가위와 나이프 툴을 이용하여 오브젝트를 쉽게 잘라 보자. 가위 툴로 기준점을 분리하면 2개의 기준점은 연결되지 않기 때문에 열린 오브젝트로 전환되며, 나이프 툴은 하나의 오브젝트를 드래그한 형태로 분리하기 때문에 완전히 닫힌 오브젝트로 만든다.

❶ 도구모음에서 가위 툴( )을 선택한다. 도구모음에서 가위 툴( )이 보이지 않는 경우, 지우개 툴( )을 1~2초간 누르고 있으면 하위 메뉴로 가위 툴( )이 나타난다.

❷ 당근 오브젝트의 가운데 패스 부분을 클릭하고 반대쪽 부분도 클릭한다.

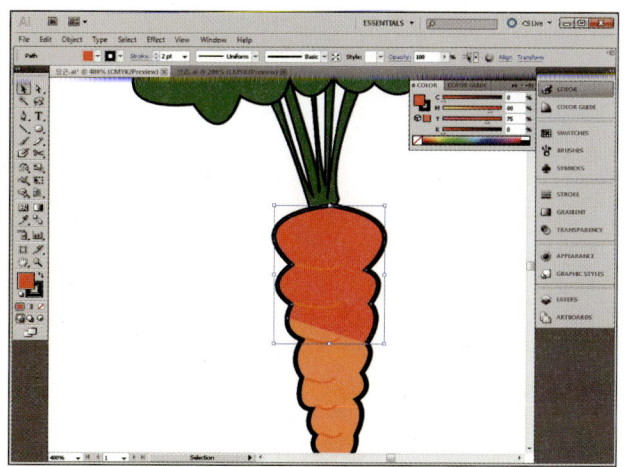

❸ 선택 툴( )로 분리된 당근 오브젝트의 윗부분을 선택하고 [Color] 팔레트에서 색상을 [C:0, M:80, Y:75, K:0]로 지정한다.

Section 4 . 오브젝트 대칭 이동하고 자르기

❹ 이번에는 선택 툴( )로 당근의 잎 오브젝트를 선택한다.

❺ 도구모음에서 나이프 툴( )을 선택하여 잎 오브젝트를 가로질러 드래그한다. 도구모음에서 나이프 툴( )이 보이지 않는 경우, 지우개 툴( ) 또는 가위 툴( )을 1~2초간 누르고 있으면 하위 메뉴로 나이프 툴( )이 나타난다.

❻ 선택 툴( )로 나눠진 잎 오브젝트의 상단을 선택하고 [Color] 팔레트에서 색상을 [C:60, M:20, Y:0, K:0]로 입력한다.

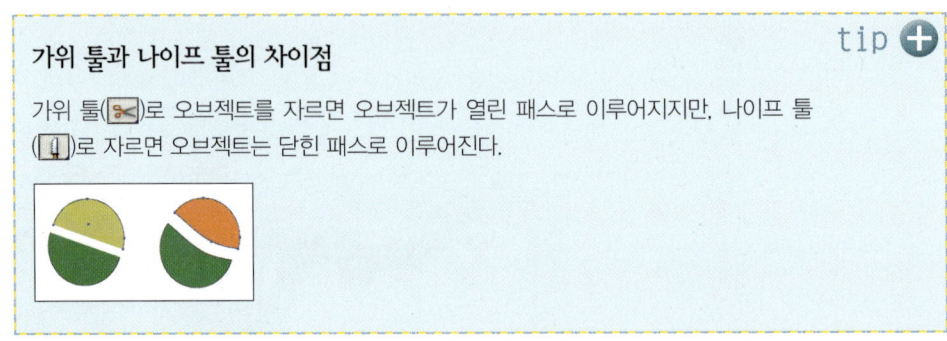

tip

가위 툴과 나이프 툴의 차이점

가위 툴( )로 오브젝트를 자르면 오브젝트가 열린 패스로 이루어지지만, 나이프 툴( )로 자르면 오브젝트는 닫힌 패스로 이루어진다.

정확한 작업을 돕는 안내선과 그리드 사용하기

일러스트레이터 CS5에서 세밀한 작업을 할 때 안내선과 그리드를 사용하면 좀 더 편리하게 정확한 작업을 할 수 있다.

◯ 알아두기

- 눈금자에서 안내선을 드래그하여 작업의 편리성을 높일 수 있다.
- 특수한 형태의 오브젝트 안내선을 만들 수 있다.
- [Smart Guide] 명령은 정밀한 도면 작업 시 매우 편리하게 사용할 수 있다.
- 바둑판 모양의 눈금자는 [Grid] 명령으로 사용할 수 있다.

따라하기 01 눈금자에서 안내선 사용하기

'챕터2_샘플/소년과소녀.ai'를 불러온 후 편리하게 작업할 수 있도록 도와주는 안내선을 사용해 보자. 안내선을 수정하려면 [View]-[Guides]-[Lock Guides]의 체크를 해제해야 한다.

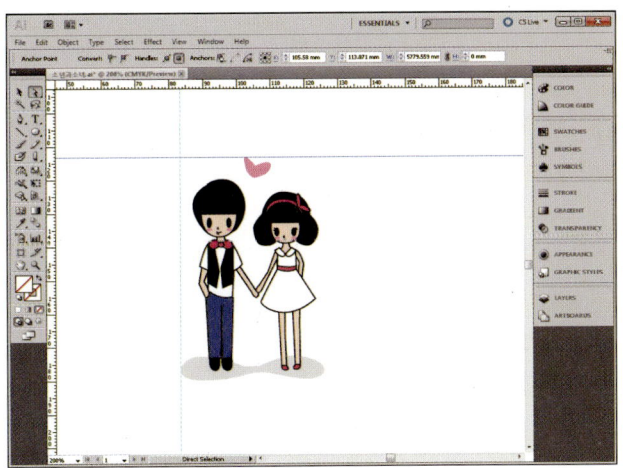

❶ 파일을 연 다음 안내선을 생성하기 위해 [View]-[Rulers]-[Show Ruler] 또는 바로 가기 키 Ctrl + R 을 눌러 눈금자를 화면에 표시한다.

❷ 위쪽 눈금자를 클릭한 다음 화면의 중심으로 드래그하면 하늘색의 안내선이 생성되는 것을 볼 수 있다.

❸ 왼쪽 눈금자도 마찬가지로 눈금자를 클릭한 다음 화면의 중심으로 드래그하면 새로 안내선이 생성된다.

❹ 생성된 안내선들은 선택 툴( )로 드래그하여 이동할 수 있다. 이동되지 않는 경우에는 [View]-[Guides]-[Lock Guides]를 선택하여 잠금 설정을 해제한다.

❺ 안내선을 보이지 않게 하고 싶다면 [View]-[Guides]-[Hide Guides]를 선택한다.

❻ 화면에서 안내선들을 모두 삭제하려면 [View]-[Guides]-[Clear Guides]를 선택한다.

안내선 잠금 설정　　　　　　　　　　　　　　　　　　　　　　tip ➕

생성한 안내선을 이동하거나 삭제하는 등의 수정을 하려면 [View]-[Guides]-[Lock Guides]를 선택하여 잠긴 안내선을 풀어줘야 한다. [Lock Guides] 체크를 해제하면 마우스 포인터로 안내선을 클릭하여 이동하거나 Delete 를 눌러 해제할 수 있다.

[Preferences] 대화 상자　　　　　　　　　　　　　　　　　　　tip ➕

[Edit]-[Preference]-[Guides & Grid]를 선택하거나 바로 가기 키 Ctrl + K 를 누르면 나타나는 [Preferences] 대화 상자의 [Guides], [Grid] 항목에서 안내선의 색상과 스타일을 설정할 수 있다.

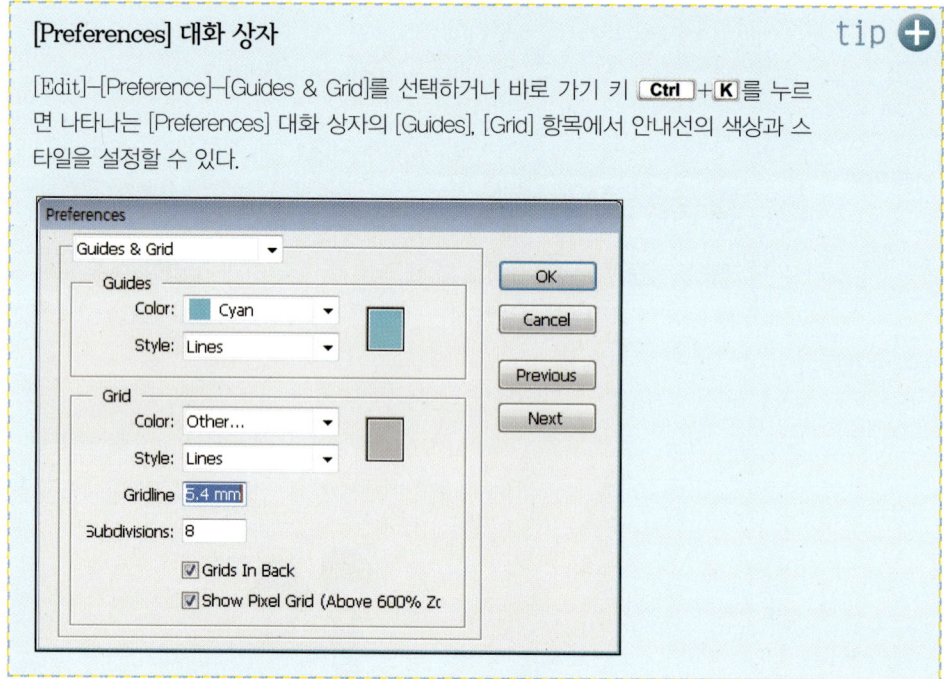

따라하기 02 원하는 형태의 안내선 만들기

일러스트레이터 CS5에서는 눈금자에서 만들어지는 가로 및 세로의 안내선 외에도 원하는 형태의 안내선을 만들고 수정할 수 있다.

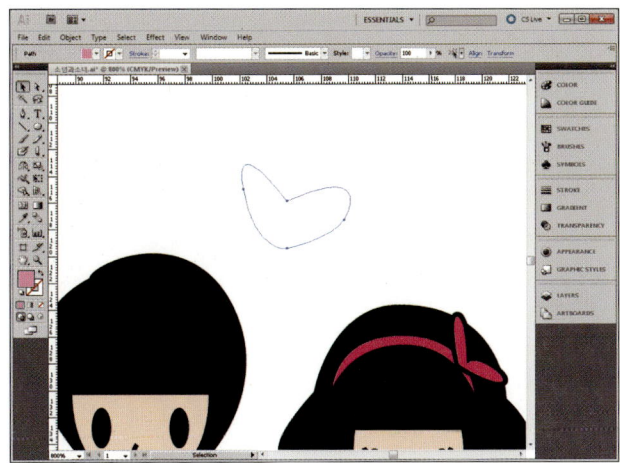

① 하트 오브젝트를 선택하고 [View]-[Guides]-[Make Guides]를 선택한다.

② 하트 오브젝트가 안내선으로 변경된 것을 볼 수 있다. 안내선으로 변경된 하트 오브젝트를 다시 본래의 오브젝트로 변경하려면 [View]-[Guides]-[Release Guides]를 선택한다.

> **tip** ⊕
>
> **[Make Guides]**
>
> · [Make Guides]의 바로 가기 키는 `Ctrl`+`5`이며 [Release Guides] 명령의 바로 가기 키는 `Ctrl`+`Alt`+`5`이다.
> · [Guides]-[Hide Guides], 또는 [Lock Guides]에 체크를 해제해야 안내선을 선택할 수 있고 이동 및 수정을 할 수 있다. 안내선이 잠겨 있거나 숨겨져 있으면 [Make Guides]를 실행할 수 없다.

따라하기 03 스마트 가이드 사용하기

일러스트레이터 CS5에서 제공하는 스마트 가이드는 마우스 포인터, 오브젝트를 구성하는 패스, 기준점의 명칭, 오브젝트를 이동할 때 위치와 각도 등 여러 가지를 보여주는 기능이 있어 간단한 도면 작업 시에 편리하게 사용할 수 있다.

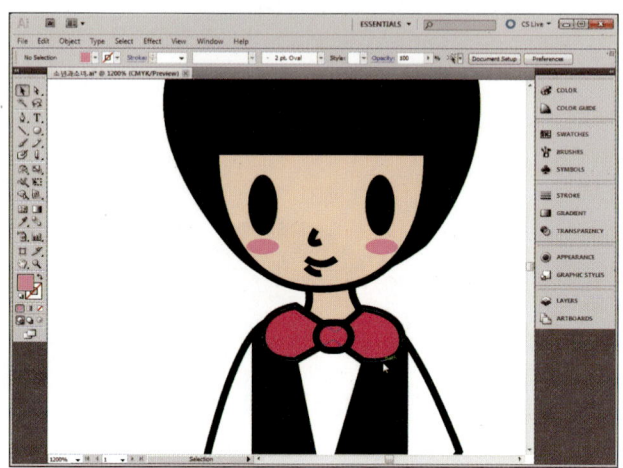

❶ [View]-[Smart Guides]를 선택하여 체크하면 스마트 가이드 기능을 사용할 수 있다.

❷ 스마트 가이드 기능을 실행하면 오브젝트의 기준점, 패스 등에 마우스 포인터를 위치시키면 패스의 속성 이름이나 각도, 중심점 등이 표시된다.

❸ 스마트 가이드 기능을 해제하려면 [View]-[Smart Guides]를 선택하여 체크 해제를 한다.

따라하기 04 **그리드 보이기 / 감추기**

그리드는 모눈종이 모양으로 그리드 선을 도큐먼트에 표시하는 것으로 기준점이나 수치 계산이 필요한 작업에 유용하다. 그리드를 이용하면 정밀한 작업이 가능하며 오브젝트를 쉽게 배치할 수 있다.

❶ [View]-[Show Grid]을 선택하여 도큐먼트에 그리드를 표시한다.

❷ 그리드 기능을 사용하면 화면에 모눈종이 모양으로 그리드 선이 표시되기 때문에 이미지 작업 시 안내선 역할을 하며, 새로운 오브젝트를 위치시키거나 크기를 조절할 때에도 유용하다.

❸ 오브젝트를 그리드 선과 알맞게 작성하려면 [View]-[Snap to Grid]을 선택한다. [Snap to Grid]를 선택하면 오브젝트를 작성하려는 마우스 포인터의 시작점을 자석처럼 그리드 선에 딱 맞춰지도록 할 수 있다.

Section 6

정밀 일러스트 작업에 필요한 측정 기능 사용하기

정밀한 수치 작업을 할 때 눈금자를 사용하면 정확한 수치 작업이 가능하며 안내선, 그리드 기능과 함께 사용하면 매우 정교한 작업이 가능하다.

⊙ 알아두기

- 눈금자를 이용하여 정확한 작업을 위한 수치를 측정하고 안내선을 생성할 수 있다.
- 눈금자의 기준점을 변경하여 오브젝트의 정밀한 수치 작업을 할 수 있다.
- 측정 툴로 오브젝트의 길이를 측정할 수 있다.

따라하기 01 | 눈금자 표시하고 감추기

'챕터2_샘플/파와양파.ai'를 불러온 후 눈금자를 사용하여 정확한 수치 작업과 안내선을 생성해 보자. 눈금자는 필요에 따라 작업 화면에서 표시하거나 숨길 수 있다.

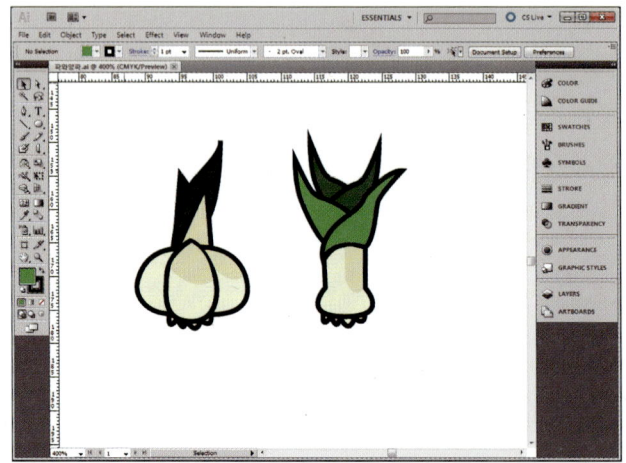

❶ [View]-[Show Rulers]을 선택하거나 바로 가기 키 `Ctrl`+`R`을 눌러 작업 화면의 왼쪽과 상단에 눈금자를 표시한다.

❷ 눈금자를 화면에서 숨기려면 [View]-[Hide Rulers]을 선택하거나 바로 가기 키 `Ctrl`+`R`을 한 번 더 누른다.

| 따라하기 | 02 눈금자 기준점 위치 조절하기 |

눈금자는 기본적으로 도큐먼트의 왼쪽 상단을 기준점으로 '0'으로 설정되어 있지만 사용자의 편의에 따라 기준점의 위치를 직접 변경할 수 있다.

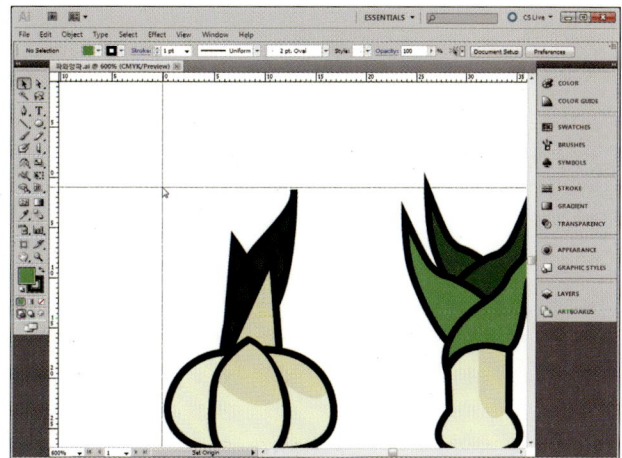

❶ 눈금자의 기준점을 변경하기 위해 먼저 눈금자가 작업 화면에 표시되어 있는지 확인한다.

❷ 눈금자가 표시되어 있다면 눈금자의 왼쪽 상단의 기준점을 클릭하고 원하는 위치로 드래그한다.

❸ 마우스로 드래그하면 십자 형태의 선이 나타나는데 마우스 포인터를 놓은 위치가 가로, 세로의 기준점 위치로 설정된다. 기준점 변경 및 설정은 같은 방법으로 언제든지 재설정이 가능하다.

Section 6 . 정밀 일러스트 작업에 필요한 측정 기능 사용하기

따라하기	03 측정 툴 사용하기

도구모음의 측정 툴은 오브젝트의 길이를 측정할 수 있는 툴이다. 측정 툴을 사용하면 마우스로 드래그한 시작점과 끝 점까지의 거리와 두 점의 좌표, 폭, 높이 및 각도가 표시된다.

❶ 도구모음의 스포이트 툴(🖊)을 1~2초간 누르고 있으면 하위 메뉴로 나타나는 측정 툴(📏)을 선택한다.

❷ 왼쪽의 양파 오브젝트의 높이를 측정하기 위해 양파 오브젝트의 위에서 아래로 Shift 를 누른 채 드래그한다. 높이를 측정하는 것이기 때문에 수직으로 드래그할 때 좌우로 기울어지지 않도록 하기 위해 Shift 를 같이 누른다.

❸ 드래그가 끝나면 [INFO] 팔레트의 거리 수치 정보 란에 측정치가 나타난다.

01 혼자해보기	양파와 파 오브젝트 사이의 거리를 측정해 보자.

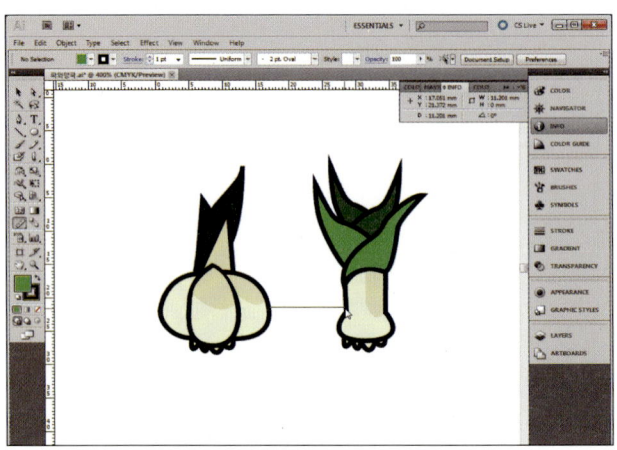

HINT | 측정 툴(📏)을 선택하고 양파 오브젝트의 오른쪽에서 파 오브젝트의 왼쪽 부분까지 Shift 를 누른 채 드래그 하여 [INFO] 팔레트에 나타난 X축 좌표값을 확인한다.

88 Chapter 2 . 편리한 작업을 위한 기본 실력 쌓기

핵심정리 summary

1. **사용자 편의에 맞게 작업 환경 설정하기**

   일러스트레이터 CS5에서는 사용자 편의에 따라 작업 환경을 설정할 수 있다. 자주 사용하는 팔레트를 미리 꺼내어 놓거나 팔레트 위치를 언제든지 재설정할 수 있으며 작업 공간을 저장하거나 공유할 수 있고 사전 설정이 가능하다.

2. **도큐먼트 설정하기**

   일러스트레이터 작업에서 가장 최초의 작업은 도큐먼트를 만드는 일이다. 알맞은 크기의 도큐먼트를 만들고 그 위에 드로잉하여 다양한 일러스트 작품을 완성할 수 있다. 기본적으로 도큐먼트의 크기는 A4 용지의 규격에 맞추어져 있으며 도큐먼트의 색은 흰색으로 설정되어 있다. 도큐먼트를 작성하는 방법에는 크게 두 가지가 있다.

   - 일러스트레이터를 실행하였을 때 나타나는 [Welcome Screen] 창을 사용하여 도큐먼트를 작성한다.
   - [File]-[New] 명령을 사용하여 새로운 도큐먼트를 작성한다.

3. **편리한 작업을 돕는 도구 알기**

   일러스트레이터 CS5는 다양한 툴을 제공하여 보다 편리하고 질높은 일러스트 작업을 할 수 있도록 돕는다. 돋보기 툴(🔍)로 화면을 확대하고 손 툴(✋)을 이용하여 도큐먼트 내에서 이동하며 눈금자 툴(📏)과 그리드를 이용하여 오브젝트의 크기를 손쉽게 조절할 수 있다. 드로잉 툴을 비롯한 다양한 그래픽 작업 툴을 사용하기 전에 편리한 작업을 돕는 기본적인 툴들과 바로 가기 키를 알아 놓으면 보다 편리한 작업을 할 수 있다.

4. **오브젝트 선택과 이동하기**

   일러스트레이터에서 그래픽 작업을 할 때 가장 많이 하는 작업 중에 하나는 오브젝트를 선택하고 원하는 위치로 이동하는 것이다.

   - 오브젝트 선택과 이동 : 선택 툴(▶)로 오브젝트를 클릭하여 선택하고, 원하는 위치로 드래그하면 오브젝트를 이동시킬 수 있다.
   - 다중 오브젝트 선택 : 드래그하여 범위를 설정하거나 `Shift`를 누른 상태에서 선택 툴(▶)로 오브젝트들을 클릭하면 오브젝트를 다중 선택할 수 있다.
   - 오브젝트 변형 : 선택 툴(▶)로 오브젝트를 클릭하여 나타나는 오브젝트의 기준점을 드래그하여 변형한다.
   - 마술봉 툴(🪄) 사용 : 선택되어 있는 오브젝트와 같은 속성을 지닌 오브젝트를 한 번에 선택할 수 있다.
   - 올가미 툴(🔲) 사용 : 올가미 툴(🔲)은 자유롭게 드래그하여 선택 영역에 포함되는 오브젝트, 선, 기준점을 선택할 수 있다.

종합실습 pointup

1. 작업 화면을 확대하고 원하는 부분으로 이동해 보자.

[작업 준비물 : 챕터2_샘플/바다.ai]

HINT | [NAVIGATOR] 팔레트와 돋보기 툴( )을 이용하여 화면을 확대하고 손 툴( )로 드래그하여 원하는 부분으로 이동한다.

2. 회전 툴로 꽃잎 오브젝트를 회전시켜 꽃 모양 오브젝트를 만들어 보자.

[작업 준비물 : 챕터2_샘플/꽃.ai]

HINT | 오브젝트를 선택하고 회전 툴( )로 도큐먼트의 가운데 부분을 클릭하여 회전축을 지정하고 `Shift` 와 `Alt` 를 누른 채 여러 번 복사 회전 작업을 실행한다.

종합실습 pointup

3. **지우개 툴을 이용하여 비눗방울을 더 만들어보자.**

   [작업 준비물 : 챕터2_샘플/버블.ai]

   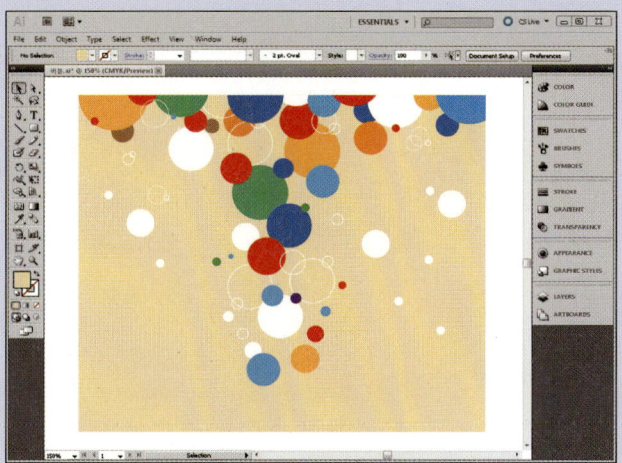

   HINT | 지우개 툴( )을 선택하고 배경을 클릭하고 원형으로 배경을 지움으로써 비눗방울과 같은 효과를 낸다.

4. **그리드와 스마트 가이드를 이용하여 오브젝트의 정보를 확인해 보자.**

   [작업 준비물 : 챕터2_샘플/blooming_trees.ai]

   HINT | [View]-[Show Grid]와 [Smart Guides]를 선택하여 그리드와 안내선을 작업 화면에 나타낸다.

03

CHAPTER

감각적인 일러스트를 위한
드로잉 연습하기

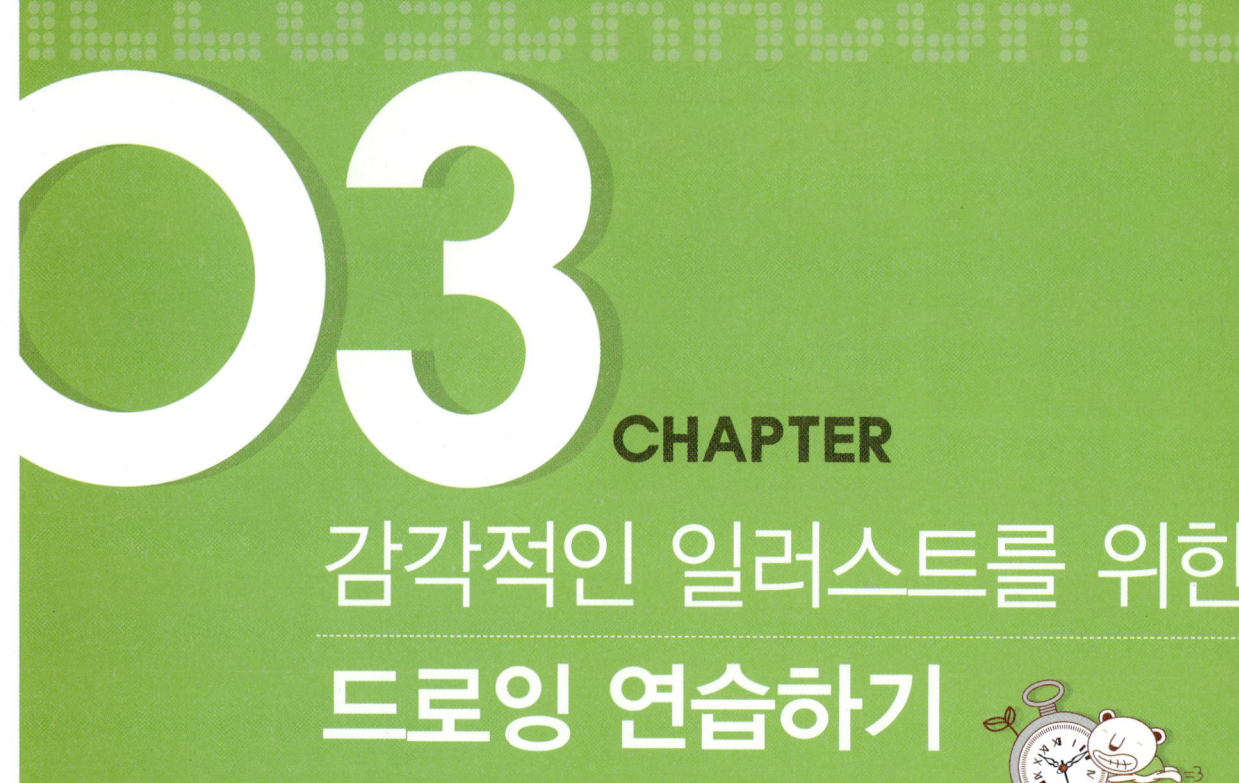

일러스트레이터 CS5에서 제공하는 다양한 드로잉 툴을 이용하여 쉽고 빠르게 원하는 이미지를 만들 수 있다. 일러스트의 가장 핵심적인 기능인 드로잉의 실력을 갈고 닦아보자.

Section 1   다양한 형태의 패스를 완성하는 펜 툴 연습하기
Section 2   손으로 그린 듯한 자연스러운 연필 툴 연습하기
Section 3   회화 이미지를 만드는 페인트 브러시 툴 연습하기
Section 4   손쉽게 오브젝트를 만들 수 있는 도형 툴 연습하기
Section 5   빠르고 간편한 선 툴 연습하기
Section 6   향상된 드로잉 기능 사용하기

일러스트레이터라는 캔버스 위에 드로잉하기

Chapter 3

일러스트레이터 CS5에서 제공하는 드로잉 툴은 마치 손으로 그림을 그린 듯한 정교함을 제공한다. 자유로운 패스를 그리기 위한 펜 툴, 브러시 툴, 그리고 연필 툴을 이용하면 상상한 대로 드로잉을 할 수 있다.

01 베지어 곡선(Bezier Curve)

베지어 곡선이란 프랑스의 수학자 베지어(Bezier P.)에 의해 만들어졌으며 두 점 사이의 불규칙한 곡선을 수학적으로 연결한 선을 말한다. 베지어 곡선은 벡터 방식의 곡선을 형성한 것으로 기준점, 방향선, 방향점으로 형태를 만들며 기준점을 연결하는 선을 세그먼트라고 하며 이 세그먼트들이 연결되어 구성된 것을 패스라고 한다. 또한 이러한 패스들이 모여 오브젝트를 구성한다.

- 베지어 곡선의 구조

  ❶ 기준점(Anchor Point) : 곡선을 이루는 기준이 되는 점(Point)
  ❷ 중심점(Center Point) : 오브젝트의 중심 점(Point)
  ❸ 세그먼트(Segment) : 두 점(Point) 사이를 연결하는 곡선
  ❹ 패스(Path) : 여러 개의 세그먼트가 연결된 것으로 오브젝트를 이루는 선
  ❺ 핸들(Handle) : 방향선이라고도 하며 기준점들의 방향을 조절할 수 있으며 부드럽게 곡선 처리를 할 수 있다.

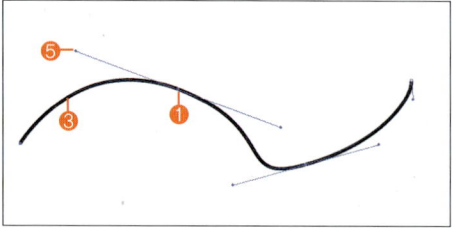
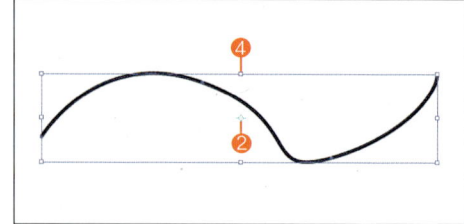

02 패스(Path)

2개 이상의 세그먼트가 연결되어 패스를 구성한다. 패스는 열린 패스와 닫힌 패스로 나누어지며, 기준점과 세그먼트를 수정하여 패스의 형태를 변경할 수 있다.

· 열린 패스(Open Path) : 시작점과 끝점이 연결되지 않은 패스
· 닫힌 패스(Close Path) : 시작점과 끝점이 하나로 연결된 패스
· 오브젝트(Object) : 패스로 이루어진 오브젝트로 이미지를 이루는 각각의 패스 형태

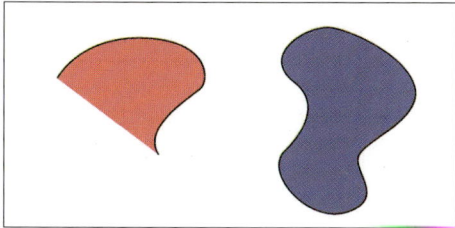

03 펜 툴의 형태

펜 툴은 다양한 형태를 가지고 있으며 각각 제공하는 기능이 다르다. 펜 툴 오른쪽에 나타나는 하위 메뉴에서 기호에 따라 현재 상태를 판단하고 펜 툴을 사용해야 한다.

· ▧ : 시작점을 클릭할 때 표시된다. 즉 펜 툴을 사용하면 연속적으로 선을 이어가게 되는데 연속적인 선상이 아닌 새로운 시작점을 만들려 할 때 × 표시가 붙는다.

· ▧ : 펜 툴을 사용하여 선을 만들어가는 과정에서 처음 시작점의 위치로 돌아오면 O 표시가 붙는다. O 표시가 나타날 때 클릭하면 정확히 닫힌 패스를 만들 수 있다.

· ▧ : 끊어진 패스, 즉 열린 패스의 시작점 또는 끝점에 위치하면 / 표시가 나타난다. 끊어진 패스에 이어 계속해서 새로운 패스를 연결하여 작성할 때 사용한다.

· ▧ : 기준점 삭제 툴을 나타내는 표시로 패스를 이루고 있는 기준점 위에 위치하면 − 표시가 나타난다. − 표시가 나타날 때 클릭하면 해당 기준점을 삭제할 수 있다.

· ▧ : 기준점 추가 툴을 나타내는 표시로 기준점이 아닌 세그먼트 위에 위치하면 + 표시가 나타난다. +표시가 나타날 때 클릭하면 패스 위에 기준점을 추가할 수 있다.

04 [BRUSHES] 팔레트

페인트 브러시 툴( )을 사용할 때 [BRUSHES] 팔레트에서 제공하는 다양한 형태의 붓 모양을 선택할 수 있다. [BRUSHES] 팔레트에는 Calligraphic Brushes, Scatter Brushes, Art Brushes, Pattern Brushes의 네 가지로 나뉜다.

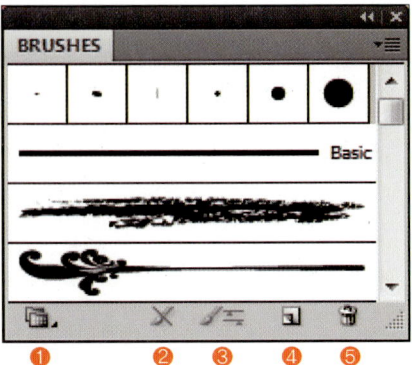

❶ Brush Libraries Menu : 일러스트레이터 CS5에서 기본으로 제공하는 브러시 라이브러리를 선택할 수 있다.

❷ Remove Brush Stroke : 선택된 오브젝트에 적용된 브러시 효과를 해제한다.

❸ Options of Selected Object : 선택한 오브젝트에 적용된 브러시의 옵션을 조절한다.

❹ New Brush : 새로운 브러시를 작성하거나 복사한다.

❺ Delete Brush : 선택된 브러시를 삭제한다.

05 브러시 라이브러리(BRUSH LIBRARY)

일러스트레이터 CS5에는 강모 브러시(Bristle Brush)가 새롭게 추가되었다. 다양하고 사실적인 브러시 라이브러리를 제공한다. 브러시 모양을 선택한 후 브러시의 크기나 길이, 강도 등을 자유롭게 조절할 수 있어 실제 붓과 같은 생동감 있는 페인팅을 구현할 수 있다.

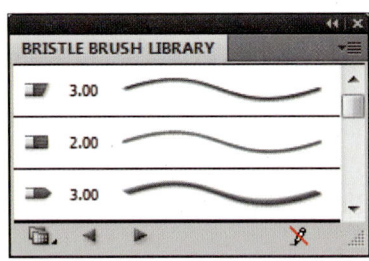
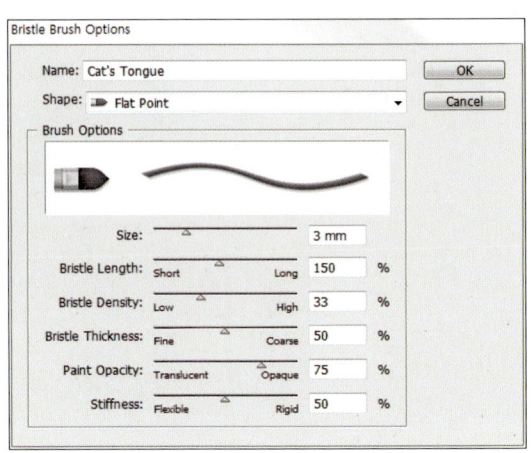

Section 1

다양한 형태의 패스를 완성하는 펜 툴 연습하기

펜 툴은 직선을 비롯한 다양한 형태의 곡선을 원하는 대로 그릴 수 있는 도구이다. 원하는 패스를 그리기 위해서는 기본적인 펜 툴의 기능을 비롯하여 기준점 추가 및 삭제 툴, 핸들 툴 등의 다양한 기능과 사용 방법을 알아야 한다.

> **● 알아두기**
> - 펜 툴을 이용하여 직선 및 자유 곡선을 그릴 수 있다.
> - 기존 패스에 기준점을 추가, 삭제할 수 있으며, 핸들을 사용하여 패스를 수정할 수 있다.
> - 펜 툴을 이용하여 열린 패스 및 닫힌 패스를 만들 수 있다.

따라하기 01 | 사각 형태의 패스 완성하기

'챕터3_샘플/사각패스.ai'를 불러온 후 사각 형태의 패스를 완성해 보자. 펜 툴로 직선을 그릴 때에는 Shift 와 함께 클릭만 하면 된다. 이때 드래그를 하게 되면 완전한 직선이 만들어지지 않는다.

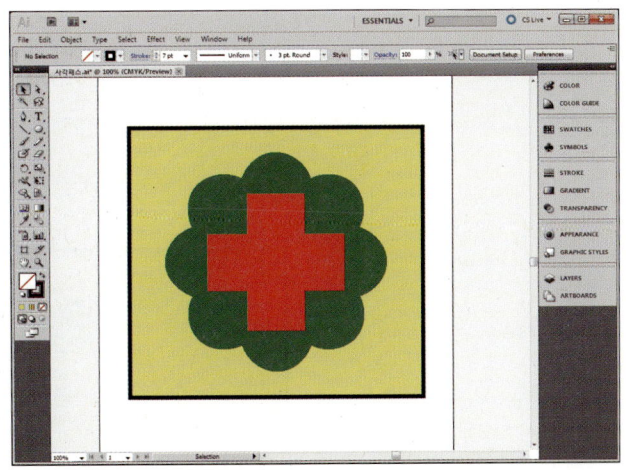

❶ 도구모음의 색상 모드에서 면 색상박스는 [색상 없음], 선 색상박스는 [검은색]으로 지정 한다.

❷ 패스의 두께를 지정하기 위해 옵션 바에서 [Stroke] 수치값을 '7'로 입력한다.

❸ 사각형 패스를 그리기 위해 도구모음에서 펜 툴( )을 선택한다.

❹ 사각형 오브젝트의 왼쪽 상단 모서리에서 시작점을 클릭한다. 시작점에 펜 툴( )을 위치시키면 마우스 포인터에 시작점을 의미하는 × 표시가 나타난다.

Section 1. 다양한 형태의 패스를 완성하는 펜 툴 연습하기 **97**

❺ Shift 를 누른 상태에서 사각형 오브젝트의 오른쪽 상단 모서리를 클릭한다.

❻ 계속해서 Shift 를 누른 상태에서 오른쪽 하단 모서리, 왼쪽 하단 모서리를 클릭하여 직선을 그리고, 다시 시작점인 왼쪽 상단 모서리를 클릭하여 사각형 오브젝트의 외곽선을 완성한다.

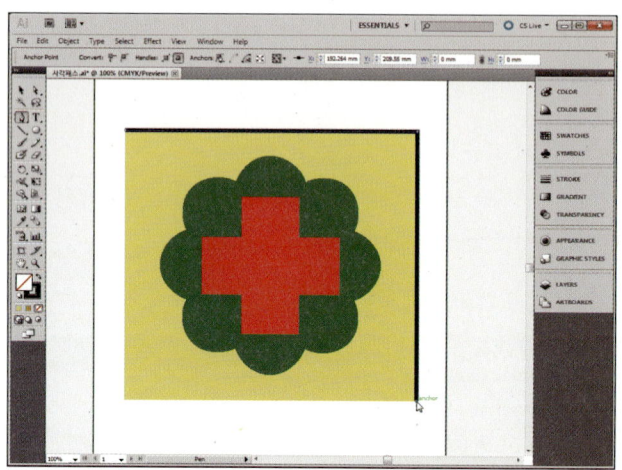

따라하기 02 **반원 형태의 패스 완성하기**

베지어 곡선을 이용하여 펜 툴로 반원 형태의 곡선을 만들어 보자.

❶ 펜 툴( )로 둥근 오브젝트의 시작점을 클릭한다.

❷ 마우스 포인터로 곡선의 중간 지점을 클릭한 채 오른쪽으로 드래그하면 직선이 곡선으로 바뀌는데 원하는 형태의 곡선으로 바뀌게 되면 곡선 모양을 바탕의 곡선과 잘 맞춘다.

❸ 두 번째로 클릭한 지점에 마우스 포인터를 위치하면 펜 모양이 방향점 전환 툴(△)로 변경된다. 이때 두 번째 점을 클릭하면 오른쪽 핸들이 삭제된다.

❹ 세 번째 점을 클릭하고 마우스에서 손을 떼지 않은 상태에서 아래로 드래그하여 곡선의 모양을 바탕의 곡선과 맞춘다.

❺ 마우스 포인터를 세 번째 점에 위치하고 펜 모양이 방향점 전환 툴(△)로 바뀌었을 때 클릭한다. 그러면 아래쪽의 핸들이 삭제되어 반원 형태의 곡선이 만들어 진다.

❻ 같은 방식으로 계속 진행하여 둥근 오브젝트의 외곽선을 완성한다.

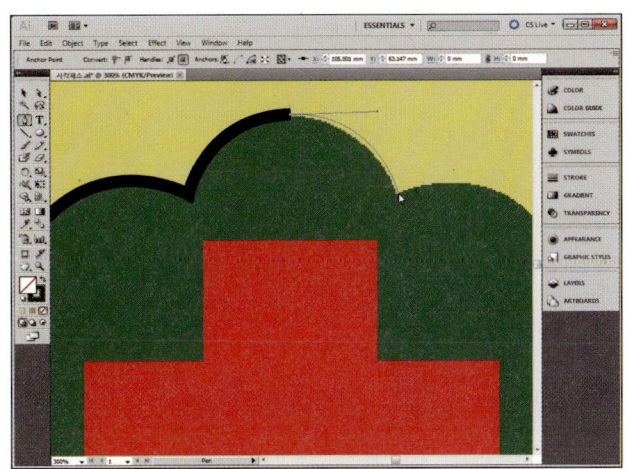

따라하기 03 직선 형태의 패스로 오브젝트 완성하기

펜 툴을 이용하여 직선 패스를 그리고 하나의 오브젝트를 완성해 보자.

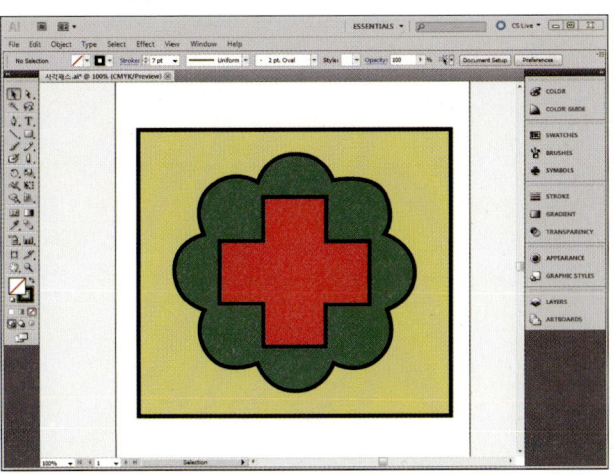

Section 1. 다양한 형태의 패스를 완성하는 펜 툴 연습하기

❶ 십자가형 패스를 그리기 위해 도구모음에서 펜 툴()을 선택한다.
❷ 십자가형 오브젝트의 왼쪽 상단 모서리에서 시작점을 클릭한다. 시작점에 펜 툴()을 위치시키면 마우스 포인터에 시작점을 의미하는 ×표시가 나타난다.
❸ Shift 를 누른 상태에서 십자가형 오브젝트의 오른쪽 상단 모서리를 클릭한다.
❹ 계속해서 Shift 를 누른 상태에서 시계방향으로 각 모서리를 순서대로 클릭하여 직선을 그리고, 다시 시작점인 왼쪽 상단 모서리를 클릭하여 십자가형 오브젝트의 외곽선을 완성한다.

따라하기 04 오브젝트 수정하기

기준점 추가 툴로 오브젝트에 기준점을 추가하고 기준점 삭제 툴로 오브젝트의 기준점을 삭제하여 오브젝트를 변형할 수 있다.

❶ 도구모음에서 직접 선택 툴()을 선택한 다음 십자가형 오브젝트를 선택한다.
❷ 십자가형 오브젝트가 선택된 상태에서 도구모음에서 펜 툴()을 선택한다.
❸ 마우스를 십자가형 오브젝트의 가장자리에 위치시키면 펜 툴()이 기준점 추가 툴()로 모양이 바뀐다.

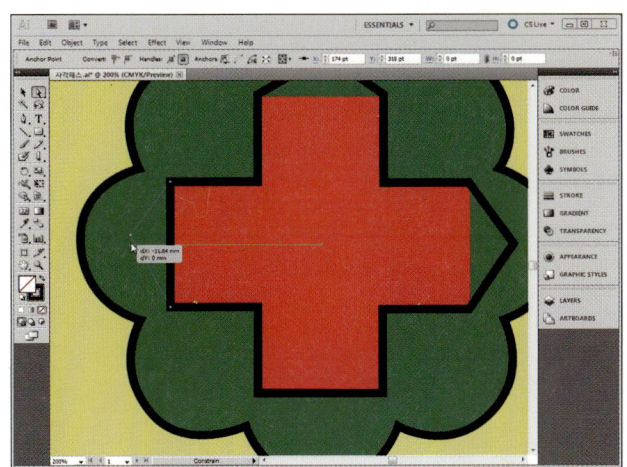

❹ 이때 십자가형 오브젝트의 왼쪽 가장자리 패스 선의 중앙을 클릭하면 기준점이 추가 된다.

❺ 다시 도구모음에서 직접 선택 툴( )을 선택한 다음 Shift 를 누른 상태에서 추가된 기준점을 왼쪽으로 드래그한다.

❻ 기준점 추가 툴( )로 십자가형 오브젝트의 위, 아래, 오른쪽 가장자리에도 기준점을 추가하여 오브젝트의 모양을 변경시킨다.

❼ 십자가형 오브젝트가 선택된 상태에서 도구모음에서 펜 툴( )을 선택한다.

❽ 마우스를 십자가형 오브젝트의 안쪽 가장자리에 있는 기준점 위에 위치시키면 펜 툴 ( )이 기준점 삭제 툴( )로 모양이 바뀐다.

❾ 이때 클릭하면 해당 기준점이 삭제되면서 십자가형 오브젝트의 모양이 변형된다.

❿ 기준점 삭제 툴( )로 십자가형 오브젝트의 나머지 안쪽 기준점들을 삭제하여 오브젝 트의 모양을 변경시킨다.

Section 1 . 다양한 형태의 패스를 완성하는 펜 툴 연습하기

그리기 도구 및 제어 tip

일러스트레이터 CS5에서는 CS3에서와 같이 신속하고 편리하게 그리기 작업이 가능하다. 보다 쉬운 고정점 선택 등의 향상된 작업 성능으로 효과적이면서도 직관적으로 아트워크를 만들 수 있다.

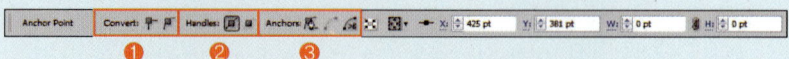

❶ Convert
- Convert selected anchor points to corner : 오브젝트를 각지게 표현한다.
- Convert selected anchor points to smooth : 오브젝트를 둥글게 표현한다.

❷ Handles
- Show handles for multiple selected anchor points : 기준점을 복수 선택하였을 때 방향선을 나타낸다.
- Hide handles for multiple selected anchor points : 기준점을 복수 선택하였을 때 방향선을 숨긴다.

❸ Anchors
- Remove selected anchor points : 기준점 삭제 도구와 같이 기준점을 삭제한다.
- Connect selected end points : 마지막 기준점을 선택하여 연결한다.
- Cut path at selected end points : 선택한 기준점을 중심으로 패스를 자른다.

Section 2. 손으로 그린 듯한 자연스러운 연필 툴 연습하기

연필 툴은 자유롭게 원하는 대로 곡선을 그릴 수 있으며 패스를 수정할 수 있다. 드래그하는 대로 선이 그려지기 때문에, 실제로 연필로 그린 듯한 효과를 나타내며 다양하고 재미있는 오브젝트를 만들 수 있다. 스무스 툴과 패스 지우개 툴을 함께 사용하면 더욱 편리하게 작업할 수 있다.

◐ 알아두기

- 연필 툴을 이용하여 손으로 그린 듯한 자유로운 오브젝트를 만들 수 있다.
- 스무스 툴로 오브젝트를 부드럽게 변형할 수 있다.
- 패스 지우개 툴로 원하는 패스를 지울 수 있다.

따라하기 01 연필 툴로 스케치하기

'챕터3_샘플/팬더와딸기.ai'를 불러온 후 사진을 밑그림으로 하여 외곽선을 따라 연필 툴로 자연스러운 스케치를 해 보자.

❶ 도구모음에서 연필 툴( )을 선택한다.

❷ [COLOR] 팔레트에서 면 색상박스는 [색상 없음], 선 색상박스는 [R:74 G:207 B:229] 로 입력한다.

❸ 큰 딸기의 외곽선을 따라 연필 툴( )로 한 번에 드래그하여 하나의 오브젝트를 만든다. 이때 패스의 시작점과 끝점은 Alt 를 누른 채 연결하여 닫힌 패스로 완성한다.

❹ 선택 툴( )로 빈 공간을 클릭하여 오브젝트의 선택 상태를 해제하고 직접 선택 툴( )로 어색한 부분을 수정하여 오브젝트를 완성한다.

> **닫힌 패스 만드는 방법** tip
>
> 연필 툴( ), 페인트 브러시 툴( )과 같은 드로잉 툴들은 시작점과 끝점을 정확히 연결하기 힘들다. 이때 **Alt** 를 누르면 시작점과 끝점이 연결된 닫힌 패스가 완성된다.

❺ 연필 툴( )로 왼쪽의 작은 딸기와 팬더의 외곽선을 따라 드로잉하여 오브젝트들을 완성한다.

❻ **Ctrl** + **A** 를 눌러 드로잉한 오브젝트를 전체 선택한 다음 옵션 바에서 [Stroke]의 수치값을 '2'로 입력하여 벡터와 비트맵의 조화가 느껴지는 이미지를 완성한다.

01 혼자해보기

연필 툴을 이용하여 팬더의 얼굴을 완성해 보자.

HINT | 연필 툴( )을 선택한 다음 선 색상을 지정하고 팬더 얼굴 위에 드로잉하여 오브젝트를 완성한다.

02
혼자해보기

연필 툴을 이용하여 이미지를 꾸며 보자.

HINT | 연필 툴( )로 다양하게 드로잉하여 이미지를 꾸민다.

따라하기 02	스무스 툴 사용하기

'챕터3_샘플/팬더와딸기_완성.ai'를 불러온 후 스무스 툴로 오브젝트를 부드럽게 만들어 보자. 스무스 툴로 오브젝트 위를 드래그하면 오브젝트의 기준점들을 조정하며 불필요한 기준점을 제거하여 부드러운 곡선을 완성한다.

❶ 도구모음의 선택 툴( )로 큰 딸기 패스를 선택한다.

Section 2 . 손으로 그린 듯한 자연스러운 연필 툴 연습하기

❷ 직접 선택 툴( )로 조절하였지만 딸기 오브젝트의 울퉁불퉁한 부분이 남아있으므로 스무스 툴( )을 선택한 다음 울퉁불퉁한 패스를 따라 드래그하여 부드럽게 수정한다.

❸ 나머지 오브젝트들도 부드럽지 않은 패스를 스무스 툴( )로 드래그하여 부드럽게 조정한다.

따라하기 03 패스 지우개 툴로 불필요한 패스 삭제하기

패스 지우개 툴은 원하는 부분의 패스를 지울 수 있는 툴로 드래그한 위치의 기준점들이 삭제되면서 패스 형태를 변형시키며 닫힌 패스를 열린 패스로 바꾼다.

❶ 도구모음에서 패스 지우개 툴( )을 선택한다.

❷ 왼쪽 하단의 하트 오브젝트 위를 드래그하여 부분적으로 삭제한다.

❸ 하트 오브젝트의 패스를 부분적으로 삭제하였기 때문에 열린 패스로 바뀌었으며 점선 모양으로 바뀌는 것을 확인할 수 있다.

Section 3. 회화 이미지를 만드는 페인트 브러시 툴 연습하기

페인트 브러시 툴은 마우스 또는 태블릿으로 자유로운 드로잉 작업이 가능한 도구이다. 일러스트레이터 CS5에서 제공하는 다양한 브러시 모양은 원하는 형태의 붓터치가 가능하며, 사용자가 직접 브러시 모양을 만들어 효율적으로 사용할 수도 있다.

◎ 알아두기

- [BRUSH LIBRARY] 팔레트에서 원하는 브러시를 선택하면 오브젝트에 다양한 효과를 줄 수 있다.
- 분산 브러시는 패스를 기준으로 일정한 모양의 오브젝트들을 뿌려준다.
- 아트 브러시는 동일한 오브젝트를 다양하게 왜곡하여 표현한다.
- 패턴 브러시는 등록된 패턴을 패스에 적용한다.

페인트 브러시와 강모 브러시 라이브러리 사용하기

'챕터3_샘플/닭.ai'를 불러온 후 페인트 브러시 기능 중에서 [BRUSHES] 팔레트에서 제공하는 다양한 라이브러리를 이용하여 오브젝트에 여러 가지 브러시 효과를 적용해 본다.

❶ 캐릭터에 브러시 효과를 적용하기 위해 오른쪽 상단의 닭 오브젝트를 도구모음의 선택 툴( )로 선택한다.

❷ [BRUSHES] 팔레트를 선택하고 하단의 'Brush Libraries Menu' 아이콘( )을 클릭해 하위 메뉴 [Artistic]-[Artistic_Calligraphic]을 선택하여 [Artistic_Calligraphic] 팔레트를 연다.

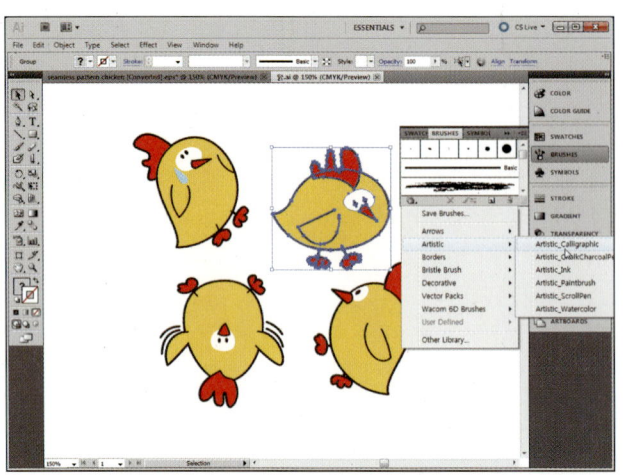

❸ 오브젝트가 선택되어 있는 상태에서 [Artistic_Calligraphic] 팔레트의 '5 pt. Flat'을 클릭하면 캐릭터에 해당 브러시 효과가 적용된다.

❹ 회화적인 브러시 효과를 위해 [Artistic_Calligraphic] 팔레트 하단의 'Load Next Brush Library' 아이콘( )을 클릭하여 [Artistic_ChalkCharcoalPencil] 팔레트를 연다.

❺ 여러 가지 브러시 모양 중에서 'Pencil-Feather' 브러시를 선택한다.

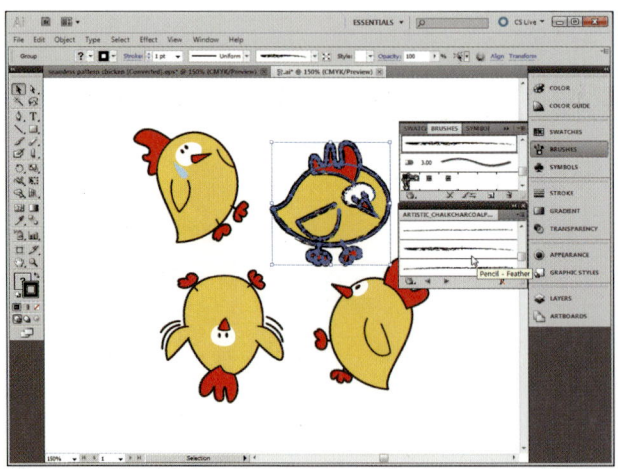

❻ 이번에는 왼쪽 하단의 닭 오브젝트를 선택하고 [BRUSHES] 팔레트 하단의 'Brush Libraries Menu' 아이콘( )을 클릭하여 하위 메뉴 [Bristle Brush]-[Bristle Brush Library]를 선택한다.

❼ [Bristle Brush Library] 팔레트에서 '2 pt. Bright'를 클릭하여 재미있는 브러시 형태를 적용한다.

❽ 페인트 브러시 효과로 각기 다른 개성을 가진 닭 캐릭터가 완성된다.

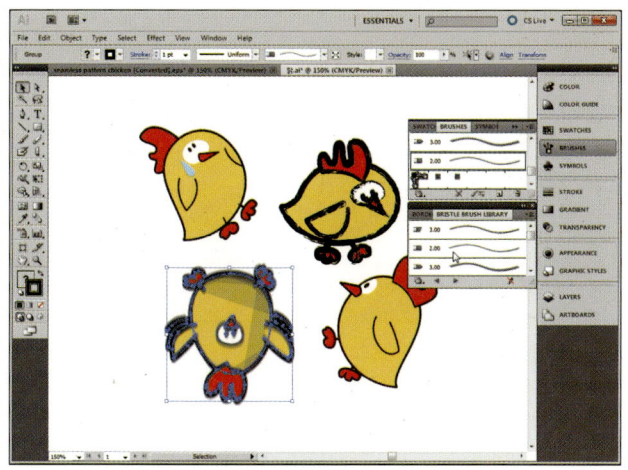

[Calligraphic Brush Options] 대화 상자

[BRUSHES] 팔레트에서 'New Brush' 아이콘( )을 클릭하면 새로운 브러시를 만들 수 있는 [Calligraphic Brush Options] 대화 상자가 나타난다. 이 대화 상자에서는 브러시의 모양과 각도를 조절할 수 있다.

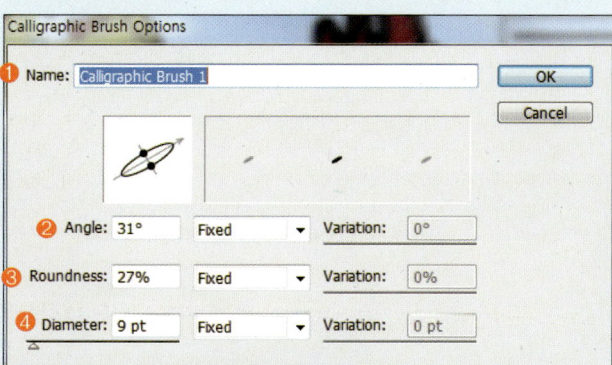

❶ Name : 브러시의 이름을 입력한다.
❷ Angle : 브러시의 회전 각도를 조절한다.
❸ Roundness : 브러시를 정원 또는 타원형으로 조절한다. 수치가 '100%'이면 완전한 정원이 되며 그 반대이면 타원형이 된다.
❹ Diameter : 브러시의 지름을 조절한다.
　· Fixed : [Angle], [Roundness], [Diameter] 항목의 수치값을 고정하여 같은 수치를 갖는다.
　· Random : [Random]을 선택하면 오른쪽의 슬라이더 바를 조절할 수 있고 수치가 높을수록 변화의 정도가 심해진다.
　· Pressure : 태블릿을 사용할 경우 펜의 압력에 따라 수치가 조절되는데 태블릿이 설치되지 않았을 경우 선택이 되지 않는다.

| 따라하기 02 | 분산 브러시 만들기 |

'챕터3_샘플/컬러풀.ai'를 불러온 후 분산 브러시를 이용해 일정한 모양의 오브젝트들을 드래그한 방향대로 흩뿌려지도록 하는 효과를 내 보자. 하나의 오브젝트를 자연스럽게 반복적으로 위치시키고 싶을 때 사용한다.

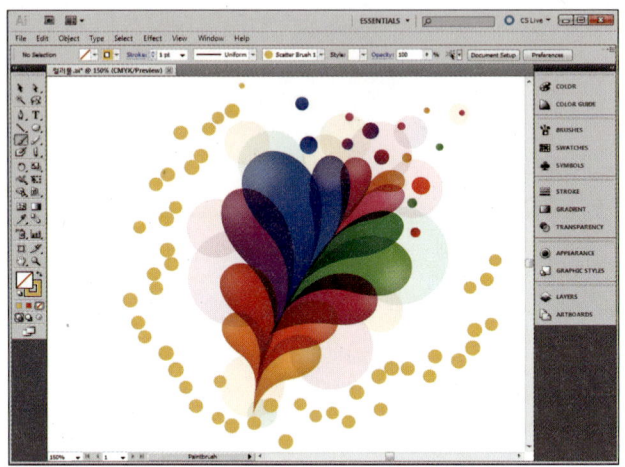

❶ 선택 툴( )로 상단의 노란색 원 오브젝트 하나를 선택하고 이 오브젝트를 브러시로 등록하기 위해 [BRUSHES] 팔레트로 드래그한다.

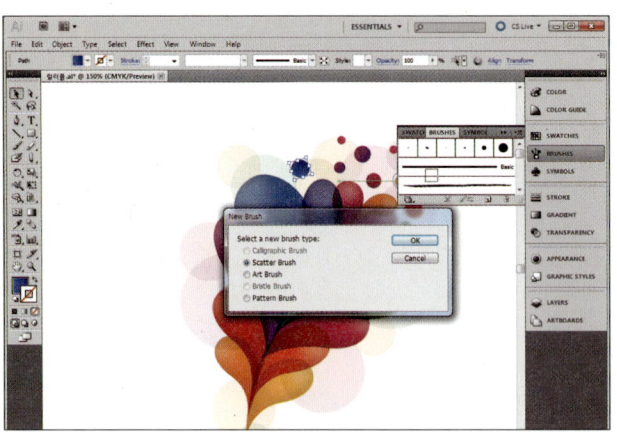

❷ [New Brush] 대화 상자가 나타나면 [Scatter Brush] 항목을 체크하고 [OK] 버튼을 클릭한다.

❸ 분산 브러시를 적용할 여러 가지 옵션을 설정하는 [Scatter Brush Options] 대화 상자가 나타나면, 각 항목을 'Random'으로 설정한다. [Random]은 선택한 효과를 불규칙하게 나타내도록 설정한다.

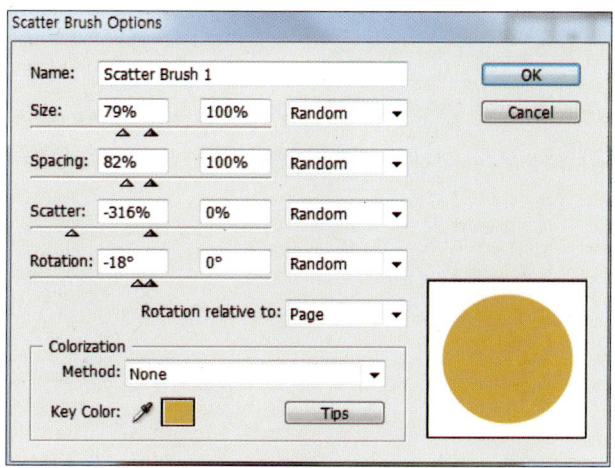

④ 각 항목의 수치값을 각기 다르게 지정하고 [OK] 버튼을 클릭한다.

⑤ [BRUSHES] 팔레트에 등록한 노란색 원 브러시인 'Scatter Brush 1'을 선택하고 도구 모음에서 페인트 브러시 툴( )을 선택한다.

⑥ 페인트 브러시 툴( )을 드래그하면 드래그한 방향에 따라 노란색 원이 그려진다.

⑦ 노란색 원의 크기나 형태를 조절하고 싶다면 옵션 바에서 [Stroke] 항목의 수치값을 조절하거나 [BRUSHES] 팔레트에서 등록한 브러시를 더블클릭하여 [Scatter Brush Options] 대화 상자에서 조절한다.

> **[Scatter Brush Options] 대화 상자** *tip*
>
> [Scatter Brush Options] 대화 상자에서는 일정한 모양의 오브젝트들이 곡선을 기준으로 흩뿌리는 효과를 주는 브러시 옵션을 제공한다.
>
>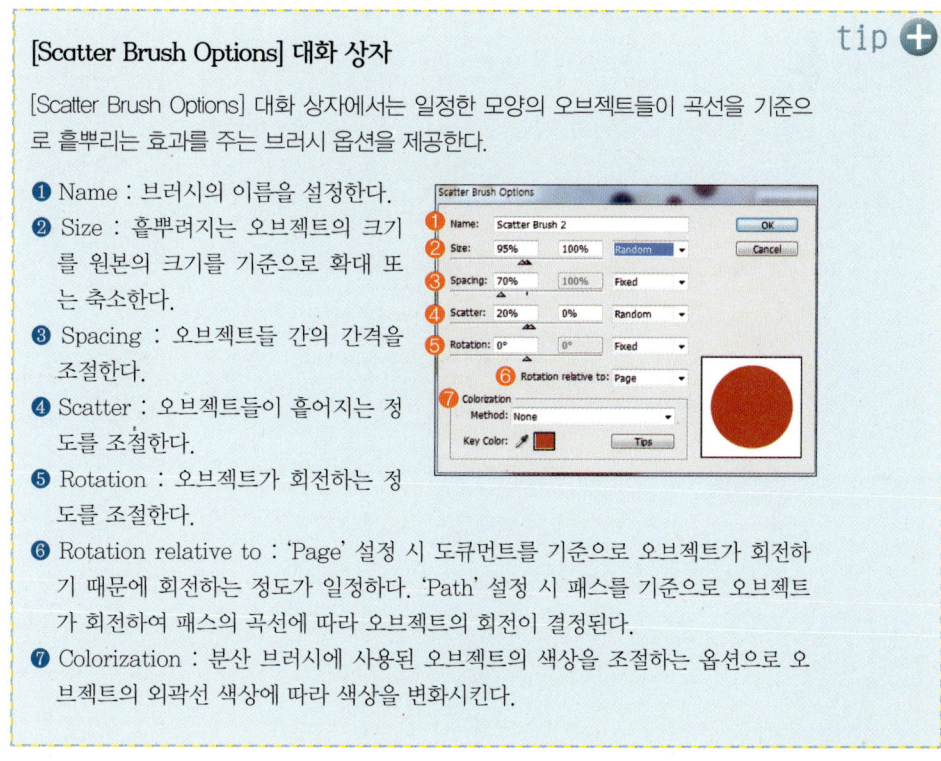
>
> ❶ Name : 브러시의 이름을 설정한다.
> ❷ Size : 흩뿌려지는 오브젝트의 크기를 원본의 크기를 기준으로 확대 또는 축소한다.
> ❸ Spacing : 오브젝트들 간의 간격을 조절한다.
> ❹ Scatter : 오브젝트들이 흩어지는 정도를 조절한다.
> ❺ Rotation : 오브젝트가 회전하는 정도를 조절한다.
> ❻ Rotation relative to : 'Page' 설정 시 도큐먼트를 기준으로 오브젝트가 회전하기 때문에 회전하는 정도가 일정하다. 'Path' 설정 시 패스를 기준으로 오브젝트가 회전하여 패스의 곡선에 따라 오브젝트의 회전이 결정된다.
> ❼ Colorization : 분산 브러시에 사용된 오브젝트의 색상을 조절하는 옵션으로 오브젝트의 외곽선 색상에 따라 색상을 변화시킨다.

따라하기 03 **아트 브러시 만들기**

'챕터3_샘플/꽃무늬.ai'를 불러온 후 아트 브러시로 오브젝트를 드래그해 방향대로 변형되어 나타나는 효과를 내 보자. 하나의 오브젝트를 변형된 모양으로 표현하고 싶을 때 사용한다.

❶ 선택한 꽃 오브젝트를 [BRUSHES] 팔레트로 드래그한다. [New Brush] 대화 상자가 나타나면 [Art Brush] 항목에 체크하고 [OK] 버튼을 클릭한다.

❷ [Art Brush Options] 대화 상자에서 이미지가 그려지는 방향을 설정한다. [Direction] 항목에서 [→]를 선택한 다음 [OK] 버튼을 클릭한다.

❸ 도구모음에서 페인트 브러시 툴( )을 선택한 다음 [BRUSHES] 팔레트에서 방금 등록시킨 아트 브러시를 선택한다.

❹ 도구모음의 면 색상박스를 [색상 없음]으로 지정한다.

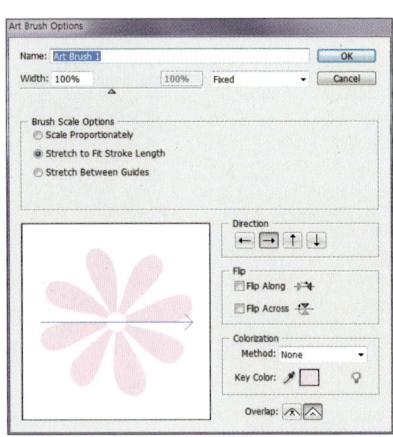

❺ 페인트 브러시 툴( )로 도큐먼트에서 오른쪽 방향으로 짧게 드래그하면 꽃 브러시가 드래그한 방향대로 형태가 변형되어 나타난다.

❻ 드래그하는 길이와 방향대로 꽃 이미지가 나타난다. 여러 번 드래그하여 다양한 형태의 꽃 오브젝트를 작성한다.

> **tip ➕**
>
> **[Art Brush Options] 대화 상자**
>
> [Art Brush Options] 대화 상자에서는 하나의 오브젝트를 패스의 형태에 따라 부드럽게 변형하는 브러시 옵션을 제공한다. 동일한 오브젝트를 다양하게 왜곡하여 표현할 수 있다.
>
> ❶ Name : 아트 브러시로 등록할 오브젝트의 이름을 지정한다.
> ❷ Width : 오브젝트의 크기를 확대 또는 축소할 수 있다.
> ❸ Direction : 패스의 방향에 따라 오브젝트의 변형이 이루어지도록 한다. 네 가지 방향으로 설정할 수 있고 이 방향에 따라 오브젝트의 변형이 달라진다.
> ❹ Flip : 브러시로 적용된 오브젝트를 반전 또는 회전시킨다.
> ❺ Colorization : 브러시의 색상을 외곽 선의 색상으로 변경한다.
>
>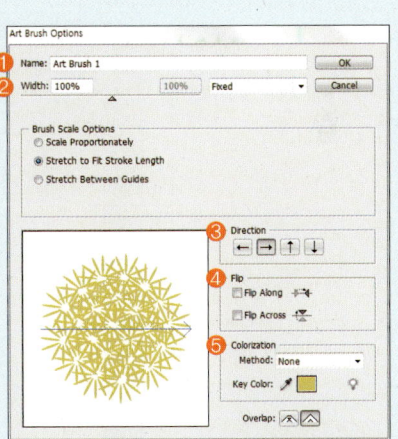

Section 3. 회화 이미지를 만드는 페인트 브러시 툴 연습하기

[Pattern Brush Options] 대화 상자 tip

[Pattern Brush Options] 대화 상자에서는 등록된 패턴을 패스의 형태에 따라 진행되도록 하는 브러시 옵션을 제공한다. 특히 다른 브러시에서 볼 수 없는 기능으로 패스가 꺾이는 여러 부분에 서로 다른 오브젝트를 적용할 수 있어 세밀한 작업이 가능하다.

❶ Name : 패턴으로 등록할 오브젝트의 이름을 지정한다.
❷ Scale : 오브젝트의 크기를 확대 또는 축소한다.
❸ Flip : 패턴을 회전시킨다.
❹ Fit : 패턴을 채워주는 형태를 지정한다.
❺ Colorization : 브러시 색상을 외곽 선의 색상으로 변경한다.

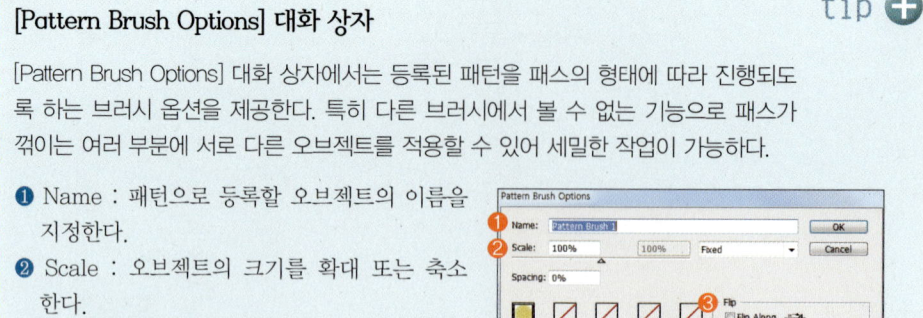

따라하기 04 브러시 옵션 사용하기

브러시를 선택한 후 브러시 옵션을 사용하여 생동감 있는 페인팅을 구현해 보자.

❶ [File]-[New]를 선택하여 새로운 도큐먼트를 작성한다.
❷ [Window]-[Brushes]를 선택하여 [BRUSHES] 팔레트를 연다.
❸ [BRUSHES] 팔레트의 왼쪽 하단에 있는 'Brush Libraries Menu' 아이콘(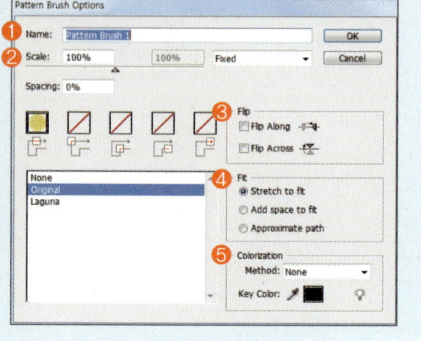)을 클릭하여 하위 메뉴 중에서 [Bristle Brush]-[Bristle Brush Library]를 선택한다.
❹ [Bristle Brush Library] 팔레트가 나타나면 'Cat's Tongue' 브러시를 더블클릭하여 [BRUSHES] 팔레트의 목록에 해당 브러시가 추가되도록 한다.

❺ [BRUSHES] 팔레트 목록에 추가된 'Cat's Tongue' 브러시를 더블클릭하여 [Bristle Brush Options] 대화 상자를 실행한다.

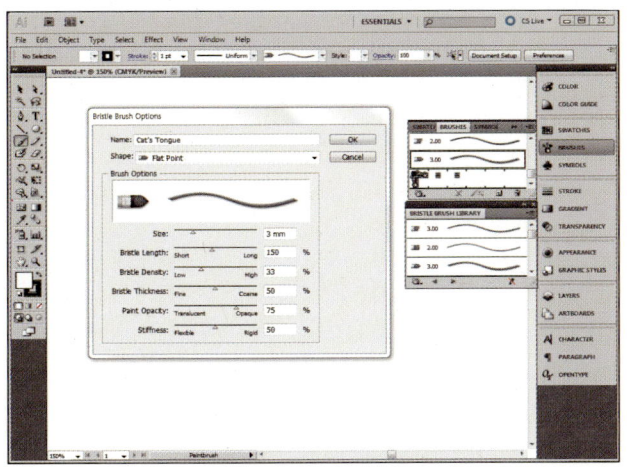

❻ [Bristle Brush Options] 대화 상자에서 세밀하게 브러시의 속성을 설정할 수 있다. 이 때 옵션을 설정한 후 [OK] 버튼을 클릭하기 전에 [Name] 항목에 새로운 이름을 입력하여 이전의 원본 브러시를 보호하도록 한다.

❼ 도구모음의 페인트 브러시 툴( )을 선택하고 [BRUSHES] 팔레트에서 다양한 강모 브러시를 사용하여 도큐먼트에 자유롭게 드로잉을 해본다.

Section 4. 손쉽게 오브젝트를 만들 수 있는 도형 툴 연습하기

도형 툴을 사용하면 다양한 형태의 오브젝트를 그릴 수 있다. 사각형과 원형을 비롯한 다각형 등을 그릴 수 있으며 수치가 정확한 도형들도 쉽게 만들 수 있다.

◯ 알아두기

- 도구모음의 도형 툴을 선택한 다음 도큐먼트의 빈 공간을 클릭하면 오브젝트의 수치값을 입력할 수 있는 옵션 대화 상자가 나타나 정밀한 오브젝트를 만들 수 있다.
- 도형 툴에는 사각형, 원형, 다각형과 별형 툴이 있다.
- 플레어 툴로 이미지에 태양광선이 비치는 듯한 렌즈 효과를 표현할 수 있다.

따라하기 01 사각형 툴로 배경 그리기

사각형 툴은 직사각형 또는 정사각형을 작성하는 도구이며, 둥근 사각형 툴은 사각형의 모서리 부분을 둥글게 만든다.

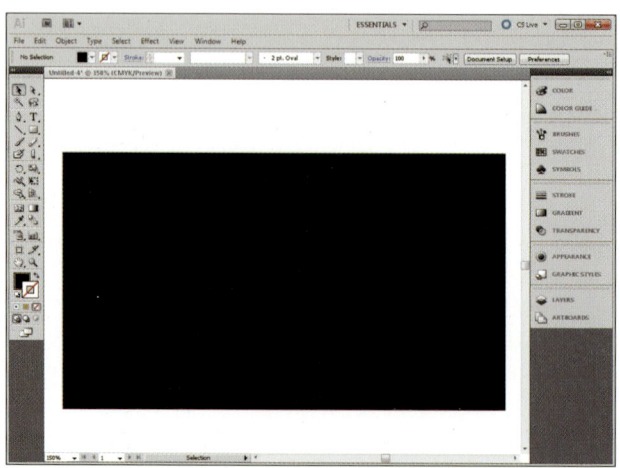

❶ [File]-[New]를 선택하여 새로운 도큐먼트를 만든다.
❷ 도구모음에서 면 색상박스는 [검은색], 선 색상박스는 [색상 없음]으로 선택한다.
❸ 사각형 툴(▢)을 선택하고 도큐먼트를 클릭한다.

❹ [Rectangle] 대화 상자가 나타나면 [Width] 항목을 '170mm', [Height] 항목을 '110mm'로 입력하고 [OK] 버튼을 클릭한다.

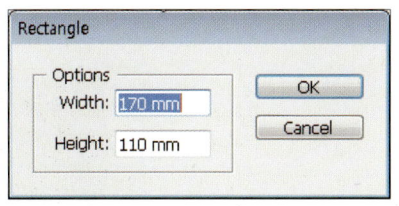

❺ 선택 툴( )로 사각형 오브젝트를 선택하고 도큐먼트의 가운데 부분으로 이동시킨다.

❻ 생성된 사각형 오브젝트는 배경 이미지로 사용될 것이므로 [Object]-[Lock]-[Selection]를 선택하여 오브젝트의 잠금을 설정한다.

따라하기 02 원형 툴로 달 그리기

원형 툴은 타원 또는 정원을 작성하는 도구이다. 초승달 모양을 만들어 보자.

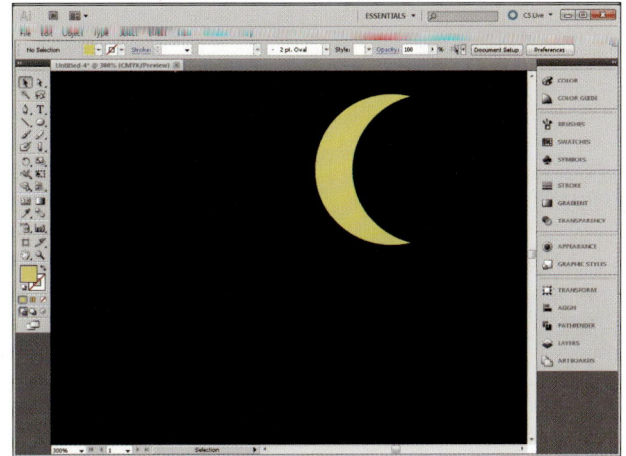

❶ 도구모음에서 원형 툴( )을 선택한다.

❷ 면 색상박스를 선택하고 [SWATCHES] 팔레트에서 [R:250, G:242, B:55]를 입력하고 선 색상박스는 [색상 없음]으로 선택한다.

❸ 배경 오브젝트의 오른쪽 상단에 Shift 를 누른 채 드래그하여 정원형 오브젝트를 생성한다.

❹ 원형 오브젝트를 만든 다음 선택 툴( )로 Shift + Alt 를 누른 채 오른쪽으로 드래그하면 똑같은 원형 오브젝트가 하나 더 생성된다.

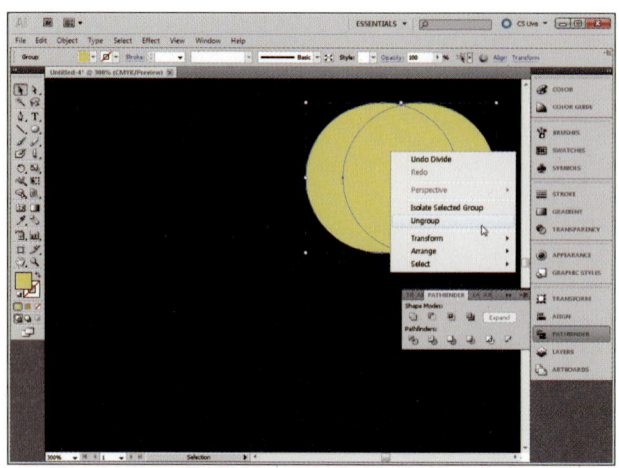

❺ 두 원형 오브젝트를 모두 선택하고 [PATHFINDER] 팔레트에서 'Divide' 아이콘(🖼)을 클릭하여 오브젝트들이 겹친 부분을 각각 다른 오브젝트들로 분리시킨다. [PATHFINDER] 팔레트가 보이지 않는 경우에는 [Windows]-[Pathfinder]를 선택한다.

❻ 분리시킨 오브젝트들 위에서 마우스 오른쪽 버튼을 클릭한 후 나타나는 바로 가기 메뉴에서 [Ungroup]을 선택하여 그룹을 해제시킨다.

❼ 왼쪽의 초승달 모양의 오브젝트를 제외하고 나머지 오브젝트들은 Delete 를 눌러 삭제한다.

따라하기 03 **다양한 형태의 다각형으로 별 그리기**

도구모음의 도형 툴에는 다양한 형태의 도형을 작성할 수 있는 다각형 툴과 별형 툴이 있다. 옵션 대화 상자를 이용하여 다양한 도형을 작성할 수 있고 바로 가기 키를 사용하여 쉽고 빠르게 도형을 작성할 수 있다.

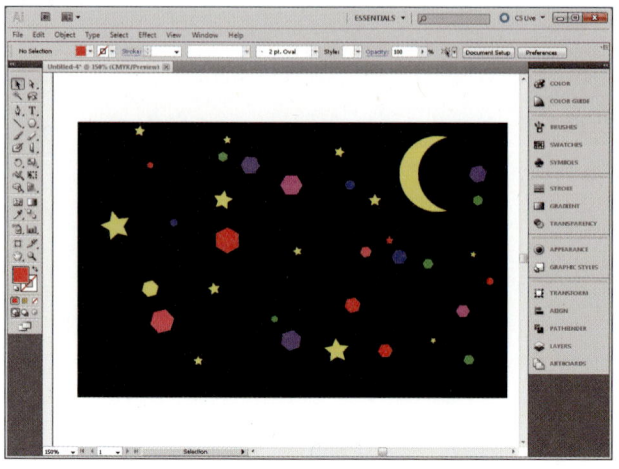

❶ [SWATCHES] 팔레트에서 원하는 색상을 선택하고 선 색상박스는 [색상 없음]으로 지정한다.

❷ 도구모음에서 다각형 툴(　)을 선택하고 Shift 를 누른 채 드래그하여 여러 개의 다각형을 그린다.

❸ 선택 툴(　)로 다각형 오브젝트들을 선택하여 [SWATCHES] 팔레트에서 각기 다른 색상을 적용한다.

❹ 도구모음에서 별형 툴(　)을 선택한 후 드래그하여 다른 크기의 별 오브젝트들을 그려 우주 공간을 완성한다.

> **다각형 툴의 기본 설정** tip ➕
>
> 다각형 툴(　)의 초기값은 육각형이지만 다각형 설정을 변경하면 다른 모양의 다각형으로 변경이 가능하다. 그러나 일러스트레이터를 다시 실행하면 다각형의 초기값인 육각형으로 되돌아간다.

> **도형의 면 수 또는 꼭지점 수를 간단히 지정하는 방법** tip ➕
>
> 도형 툴을 이용하여 드래그할 때 ⬆, ⬇를 누르면 도형의 면 수나 꼭지점 수를 간편하게 조절할 수 있다.

따라하기 04 태양광선 표현하기

플레어 툴은 벡터 형식의 이미지를 쉽게 작성할 수 있는 기능을 가진 도구이다. 플레어 툴은 중심광의 위치를 위한 첫 번째 클릭과 마무리 광을 위한 두 번째 클릭으로 총 2번의 클릭이 필요하다.

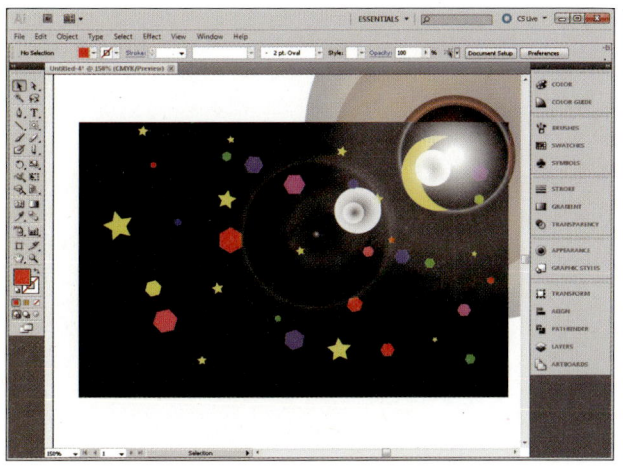

Section 4 . 손쉽게 오브젝트를 만들 수 있는 도형 툴 연습하기

❶ 도구모음에서 플레어 툴( )을 선택한다.

❷ 달 오브젝트의 광원을 위치하기 위해 플레어 툴( )로 클릭한 상태에서 드래그하여 원의 크기를 조절한다.

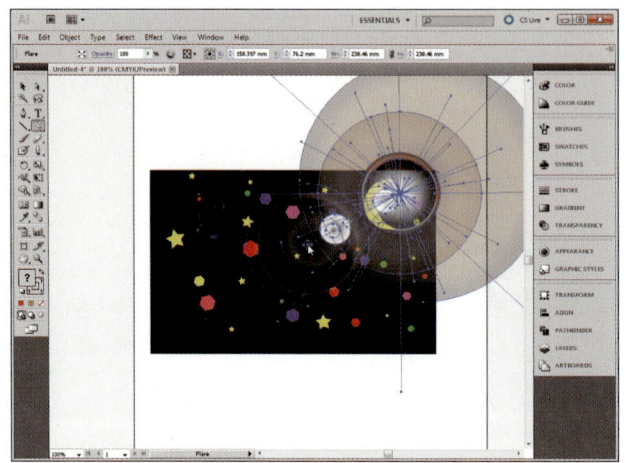

❸ 마우스 포인터를 왼쪽 하단의 빈 공간에 클릭하면 태양광선 효과가 완성된다.

❹ 플레어 툴( )로 작성된 태양광선 효과 오브젝트들은 불투명도가 적용되어 있기 때문에 아랫부분에 위치한 오브젝트들과 조화롭게 적용된다. 이때 배경보다 태양광선 효과가 크다면 마스크 효과를 적용하여 외곽 부분을 깨끗이 정리할 수 있다.

Section 5 빠르고 간편한 선 툴 연습하기

일러스트레이터 CS5는 다양한 선을 표현하기 위한 직선, 곡선, 나선형, 사각형, 원형 그리드 툴을 제공한다. 이러한 툴들을 이용하여 패스 작업을 보다 쉽고 간편하게 할 수 있다. 툴을 더블클릭하거나 대화 상자의 옵션을 설정하여 선의 모양을 좀 더 세밀하게 작업할 수 있다.

◐ 알아두기

- 직선 툴을 선택하고 드래그하면 직선을 그릴 수 있다.
- 나선형 툴을 선택하고 드래그하면 곡선의 나선을 만들 수 있다.
- 사각형 그리드 툴을 선택하고 드래그하면 사각형 그리드를 만들 수 있다.
- 원형 그리드 툴을 선택하고 드래그하면 원형 그리드를 만들 수 있다.

따라하기 01 직선을 그리는 직선 툴 사용하기

'챕터3_샘플/비와바람.ai'를 불러온 후 선 툴을 이용하여 직선, 수평선, 사선 등을 작성해 보자. 선 툴을 선택한 후 도큐먼트의 빈 공간을 클릭하면 직선의 길이, 각도를 수치에 맞게 작성할 수 있는 [Line Segments Tool Options] 대화 상자가 나타난다.

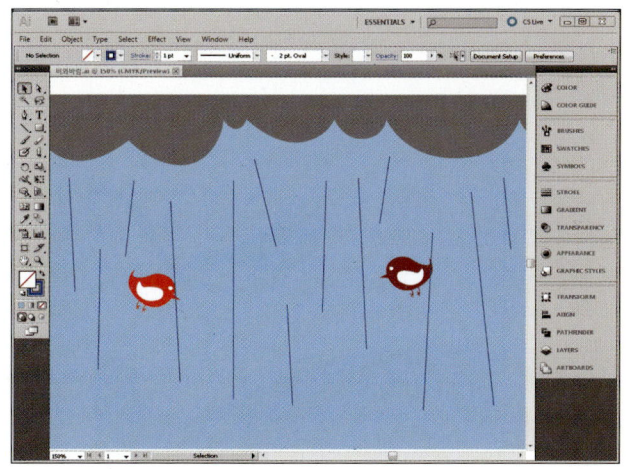

❶ 도구모음에서 직선 툴( )을 선택한다.
❷ 면 색상박스는 [색상 없음], 선 색상박스는 [R:31, G:81, B:204]를 입력한다.
❸ 도큐먼트의 상단에서 하단으로 Shift 를 누른 상태에서 드래그하여 직선을 작성한다.
❹ 왼쪽 상단에서 오른쪽 하단 또는 오른쪽 상단에서 왼쪽 하단으로 드래그하여 사선을 그린다.

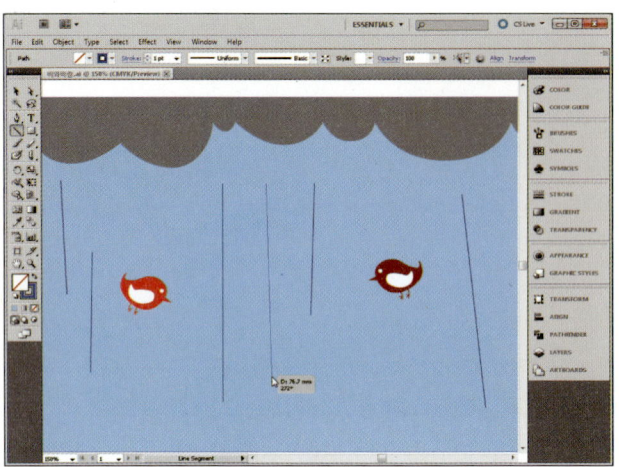

❺ 여러 가지 직선과 사선을 작성하여 이미지에 비가 내리는 효과를 완성한다.

01 혼자해보기
색상을 바꿔 비 모양을 더 그려보자.

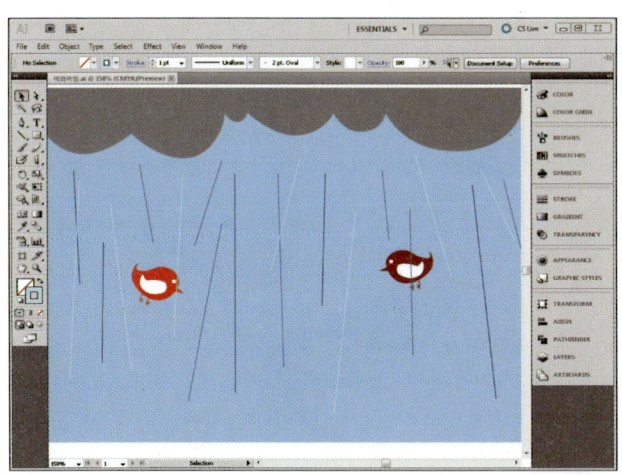

HINT | 직선 툴( )을 선택한 후 선 색상박스에서 연한 하늘색으로 변경하고 드래그하여 비를 그린다.

따라하기 02 나선 형태의 곡선을 작성하는 나선형 툴 사용하기

나선형 툴은 소용돌이 형태의 오브젝트를 만드는 도구로써 소라, 달팽이 등껍질 형태의 나선형을 표현할 수 있다. 나선형 툴을 선택하고 도큐먼트의 빈 공간을 클릭하면 [Spiral] 대화 상자가 나타난다.

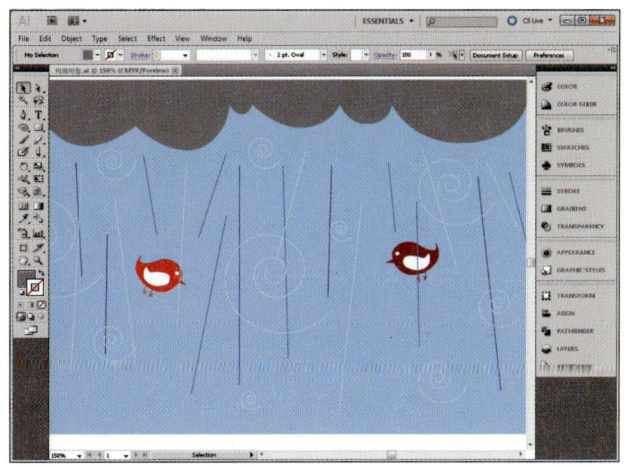

❶ 도구모음에서 나선형 툴( )을 선택한다.

❷ 면 색상박스는 [색상 없음], 선 색상박스는 [R:181, G:221, B:244]를 입력한다.

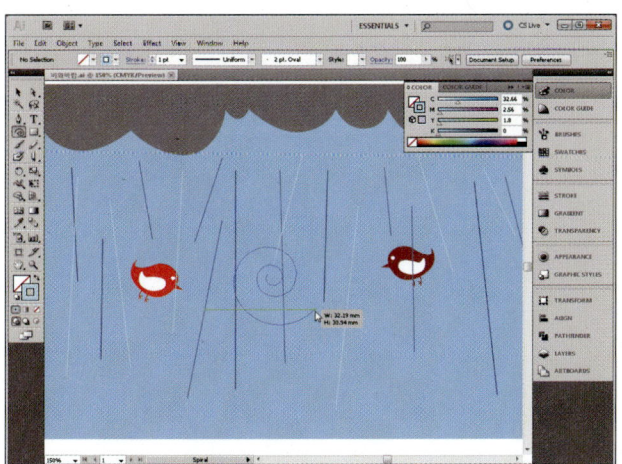

❸ 나선형 툴( )로 드래그하여 나선을 작성한다. 직선 오브젝트 사이에 나선 오브젝트를 여러 개 작성하여 바람을 완성한다.

나선형 툴과 바로 가기 키 사용 tip

나선형 툴(◉)을 사용하면서 키보드의 방향키를 누르면 나선형의 세그먼트 수를 증가 또는 감소시킬 수 있으며 Ctrl 을 누른 상태에서 드래그하면 [Decay] 항목의 수치값을 조정할 수 있다.

[Spiral] 대화 상자 tip

나선형 툴(◉)을 선택하고 도큐먼트의 빈 공간을 클릭하면 [Spiral] 대화 상자가 나타난다. [Spiral] 대화 상자를 이용하면 다양한 나선형을 작성할 수 있다.

❶ Radius : 나선의 중심에서 바깥쪽까지의 거리를 지정한다.
❷ Decay : 외곽의 정점과 정점 사이의 선이 작아지는 비율을 입력한다.
❸ Segments : 외곽의 정점과 정점 사이의 세그먼트 수를 지정한다.
❹ Style : 나선의 회전 방향을 지정한다.

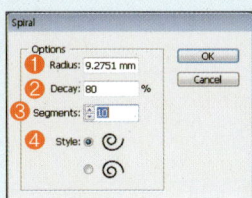

따라하기 03 표 형식의 그리드를 만드는 사각형 그리드 툴

사각형 그리드 툴을 이용하면 사각형 표 형식으로 그리드를 작성할 수 있다. 직선 툴이나 펜 툴에 비해 쉽고 빠르게 그리드를 작성할 수 있다.

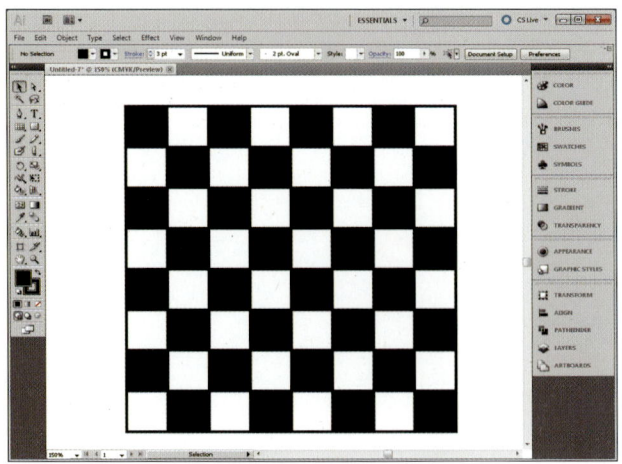

❶ [File]-[New]를 선택하여 새 도큐먼트를 만든 후 사각형 그리드 툴()을 선택한다.
❷ 도큐먼트의 빈 공간에 클릭을 하여 [Rectangular Grid Tool Options] 대화 상자를 연다.

❸ [Rectangular Grid Tool Options] 대화 상자가 나타나면 [Defualt Size] 항목에서 [Width/Height] 항목 모두 '130mm'으로 입력한다.

❹ [Horizontal Dividers] 항목과 [Vertical Dividers]의 [Number] 항목을 모두 '7'로 입력하고 [OK] 버튼을 클릭한다.

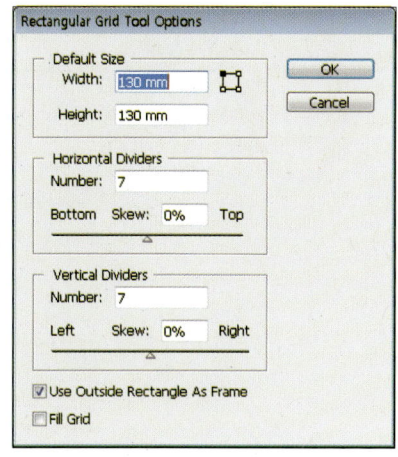

❺ 사각형 그리드가 나타나면 옵션 바에서 [Stroke] 항목의 수치값을 '3'으로 입력한다.

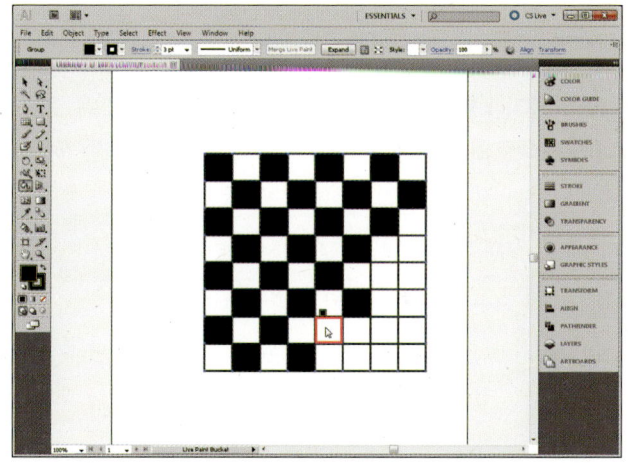

❻ 선택 툴( )로 도큐먼트의 빈 공간을 클릭하여 사각형 그리드의 선택을 해제한 상태에서 도구모음의 면 색상박스를 [검은색]으로 지정한다.

❼ 도구모음에서 셰이프 빌더 툴( )을 1~2초간 누르면 나타나는 라이브 페인트 버킷 툴( )을 선택하고 체스 판의 색상을 적용한다.

❽ 옵션 바에서 [Expand] 버튼을 클릭하여 체스 판을 완성한다.

향상된 드로잉 기능 사용하기

일러스트레이터 CS5에서는 드로잉 순서에 관계없이 오브젝트 안에 이미지를 그리거나 배치하여 바로 클리핑 마스크를 만들 수 있다. 드로잉 모드를 사용해 쉽게 이미지의 표현 영역을 지정할 수 있다. 예전에는 오브젝트 뒤나 안과 같은 지정된 영역의 이미지 표현에는 온갖 툴을 순서대로 조합해야 했었는데 일러스트레이터 CS5의 드로잉 모드를 이용하면 이런 불편함을 간단히 해결할 수 있다.

> **알아두기**
> · 드로잉 모드를 이용하여 오브젝트의 내부 또는 외부에 자유롭게 드로잉을 할 수 있다.
> · 그룹화된 오브젝트에는 Draw Inside가 적용되지 않는다.

따라하기 01 Draw Normal

'챕터3_샘플/에이아이.ai'를 불러온 후 드로잉 모드를 이용하여 오브젝트의 내부에 자유롭게 드로잉하거나 오브젝트의 순서에 관계없이 오브젝트의 앞 또는 뒤에 드로잉해 보자.

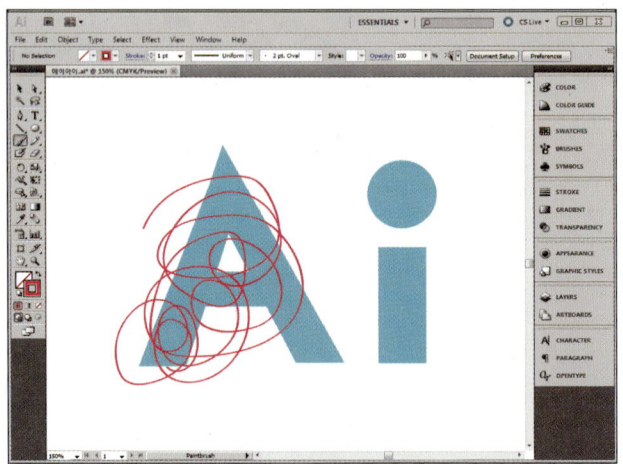

❶ 'A' 모양의 오브젝트와 'i' 모양의 오브젝트가 나타난다.
❷ 도구모음의 가장 하단에 있는 드로잉 모드에서 Draw Normal( )을 클릭한다.
❸ 도구모음에서 페인트 브러시 툴( )을 선택하고 색상 모드의 선 색상박스를 [붉은색]으로 지정한 다음 왼쪽의 A 오브젝트 위를 자유롭게 드로잉한다.
❹ A 오브젝트 위에 드로잉이 되는 것을 확인할 수 있다.

따라하기 02 **Draw Behind**

Draw Behind는 Draw Normal와는 반대로 기존 도큐먼트에 있는 오브젝트의 뒤로 드로잉이 가능하다.

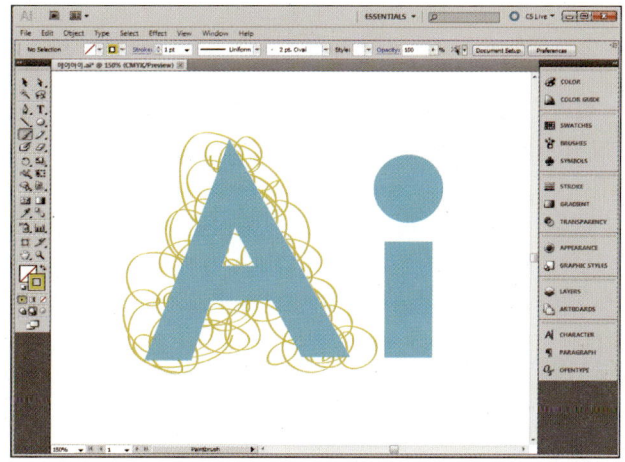

❶ 이번에는 도구모음의 색상 모드에서 선 색상박스를 [노란색] 계열로 지정한다.
❷ 도구모음 하단의 드로잉 모드에서 Draw Behind( )를 클릭한다.
❸ 페인트 브러시 툴( )을 선택한 다음 A 오브젝트 위를 자유롭게 드로잉한다.
❹ 드로잉이 끝나면 A 오브젝트의 뒤로 드로잉이 되는 것을 확인할 수 있다.
❺ Draw Behind에서는 따로 오브젝트를 선택하지 않아도 도큐먼트에 존재하는 오브젝트의 뒤에 드로잉이 가능하다.

따라하기 03 **Draw Inside**

Draw Inside를 지정한 오브젝트는 항상 오브젝트의 내부에만 드로잉이 가능하다.

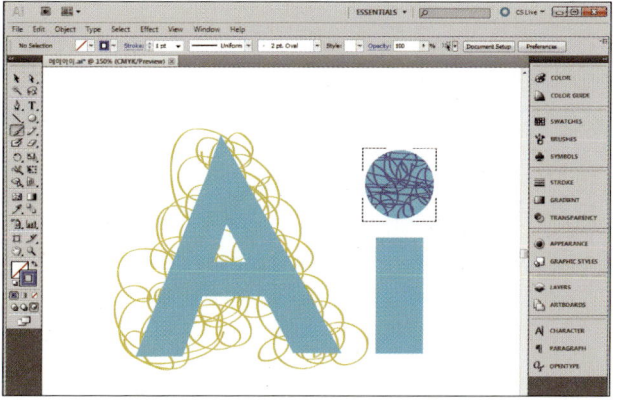

Section 6 . 향상된 드로잉 기능 사용하기

❶ 선택 툴( )로 원형 오브젝트를 선택한다.

❷ 도구모음의 하단에서 Draw Inside( )을 클릭하면 원형 오브젝트 주위로 점선이 나타난다.

❸ 페인트 브러시 툴( )을 선택하고 선 색상박스 또는 [SWATCHES] 팔레트에서 짙은 [파란색] 계열의 색상을 선택한다.

❹ 페인트 브러시 툴( )로 원형 오브젝트 위를 자유롭게 드로잉한다.

❺ 드로잉이 끝나면 원형 오브젝트 내부에만 드로잉이 되는 것을 확인할 수 있다.

❻ 여기에서 A 오브젝트는 여러 개의 오브젝트가 그룹화된 이미지이기 때문에 Draw Inside가 적용되지 않는다.

01 혼자해보기

네모 오브젝트 내부에 별 오브젝트를 그려 넣어 보자.

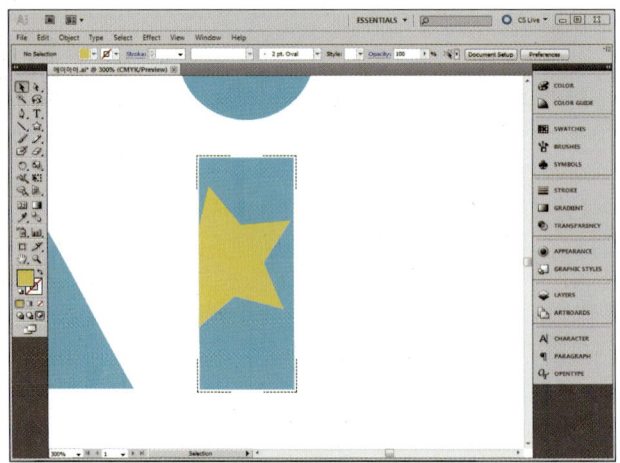

HINT | 선택 툴( )로 네모 오브젝트를 선택한 다음 드로잉 모드에서 Draw Inside로 지정하고 별형 툴( )로 네모 오브젝트 위에 별 오브젝트를 그린다.

핵심정리 summary

1. 오브젝트와 패스를 만드는 툴

- 도형 툴(⬜) : 사각형, 원형, 별형, 다각형 등의 오브젝트를 그릴 수 있으며 Shift 를 누른 상태에서 드래그하면 가로와 세로의 길이가 같도록 오브젝트를 작성할 수 있다.
- 펜 툴(✒) : 점과 점을 곡선 또는 직선으로 연결하여 오브젝트를 그린다.
- 기준점 추가 툴(✒) : 오브젝트에 기준점을 추가하는 툴로 패스 위에 마우스를 위치하였을 때 + 표시가 나타나며 이때 패스 위를 클릭하여 기준점을 추가한다.
- 기준점 삭제 툴(✒) : 오브젝트의 기준점을 삭제하는 툴로, 필요 없는 기준점 위에 마우스를 위치하였을 때 – 표시가 나타나며 이때 기준점을 클릭하여 기준점을 삭제한다.
- 방향점 전환 툴(▲) : 패스를 원하는 방향으로 드래그하여 방향점을 전환한다.

2. 자유로운 곡선을 작성하고 조절하는 툴

- 연필 툴(✏) : 자유로운 곡선을 작성할 수 있고 패스를 수정하는 기능도 있다.
- 스무스 툴(✏) : 이미 작성된 오브젝트에 드래그하여 기준섭늘을 소성한다.
- 패스 지우개 툴(✏) : 오브젝트 위를 드래그하면 기준점들이 삭제되어 형태의 변형을 가져오고 닫힌 패스가 열린 패스로 바뀐다.

3. 향상된 드로잉 기능

- 일러스트레이터 CS5에서는 드로잉 순서에 관계없이 오브젝트들의 순서를 마음대로 결정할 수 있도록 매우 향상된 드로잉 기능을 제공한다.
- Draw Normal : 기본적인 드로잉 기능으로 드로잉 순서에 따라 오브젝트들의 순서가 결정된다.
- Draw Behind : 선택한 오브젝트의 뒤로 드로잉 작업이 이루어진다.
- Draw Inside : 선택한 오브젝트의 내부에 드로잉 작업이 이루어진다.

4. 다양한 붓터치와 브러시 형태를 나타내는 툴

- 페인트 브러시 : [BRUSHES] 팔레트에서 원하는 브러시를 선택하고 화면에 드래그하여 드로잉 작업을 한다.
- 분산 브러시 : 일정한 모양의 오브젝트들이 패스를 기준으로 흩뿌려지는 효과를 낸다. 밤하늘에 별이 떠 있는 것과 같이 하나의 오브젝트를 반복해서 자연스럽게 위치시켜야 할 때 강력한 효과를 나타낸다.
- 아트 브러시 : 하나의 오브젝트를 패스의 형태에 따라 부드럽게 변형하는 브러시로 동일한 오브젝트를 다양한 형태로 변형하여 표현할 수 있다.
- 패턴 브러시 : [SWATCHES] 팔레트에 등록되어 있는 패턴을 패스의 형태에 따라 진행되도록 하는 브러시이다.

종합실습 pointup

1. **다양한 드로잉 툴을 이용하여 눈사람을 만들어 보자.**

HINT | [File]-[New]를 실행하여 새로운 도큐먼트를 생성한 뒤, 원형 툴(◯)을 이용하여 눈사람의 머리와 몸, 눈을 그리고 별형 툴(★)을 이용하여 단추를 그린다. 펜 툴(✎)을 이용하여 모자와 코를 그리고 페인트 브러시 툴(✐)을 이용하여 나뭇가지를 작성한다. 도구모음의 색상 모드에서 각 오브젝트들의 면과 선의 색을 지정한다.

2. **펜 툴 또는 페인트 브러시 툴을 이용하여 캘리그래피를 만들어 보자.**

HINT | [File]-[New]를 실행하여 새로운 도큐먼트를 생성한 뒤 펜 툴(✎)이나 페인트 브러시 툴(✐)을 이용하여 글을 적고, [BRUSHES] 팔레트에서 원하는 브러시의 모양을 선택한다.

종합실습 pointup

3. 드로잉 모드와 페인트 브러시 툴을 이용하여 별 오브젝트 안에 다양한 무늬를 만들어 보자.

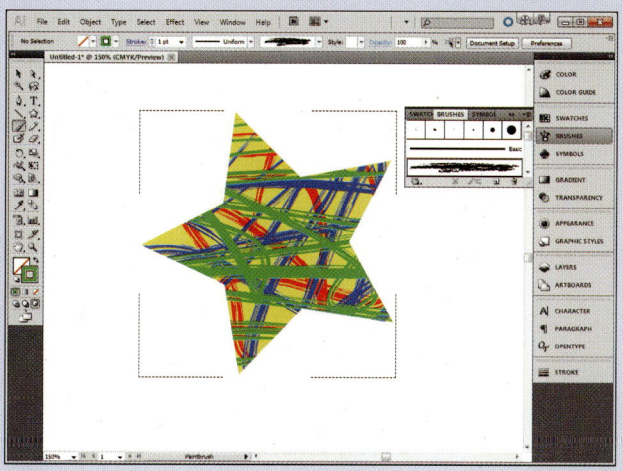

HINT | [File]-[New]를 실행하여 새로운 도큐먼트를 작성한 다음 도형 툴(☆)로 별 오브젝트를 만든다. 도구모음의 드로잉 모드에서 [Draw Inside]를 선택하고 페인트 브러시 툴(✒)로 별 오브젝트 내부에 다양한 무늬를 그려 넣는다.

4. 드로잉 모드와 페인트 브러시 툴을 이용하여 나만의 도형을 만들어 보자.

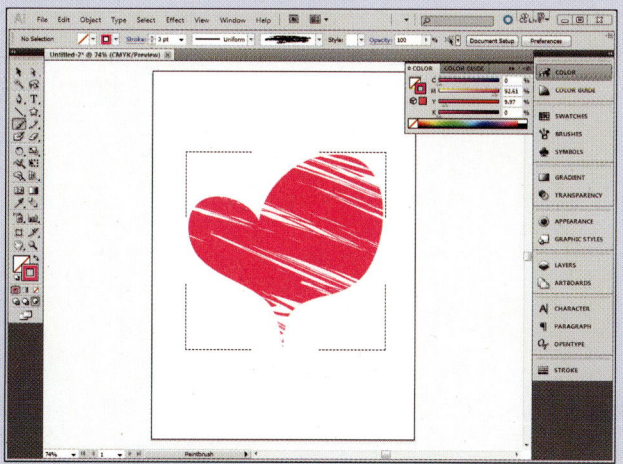

HINT | [File]-[New]를 실행하여 새로운 도큐먼트를 작성한 다음 페인트 브러시 툴(✒)로 하트 모양을 그려 하트 오브젝트를 만든다. 도구모음의 드로잉 모드에서 [Draw Inside]를 선택하고 페인트 브러시 툴(✒)로 하트 오브젝트 내부에 다양한 무늬를 그려 넣는다.

CHAPTER

다채로운 색상
설정하기

드로잉과 같은 작업으로 만들어진 오브젝트들에게 생명을 불어 넣는 다채로운 색상 설정 방법을 익혀본다. 특히 일러스트레이터 CS5가 제공하는 다양한 라이브 색상 기능을 사용하면 원하는 입체적인 색상과 더불어 생생한 색감을 나타낼 수 있다.

Section 1 오브젝트에 색상 적용하기

Section 2 생생한 라이브 색상 사용하기

Section 3 쉽고 빠르게 색상 지정하기

Section 4 메시로 입체적인 캐릭터 만들기

Section 5 [SWATCHES] 팔레트에 패턴 등록하기

그래픽 작업의 기본, 색상 적용

Chapter

일러스트레이터 CS5는 벡터 형식의 강력한 색상 적용 기능을 가지고 있다. 여기에서는 기본적인 색상 체계에 대해 알아보고, 일러스트레이터 CS5에서 오브젝트에 색상을 적용하는 방법과 색상 모드에 대해 알아본다.

01 색의 삼요소

색이란 빛에 의해 얻어지는 물리적인 지각 현상으로 물질이나 물체의 형상을 인식시키고, 지각시켜 주는 시각의 근본이다. 대부분의 색의 지각은 물체의 반사, 흡수를 통해 얻어진다.

- 색상 : 각각의 색이 가지고 있는 독특한 성질을 말하며, 우리나라에서는 먼셀의 표준 20 색상환으로 색상을 규정하여 사용하고 있다.
- 명도 : 물체가 지니는 밝기의 정도를 말한다. 먼셀 표색계에서는 흰색을 명도 '10', 검은색을 명도 '0'으로 하고 그 사이의 회색 단계를 10등분하고 차례로 번호를 매겨 유채색을 포함한 모든 색의 명도를 비교한다.
- 채도 : 색상의 농도를 나타내는 것을 말하며 아무 색도 섞지 않아 맑고 깨끗하며 원색에 가까운 것을 채도가 높다고 표현한다. 채도는 스펙트럼 색에 가까울수록 높아지며, 한 색상 중에서 가장 채도가 높은 색상을 순색이라고 한다. 흰색과 검은색은 채도가 없기 때문에 무채색이라 불린다.

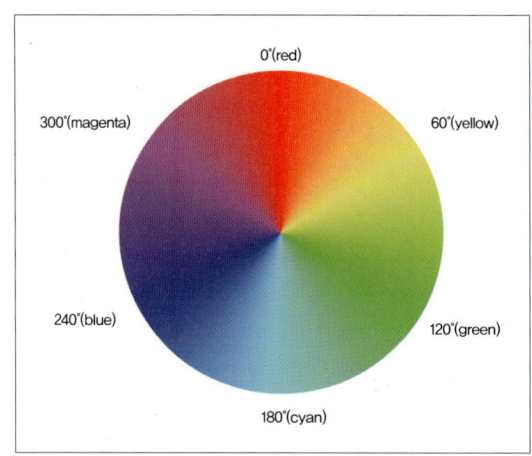

02 색상 모드

색상 모드는 이미지의 색상을 구성하는 색상모형을 말하며 RGB, CMYK, HSB, Grayscale 등이 있다.

- RGB 모드 : 빨간색(Red), 녹색(Green), 파란색(Blue)로 이루어진 색상 체계이다. 일반적인 이미지 표현 방식이며, 빛의 삼원색을 이용하여 이미지를 표현한다. 모니터에서 보여지는 모든 색상은 RGB 모드이다.

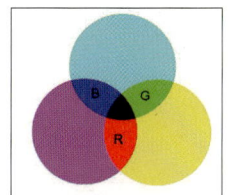

- CMYK 모드 : 청록색(Cyan), 자주색(Magenta), 노란색(Yellow), 검은색(Black)으로 이루어진 색상 체계로 인쇄물에서 잉크의 배합과 동일한 체계를 가지고 있다. 입·출력을 위한 방식으로 웹에서 사용하는 색상과는 많은 차이가 있어 포토샵이나 일러스트레이터와 같은 그래픽 프로그램에서 색상 일치를 위해 여러 가지 방법을 제공하고 있다.

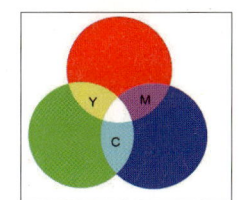

- HSB 모드 : 색상(Hue), 채도(Santuration), 명도(Brightness)를 표현하며 색상의 삼요소에 의해 보여지는 색상이다.

- Grayscale 모드 : 검은색과 흰색 사이의 색상을 256단계로 나누어 표현하는 방식으로, 주로 일반 흑백 이미지의 경우 Grayscale 모드를 이용하여 표현된다.

03 면과 선 색상박스

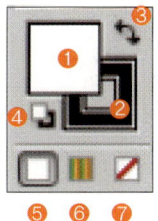

도구모음의 하단에 위치한 면 색상박스(Fill)와 선 색상박스(Stroke)는 오브젝트의 면과 선에 색을 지정한다.

❶ 면 색상박스(Fill) : 오브젝트의 면에 적용된 색상을 표시한다.

❷ 선 색상박스(Stroke) : 오브젝트의 외곽선에 적용된 색상을 표시한다.

❸ 색상 전환(Swap Fill and Stroke) : 면과 선 색상박스의 색상을 서로 교체한다.

❹ 색상 초기화(Default Fill and Stroke) : 면과 선 색상박스를 기본값인 흰색과 검은색으로 초기화한다.

❺ 단일 색상(Color) : 오브젝트의 면과 선에 단일 색상을 적용한다.

❻ 그레이디언트(Gradient) : 오브젝트의 면과 선에 그레이디언트 색상을 적용한다.

❼ 색상 없음(None) : 오브젝트의 면과 선에 색상을 적용하지 않는다.

04 [Color Picker] 대화상자

도구모음의 면 색상박스나 선 색상박스를 더블클릭하면 [Color Picker] 대화 상자가 나타난다. [Color Picker] 대화 상자에서 색상을 작성하는 데 있어서 보다 종합적이고 세밀하게 작성할 수 있다. [Color Picker] 대화 상자의 하단에 있는 'Only Web Colors' 항목에 체크하면 웹 컬러 환경으로 전환되어 웹 페이지를 만들 때 유용하게 사용할 수 있다.

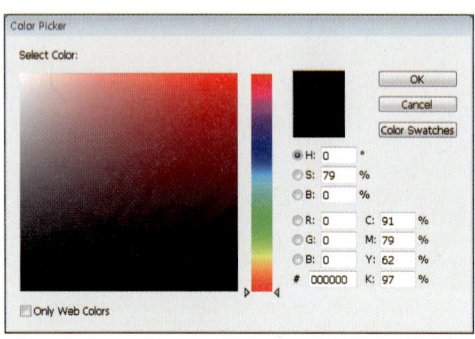 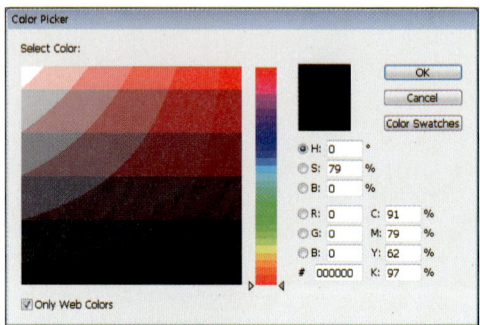

05 [Gradient Mesh] 대화상자

그레이디언트 메시란 오브젝트에 그물 형태의 망점을 생성하여 그레이디언트가 적용되는 범위를 설정해 보다 현실감 있는 그레이디언트를 적용하는 기능을 말한다. 자연스럽고 다양한 색감으로 오브젝트에 그레이디언트를 표현할 수 있다.

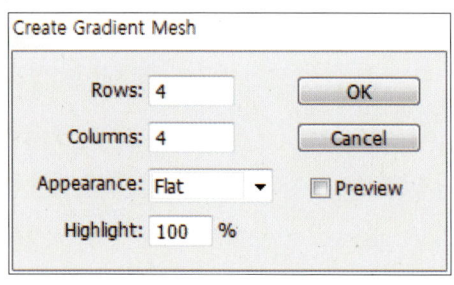 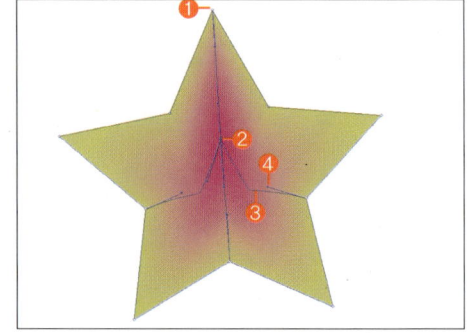

❶ Anchor Point : 오브젝트의 형태를 결정하는 점이다.
❷ Mesh Point : 메시 툴(　)을 클릭하여 생성하며 색상의 축이 되는 점이다.
❸ Mesh Line : [Anchor Point]와 [Mesh Point]를 연결하는 선으로 색상의 흐름을 관리한다.
❹ Mesh Patch : Mesh와 Mesh 사이의 영역으로 자연스러운 그레이디언트를 생성한다.

06 라이브 색상

라이브 색상을 빠르고 직관적으로 색을 배합하고 저장하여 다양한 색상 표현을 할 수 있도록 돕는다. 색상 변형을 테스트하거나 적용 및 제어할 수 있으며 선택한 오브젝트에 상호 작용 방식으로 색상을 간편하게 편집하여 미리보면서 작업할 수 있다.

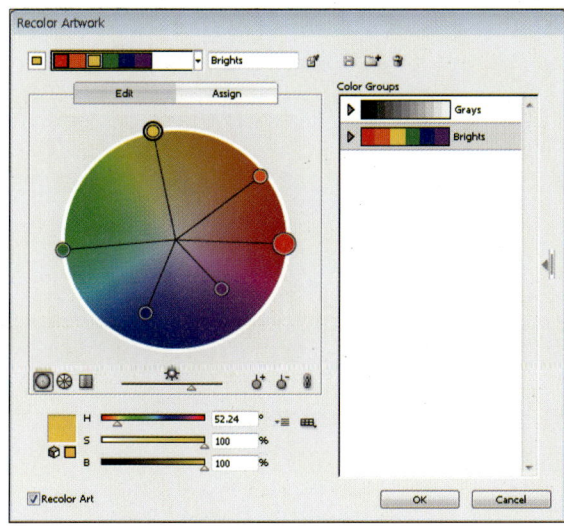

Section 1 오브젝트에 색상 적용하기

일러스트레이터 CS5는 오브젝트에 다양한 색상을 쉽고 빠르게 적용할 수 있도록 여러 가지 팔레트를 제공한다. 여기에서는 일러스트레이터 CS5에서 오브젝트에 색상을 적용하는 가장 기본적인 방법에 대해 알아본다.

> **알아두기**
> - 도구모음의 색상 모드에서 면과 선 색상박스를 더블클릭하여 여는 [Color Picker] 대화 상자에서 원하는 색상을 적용할 수 있다.
> - [COLOR], [SWATCHES], [COLOR GUIDE] 팔레트를 이용하여 다양한 색상을 적용할 수 있다.

따라하기 01 도구모음의 색상 모드 이용하기

'챕터4_샘플/흑백.ai'를 불러온 후 도구모음의 색상 모드 기능으로 오브젝트의 면과 외곽선의 색상을 적용하고 조절해 보자.

❶ 선택 툴( )로 하단의 산 모양 오브젝트를 선택한다.
❷ 도구모음 하단의 색상 모드에서 면 색상박스를 더블클릭하여 [Color Picker] 대화 상자를 연다.
❸ [Color Picker] 대화 상자에서 색상 스펙트럼의 슬라이더 바를 초록색 부분으로 드래그한다. 왼쪽 색상박스의 색상이 해당 색상으로 변경된다.
❹ 색상박스에서 원하는 색상을 클릭하여 색상을 지정하고 [OK] 버튼을 클릭한다.

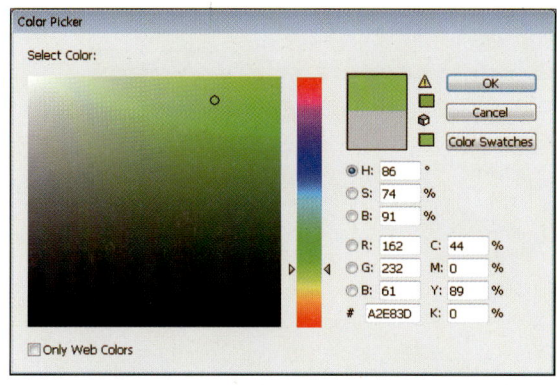

> **tip** ➕
>
> **색상 모드**
>
> 색상 모드에는 여러 가지 종류가 있는데 주로 RGB 모드와 CMYK 모드가 사용된다. 화면에서 보여주기 위한 웹 관련 작업에는 RGB 모드를 사용하고 인쇄를 목적으로 하는 작업에는 CMYK 모드를 사용한다.

따라하기 02 색상 관련 팔레트로 색상 적용하기

일러스트레이터에서는 [COLOR] 팔레트뿐만 아니라 조화로운 색상 적용을 위한 [COLOR GUIDE] 팔레트를 제공한다.

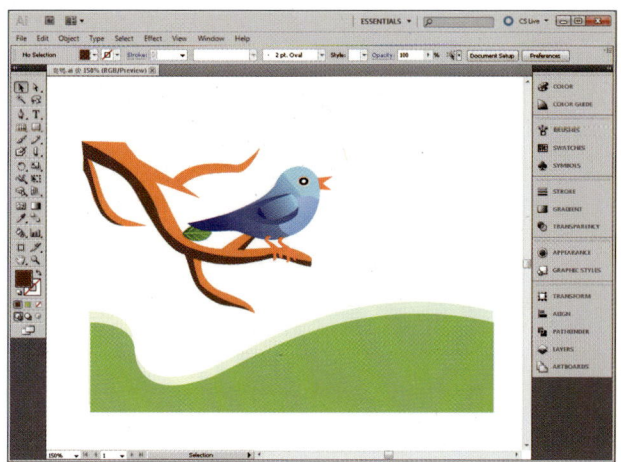

❶ 선택 툴( )로 왼쪽 상단의 나뭇가지 오브젝트의 연한 회색 부분을 선택한다.
❷ [Window]-[Color]를 선택하여 [COLOR] 팔레트를 연다.
❸ [COLOR] 팔레트에서 RGB 색상값을 [R:244, G:137, B:39]로 입력하고 Enter 를 누르면 나뭇가지의 색상이 갈색으로 적용된다.

Section 1. 오브젝트에 색상 적용하기

❹ 선택 툴( )로 이번에는 나뭇가지의 어두운 회색 부분을 선택한다.

❺ [Window]-[Color Guide]를 선택하여 [COLOR GUIDE] 팔레트를 연다.

❻ 원하는 배색을 선택한 다음 상단의 배색띠 중에서 원하는 색상을 선택하여 색상을 적용한다.

01 혼자해보기

배경에 파란색을 적용해 보자.

HINT | 선택 툴( )로 흰 배경을 선택한 다음 도구모음이 색상 모드 또는 [SWATCHES] 팔레트를 이용하여 연한 파란색을 적용한다.

02 혼자해보기

색상을 변경하여 밤 분위기가 나는 그림을 만들어 보자.

HINT | 선택 툴( )로 하늘색 배경을 선택하고 어두운 파란색으로 색상을 변경한다. 도형 툴( )을 이용하여 원을 그린 다음 도구모음의 색상 모드 또는 [SWATCHES] 팔레트에서 노란색을 적용하여 달 오브젝트를 완성한다.

Section 1. 오브젝트에 색상 적용하기

Section 2 생생한 라이브 색상 사용하기

일러스트레이터 CS5에서는 [COLOR GUIDE] 팔레트와 [Recolor Artwork] 대화 상자를 제공한다. 이 팔레트와 대화 상자를 이용해 생생한 라이브 색상을 적용할 수 있다.

> **알아두기**
> - [Recolor Artwork] 대화 상자에서 라이브 색상을 적용할 수 있다.
> - [COLOR GUIDE] 팔레트에서 라이브 색상과 연계하여 생동감 있는 색상을 적용할 수 있다.
> - [SWATCHES] 팔레트의 'New Color Group' 아이콘으로 라이브 색상을 설정할 수 있다

따라하기 01 [Recolor Artwork] 대화 상자 실행하기

'챕터4_샘플/소.ai'를 불러온 후 [Edit]-[Edit Colors]-[Recolor Artwork]를 클릭하면 나타나는 [Recolor Artwork] 대화 상자에서 라이브 색상 적용을 해 보자.

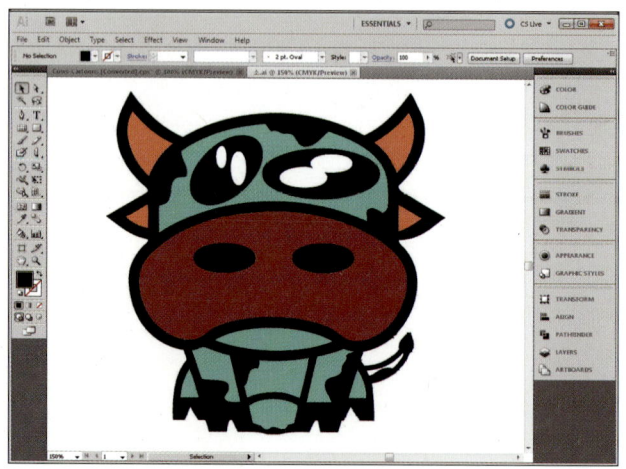

❶ 도구모음의 선택 툴(▶)로 소 오브젝트를 선택한다.

❷ 라이브 색상을 적용하기 위해 [Edit]-[Edit Colors]-[Recolor Artwork]를 선택한다.

❸ [Live Color] 대화 상자가 나타나면 [Assign] 탭에 선택 오브젝트에 적용되어 있는 배색이 표시되는 것을 확인할 수 있다.

❹ [Live Color] 대화 상자 상단의 [Edit] 탭을 선택하고 소 오브젝트를 확인하면서 'Color Wheel'을 드래그하여 원하는 색상을 지정한 다음 [OK] 버튼을 클릭한다.

❺ 설정한 라이브 색상이 소 오브젝트에 적용된다. 수정한 색상들로부터 새로운 색상 그룹을 만들 수도 있다.

[Recolor Artwork] 대화 상자 표시하기

오브젝트를 선택한 다음 옵션 바에서 'Recolor Artwork' 아이콘( )을 클릭하면 라이브 색상을 적용할 수 있는 [Recolor Artwork] 대화 상자가 나타난다.

tip

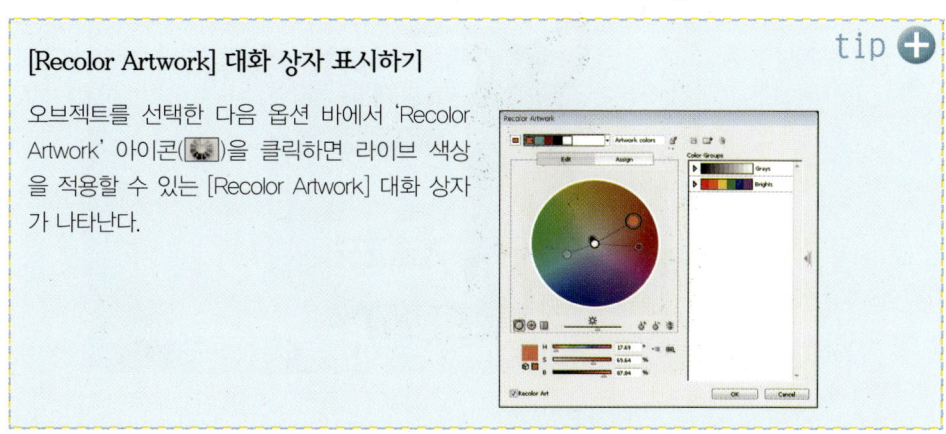

따라하기 02 [COLOR GUIDE] 팔레트 사용하기

[COLOR GUIDE] 팔레트는 [Recolor Artwork] 대화 상자와 함께 색상 효율을 높인다. [Recolor Artwork] 대화 상자과 연계하여 생생한 색상을 적용해 보자.

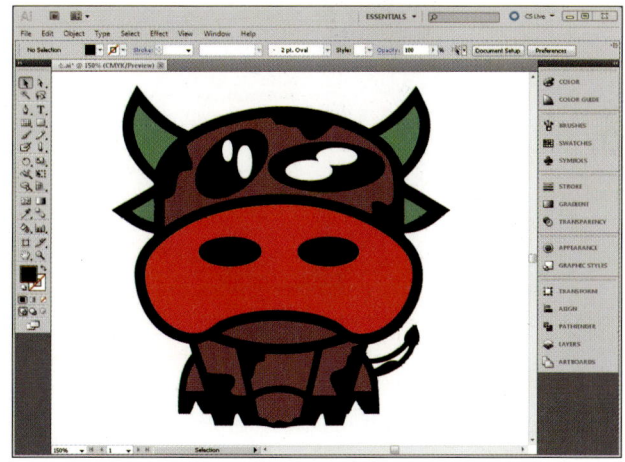

❶ 도구모음의 선택 툴( )로 소 오브젝트를 선택한 다음 [Window]-[Color Guide]를 선택하여 [COLOR GUIDE] 팔레트를 연다.

❷ [COLOR GUIDE] 팔레트에서 원하는 배색을 선택한 다음 오른쪽 하단의 'Edit or Apply Colors' 아이콘( )을 클릭한다.

Section 2 . 생생한 라이브 색상 사용하기　143

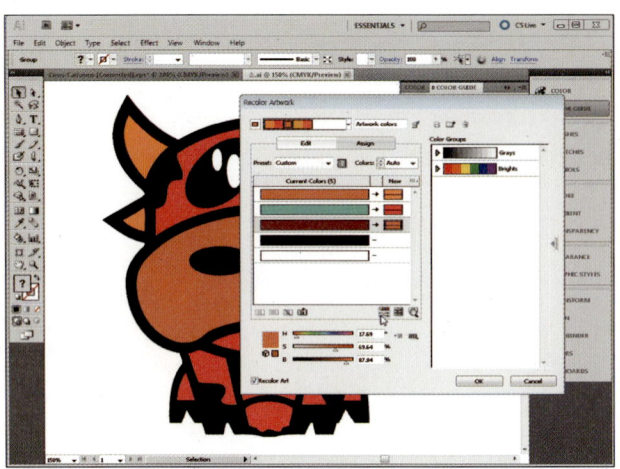

❸ [Recolor Artwork] 대화 상자에서 [Assign] 탭을 선택한 다음 'Randomly change color order' 아이콘( )을 클릭하여 오브젝트에 임의의 배색으로 생생한 라이브 색상이 적용되도록 한다.

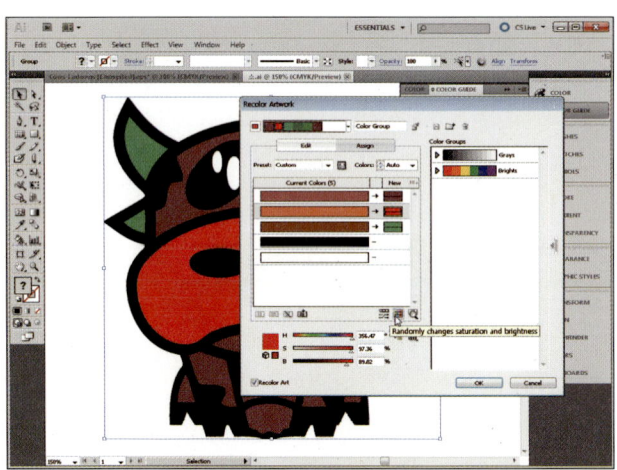

❹ 이번에는 'Randomly Changes saturation and brightness' 아이콘( )을 클릭한다. 오브젝트에 임의의 명도와 채도가 설정되게하여 다른 느낌의 색상으로 변경되도록 한다.

따라하기 03 [SWATCHES] 팔레트 사용하기

[SWATCHES] 팔레트의 'New Color Group' 아이콘을 이용하여 미리 설정한 라이브 색상을 그룹으로 지정하여 조화로운 배색 설정이 가능하다.

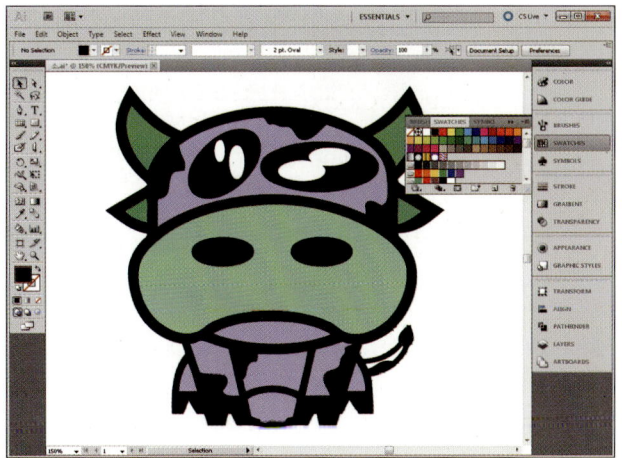

❶ 선택 툴( )로 소 오브젝트를 선택한 다음 [Window]-[Swatches]를 선택하여 [SWATCHES] 팔레트를 연다.

❷ [SWATCHES] 팔레트의 중앙 하단에 있는 'New Color Group' 아이콘( )을 클릭한다.

❸ [New Color Group] 대화 상자에서 새로운 색상 그룹을 설정하기 위해 [Creat From] 항목에서 'Selected Artwork'를 선택하고 [OK] 버튼을 클릭한다.

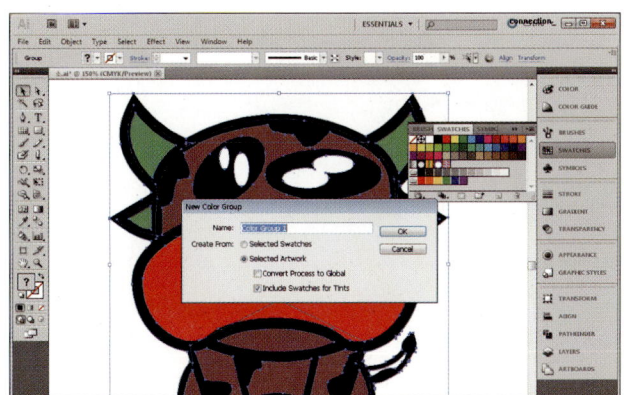

❹ 새롭게 설정된 'Color Group 1'이 선택된 상태에서 [SWATCHES] 팔레트 중앙 하단의 'Edit or Apply Color Group' 아이콘( )을 클릭한다.

❺ [Recolor Artwork] 대화 상자가 나타나면 새롭게 설정한 색상 그룹 'Color Group 1'을 선택한다.

Section 2 . 생생한 라이브 색상 사용하기

❻ 색상 상호 작용 방식이 설정된 상태에서 [Edit] 탭의 'Color Wheel'을 드래그하여 기본 색상에서 원하는 색상으로 변경한 다음 [OK] 버튼을 클릭한다.

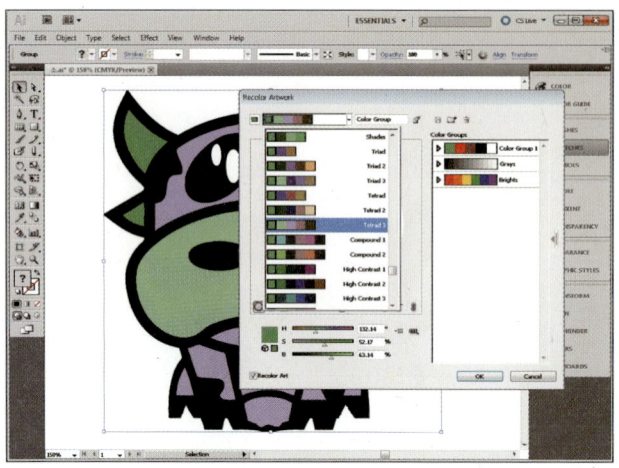

❼ 소 오브젝트가 기본 색상에 맞추어 변경된 조화로운 배색이 설정되는 것을 알 수 있다.

❽ 색상변경에 대한 경고 창이 표시되면 [Yes] 버튼을 클릭한다. [SWATCHES] 팔레트를 살펴보면 새로운 색상으로 변경된 색상그룹을 확인할 수 있다.

01 혼자해보기

소 오브젝트를 복사하여 알맞은 라이브 색상을 적용해 보자.

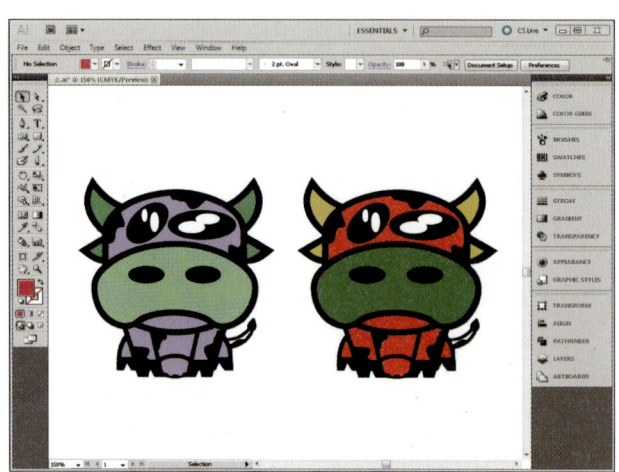

HINT | Shift + Alt 를 누른 상태에서 소 오브젝트를 오른쪽으로 드래그하여 소 오브젝트를 복사한 다음 라이브 색상을 사용하여 다양한 색상을 지정한다.

[Recolor Artwork] 대화 상자

[Recolor Artwork] 대화 상자에서는 생생한 색상을 쉽고 빠르게 오브젝트에 테스트하거나 적용할 수 있다.

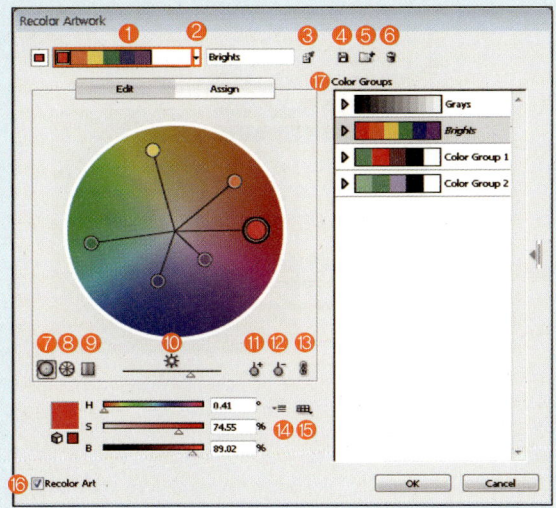

· Edit

❶ Active Colors : 기본 배색을 설정한다.
❷ Harmony Rules : 내림 버튼을 클릭하면 Harmony Rules 배색이 표시된다.
❸ Get colors from selected art : 원래의 아트보드 배색 설정을 보여준다.
❹ Save changes to color group : 새롭게 설정한 배색을 저장한다.
❺ New Color Group : 새롭게 설정한 색상그룹을 'Color Group' 창에 표시한다.
❻ Delete Color Group : 설정한 색상그룹을 삭제한다.
❼ Display smooth color wheel : 부드러운 'Color Wheel'을 표시한다.
❽ Display segmented color wheel : 나눠진 'Color Wheel'을 표시한다.
❾ Display color bars : Color Bar 형태로 표시한다.
❿ Adjust brightness : 명도를 조절하는 슬라이더 바이다.
⓫ Add Color tool : Add Color tool을 선택하고 'Color Wheel'에서 원하는 색상을 클릭하면 색상 툴이 추가된다.
⓬ Remove Color tool : Remove Color tool을 선택하고 'Color Wheel'에서 삭제하려는 색상을 클릭하면 색상 툴이 삭제된다.
⓭ Unlink harmony colors : 색상의 상호 작용 효과를 설정 및 해제한다.
⓮ Specifies the mode of the color adjustment sliders : 색상 모드 변경이 가능하다.
⓯ Limits the color group to colors in a swatch library : [Swatch Library]를 직접 선택하여 적용할 수 있다.
⓰ Recolor Art : 아트워크에 적용되는 색상을 미리보면서 작업할 수 있다.
⓱ Color Groups : 자주 사용하거나 필요한 색상그룹을 저장 또는 편집할 수 있다.

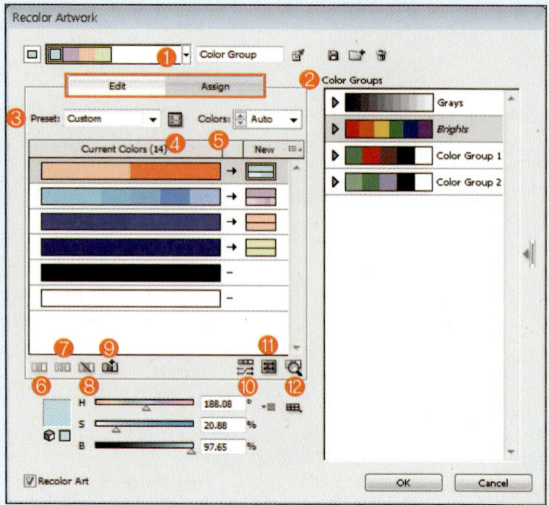

· Assign

❶ [Recolor Artwork] 대화 상자 탭
  · Edit : [Edit] 탭에서는 [Harmony Rules] 메뉴와 'Color Wheel'을 이용하여 어울리는 색상들로 색상그룹을 수정하거나 새롭게 만든다. 'Color Wheel'에서 조화로운 배색을 확인하고, 각각의 색상값들을 살펴보며 조정할 수 있다. 또한 명도를 조정하고 색상추가와 제거, 색상그룹 저장이 가능하다.
  · Assign : [Assign] 탭에서는 색상그룹의 색상들이 아트워크의 원래 색상을 어떻게 대체하고 보이는지를 알 수 있다. 선택된 오브젝트가 있을 때에만 색상들을 할당할 수 있다.
❷ Color Groups : Color Groups 창에는 저장된 색상그룹들이 표시된다. 색상그룹을 선택하고 수정할 수 있으며, 선택된 아트워크를 다시 채색할 수도 있다. 색상그룹을 저장하면 이 리스트에 그룹이 추가된다.
❸ Preset : Custom, Color library, 1 color job, 2 color job, 3 color job, Color harmony를 선택하여 제어할 수 있다.
❹ Color Reduction Options : [Recolor Options] 대화 상자를 나타낸다.
❺ Colors : 색상 수를 설정하여 제어할 수 있다.
❻ Merge colors into a row : 2개 이상의 색상을 동시에 선택했을 때 하나의 열 안에 합쳐진다.
❼ Separate colors into different rows : 합쳐져 있는 색상을 따로 떼어 구분시킨다.
❽ Excludes selected colors so they will not be recolored : 열 안의 색상을 따로 떼어 구분시킨다.
❾ New Row : 새로운 열을 만든다.
❿ Randomly change color order : 색상 그룹 내에서 임의의 배색이 설정된다.
⓫ Randomly changes saturation and brightness : 색상 그룹 내에서 임의의 채도와 명도가 설정된다.
⓬ Click on colors above to find them in the artwork : 색상을 선택하면 아트워크에 적용된 색상을 표시한다.

쉽고 빠르게 색상 지정하기

마술봉 툴과 라이브 페인트 버킷 툴을 이용하면 오브젝트에 쉽고 빠르게 색상을 지정할 수 있다. 스포이트 툴은 이미지 또는 오브젝트의 색상을 추출해 낼 수 있으며 추출된 색상은 해당 위치의 색상 정보를 비롯하여 오브젝트의 외곽선 등 다양한 속성도 함께 복제한다.

> **◯ 알아두기**
> - 스포이트 툴을 사용하여 오브젝트의 색상을 추출해 낼 수 있다.
> - 라이브 페인트 버킷 툴로 효율적인 색상 적용이 가능하다.

따라하기 01 스포이트 툴 사용하기

'챕터4_샘플/꽃밭.ai'를 불러온 후 스포이트 툴을 이용하여 오브젝트의 색상을 추출해 보자. 스포이트 툴을 사용하여 오브젝트의 색상을 변경해 보자.

❶ 선택 툴(　)로 색이 없는 꽃 오브젝트 하나를 선택한다.

❷ 도구모음에서 스포이트 툴(　)을 선택한다.

❸ 왼쪽의 색이 있는 꽃 오브젝트 중에서 추출해 낼 색상이 있는 꽃 오브젝트 위를 스포이트 툴(　)로 클릭한다.

❹ 선택한 꽃 오브젝트의 색상이 스포이트 툴(　)로 추출한 색으로 바뀌는 것을 확인할 수 있다.

일시적인 선택 툴 변경 — tip

스포이트 툴( )을 선택한 다음 Ctrl 을 누르면 일시적으로 마우스 포인터가 선택 툴( )로 변경되어 오브젝트를 선택할 수 있다.

01 혼자해보기   색이 없는 나머지 꽃 오브젝트에도 스포이트 툴을 이용하여 색을 입혀보자.

HINT | 선택 툴( )로 색이 없는 꽃 오브젝트를 선택한 다음 스포이트 툴( )로 색이 있는 꽃 오브젝트의 색을 추출하여 색을 입힌다.

따라하기 02 라이브 페인트 버킷 툴 사용하기

'챕터4_샘플/나무.ai'를 불러온 후 라이브 페인트 버킷 툴로 자동으로 외곽선의 경계를 검색하고 수정해 보자. 라이브 페인트 버킷 툴은 빠르고 효율적으로 색상을 적용할 수 있다.

❶ 선택 툴( )로 초록색 나무 잎 오브젝트를 선택한다.
❷ [Object]-[Live Paint]-[Gap Options]을 선택한다.
❸ [Paint stops at] 항목을 'Large Gaps'를 선택하여 오브젝트의 큰 틈새에도 페인팅이 빠져 나가지 못하도록 하고, [Gap Preview Color] 항목은 'Green'으로 지정한다.

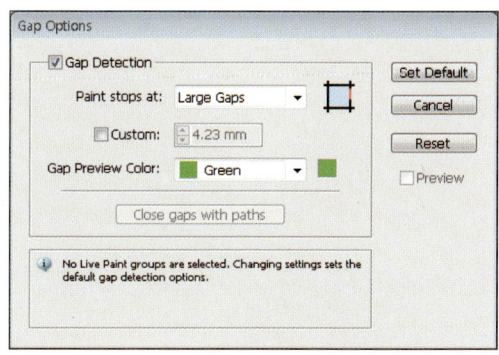

❹ 도구모음에서 라이브 페인트 버킷 툴( )을 선택한다.
❺ 색상 모드의 면 색상박스를 선택하여 원하는 색상을 설정한다.
❻ [COLOR GUIDE] 팔레트에서 내림 버튼을 클릭하여 원하는 색상의 조합이 있는 배색 띠를 선택하고 오른쪽 하단의 'Save color group to Swatch panel' 아이콘( )을 클릭하여 선택한 배색을 [SWATCHES] 팔레트에 등록한다.
❼ [SWATCHES] 팔레트에서 방금 등록한 'Color Group 1'을 선택한다.

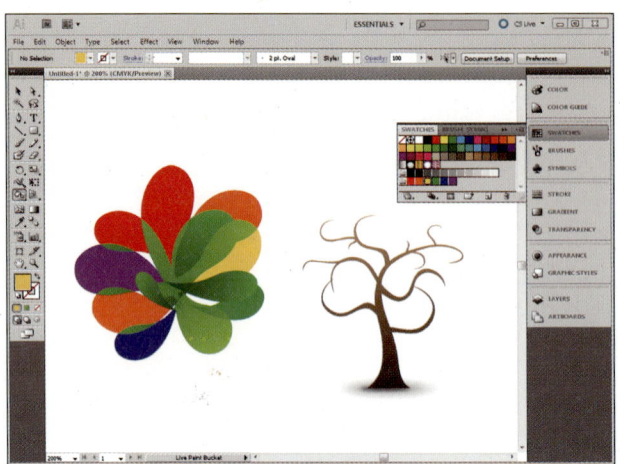

❽ 마우스 포인터를 나무 잎 오브젝트 위에 위치시키고 클릭하여 오브젝트의 색상을 변경한다.

❾ 키보드의 방향키를 사용하여 라이브 페인트 버킷의 색상을 변경하면서 나뭇잎 오브젝트의 색상을 변경한 다음, 선택 툴( )로 나뭇가지 오브젝트를 옮겨 나무를 완성한다.

❿ 이번에는 나무 잎 오브젝트를 선택한 상태에서 마우스 오른쪽 버튼을 클릭한 후 [Ungroup]을 선택하여 그룹을 해제시킨다.

⓫ 직접 선택 툴( )로 나무 잎 오브젝트를 하나만 선택하고 작업 영역의 빈 공간으로 이동시킨다. 겹쳐진 부분이 자동으로 색이 변경되는 것을 확인할 수 있다.

Section 4 메시로 입체적인 캐릭터 만들기

3D 그래픽 프로그램을 따로 사용하지 않아도 일러스트레이터 CS5에서 제공하는 메시 툴을 이용하면 오브젝트에 입체 효과를 적용할 수 있다. 메시 툴을 사용하여 자연스러운 볼륨감이 살아 있는 입체적인 오브젝트를 만들어 본다.

◑ 알아두기
- 오브젝트 위에 메시 툴을 클릭하여 메시 포인트를 작성할 수 있다.
- 이미 적용된 메시 포인트의 색상을 수정하여 자연스러운 색상을 살릴 수 있다.

따라하기 01 메시 포인트 작성하기

'챕터4_샘플/스마일.ai'를 불러온 후 메시 툴을 사용해 오브젝트에 입체적인 효과를 줄 수 있다. 볼륨감을 주고 싶은 오브젝트의 위치에서 클릭하여 자동으로 메시 포인트를 생성한다.

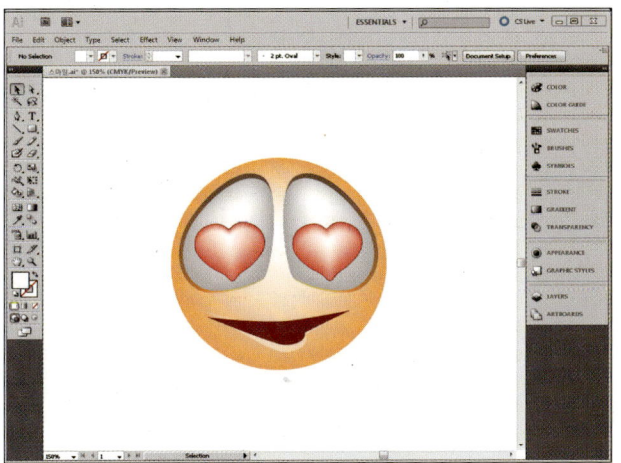

❶ 도구모음에서 메시 툴( )을 선택하고 도구모음의 색상 모드에서 면 색상박스는 [흰색], 선 색상박스는 [색상 없음]으로 적용한다.

❷ 노란색 얼굴 오브젝트의 가운데를 클릭하여 메시 포인트를 작성한다. 메시 포인트를 중심으로 흰색이 단계적으로 부드럽게 적용되는 것을 볼 수 있다.

❸ 메시 툴( )로 하트 오브젝트와 눈 흰자 오브젝트도 클릭하여 메시 포인트를 작성하여 스마일 오브젝트의 입체감을 살린다.

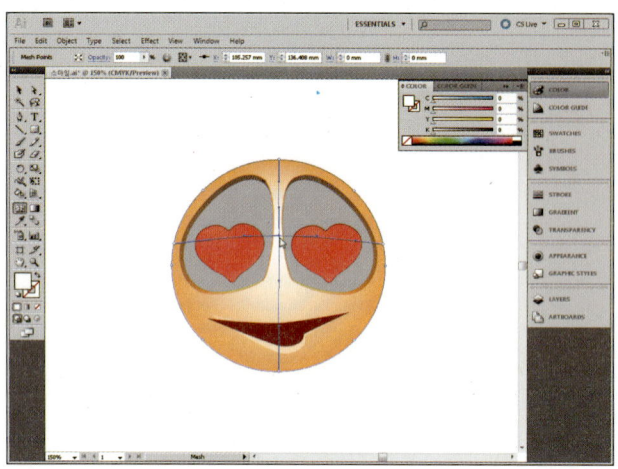

따라하기 02 메시 포인트 색상 수정하기

직접 선택 툴로 이미 작성된 메시 포인트를 선택하여 색상 수정을 하면 자연스러운 색상으로 입체감을 살릴 수 있다.

❶ 도구모음에서 직접 선택 툴( )을 선택한다.
❷ 입체 효과가 적용된 얼굴 오브젝트를 선택한다.
❸ 도구모음의 면 색상박스의 RGB 색상값을 [R:244, G:231, B:130]으로 입력하고 [OK] 버튼을 클릭한다.

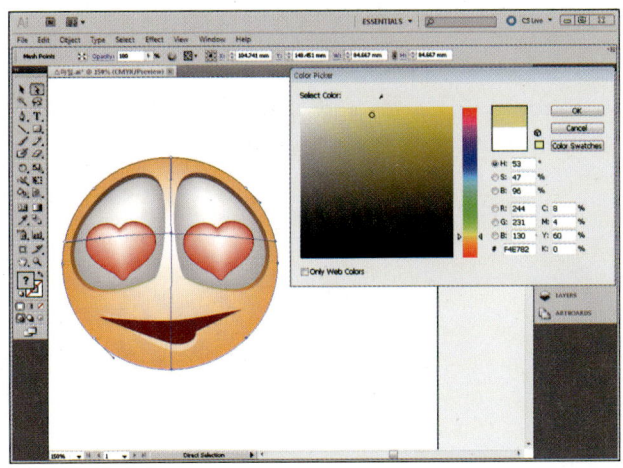

④ 이번에는 직접 선택 툴( )로 Shift 를 누른 채 두 하트 오브젝트를 선택한다.

⑤ [SWATCHES] 팔레트 또는 도구모음의 면 색상박스에서 연한 붉은색 계열의 색상을 선택한다.

⑥ 스마일 오브젝트가 적절하게 입체감 있는 색상으로 적용된 것을 확인할 수 있다.

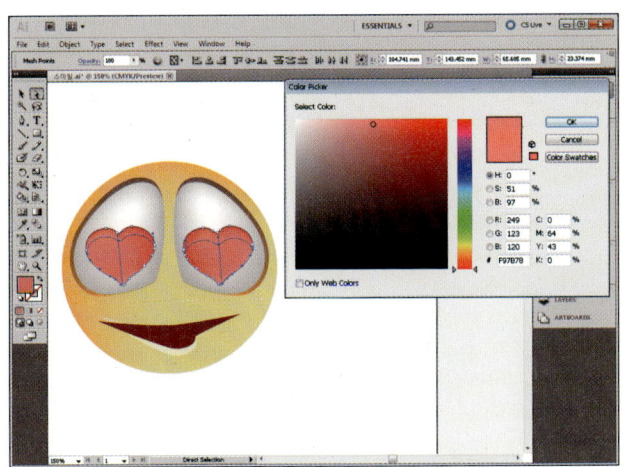

Section 4. 메시로 입체적인 캐릭터 만들기   155

01 혼자해보기
스마일 캐릭터의 메시 포인트 색상을 변경해 보자.

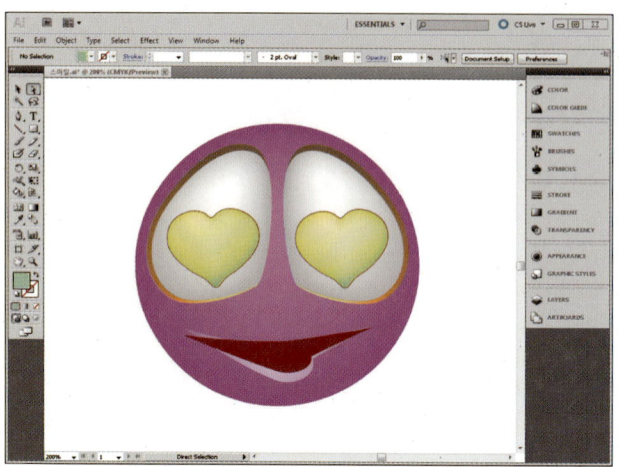

HINT | 변경하려는 오브젝트를 선택하고 면 색상박스의 색상을 변경한 다음, 직접 선택 툴( )로 메시 포인트를 선택하여 좀 더 밝은 색상을 적용하여 입체감 있는 효과를 표현한다.

02 혼자해보기
메시 툴을 이용하여 자연스러운 무늬의 오브젝트를 작성해 보자.

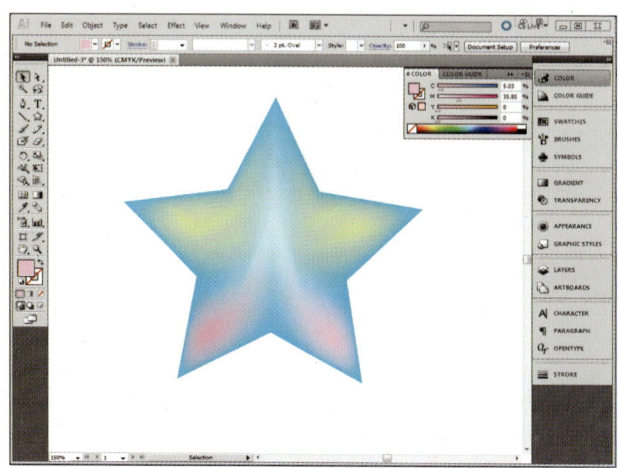

HINT | [File]-[New]를 선택하여 새로운 도큐먼트를 열고 도형 툴( )로 별 오브젝트를 작성한다. 별 오브젝트에 색을 지정한 후 메시 툴( )로 별 오브젝트 내부를 클릭하고 색을 변경하여 다양한 색을 적용한다.

Section 5. [SWATCHES] 팔레트에 패턴 등록하기

일러스트레이터 CS에서 제공하는 [SWATCHES] 팔레트에서는 패턴과 그레이디언트 라이브러리를 사용할 수 있으며, 직접 사용자가 작성한 패턴과 그레이디언트를 등록할 수 있다.

○ 알아두기
- 오브젝트를 [SWATCHES] 팔레트에 등록하여 패턴으로 사용할 수 있다.
- 등록되어 있는 패턴을 수정하거나 편집할 수 있다.
- 일러스트레이터 CS5에서 제공하는 다양한 패턴을 적용할 수 있다.

따라하기 01 새로운 패턴 만들기

패턴이란 일정한 문양을 일정한 간격으로 반복하여 표현하는 것을 말한다. '챕터4_심플/패턴.ai'를 불러온 후 원하는 문양을 만들고 [SWATCHES] 팔레트에 등록하여 패턴으로 사용해 보자.

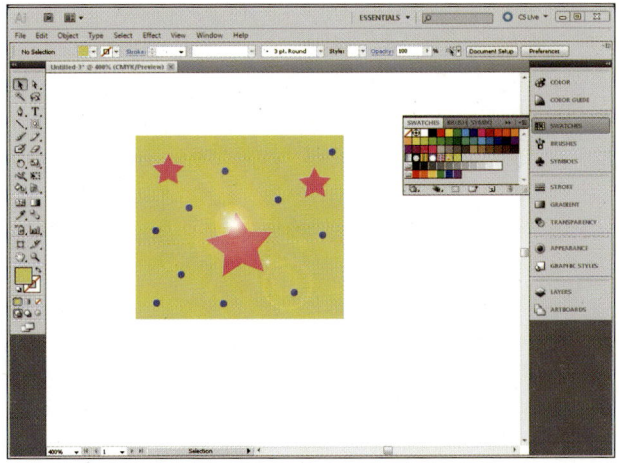

❶ 도구모음의 색상 모드에서 면 색상박스는 [R:232, G:227, B:76]을 입력하고 선 색상박스는 [색상 없음]으로 설정한다.

❷ 사각형 툴(□)을 선택하여 빈 작업공간에 Shift 를 누른 채 드래그하여 패턴의 배경을 작성한다.

❸ 여러 가지 도형 툴을 사용하여 패턴의 배경 위에 원하는 패턴의 문양을 작성한다.

❹ Shift 를 누른 채 작성한 패턴을 모두 선택하고 패턴 오브젝트 위에서 마우스 오른쪽 버튼을 클릭하여 [Group]을 선택한다.

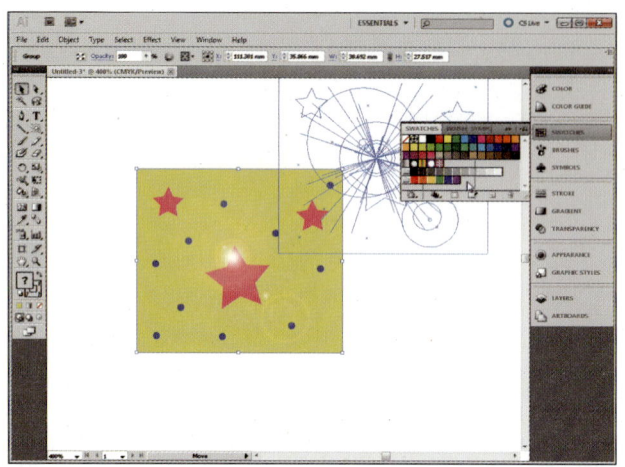

❺ 패턴으로 등록시킬 오브젝트를 [SWATCHES] 팔레트로 드래그하면 마우스 포인터에 '+'가 표시되면서 이미지가 패턴으로 등록된다.

따라하기 02 패턴 적용 및 편집하기

'챕터4_샘플/스노우보드.ai'를 불러온 후 직접 패턴을 수정하거나 편집하여 일정하게 반복되는 패턴의 지루함을 없애 보자.

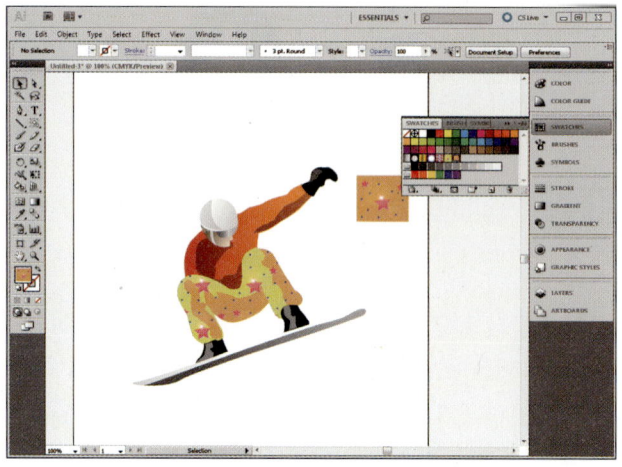

❶ 선택 툴( )로 바지 오브젝트를 선택한다. 이때 선택한 오브젝트에 패턴을 적용하기 위해서는 도구모음의 색상 모드에서 면 색상박스가 선택된 상태이어야 한다.

❷ [SWATCHES] 팔레트에 방금 등록시킨 패턴을 선택하면 바지 오브젝트에 패턴이 적용되는 것을 확인할 수 있다.

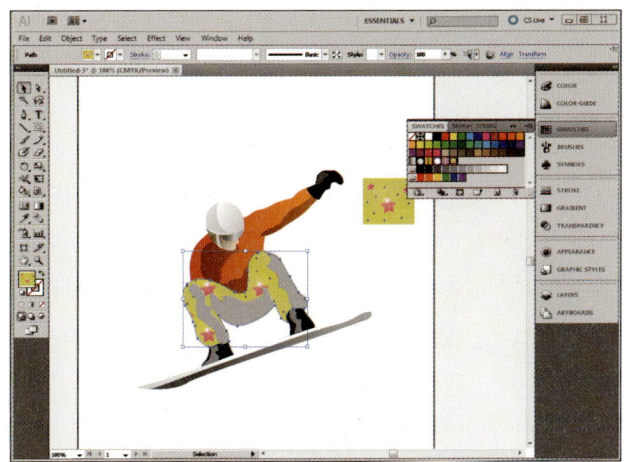

❸ 작성한 패턴의 배경을 직접 선택 툴( )로 선택한 다음 도구모음의 색상 모드에서 면 색상박스를 [R:229, G:167, B:76]로 입력하여 패턴의 배경색을 변경한다.

❹ 를 누른 채 변경된 패턴을 모두 선택한 다음 [SWATCHES] 팔레트로 드래그하여 새로운 패턴으로 등록한다.

❺ 바지 오브젝트에서 입체감을 주기 위해 진한 회색부분의 오브젝트를 선택 툴( )로 선택한다.

❻ [SWATCHES] 팔레트에 방금 등록한 패턴을 선택하면 바지 오브젝트의 진한 회색 부분이 지정한 패턴으로 바뀌는 것을 확인할 수 있다.

> **반복적인 패턴 만들고 수정하기** tip ➕
>
> 패턴은 일정한 문양을 반복적으로 표현하는 것으로 일러스트레이터 CS5에서는 여러 종류의 패턴 라이브러리를 제공한다. 사용자가 만들고 등록한 패턴은 자유롭게 수정이 가능하며 새로운 패턴으로 등록할 수 있다.

01 혼자해보기 | 상의 오브젝트에 패턴을 적용해 보자.

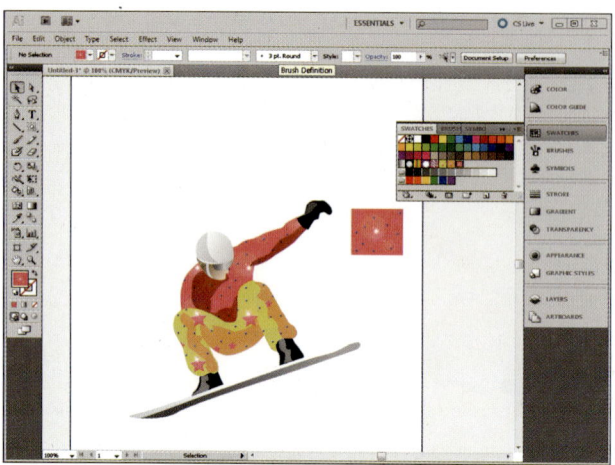

HINT | 패턴의 배경색을 바꾼 다음 [SWATCHES] 팔레트에 등록하고, 선택 툴( )로 상의 오브젝트를 선택한 후에 등록한 패턴을 선택한다.

따라하기 03 다양한 패턴 적용하기

일러스트레이터 CS5에서 제공하는 다양한 패턴들을 적용해 보자.

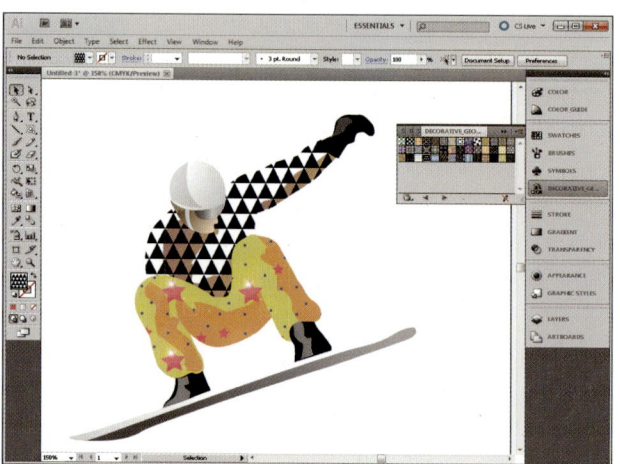

❶ 선택 툴( )로 상의 오브젝트를 선택한다.

❷ 패턴 라이브러리를 사용하기 위해 [SWATCHES] 팔레트 하단의 'Swatch Libraries menu' 아이콘( )을 클릭한다.

❸ [Patterns]-[Decorative]-[Decorative_Geometric 1]을 선택하여 나타난 [DECORATIVE_GEOMETRIC 1] 팔레트에서 'Crosses Color' 패턴을 선택한다.

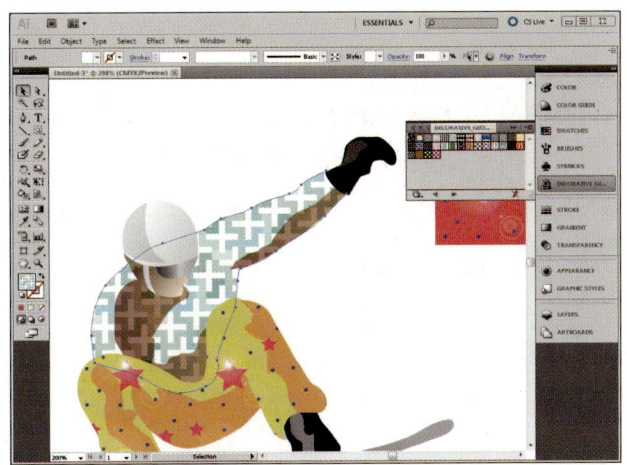

❹ 이번에는 [DECORATIVE_GEOMETRIC 1] 팔레트 하단의 'Load next Swatch Library' 아이콘(▶)을 클릭하여 [DECORATIVE_GEOMETRIC 2] 팔레트를 연다.

❺ 'Triangles Equal' 패턴을 선택하여 상의 오브젝트의 패턴을 변경한다.

핵심정리 summary

1. [COLOR] 팔레트

[COLOR] 팔레트는 색상 탭을 조절하여 자유롭게 색상을 만들고 적용할 수 있다. [COLOR] 팔레트의 면이나 선 색상박스를 더블클릭하면 나타나는 [Color Picker] 대화 상자에서 색상을 세밀하게 지정할 수도 있다.

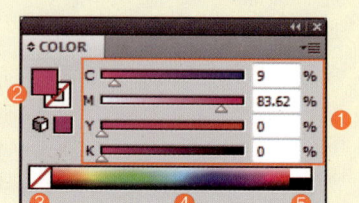

❶ 색상 탭 : 색상값을 입력하여 정확하게 색상을 설정할 수 있다. 또한 삼각형 모양의 탭 조절 아이콘을 드래그 하여 원하는 색상을 설정할 수 있다.

❷ 면과 선 색상박스 : 면(Fille)과 선(Stroke)에 적용된 색상을 보여준다. 색상값을 입력하여 색상을 조절할 수 있으며, 더블클릭하여 표시되는 [Color Picker] 대화 상자를 이용해 색상을 세밀하게 조절할 수 있다.

❸ 색상 없음 : 오브젝트에 적용된 색상을 삭제해 색상을 적용하지 않는다.

❹ 색상 스펙트럼 : 색상 스펙트럼 위에 마우스 포인터를 위치하면 스포이트 형태로 변경 된다. 스포이트 커서로 원하는 색상을 클릭하면 색상이 적용된다.

❺ 기본색 : 기본색 아이콘을 클릭하면 기본 색상인 흰색과 검은색으로 돌아간다.

2. [COLOR GUIDE] 팔레트

[COLOR GUIDE] 팔레트는 선택한 색의 유사 색상을 고르는 데 도움을 주며 색상을 수정하고 편집하는 라이브 색상에 접근할 수도 있다.

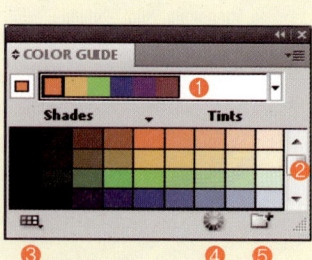

❶ 기본 색상 지정 : 원하는 색상으로 지정할 수 있다.

❷ 색상 견본 상자(Swatches) : 기본 색상으로 지정한 색 상과 어울리는 색상을 표시한다.

❸ 색상 라이브러리 : 기본으로 제공하는 [COLOR GUIDE] 팔레트의 라이브러리를 표시한다.

❹ 색상 편집 및 적용 : [Live Color] 대화 상자를 표시한다.

❺ 색상 그룹 저장 : [SWATCHES] 라이브러리에 색상을 추가한다.

3. [SWATCHES] 팔레트

[SWATCHES] 팔레트는 [COLOR] 팔레트에서 작성한 색상을 등록하여 언제든지 쉽게 오브젝트에 적용할 수 있다. 기본적으로 색상, 그레이디언트, 패턴이 등록되어 있고 필요한 색상을 새로 등록하거나 삭제할 수 있다.

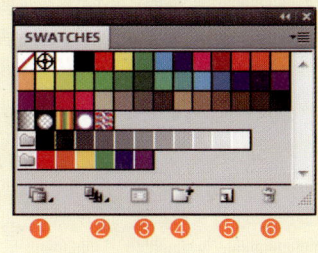

❶ Swatch Libraries menu : 일러스트레이터 CS5에서 기본으로 제공하는 [SWATCHES] 라이브러리를 선택할 수 있다.

❷ Show Swatch Kinds menu : [SWATCHES] 팔레트에 등록되어져 있는 색상, 그레이디언트, 패턴, 색상 그룹을 선택하여 나타낼 수 있다.

❸ Swatch Options : 옵션을 설정한다.

❹ New Color Group : 기본적으로 등록되어 있는 색상 그룹 외에 [SWATCHES] 색상을 그룹 설정할 수 있다.

❺ New Swatch : 기본적으로 등록되어 있는 색상 외에 [COLOR] 팔레트에서 조정한 색을 [SWATCHES] 팔레트에 등록할 수 있다.

❻ Delete Swatch : [SWATCHES] 팔레트에 등록되어 있는 색상을 선택하고 휴지통 아이콘(🗑)으로 드래그하면 해당 색상이 팔레트 내에서 삭제된다.

4. [GRADIENT] 팔레트

일러스트레이터 CS5에서는 그레이디언트 색상뿐만 아니라 방향을 조절할 수 있으며 그레이디언트 형태를 직선형과 원형으로 지정할 수 있다.

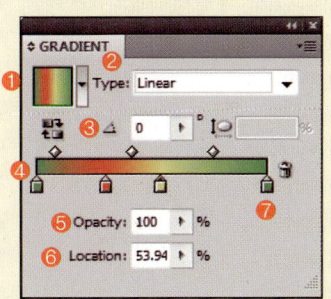

❶ Preview : 설정되어 있는 그레이디언트를 미리 보여준다.

❷ Type : 그레이디언트의 스타일을 설정한다.
　· Linear : 직선형으로 그레이디언트를 설정한다.
　· Radial : 원형으로 그레이디언트를 설정한다.

❸ Angle : 그레이디언트의 진행 각도를 설정한다.

❹ Gradient Slider : 그레이디언트의 색상을 설정하는 바이다. 원하는 색을 자유롭게 추가 또는 삭제할 수 있으며 각 색상의 위치를 조절할 수 있다.

❺ Opacity : 그레이디언트의 투명도를 조절한다.

❻ Location : 색상 탭의 위치를 설정한다.

❼ 색상 탭 : 그레이디언트 슬라이더의 색상을 설정하기 위한 것으로, 마우스 클릭으로 손쉽게 색상을 지정할 수 있으며, 색상 탭을 팔레트 밖으로 드래그하여 삭제할 수 있다.

종합실습 pointup

1. [GRADIENT] 팔레트를 이용하여 새 오브젝트에 다양한 그레이디언트 색을 적용해 보자.

   [작업 준비물 : 챕터4_샘플/bird_music.ai]

   HINT | 선택 툴( )로 새 오브젝트를 선택하고 [GRADIENT] 팔레트를 이용하여 그레이디언트 색상을 적용한다.

2. 옷에 여러 가지 패턴을 적용하여 사람 오브젝트를 완성해 보자.

   [작업 준비물 : 챕터4_샘플/사람.ai]

   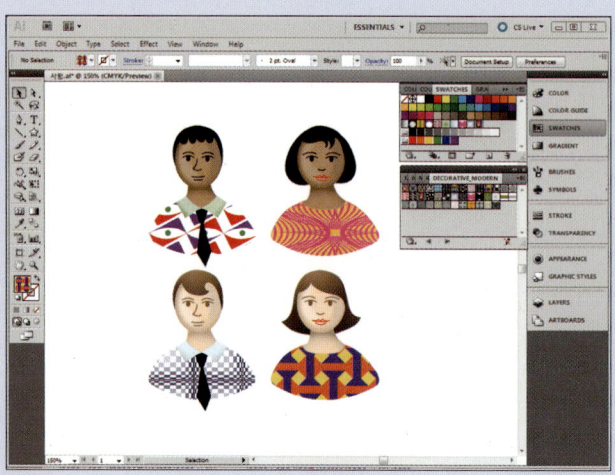

   HINT | 선택 툴( )로 옷 오브젝트를 선택하고 [SWATCHES] 팔레트의 다양한 라이브러리를 이용하여 패턴을 적용한다.

종합실습 pointup

3. [SWATCHES] 팔레트에 내가 만든 패턴 무늬를 등록해 보자.

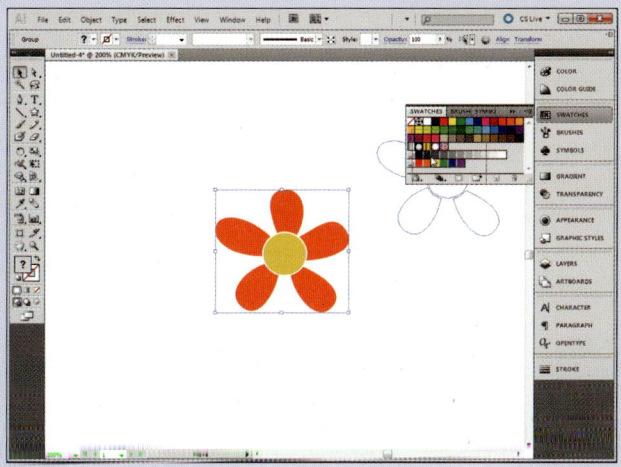

HINT | [File]-[New]를 실행하여 새로운 도큐먼트를 열고 도형 툴과 펜 툴( )을 이용하여 꽃 오브젝트를 작성한다. 꽃 오브젝트에 색을 지정한 후 선택 툴( )로 꽃 오브젝트를 [SWATCHES] 팔레트로 드래그하여 패턴으로 등록한다.

4. 3번에서 등록한 패턴을 이용하여 꽃다발을 만들어 보자.

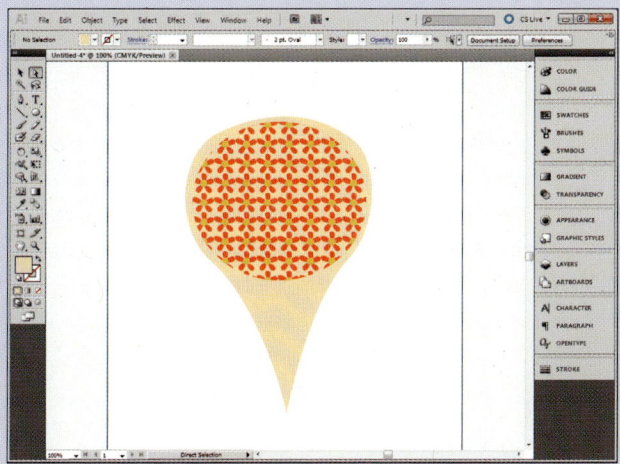

HINT | 펜 툴( )을 이용하여 꽃다발 오브젝트를 작성한다. 꽃다발 오브젝트 위에 원 오브젝트를 하나 더 작성한 후, 원 오브젝트에 등록한 패턴으로 적용한다.

05

CHAPTER

타이포 & 캘리그래피를 위한

문자 입력하기

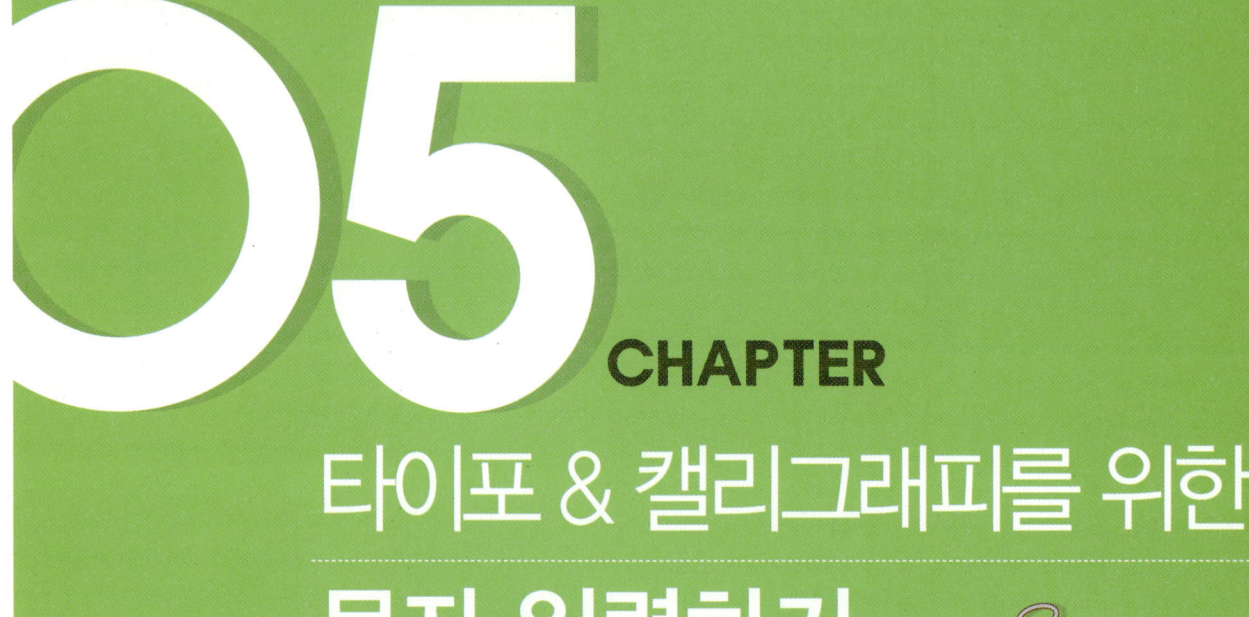

일러스트레이터 CS5에서 제공하는 다양한 문자 툴과 옵션을 이용하면 개성 있는 문자 디자인을 할 수 있다. 원하는 형태로 문자를 변형하는 타이포그래피와 붓으로 직접 쓴 듯한 캘리그래피를 작성할 수 있다.

Section 1   기본 문자 입력하기

Section 2   패스를 따라 흐르는 문자 만들기

Section 3   오브젝트 형태로 문자 만들기

Section 4   문자 스타일로 문자 속성 쉽게 적용하기

Section 5   이미지 주변으로 흐르는 문장 만들기

Section 6   캘리그래피 손글씨 만들기

Section 7   문자 형태 왜곡하기

타이포 & 캘리그래피를 위한 문자 기능 알아보기

다양한 형태의 글꼴들이 개발되면서 효과적인 메시지 전달을 할 수 있는 문자 디자인이 발전하고 있다. 일러스트레이터 CS5의 강력한 문자 기능들을 이용하면 광고 디자인, 로고 디자인을 비롯하여 타이포 & 캘리그래피, 웹 디자인 등이 가능하다.

Chapter

01 일러스트레이터 CS5의 문자 기능

일러스트레이터 CS5의 문자 기능으로 워드 프로세서 이상의 전자 출판(DTP) 편집 기능을 사용할 수 있을 뿐만 아니라 다양한 이미지를 제작할 수 있다. 실제로 적은 분량의 편집 작업은 일러스트레이터를 사용하여 제작하는 경우가 많으며 일러스트레이터는 문자 자체를 포스트스크립트(Postscript)와 같은 벡터 곡선으로 인식하여 화면 상에서도 정교한 작업이 가능하다.

02 문자 입력 툴

일러스트레이터 CS5 도구모음은 문자 툴, 영역 문자 툴, 패스 문자 툴, 세로 문자 툴, 세로 영역 문자 툴, 세로 패스 문자 툴과 같이 각기 다른 기능의 여섯 가지 문자 입력 툴을 제공한다.

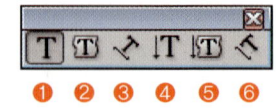

❶ 문자 툴(Type Tool) : 가장 기본적인 문자 입력 툴로 원하는 지점에 클릭하여 문자를 입력할 수 있다. 도큐먼트에 사각 형태로 드래그한 다음 문자 입력을 하면 글상자가 설정되어 문자를 입력할 수 있다.

❷ 영역 문자 툴(Area Type Tool) : 하나의 오브젝트 영역 안에만 문자를 입력할 수 있어 문자를 오브젝트 형태로 표현한다.

❸ 패스 문자 툴(Type on a Path Tool) : 도큐먼트에 그려진 패스를 따라 문자들을 입력한다. 하나의 패스를 따라 문자가 흘러가게 입력하거나 오브젝트의 외곽선을 따라 문자가 흘러가도록 표현한다.

❹ 세로 문자 툴(Vertical Type Tool) : 세로 방향으로 배열된 문자를 입력하는 툴로 주로 아시아권 언어에 쓰이며 영문에는 잘 쓰이지 않는다.

❺ 세로 영역 문자 툴(Vertical Area Type Tool) : 오브젝트 영역 안에 세로 방향으로 문자를 입력한다.

❻ 세로 패스 문자 툴(Vertical Type on a Path Tool) : 세로 방향으로 배열된 문자, 즉 세로 쓰기를 패스나 오브젝트의 외곽선을 따라 입력한다.

03 [CHARACTER] 팔레트

문자 입력 설정을 팔레트 형식으로 제공하는 [CHARACTER] 팔레트는 글꼴, 크기, 자간, 행간 등을 매우 정밀하게 조절한다.

❶ Font : 컴퓨터 시스템에 설치되어 있는 글꼴을 선택하여 사용할 수 있다. 다양한 글꼴을 사용하려면 시스템에 폰트를 설치하여야 한다.

❷ Style : 글꼴에는 일반적으로 보통(Normal), 이탤릭(Italic), 볼드(Bold)체가 제공된다. 이 스타일 옵션은 지원되는 글꼴에서만 사용 가능하다.

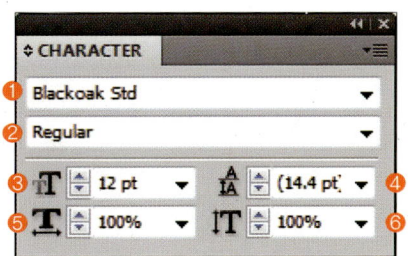

❸ Size : 글꼴의 크기를 조절한다. 단위는 pt이며 1pt는 0.3528mm와 같다.

❹ Leading : 행간을 조절한다. 행간이란 글자와 글자들 사이의 줄 간격을 말하며 보통 [Auto]로 맞춰져 있지만 필요한 경우 행간 조절을 할 수 있다.

❺ Horizontal Scale : 글자의 가로 길이를 조절한다. 수치가 높을수록 글자의 넓이가 넓어진다.

❻ Vertical Scale : 글자의 세로 길이를 조절한다. 수치가 높을수록 글자의 높이가 길어진다.

04 [PARAGRAPH] 팔레트

[PARAGRAPH] 팔레트에서 문자의 단락 속성을 지정하고 문자의 정렬, 들여쓰기 등을 조절한다.

❶ Align left(왼쪽 정렬) : 문단이 왼쪽으로 정렬된다.

❷ Align center(가운데 정렬) : 문단이 가운데로 정렬된다.

❸ Align right(오른쪽 정렬) : 문단이 오른쪽으로 정렬된다.

❹ Justify with last line aligned left(양끝 왼쪽 정렬) : 양쪽의 끝선에 문단이 맞춰져 일치하게 정렬된다. 마지막 줄이 왼쪽으로 정렬되어 가장 많이 사용되며 깨끗하게 정리되어 보인다.

❺ Justify with last line aligned center(양끝 가운데 정렬) : 양쪽의 끝선에 문단이 맞춰져 정렬된다. 마지막 줄이 가운데로 정렬되는 양쪽 정렬이다.

❻ Justify with last line aligned right(양끝 오른쪽 정렬) : 양쪽의 끝선에 문단이 맞춰져 정렬된다. 마지막 줄이 오른쪽으로 정렬되는 양쪽 정렬이다.

❼ Justify all Lines(강제 정렬) : 문단이 양측으로 강제 정렬되어 자간 변화가 심해진다. 강제 정렬 방식은 가독성이 많이 떨어져 자주 쓰이지 않는다.

❽ Left indent(왼쪽 여백 설정) : [Left indent] 항목에 수치값을 입력하면 글상자의 외곽으로부터 왼쪽에 여백을 설정한다.

❾ Right indent(오른쪽 여백 설정) : [Right indent] 항목에 수치값을 입력하면 글상자의 외곽으로부터 오른쪽에 여백을 설정한다.

❿ First-line left indent(첫 문단 들여쓰기) : 문단이 나뉘어질 때 처음 시작하는 문장에 여백을 설정하여 들여쓰기한다.

⓫ Space before paragraph(문단 간격 설정) : 문단과 문단 사이에 일정한 간격을 설정한다.

⓬ Space after paragraph(문단 이후 간격 설정) : 문단과 문단 사이에 일정한 간격 이후에 있는 문단 간격을 설정한다.

05 [TABS] 팔레트

탭을 조절하는 팔레트이다. 일종의 눈금자로서 문단의 줄 간격, 여백의 설정을 정밀하게 조절할 수 있으며 키보드의 Tab 으로 간격을 설정하여 문자 간의 간격 조절을 쉽게 할 수 있다. 탭은 도표와 같은 작업을 할 때 필요한 기능으로 워드 프로세서에서처럼 자동으로 표를 만들 수는 없지만 [TABS] 팔레트를 이용하면 쉽게 표를 작성할 수 있다.

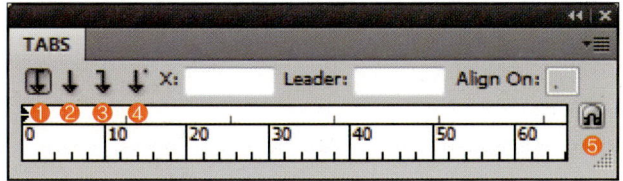

❶ Left-Justified Tab(왼쪽 탭) : 입력한 문자를 왼쪽을 기준으로 정렬한다.
❷ Center Justified Tab(가운데 탭) : 가운데를 기준으로 입력한 문자를 정렬한다.
❸ Right-Justified Tab(오른쪽 탭) : 오른쪽을 기준으로 입력한 문자를 정렬한다.
❹ Decinal-Justified Tab(소수점 탭) : 소수점을 기준으로 입력한 문자를 정렬한다.
❺ Position Panel Above Text : 탭을 눈금 지점에 가까이 하면 자석처럼 눈금에 붙는다.

06 캘리그래피 (Calligraphy)

캘리그래피란 프랑스어로 '아름답게 쓰다'의 뜻을 가지며 동양에서 일컫는 '서(書)'에 해당한다. 원래는 붓이나 펜을 이용해서 종이나 천에 글씨를 쓰는 것으로서, 비석 등에 끌로 파서 새기는 에피그래피(Epigraphy)와는 구분지어졌으나, 비문 등도 아름답게 씌어진 것은 캘리그래피에 포함된다. 현대 사회에서는 영화나 포스터 등에 자주 쓰이며 캘리그래피 전용 붓과 펜이 있지만 나뭇잎, 돌맹이 등과 같은 자연적인 소재로 글씨를 적어 독특한 캘리그래피를 만들기도 한다.

Section 1. 기본 문자 입력하기

일러스트레이터 CS5는 문자를 입력하기 위한 여러 가지 툴을 제공한다. 가장 기본적인 방법은 문자 툴을 선택하여 도큐먼트에 클릭한 다음 문자를 입력하는 것이다. 장문을 입력할 때에는 문자 툴로 드래그하여 글상자를 작성한 다음 문자를 입력한다.

> ◎ **알아두기**
> - 문자 툴을 이용하여 문자를 입력할 수 있다.
> - 문자 툴을 이용하여 글상자를 작성하고 수정할 수 있다.
> - [CHARACTER] 팔레트에서 문자를 수정할 수 있다.

따라하기 01 문자 입력하기

'챕터5_샘플/love-card.ai'를 불러온 후 도구모음의 문자 툴로 문자를 입력할 위치에 클릭하여 글을 작성해 보자.

❶ 도구모음에서 문자 툴(T)을 선택한 다음 도큐먼트 왼쪽의 흰 공간에 클릭한다.
❷ 클릭한 위치에 커서가 깜빡이면 '사랑은 바람과 같아서 볼 순 없지만, 느낄 순 있다.'라고 입력한다.
❸ 도구모음에서 선택 툴(▶)을 선택하여 문자 입력 상태를 종료한다.
❹ 선택 툴(▶)로 문자의 위치를 드래그하여 조정한다.

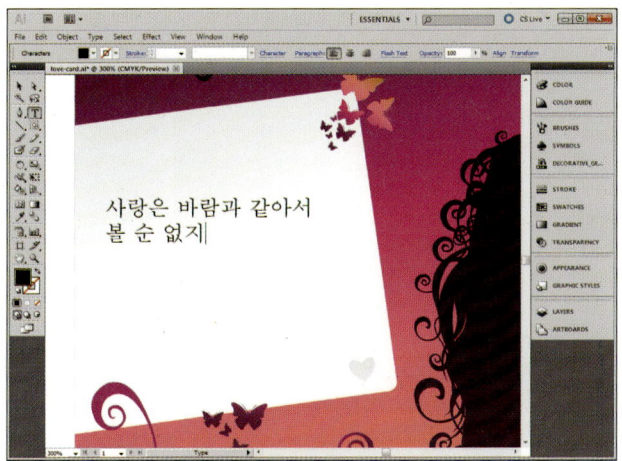

따라하기 02 문자 수정하기

문자 툴로 입력한 글을 [CHARACTER] 팔레트를 이용하여 수정해 보자.

❶ 도구모음의 문자 툴(T)로 '사랑'이라는 문자를 드래그하여 블록 지정을 한다.
❷ [Window]-[Type]-[Character]를 선택하여 [CHARACTER] 팔레트를 연다.

Section 1. 기본 문자 입력하기   173

❸ [CHARACTER] 팔레트에서 글꼴은 '궁서체 Regular'로 선택하고 문자 크기는 '20 pt'로 지정한다.

❹ 이번에는 '바람'이라는 문자를 문자 툴(T)로 드래그하여 블록을 지정한다.

❺ 도구모음의 색상 모드에서 면 색상박스를 더블클릭하여 [R:97, G:190, B:242]를 입력하고 [OK] 버튼을 클릭한다.

❻ 선택 툴( )로 문자 오브젝트를 선택한 다음 [Window]-[Type]-[Paragraph]를 선택한다.

❼ [PARAGRAPH] 팔레트가 나타나면 [Align Center]를 선택한 다음 선택 툴( )로 문자를 드래그하여 위치를 조정한다.

❽ 선택 툴( )로 도큐먼트의 빈 공간을 클릭하여 선택을 해제한다.

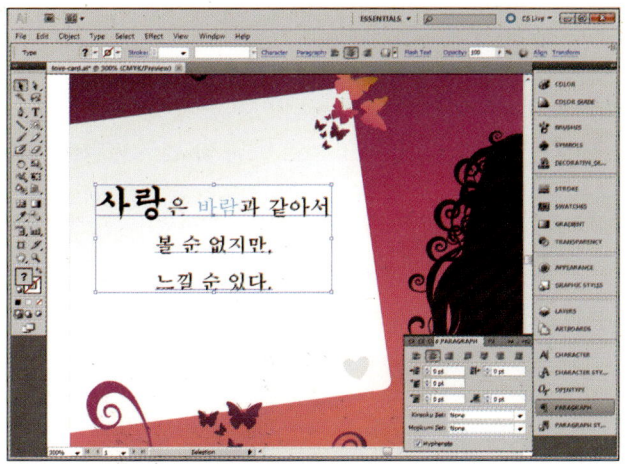

01 문자 툴을 이용하여 오른쪽 하단에 'by. 오늘의 명언'이라고 입력해 보자.
따라해보기

HINT | 문자 툴(T)로 문자를 입력하고 [CHARACTER] 팔레트와 [COLOR] 팔레트를 이용하여 문서를 수정한다.

Section 1 . 기본 문자 입력하기　175

따라하기 03 글상자 이용하여 문자 입력하기

'챕터5_샘플/love-card.ai, love.txt'를 불러온 후 문자 툴로 글상자를 작성한 뒤 긴 문장을 입력해 보자. 글상자를 사용하면 문장의 가로 범위 및 세로 범위를 쉽게 조절할 수 있다.

❶ 'love-card.ai' 파일을 열고 도구모음에서 문자 툴(T)을 선택한다.

❷ 문자 툴(T)로 도큐먼트의 왼쪽 흰 공간을 클릭하고 오른쪽 하단으로 드래그하여 글상자를 작성한다. 이때 드래그한 크기만큼 글상자가 만들어 진다.

❸ 잠시 일러스트레이터 CS5를 벗어나 'love.txt' 파일을 열고 Ctrl + A 를 눌러 문장 전체를 선택한 다음 Ctrl + C 를 눌러 내용을 복사한다.

❹ 다시 일러스트레이터 CS5로 돌아와 글상자 안에 커서가 깜빡일 때 Ctrl + V 를 눌러 문장을 붙여 넣는다.

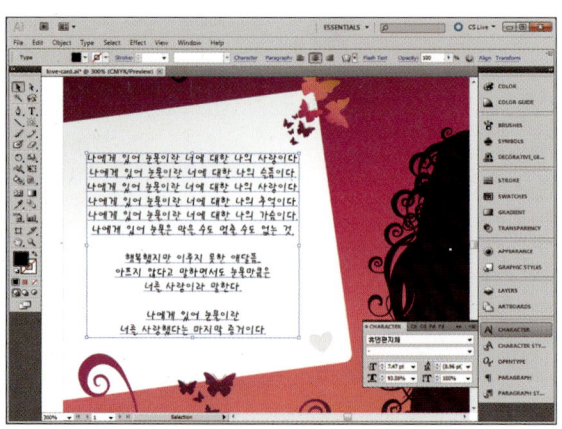

❺ 선택 툴(▶)로 글상자의 크기를 조절한다.

❻ [CHARACTER] 팔레트에서 글꼴을 '휴먼 편지체'로 바꾸고 [PARAGRAPH] 팔레트에서 [Align Center]를 선택한 다음 선택 툴(▶)로 글상자의 위치를 알맞게 조정한다.

❼ '사랑, 슬픔'과 같은 핵심 단어들은 [COLOR] 팔레트로 색상을 조절하여 글을 완성한다.

Section 2. 패스를 따라 흐르는 문자 만들기

문자 입력 툴을 이용하여 가로 또는 세로가 아닌 다양한 패스를 따라 문자를 작성할 수 있다. 패스 문자 툴로 오브젝트를 클릭하면 해당 오브젝트는 모든 속성이 삭제되면서 문자의 패스 안내선으로만 존재하게 된다.

알아두기
- 패스 문자 툴을 이용하여 오브젝트의 형태에 따른 문자를 만들 수 있다.
- 패스를 따라 흐르는 듯한 문자를 만들 수 있다.

따라하기 01 패스 문자 툴 사용하기

'챕터5_샘플/악보.ai'를 불러온 후 도구모음의 패스 문자 툴로 오브젝트의 외곽선을 클릭하여 패스 형태대로 문자를 작성해 보자.

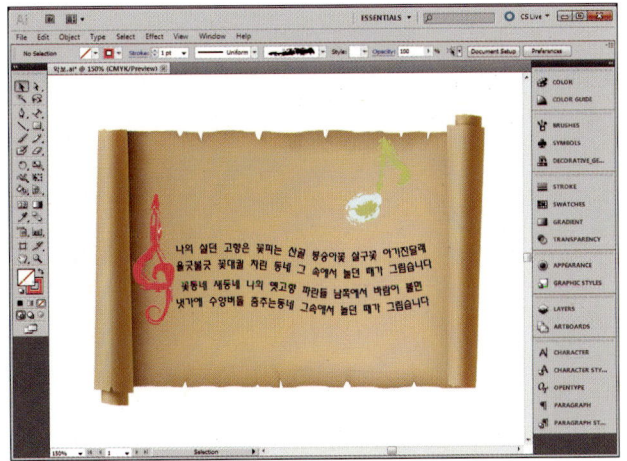

❶ 도구모음에서 패스 문자 툴(T)을 선택한다.

❷ 패스 문자 툴( )로 검은색 패스의 왼쪽 끝 부분을 클릭한다.

❸ 커서가 깜빡일 때 문자를 입력하면 패스를 따라 문자가 입력된다.

❹ 글꼴을 바꾸기 위해 [CHARACTER] 팔레트에서 [Font] 항목을 클릭하여 '휴먼모음T'를 선택하고 [Size] 항목에 '12'를 입력한다.

따라하기 02 세로 패스 문자 툴 사용하기

세로 패스 문자 툴로 패스를 클릭하면 해당 패스는 모든 속성이 삭제되고 문자의 세로 패스 안내선으로만 존재한다.

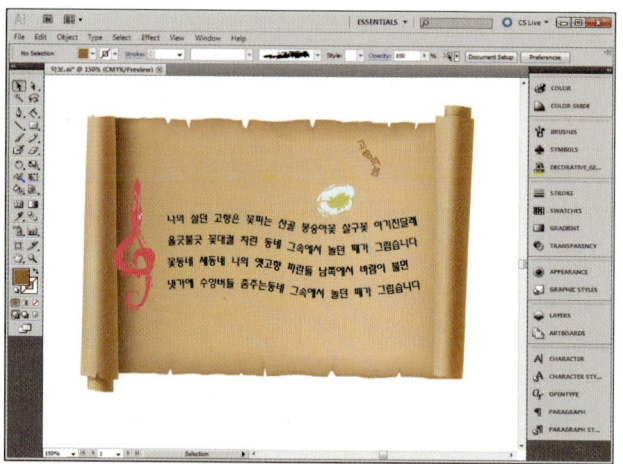

❶ 도구모음에서 세로 패스 문자 툴(　)을 선택한다.
❷ 오른쪽 상단의 8분음표의 꼬리 부분을 클릭한다.
❸ 커서가 깜빡이면 '고향의 봄'이라고 입력한다.
❹ 선택 툴(　)로 다시 8분음표 오브젝트를 선택한 다음 도구모음의 색상 모드에서 면 색 상박스를 [R:178, G:88, B:20]으로 입력하고 [OK] 버튼을 클릭한다.

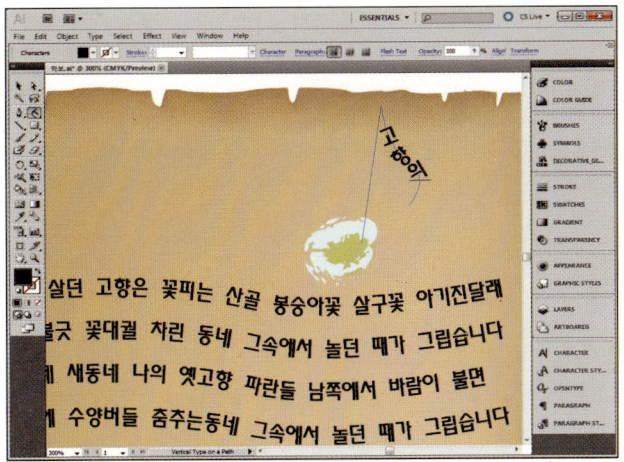

01 세로 패스 문자 툴을 이용하여 이름을 적어보자.

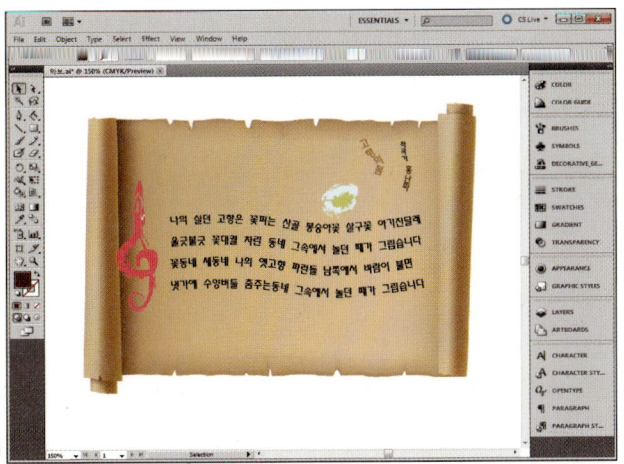

HINT | 펜 툴( )을 이용하여 세로로 패스를 그린 다음 세로 패스 문자 툴( )로 패스를 클릭하여 '작곡가 홍난파'를 입력한다.

Section 2 . 패스를 따라 흐르는 문자 만들기

오브젝트 형태로 문자 만들기

문자 툴을 이용하면 글상자, 패스뿐만 아니라 다양한 형태의 오브젝트에서 문자를 입력할 수 있다. 문자 툴로 선택한 다음 오브젝트 위에 마우스 포인터를 올려놓으면 문자 속성이 자동으로 변경된다.

◐ 알아두기
- 영역 문자 툴을 이용하여 오브젝트의 형태대로 문자를 입력할 수 있다.
- 세로 영역 문자 툴을 이용하여 오브젝트의 형태에 따라 세로 문자를 입력할 수 있다.

따라하기 01 영역 문자 툴 사용하기

'챕터5_샘플/엽서.ai, 너하나만_가사.txt'를 불러온 후 영역 문자 툴로 오브젝트 안에 문자를 입력하여 문자를 오브젝트의 형태대로 작성해 보자. 어떠한 형태의 오브젝트라도 문자의 표현이 가능하다.

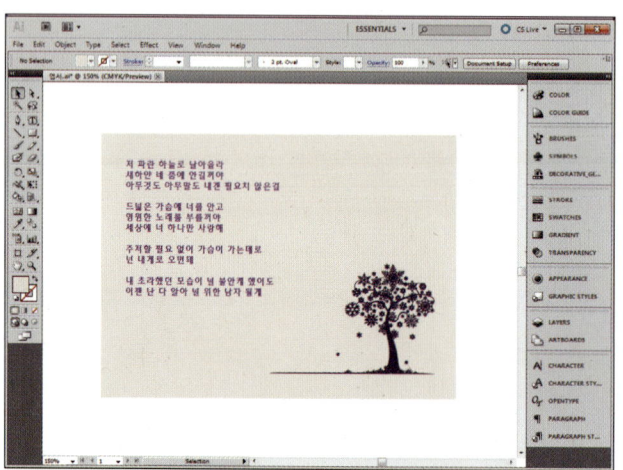

❶ '엽서.ai' 파일을 열고 도구모음에서 영역 문자 툴(🆃)을 선택한다.

❷ 영역 문자 툴(🆃)로 왼쪽 상단의 보라색 사각형 오브젝트의 외곽선을 클릭하면 오브젝트가 글상자로 변경된다.

❸ '너하나만_가사.txt' 파일을 열고 `Ctrl`+`A`를 눌러 전체 문장을 선택한 다음 `Ctrl`+`C`를 눌러 복사한다.

❹ 일러스트레이터 CS5로 다시 돌아와서 커서가 깜빡일 때 `Ctrl`+`V`를 눌러 문장을 붙여 넣는다.

❺ 도구모음의 선택 툴(   )을 선택하고 [COLOR] 팔레트 또는 색상 모드에서 원하는 색상으로 글자색을 변경한다.

❻ [CHARACTER] 팔레트에서 [Font] 항목과 [Size] 항목에서 원하는 글꼴과 크기로 변경한다.

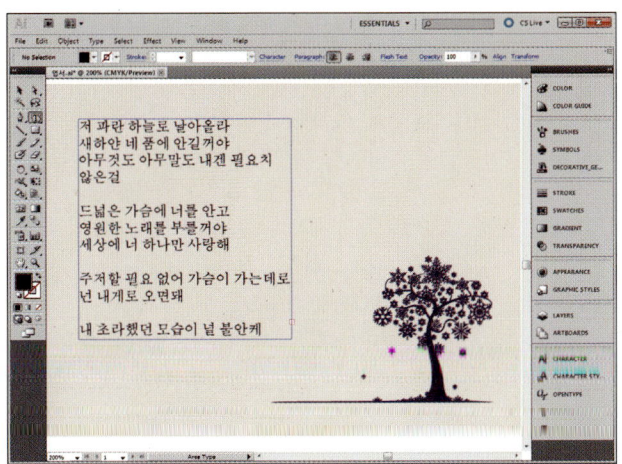

| 따라하기 | 02 | 세로 영역 문자 툴 사용하기 |

세로 영역 문자 툴은 오브젝트의 형태에 따라 세로 방향으로 문자를 입력한다.

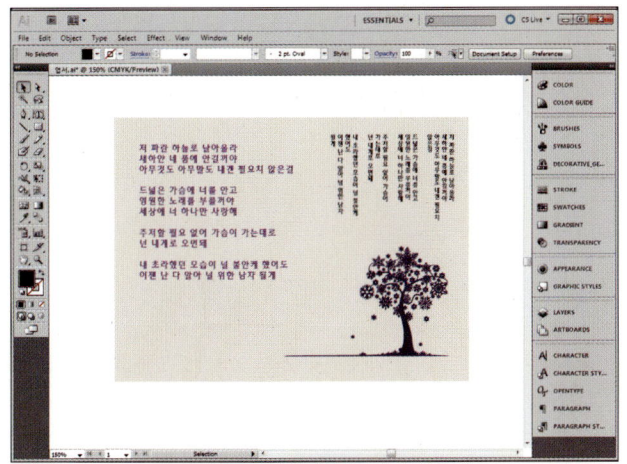

❶ 도구모음에서 사각형 툴(   )을 선택한 다음 왼쪽 상단에 직사각형 오브젝트를 그린다.

❷ 세로 영역 문자 툴(   )을 선택하고 직사각형 오브젝트의 외곽선을 클릭한다.

❸ '너하나만_가사.txt' 파일을 열고 Ctrl + A 를 눌러 전체 문장을 선택한 다음 Ctrl + C 를 눌러 복사한다.

Section 3 . 오브젝트 형태로 문자 만들기

❹ 일러스트레이터 CS5로 다시 돌아와서 커서가 깜빡일 때 Ctrl + V 를 눌러 문장을 붙여 넣는다.

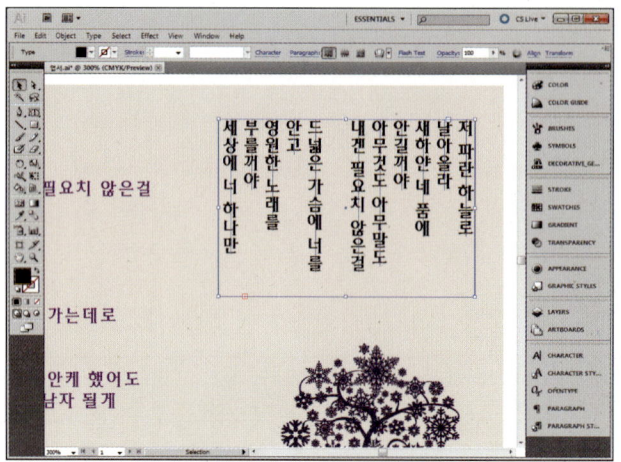

❺ 도구모음의 선택 툴( )을 선택하고 [COLOR] 팔레트 또는 색상 모드에서 원하는 색상으로 글자색을 변경한다.

❻ [CHARACTER] 팔레트에서 [Font] 항목과 [Size] 항목에서 원하는 글꼴과 크기로 변경한다.

01 혼자해보기

가로 문자 툴을 이용하여 가운데 하단부분에 '- 너 하나만 -'이라고 제목을 입력해 보자.

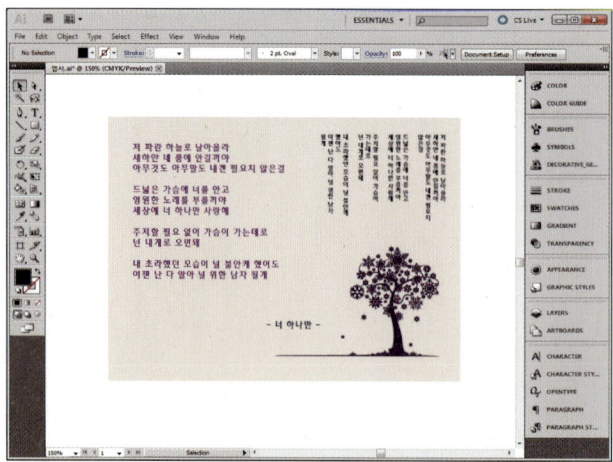

HINT | 가로 문자 툴(T)을 선택한 다음 원하는 위치에 클릭하여 문자를 입력한다.

Section 4. 문자 스타일로 문자 속성 쉽게 적용하기

문자 스타일은 문자의 글꼴, 크기, 색상 등의 여러 속성을 저장해 두었다가 한 번에 적용할 수 있는 기능이다.

> **알아두기**
> - [CHARACTER STYLES] 팔레트에 문자 속성을 저장할 수 있다.
> - [CHARACTER STYLES] 팔레트에 저장해 둔 문자 속성을 다른 문자에 적용할 수 있다.

따라하기 01 문자 속성 저장하기

'챕터5_샘플/신문.ai'를 불러온 후 [CHARACTER STYLES] 팔레트를 이용하여 원하는 문자 속성을 저장해 보자.

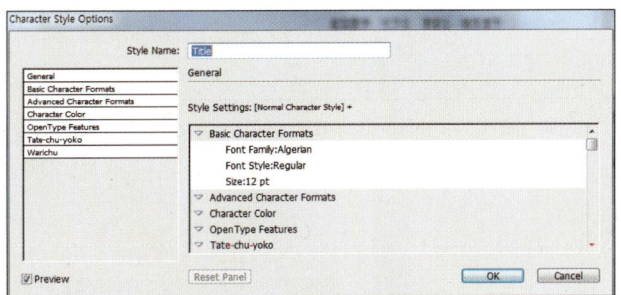

❶ [Window]-[Type]-[Character Style]을 선택한다.

❷ [CHARACTER STYLES] 팔레트의 오른쪽 하단에 있는 'New Character Style' 아이콘 ( ) 을 클릭하여 새로운 문자 스타일 목록을 만든다.

❸ 새로 만든 문자 스타일 목록 'Character Style 1'을 더블클릭하여 [Character Style Options] 대화 상자를 연다.

❹ [Character Style Options] 대화 상자에서 [Style Name] 항목에 'Title'을 입력한다.

❺ 왼쪽 항목에서 [Basic Character Formats] 항목을 클릭하고 [Font Family] 항목에서 'Algerian'을 선택한다.

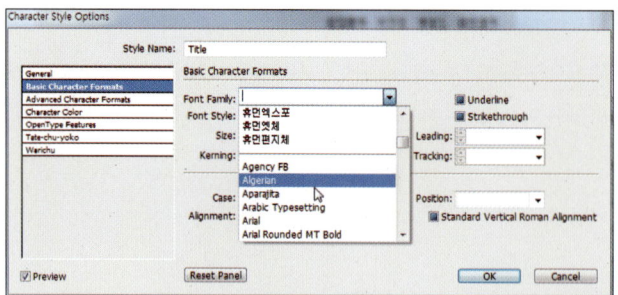

❻ [Size] 항목을 '8 pt'로 입력한 다음 [OK] 버튼을 클릭한다.

따라하기 02 문자 스타일 적용하기

[CHARACTER STYLES] 팔레트에 저장한 문자 속성을 클릭 한 번으로 적용해 보자.

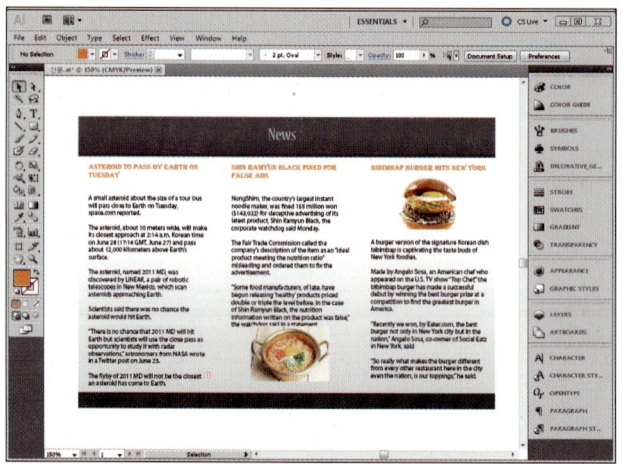

❶ 문자 툴(T)로 도큐먼트의 왼쪽 상단에 'Asteroid to pass by Earth on Tuesday' 문자 부분을 드래그하여 선택한다.

❷ [CHARACTER STYLES] 팔레트의 'Title' 스타일을 클릭하면 한 번에 설정한 스타일대로 선택 문자의 속성이 변경된다.

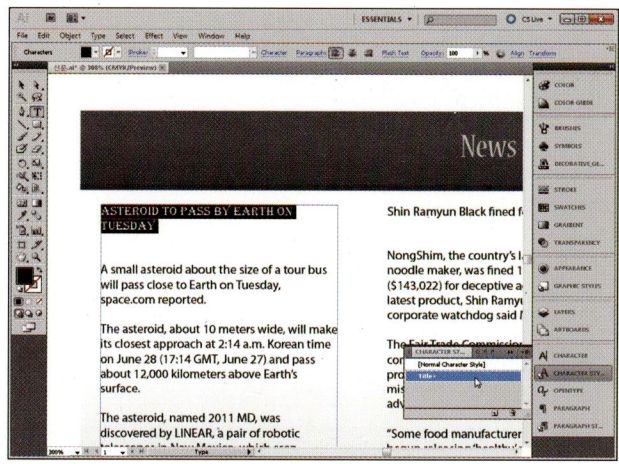

❸ 도구모음의 색상 모드에서 면 색상박스를 이용하거나 [COLOR] 팔레트를 이용하여 원하는 글자색으로 변경한다.

❹ 가운데 기사의 제목과 오른쪽 기사의 제목도 'Title' 스타일을 클릭하여 문자 속성을 변경한다.

01 혼자해보기

[CHARACTER STYLES] 팔레트에 'Style' 항목을 추가하여 본문의 색상을 부분적으로 바꾸어 보자.

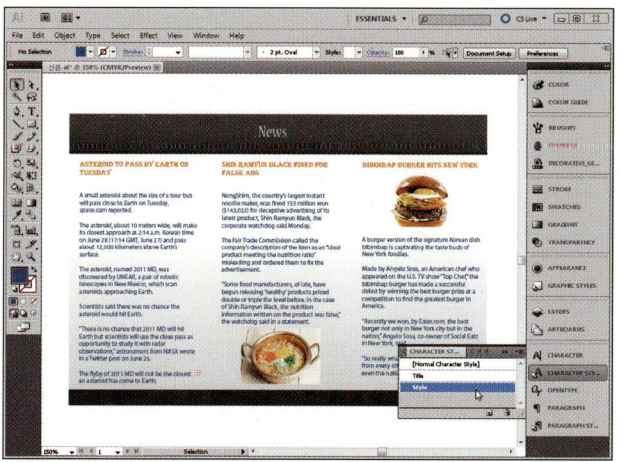

HINT | [Character Style Options] 대화 상자에서 왼쪽의 [Character Color] 항목을 선택하고 오른쪽에서 문자색을 변경한 다음 [OK] 버튼을 클릭하여 스타일 설정을 마친 후 본문에 부분적으로 설정한 스타일을 적용한다.

Section 4 . 문자 스타일로 문자 속성 쉽게 적용하기

Section 5. 이미지 주변으로 흐르는 문장 만들기

문장과 이미지를 함께 편집하는 경우 문장의 글 흐름에 따른 이미지의 위치가 매우 중요하다. [Text Warp] 기능은 문장과 이미지가 겹쳐 있을 때 서로 겹쳐지지 않도록 하여 자연스럽게 이미지 주위로 문장이 흐르도록 한다.

> **○ 알아두기**
> - [Text Warp Options] 대화 상자의 옵션을 이용하여 이미지와 문장 간의 간격을 조정할 수 있다.
> - 이미지 주변으로 문장이 자연스럽게 흐르도록 만들 수 있다.

따라하기 01 [Text Warp Options] 대화 상자 사용하기

'챕터5_샘플/님의침묵.ai'를 불러온 후 [Text Warp Options] 대화 상자의 옵션을 설정하여 이미지와 문장 간의 간격을 설정해 보자.

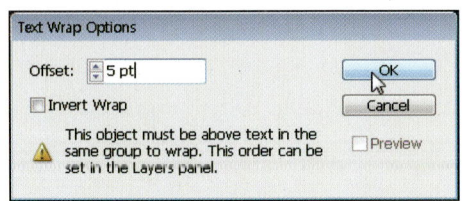

❶ 왼쪽 하단의 나무 이미지를 선택하고 **Shift** + **Ctrl** + **]** 또는 마우스 오른쪽 버튼을 클릭하여 [Arrange]-[Bring Forward]를 선택하여 이미지를 맨 앞으로 이동시킨다.

❷ 선택 툴( )로 이미지와 글상자를 모두 선택한다.

❸ [Object]-[Text Wrap]-[Text Warp Options]을 선택한다.

❹ [Text Warp Options] 대화 상자가 나타나면 [Offset] 항목에 '5pt'를 입력하고 [OK] 버튼을 클릭한다.

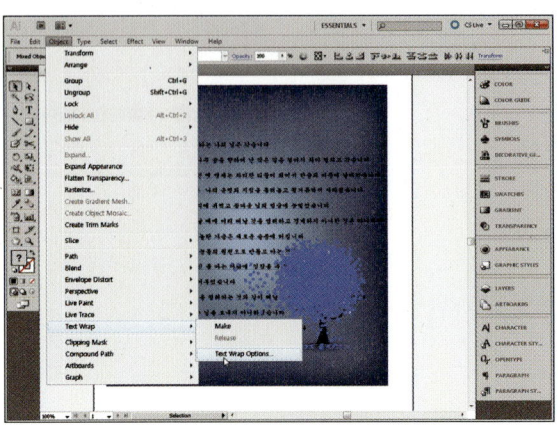

따라하기 02 문장을 이미지 주변으로 자연스럽게 흐르도록 만들기

[Text Wrap]-[Make]로 이미지 주변으로 문장을 자연스럽게 흐르도록 만든다.

❶ 선택 툴( )로 나무 이미지와 글상자를 선택하고 [Object]-[Text Wrap]-[Make]를 선택한다.

❷ [Adobe Illustrator] 대화 상자가 나타나면 [OK] 버튼을 클릭한다.

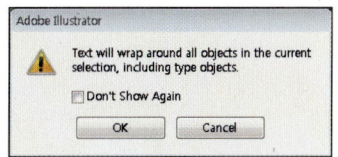

❸ [Text Wrap] 명령이 실행되어 글상자의 문장들이 이미지 주변으로 자연스럽게 흐르도록 변경되는 것을 확인할 수 있다.

❹ 이번에는 선택 툴( )로 나무 이미지의 위치를 드래그하여 옮긴다. 이미지의 위치에 따라 문장의 흐름도 자연스럽게 변경되는 것을 확인할 수 있다.

> **[Text Warp Options] 대화 상자의 [Invert Wrap]** tip ➕
>
> [Text Warp Options] 대화 상자는 선택한 오브젝트의 영역을 확장하여 이미지와 글상자가 겹쳐 있을 때 문장이 이미지 주변을 자연스럽게 흐르도록 하는 기능이다. 대화 상자의 [Invert Wrap] 항목에 체크하면 반대로 이미지 안쪽으로 문장들이 모인다.
>
>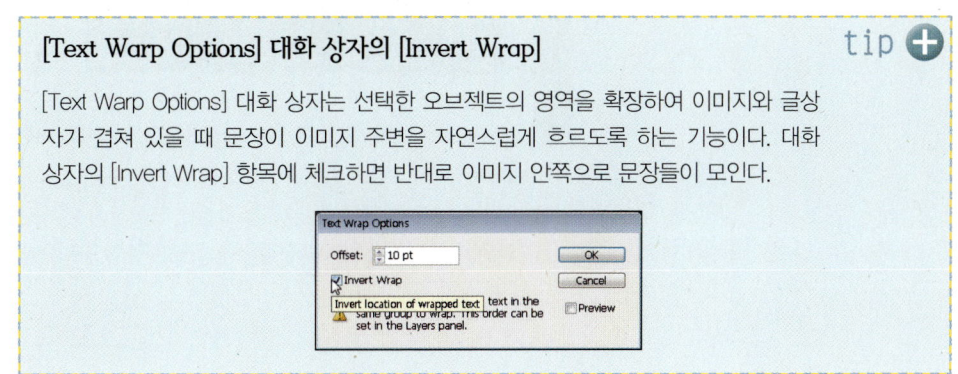

Section 5 . 이미지 주변으로 흐르는 문장 만들기

Section 6. 캘리그래피 손글씨 만들기

캘리그래피란 글자를 아름답게 쓰는 기술을 말한다. 필기체·필적·서법 등의 뜻으로, 좁게는 서예를 가리키고 넓게는 활자 이외의 서체를 뜻하는 말이다. 일러스트레이터 CS5를 이용하여 직접 붓으로 쓴 듯한 글씨체를 만들어 본다.

◎ 알아두기

- 포토샵을 이용하여 만들어진 손글씨에 색을 입힐 수 있다.
- 브러시 툴을 이용하여 캘리그래피를 만들 수 있다.

따라하기 01 이미지를 이용하여 손글씨 만들기

대부분의 캘리그래피는 종이에 손으로 직접 쓴 글씨를 스캔하여 벡터 파일로 저장한 다음 포토샵과 일러스트레이터에서 꾸미기 작업을 하여 완성한다. '챕터5_샘플/추석.ai'를 불러온 후 포토샵으로 만들어진 손글씨를 벡터 이미지로 변환하여 꾸며보자.

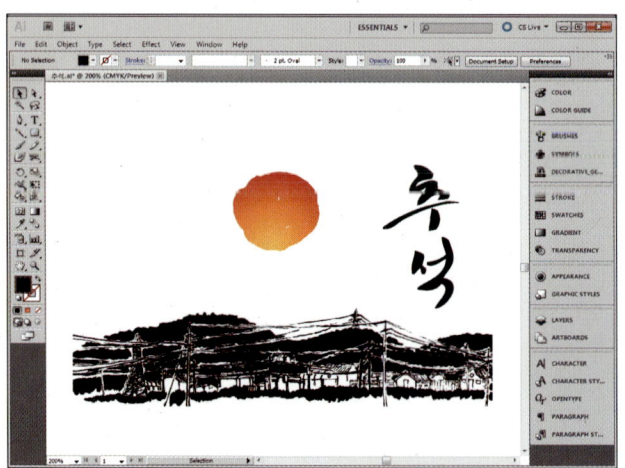

❶ 그림 이미지 오브젝트들만 보인다.

❷ 일러스트레이터 CS5에서 열리면서 포토샵으로 만들어진 손글씨들은 오브젝트로 변환되어 저장되면서 외곽선과 내부 색이 모두 '투명'으로 설정되어 있기 때문에 도큐먼트에서 보이지 않는다. [View]-[Outline]을 선택하여 모든 오브젝트들이 검은색의 외곽선으로 보이도록 한다.

❸ 오른쪽 상단에 '추석'이라는 문자 오브젝트가 나타나면 선택 툴(▶)로 문자 오브젝트를 선택한다.

❹ 도구모음의 색상 모드에서 면 색상박스는 짙은 흑색, 선 색상박스는 [색상 없음]으로 설정한다. 문자 오브젝트에 색상을 지정하더라도 [Outline] 보기 상태이므로 색상 적용 상태가 보이지 않는다.

❺ [View]-[Preview]을 선택하여 모든 오브젝트들이 인쇄할 때의 화면으로 나타나도록 설정한다.

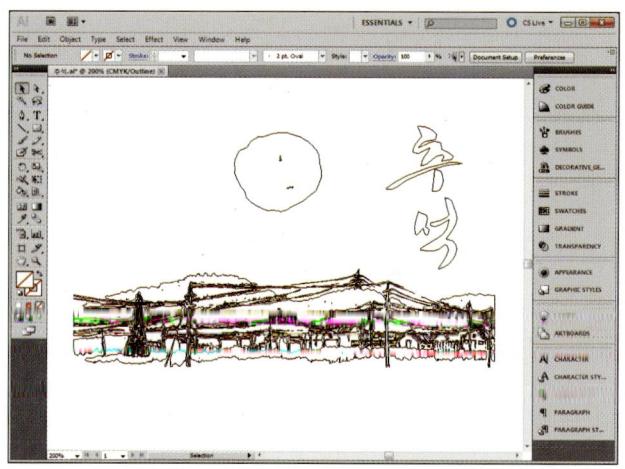

Section 6 . 캘리그래피 손글씨 만들기

따라하기 02 펜 툴로 캘리그래피 만들기

일러스트레이터 CS5에서 제공하는 다양한 브러시 라이브러리를 이용하여 캘리그래피를 만들어 본다.

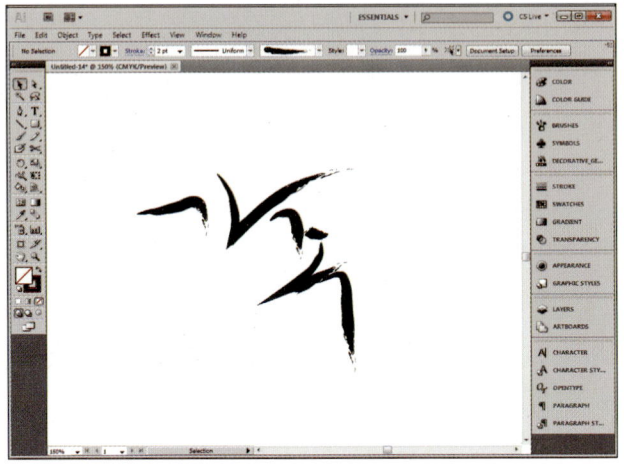

❶ [File]-[New]를 선택하여 새로운 도큐먼트를 연다.

❷ 도구모음의 색상 모드에서 면 색상박스는 [색상 없음], 선 색상박스는 [검은색]으로 지정한다.

❸ 도구모음에서 펜 툴( )을 선택하고 그림과 같이 '가족'이라는 글씨를 그린다. 이때 'ㄱ'을 쓰고 난 후 새로운 패스를 시작하려면, Enter 를 한 번 누른 다음 원하는 위치에서 클릭하여 새로운 패스를 그린다.

❹ 글씨를 모든 적고 난 후 선택 툴( )로 모든 패스를 선택한다.

❺ [BRUSHES] 팔레트를 열고 왼쪽 하단의 'Brush Libraries menu' 아이콘( )을 클릭하여 [Artist]-[Artistic_Ink]를 선택한다.

❻ [Artistic_Ink] 팔레트가 열리면 'Calligraphy 1'을 클릭하여 패스에 붓 모양의 브러시를 적용한다.

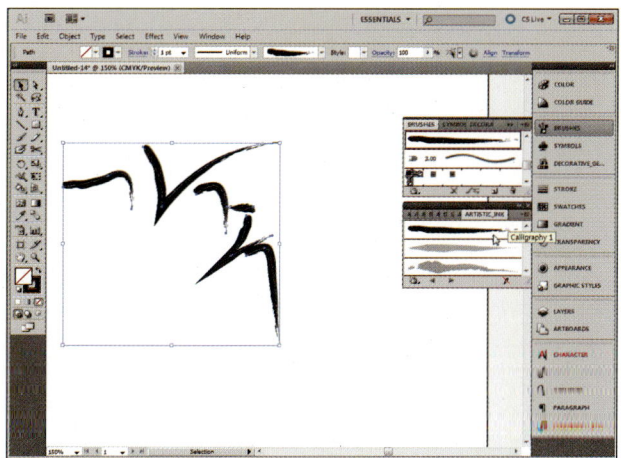

❼ 옵션 바에서 [Stroke] 항목을 '2pt'로 입력하여 브러시의 굵기를 조절한다.

01 혼자해보기

펜 툴을 이용하여 'Love'를 캘리그래피로 만들어 보자.

HINT | 펜 툴( )로 'Love'를 그린 다음 [BRUSHES] 팔레트에서 원하는 브러시 모양을 선택하고 옵션 바에서 브러시의 굵기를 조절하거나 도구모음의 색상 모드에서 선 색상박스를 이용하여 색상을 변경한다.

Section 6 . 캘리그래피 손글씨 만들기

Section 7. 문자 형태 왜곡하기

[Create Outlines]은 문자의 외곽선을 추출하여 이미지 오브젝트로 변형하기 때문에 여러 가지 이미지 옵션을 적용할 수 있지만, 변형한 후에는 문자의 속성을 잃어버리므로 다양한 문자 기능 옵션은 적용할 수 없다.

◐ 알아두기
- [Create Outlines]으로 문자의 속성을 해제할 수 있다.
- 문자 속성이 해제된 오브젝트를 다양하게 변형할 수 있다.

따라하기 01 [Create Outlines]으로 문자 속성 해제하기

[Create Outlines]을 사용하면 문자를 이미지 오브젝트로 변환할 수 있어 다양한 이미지 옵션 기능을 적용할 수 있다.

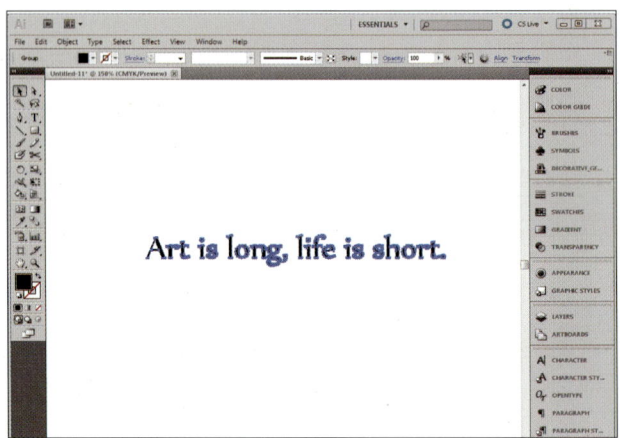

❶ [File]-[New]을 선택하여 새로운 도큐먼트를 연다.

❷ 문자 툴(T)을 이용하여 'Art is long, life is short.' 라는 문자를 입력한다.

❸ [CHARACTER] 팔레트에서 [Font] 항목은 'Nyala'로 설정하고 [Size] 항목은 '40 pt'로 입력한다.

❹ 선택 툴(▶)로 문자를 선택하고 [Type]-[Create Outlines]을 선택한다.

❺ [Object]-[Ungroup] 또는 문자 위에서 마우스 오른쪽 버튼을 클릭하여 [Ungroup]을 선택한다.

❻ 선택 툴(▶)로 각 문자들을 클릭하면 이미지 오브젝트로 변환되어 하나씩 선택되는 것을 확인할 수 있다.

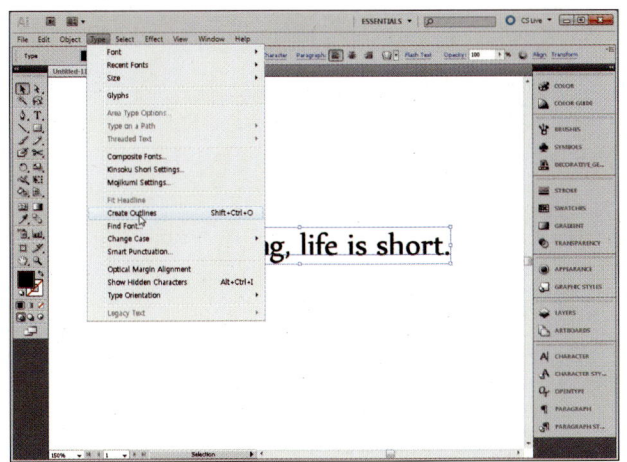

따라하기 02 문자 오브젝트 꾸미기

문자 속성이 해제된 문자 오브젝트는 다양한 이미지 옵션을 적용할 수 있다.

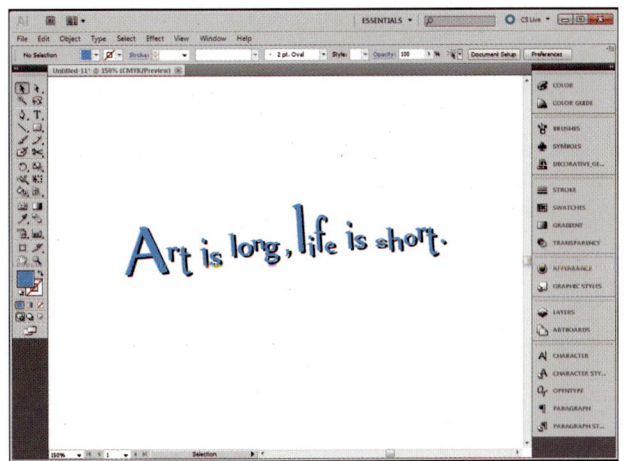

❶ 선택 툴( )로 전체 문자 오브젝트를 선택하고 [SWATCHES] 팔레트에서 [Blue] 색상을 선택한다.

❷ 각 문자 오브젝트들은 그룹화를 해제하였기 때문에 따로 선택이 가능하다. 선택 툴( )로 각 문자 오브젝트들을 원하는 형태로 변형해본다.

❸ 바운딩 박스를 조절하여 크기와 방향을 변형한다.

Section 7. 문자 형태 왜곡하기

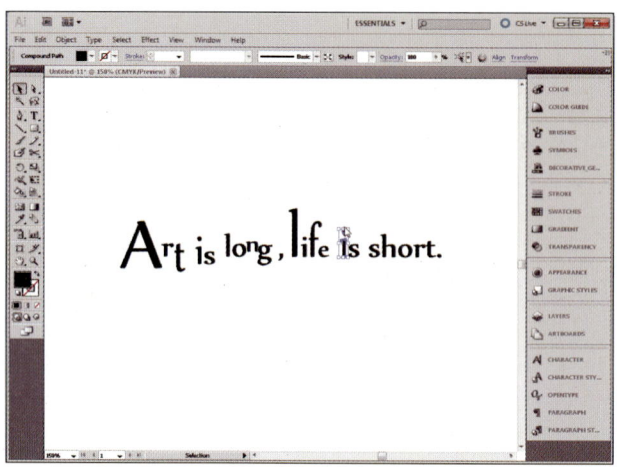

❹ 선택 툴( )로 문자 오브젝트를 모두 선택한 후 [Object]-[Group] 또는 문자 오브젝트 위에서 마우스 오른쪽 버튼을 클릭하여 [Group]을 선택한다.

❺ Alt 를 누른 채 문자 오브젝트를 왼쪽 상단으로 약간만 드래그하여 문자 오브젝트를 복사한다.

❻ 원본 문자 오브젝트를 선택한 다음 [SWATCHES] 팔레트에서 [Black] 색상을 선택하여 그림자 효과를 완성한다.

01 혼자해보기

'Art'의 'A'의 크기와 색을 변경해 보자.

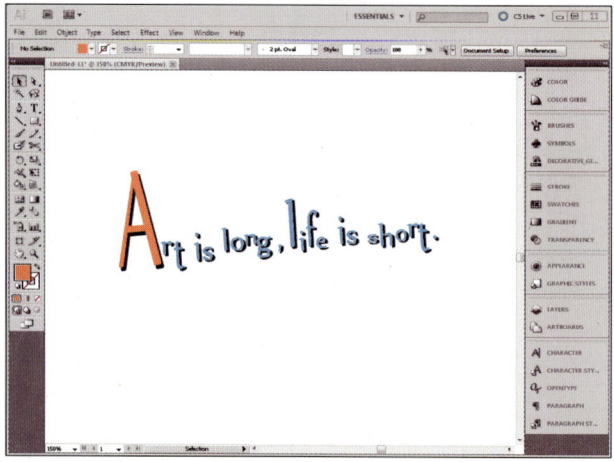

HINT | 직접 선택 툴( )로 A 오브젝트를 선택한 다음 바운딩 박스를 조절하고 [SWATCHES] 팔레트에서 다른 색상을 적용한다. 이때 그룹화를 해제한 후에 편집을 하면 더욱 쉽게 작업할 수 있다.

핵심정리

1. 일러스트레이터에서 문자 입력하기

- 일러스트레이터는 문자를 입력하고 다양한 효과를 적용시켜 광고, 로고, 웹 디자인과 타이포, 캘리그래피 등 문자 디자인을 이용한 다양한 분야에 활용되고 있다.
- 도구모음에는 문자를 입력할 수 있는 여러 가지 툴들을 제공하며 [CHARACTER] 팔레트에서 글꼴, 크기, 자간, 행간 등을 조절할 수 있다.
- [PARAGRAPH] 팔레트에서는 문장을 정렬하는 방식과 문단의 좌우 여백을 설정할 수 있으며, 작성된 문자를 효과적으로 배열할 때 사용된다.
- [CHARACTER STYLES] 팔레트에 새로운 문자 속성을 저장하거나, 일러스트레이터에서 제공하는 문자 스타일을 문자 오브젝트에 적용하여 다양한 문자 디자인을 할 수 있다.

2. 기호 입력하기

- 일러스트레이터에서는 문자를 비롯한 다양한 기호를 입력할 수 있도록 [Type]-[Glyphs] 대화 상자를 제공한다. [Show] 항목에서 폰트의 종류를 선택하면 폰트에 따른 다양한 기호들이 나타나며 언제든지 사용 및 수정이 가능하다.

- [Type]-[Kinsoku Shori Settings]에서는 금칙을 설정할 수 있다. 금칙이란 일본어 텍스트의 행 분할을 지정하는 것으로 행의 맨 앞이나 맨 뒤에 올 수 없는 문자를 말한다. 또한 일본어 구두점 내어쓰기를 위한 내어쓰기 문자와 행이 초과될 때 나눌 수 없는 문자를 정의할 수 있으며 금칙 문자가 제대로 배치되도록 텍스트의 푸시 인 또는 푸시 아웃 여부를 지정할 수 있다. [Kinsoku Set] 항목에서 'Hard'는 설정된 값에 따라 선택된 문자가 한 행의 처음이나 끝에 오지 못하도록 방지하며, 'Soft'는 'Hard' 보다는 완화된 금칙세트로 선택된 문자가 행의 처음이나 끝에 오지 못하도록 한다.

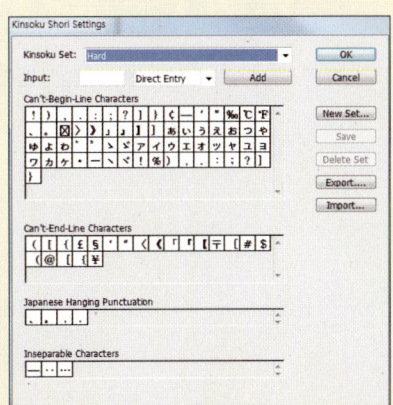

핵심정리 summary

3. [Check Spelling] 대화 상자

일러스트레이터 CS5에서는 영어에 한해 철자 오류 검사 기능을 제공한다. [Edit]-[Check Spelling] 기능은 도큐먼트에 존재하는 모든 문자 오브젝트에 대하여 철자 오류를 검사하며 오류에 대한 대체 단어를 제안한다. [Check Spelling] 대화 상자의 옵션에서 찾을 단어 또는 검색에서 무시할 단어 등을 지정할 수 있어 문서 작성 관련 프로그램 못지 않은 강력한 문서 작성 기능을 제공한다.

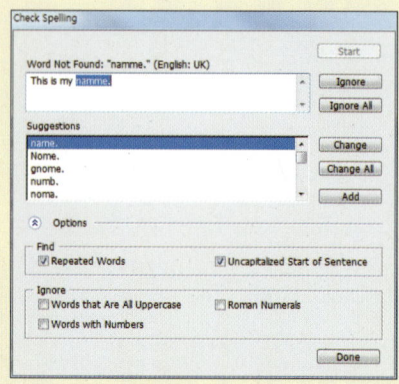

4. Text Wrap

- 텍스트 랩(Text Wrap)은 문장과 이미지를 적절히 배치시키는 기능으로 브로셔나 전단과 같이 이미지에 삽입된 텍스트를 작업할 때 문장과 이미지를 자연스럽게 배치하기 위한 레이아웃 기법으로 활용될 수 있다.

- 이미지와 문장을 별도로 레이아웃을 할 경우에는 조금 딱딱한 느낌의 편집이 완성되지만 텍스트 랩 기능을 사용하여 문장 안에 이미지를 자연스럽게 흐르도록 삽입하면 전체적으로 유연한 편집이 되어 읽는 사람이 자연스럽게 내용을 접할 수 있다.

5. [Create Outlines]

- 일러스트레이터는 문자를 다루는 기능이 매우 뛰어날 뿐만 아니라 문자의 외곽선을 추출하여 다양한 문자 디자인을 하는 데 있어서 최적의 프로그램이다.

- [Type]-[Create Outlines]을 사용하면 트루타입 문자의 외곽선을 추출할 수 있어 문자 디자인에 매우 중요한 역할을 한다.

- [Create Outlines]을 적용하면 문자의 속성이 사라지기 때문에 문자 관련 옵션을 통한 수정이 불가능하지만 다양한 형태의 이미지로 변환할 수 있다.

1. 세로 영역 문자 툴을 이용하여 시조를 입력해 보자.

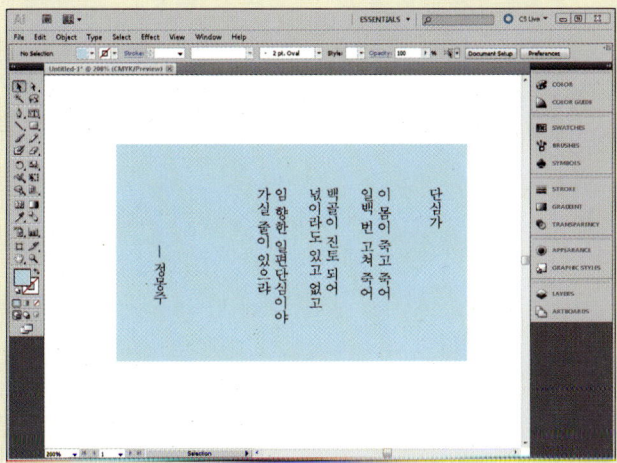

HINT | [File]-[New]를 실행하여 새로운 도큐먼트를 생성하고 사각형 툴(▣)로 사각형 오브젝트를 그린 후 세로 영역 문자 툴(T)로 오브젝트의 외곽선을 클릭하여 시조를 입력한다.

2. [Create Outlines] 기능을 사용하여 문자 오브젝트를 꾸며보자.

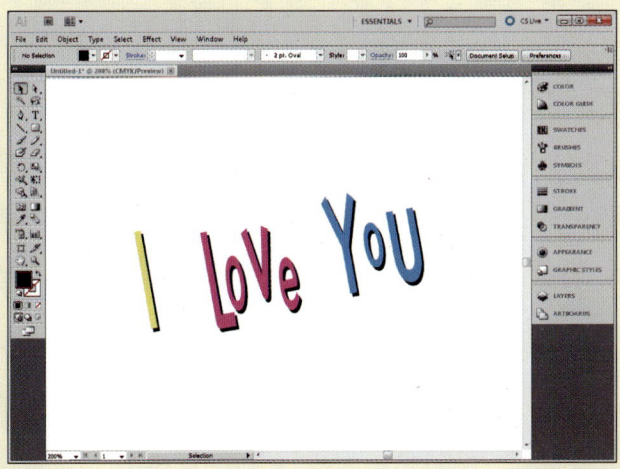

HINT | [File]-[New]를 실행하여 새로운 도큐먼트를 생성하고 문자 툴(T)로 도큐먼트를 클릭하고 'I Love You'를 입력한 다음 선택 툴(▶)로 문자 오브젝트를 선택한 상태에서 [Type]-[Create Outlines]를 선택하고 그룹화를 해제시킨다. 그룹화가 해제된 문자 오브젝트들을 각각 선택하여 자유롭게 변형시킨다.

CHAPTER 06

자유롭게 오브젝트
변형하기

[PATHFINDER] 팔레트와 유동화 툴을 이용하여 오브젝트를 다양하게 변형될 수 있으며 매핑과 조명 기능을 통해 간편하게 3D 오브젝트를 완성한다. [Live Trace] 기능을 사용하여 비트맵 이미지를 벡터 이미지로 쉽게 변환하여 자유로운 디자인이 가능하다.

Section 1   오브젝트 왜곡 변형하기
Section 2   유동화 툴을 이용하여 이미지 변형하기
Section 3   [PATHFINDER] 팔레트를 이용한 오브젝트 구성하기
Section 4   비트맵 이미지를 벡터 이미지로 만들기

오브젝트 변형하기 알아보기

Chapter 6

일러스트레이터에서 제공하는 유동화 툴, 변형 툴을 이용하면 오브젝트를 원하는 형태로 변형할 수 있다. 또한 3D 모델링 프로그램을 사용하지 않고도 오브젝트에 원근감과 입체감이 돋보이는 3D 효과를 적용할 수 있다.

01 [Envelope Distort]

[Envelope Distort]는 [Object]-[Envelope Distort]을 선택하여 사용이 가능하다.

❶ Make with Warp : 일러스트레이터에서 Warp 기능을 사용하려면 [Object]-[Envelope Distort]-[Make with Warp]을 선택하거나 [Effect]-[Warp]-[Arc]를 선택하여 [Warp Options] 대화 상자를 연 후 사용할 수 있다.

❷ Make with Mesh : 오브젝트에 메시 포인트를 추가하여 자유롭게 변형할 수 있다.

❸ Make with Top Object : 가장 위에 배열된 오브젝트의 형태에 따라 다른 오브젝트를 변형한다.

❹ Release : 오브젝트에 적용된 [Envelope Distort] 효과를 해제한다.

❺ Envelope Options : [Envelope Distort] 효과에 대한 세부 설정을 할 수 있다.

❻ Expand : [Envelope] 효과를 유지한 상태로 [Envelope] 속성을 삭제한다.

❼ Edit Contents : 적용된 [Envelope] 효과를 수정 또는 편집할 수 있다.

02 [Envelope Options] 대화 상자

[Envelope Options] 대화 상자에서는 [Envelope] 효과에 대한 세부 설정을 할 수 있다.

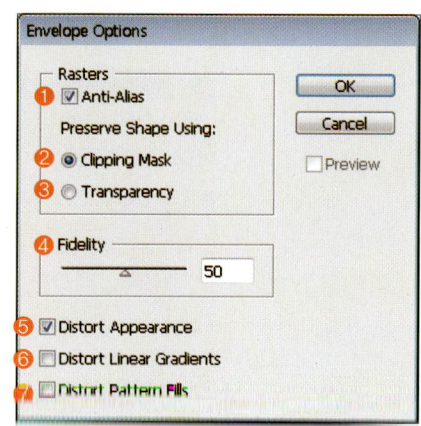

❶ Anti-Alias : 비트맵 이미지를 왜곡할 때 외곽 경계 부분을 부드럽게 만든다.

❷ Clipping Mask : 덮고 있는 오브젝트가 클리핑 마스크 형태로 남는다.

❸ Transparency : 덮고 있는 오브젝트를 투명하게 만든다.

❹ Fidelity : 왜곡 효과의 정확도를 조절한다.

❺ Distort Appearance : Appearance의 변형 여부를 설정하나.

❻ Distort Linear Gradients : Gradient의 변형 여부를 설정한다.

❼ Distort Pattern Fills : Pattern의 변형 여부를 설정한다.

03 [Warp Options] 대화 상자

[Warp Options] 대화 상자에는 열다섯 가지의 왜곡 스타일이 있으며 정도를 가로, 세로 또는 수치값으로 조절할 수 있어 다양한 형태의 왜곡이 가능하다.

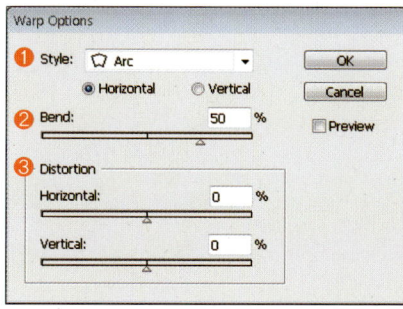

❶ Style : 열다섯 가지의 변형 설정을 선택할 수 있으며 효과를 가로 또는 세로로 적용할 수 있는 옵션이 있다.

❷ Bend : 오브젝트를 왜곡시킬 때 변형의 정도를 수치값으로 표시한다. -100%부터 100까지 수치값으로 조절할 수 있으며 수치값이 '0'에 가까울수록 변형 정도가 약하다.

❸ Distortion : 왜곡되는 정도를 수치로 조절한다.

· Horizontal : 선택한 오브젝트를 수평으로 왜곡한다.

· Vertical : 선택한 오브젝트를 수직으로 왜곡한다.

04 [PATHFINDER] 팔레트

[PATHFINDER] 팔레트는 2 개 이상의 오브젝트를 수학적 함수에 의해 겹쳐서 합치거나 나누고 혼합시켜 새로운 형태를 작성할 때 사용한다.

• **Shape Modes**

❶ Unite : 오브젝트가 겹쳐진 부분을 결합하는 기능을 제공하며 [Expand] 명령을 실행하기 전까지는 결합 형태를 언제든지 수정할 수 있다.

❷ Minus Front : 오브젝트가 겹쳐졌을 때 위쪽에 위치한 부분이 삭제된다. [Expand] 명령을 실행하기 전까지는 결합 형태를 언제든지 수정할 수 있다.

❸ Intersect : 오브젝트가 겹쳐진 부분을 제외한 나머지 부분을 삭제한다. [Expand] 명령을 실행하기 전까지는 결합 형태를 언제든지 수정할 수 있다.

❹ Exclude : 오브젝트의 겹쳐진 부분만 삭제한다. [Expand] 명령을 실행하기 전까지는 결합 형태를 언제든지 수정할 수 있다.

❺ Expand : [PATHFINDER] 팔레트에서 [Shape Modes] 항목의 명령들은 효과를 적용한 후에도 언제든지 형태를 수정할 수 있다. 하지만 [Expand]를 실행하면 외곽선이 추출되어 더 이상 수정할 수 없다.

• **Pathfinders**

❻ Divide : 겹쳐진 오브젝트의 패스를 기준으로 각각의 오브젝트로 분리한다.

❼ Trim : 뒤에 있는 오브젝트는 앞의 오브젝트에 겹쳐진 부분만큼 삭제되며 보이는 부분은 분리한다.

❽ Merge : 뒤에 있는 오브젝트는 앞의 오브젝트에 겹쳐진 부분만큼 삭제되며 같은 색상의 오브젝트를 하나의 오브젝트로 합친다.

❾ Crop : 위쪽의 오브젝트와 겹쳐지는 부분을 남기며 나머지 부분은 삭제된다.

❿ Outline : 겹쳐진 오브젝트를 분리하며 각각의 오브젝트를 패스로 만든다.

⓫ Minus Back : 앞에 위치한 오브젝트가 뒤에 위치한 오브젝트의 영역만큼 삭제한다.

05 자유로운 변형을 돕는 유동화 툴

왜곡, 비틀기, 구김, 팽창, 부채꼴, 크리스탈, 링클 툴을 사용하여 오브젝트의 패스를 변형하여 이미지를 변형할 수 있다. 사용 방법은 도구모음에서 유동화 툴을 선택하면 마우스 포인터가 원형으로 변형되는데 이 원형은 효과를 적용하는 범위를 나타내며 이 범위는 조절할 수 있다. 마우스 포인터를 이용하여 변형하고자 하는 오브젝트를 클릭하거나 드래그하면 오브젝트에 효과가 적용된다. 도구모음에서 각각의 유동화 툴을 더블클릭하면 옵션 대화 상자를 제공하고 있어 오브젝트를 변형하는 옵션 조절이 가능하다. 하지만 유동화 툴을 무리하게 사용하면 기존의 오브젝트 형태가 심하게 변형되어 원하는 형태를 얻을 수 없으므로 주의해서 사용해야 한다.

Section 1. 오브젝트 왜곡 변형하기

[Warp]와 [Envelope Distort]는 패스, 텍스트, 오브젝트, 비트맵 이미지 등 여러 가지 오브젝트들의 형태를 왜곡하거나 변경한다.

알아두기

- [Warp]로 오브젝트의 형태를 변형할 수 있다.
- [Envelope Distort]로 오브젝트를 자유롭게 변형할 수 있다.

따라하기 01 | 왜곡 효과 적용하기

'챕터6_샘플/sale.ai'를 불러온 후 여러 가지 속성의 오브젝트 형태를 왜곡 변형해 보자.

❶ 선택 툴( )로 첫 번째 'SALE' 문자 오브젝트를 선택한다.

❷ [Object]-[Envelope Distort]-[Make with Warp]을 선택한다.

❸ [Warp Options] 대화 상자가 나타나면 [Style] 항목은 'Arc', [Bend] 항목은 '30'으로 입력하고 [OK] 버튼을 클릭한다.

❹ 선택한 문자 오브젝트에 'Arc' 효과가 적용되어 위로 휘어진 듯한 효과가 나타난다.

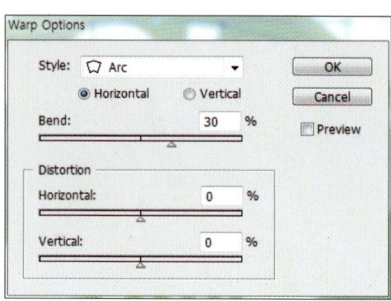

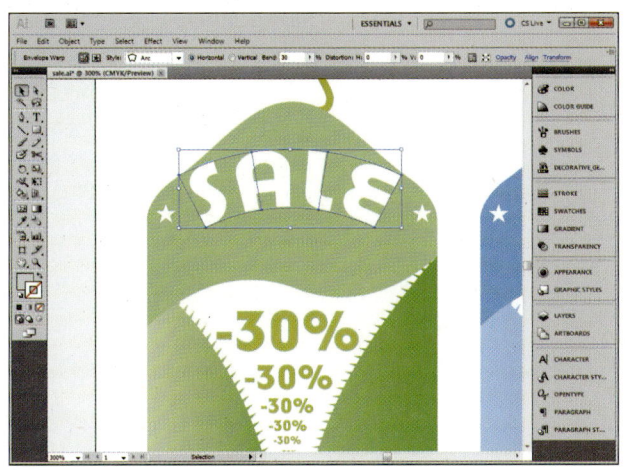

❺ 이번에는 선택 툴( )로 두 번째 'SALE' 문자 오브젝트를 선택한다.

❻ [Object]-[Envelope Distort]-[Make with Warp]을 선택한다.

❼ [Warp Options] 대화 상자에서 [Style] 항목은 'Shell Lower', [Bend] 항목은 '50'으로 설정하고 [OK] 버튼을 클릭한다.

❽ 선택한 문자 오브젝트에 'Shell Lower' 효과가 적용되어 아래로 갈수록 점점 퍼지는 듯한 효과가 나타난다.

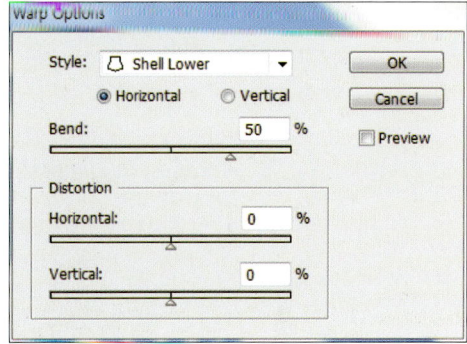

❾ 선택 툴( )로 세 번째 SALE 문자 오브젝트를 선택한다.

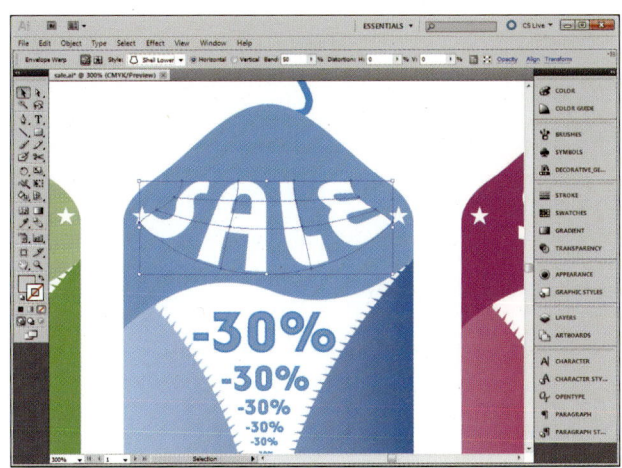

Section 1. 오브젝트 왜곡 변형하기   205

❿ [Object]-[Envelope Distort]-[Make with Warp]을 선택하고, [Warp Options] 대화 상자에서 [Style] 항목은 'Twist', [Bend] 항목은 '50'으로 설정하고 [OK] 버튼을 클릭한다.

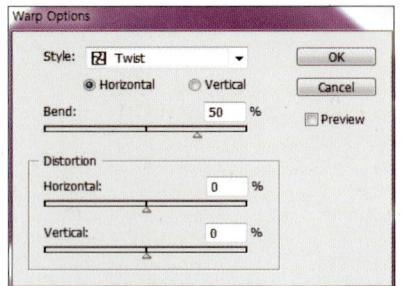

⓫ 선택한 문자 오브젝트에 'Twist' 효과가 적용되어 꼬인 듯한 효과가 나타난다.

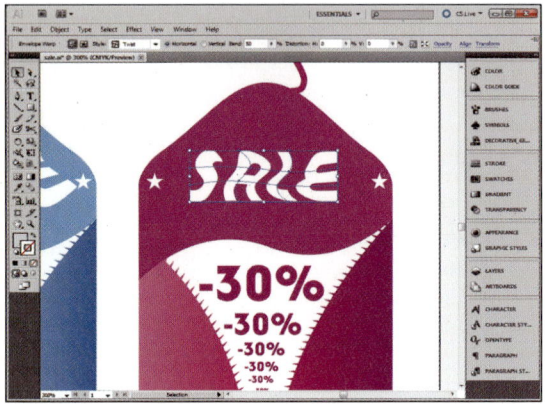

tip ➕ [Warp Options] 대화 상자의 Style 종류

일러스트레이터 CS5에서는 다양한 왜곡 효과를 제공하며 언제든지 왜곡 효과를 수정할 수 있다. 왜곡 효과를 적용한 오브젝트를 수정하려면 [Edit Contents]을 사용한다.

· Arc : 호 형태로 왜곡

· Bulge : 볼록한 형태로 왜곡

· Arc Lower : 밑 부분만 호 형태로 왜곡

· Shell Lower : 밑 부분을 조개 형태로 왜곡

· Arc Upper : 윗 부분만 호 형태로 왜곡

· Shell Upper : 윗 부분을 조개 형태로 왜곡

· Arch : 아치 형태로 왜곡

· Flag : 펄럭이는 깃발 형태로 왜곡

tip

- Wave : 파동이 생기는 형태로 왜곡

- Inflate : 부풀려지는 형태로 왜곡

- Fish : 물고기 형태로 왜곡

- Squeeze : 안쪽으로 찌그러지는 듯한 형태로 왜곡

- Rise : 한쪽으로 솟아오르는 형태로 왜곡

- Twist : 비트는 듯한 형태로 왜곡

- Fisheye : 물고기의 눈처럼 튀어나온 형태로 왜곡

따라하기 02 메시 포인트를 이용하여 오브젝트 변형하기

메시는 오브젝트를 그물 형태로 변형하는 기능이다. '챕터6_샘플/바다속.ai'를 불러온 후 메시 기능을 사용하여 망점을 이용한 세밀한 변형을 해 보자.

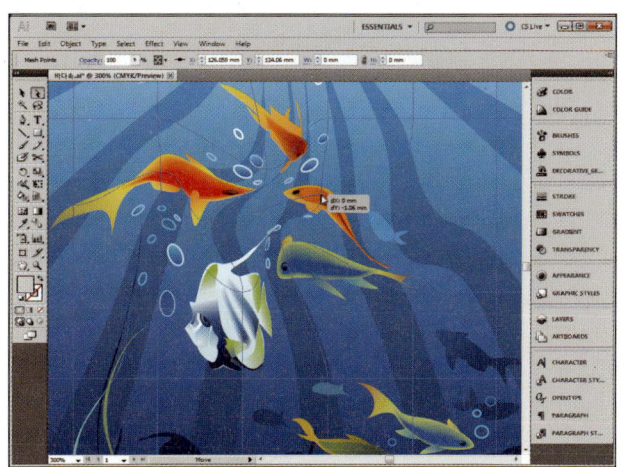

Section 1. 오브젝트 왜곡 변형하기   207

❶ 선택 툴( )로 오브젝트를 선택한다.

❷ [Object]-[Envelope Distort]-[Make with Mesh]를 선택한다.

❸ [Reset Envelope Mesh] 대화 상자가 나타나면 [Mesh] 항목의 Rows, Columm의 수치값을 모두 '7'로 입력하고 [OK] 버튼을 클릭한다.

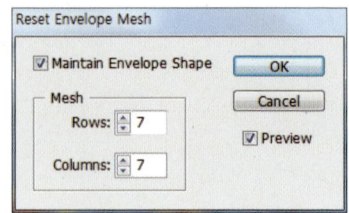

❹ 오브젝트의 가로와 세로에 각각 7개의 메시 포인트가 생성된 것을 확인 할 수 있다.

❺ 직접 선택 툴( )로 기준점을 선택하고 드래그하면 메시 포인트의 이동에 따라 오브젝트가 변형된다.

❻ 직접 선택 툴( )로 메시 포인트를 선택한다.

❼ 선택한 메시 포인트를 드래그하면 오브젝트의 형태가 변형되며, 선택된 기준점들이 드래그하는 방향대로 이동된다.

❽ 다시 원래의 형태로 되돌리고 싶은 경우에는 직접 선택 툴( )로 메시 포인트를 클릭한 다음 Delete 를 눌러 삭제한다.

❾ 삭제하는 메시 포인트의 개수가 많을수록 오브젝트는 원래의 형태로 돌아온다. 메시 포인트를 모두 삭제하면 이미지를 원래대로 복구할 수 있다.

❿ 메시 포인트를 초기화하려면 [Object]-[Envelope Distort]-[Reset with Mesh]를 선택하여 [Reset Envelope Mesh] 대화 상자를 연 후 옵션을 설정한다.

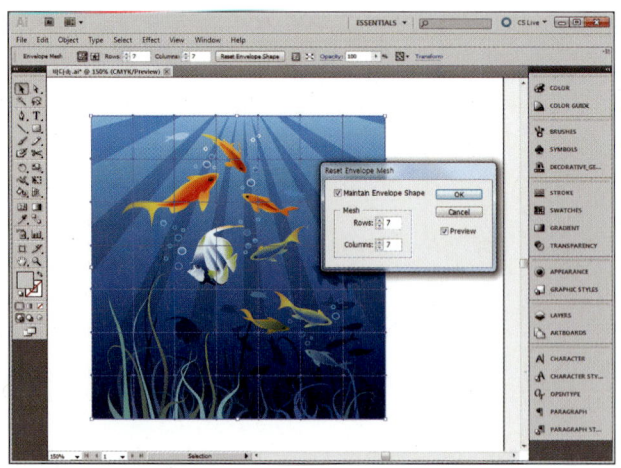

| 따라하기 | 03 다른 오브젝트 형태에 따라 왜곡 변형하기 |

'챕터6_샘플/트럭.ai'를 불러온 후 [Envelope Distort]-[Make with Top Object]를 사용하여 다른 오브젝트의 형태에 따라 해당 오브젝트의 모양을 왜곡 변형을 해 보자. 형태가 되는 오브젝트가 변형될 오브젝트의 앞에 위치해야 한다.

❶ 도구모음의 별형 툴(☆)을 선택한다.

❷ 트럭 오브젝트 위에 겹쳐지도록 별 오브젝트를 하나 작성한다.

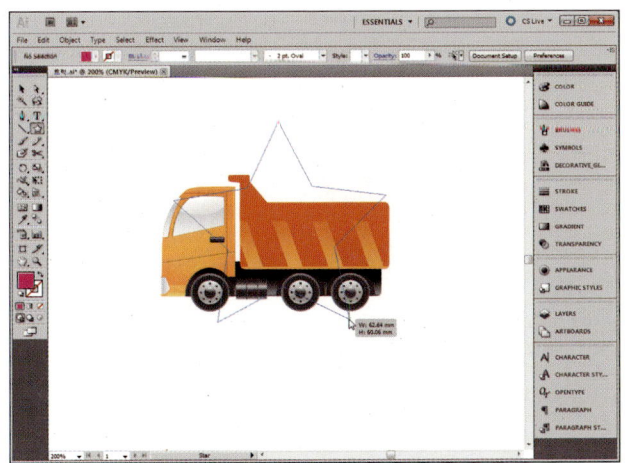

❸ 선택 툴(▶)로 상단의 트럭 오브젝트와 별 오브젝트를 모두 선택한 다음 [Object]-[Envelope Distort]-[Make with Top Object]을 선택한다.

❹ 별 오브젝트의 형태대로 트럭 오브젝트가 변형된다. 직접 선택 툴(▶)로 변형된 트럭 오브젝트의 외곽에 나타나는 선 또는 기준점을 드래그하여 변형시킨다.

❺ 직접 선택 툴( )로 패스를 조절하면 패스 형태에 따라 트럭 오브젝트도 함께 변형된다.

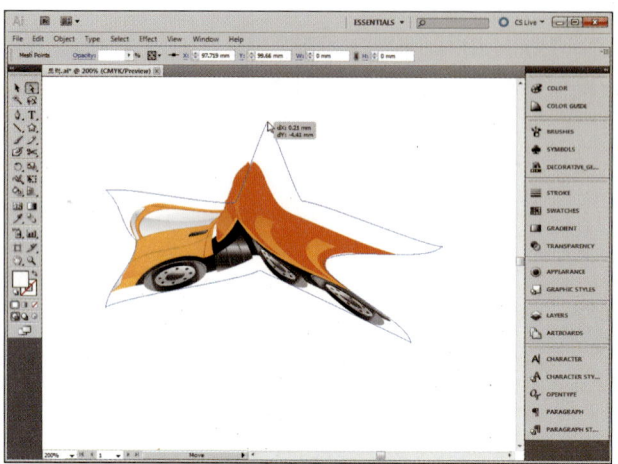

❻ 오브젝트를 선택한 상태에서 [Object]-[Envelope Distort]-[Release]을 선택하면, 왜곡 변형 효과를 해제할 수 있다.

01 혼자해보기

'챕터6_샘플/트럭.ai'의 하단에 있는 트럭 오브젝트를 원형으로 변형해 보자.

HINT | 하단에 있는 트럭 오브젝트 위에 원형 툴( )로 원을 하나 그린 다음, 선택 툴( )로 트럭 오브젝트와 원 오브젝트를 모두 선택하고 [Object]-[Envelope Distort]-[Make with Top Object]를 선택한다.

Section 2. 유동화 툴을 이용하여 이미지 변형하기

일러스트레이터 CS5에서 제공하는 일곱 가지 유동화 툴을 이용하여 팽창, 구김 등 오브젝트에 다양한 변화를 줄 수 있다.

> **알아두기**
> - 일곱 가지 유동화 툴에서 종류 한 가지를 선택하고 오브젝트 위를 드래그하는 것만으로 오브젝트의 형태를 변형할 수 있다.
> - 텍스트, 그래프, 심볼 속성을 가진 오브젝트에는 유동화 툴을 사용할 수 없다.

따라하기 01 왜곡 툴과 비틀기 툴로 오브젝트 변형하기

'챕터6_샘플/토끼와쥐.ai'를 불러온 후 왜곡 툴로 오브젝트를 잡아당기듯이 드래그하여 오브젝트의 형태를 드래그한 방향대로 변형해 보자. 비틀기 툴을 선택한 후 마우스로 오브젝트를 잠시 누르고 있으면 비트는 형태로 변형한다.

❶ 도구모음에서 왜곡 툴( )을 선택한다.

❷ 왜곡 툴( )로 토끼 오브젝트를 클릭해 드래그하면 드래그한 방향대로 토끼의 모양이 왜곡된다.

❸ 이번에는 도구모음에서 비틀기 툴( )을 선택한다.

❹ 마우스 포인터를 쥐 오브젝트 위에 위치시킨 뒤 클릭한 상태로 약 1~2초간 누르고 있으면 이미지가 회오리 모양으로 비틀린다. 마우스로 누르는 시간이 길면 길수록 더 많이 비틀린다.

[Warp Tool Options] 대화 상자

tip

도구모음에서 왜곡 툴()을 더블클릭하면 [Warp Tool Options] 대화 상자가 나타난다.

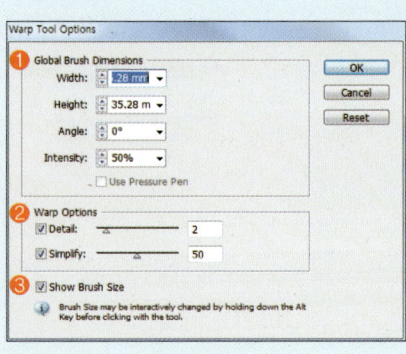

❶ Global Brush Dimensions : 나선의 중심에서 바깥쪽까지의 거리를 지정한다.
  · Width, Height : 브러시의 크기를 설정한다.
  · Angle : 브러시를 적용하는 각도를 설정한다.
  · Intensity : 브러시의 강도를 설정한다.
  · Use Pressure Pen : 압력 감지 펜을 사용할 경우에만 활성화된다.

❷ Warp Options
  · Detail : 오브젝트 외부의 기준점 사이 간격을 조절하는 옵션으로 수치가 클수록 기준점의 사이가 가까워진다.
  · Simplify : 불필요한 기준점을 제거하는 옵션으로 0.2~100까지의 수치를 조절할 수 있으며, 수치가 클수록 기준점이 단순해진다.

❸ Show Brush Size : 이 옵션을 체크하면 도큐먼트에서 브러시의 크기가 표시된다.

[Twirl Tool Options] 대화 상자

tip

도구모음에서 비틀기 툴( )을 더블클릭하면 [Twirl Tool Options] 대화 상자가 나타난다.

❶ Global Brush Dimensions : 나선의 중심에서 바깥쪽까지의 거리를 지정한다.
- Width, Height : 브러시의 크기를 설정한다.
- Angle : 브러시를 적용하는 각도를 설정한다.
- Intensity : 브러시의 강도를 설정한다.
- Use Pressure Pen : 압력 감지 펜을 사용할 경우에만 활성화된다.

❷ Twirl Options
- Twirl Rate : 이미지가 비틀어지는 방향을 설정한다. -180~180도까지의 각도 수치를 설정할 수 있고, 0도에 가까울수록 비틀어짐이 없다.
- Detail : 오브젝트 외부의 기준점 사이 간격을 조절하는 옵션으로 수치가 클수록 기준점의 사이가 가까워진다.
- Simplify : 불필요한 기준점을 제거하는 옵션으로 0.2~100까지의 수치를 조절할 수 있으며, 수치가 클수록 기준점이 단순해진다.

❸ Show Brush Size : 이 옵션을 체크하면 도큐먼트에서 브러시의 크기가 표시된다.

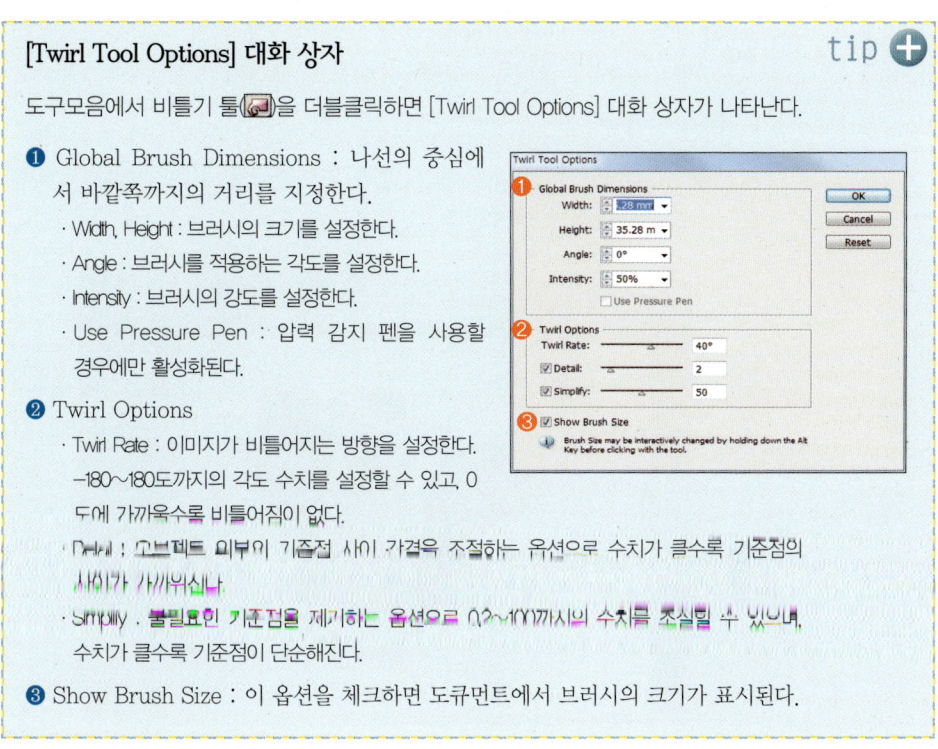

따라하기 02 구김 툴과 팽창 툴로 오브젝트 변형하기

'챕터6_샘플/다람쥐.ai'를 불러온 후 구김 툴로 클릭한 지점으로 오브젝트가 모이게 하는 효과를 적용해 보고 팽창 툴로 오브젝트를 팽창시키는 효과를 적용해 보자.

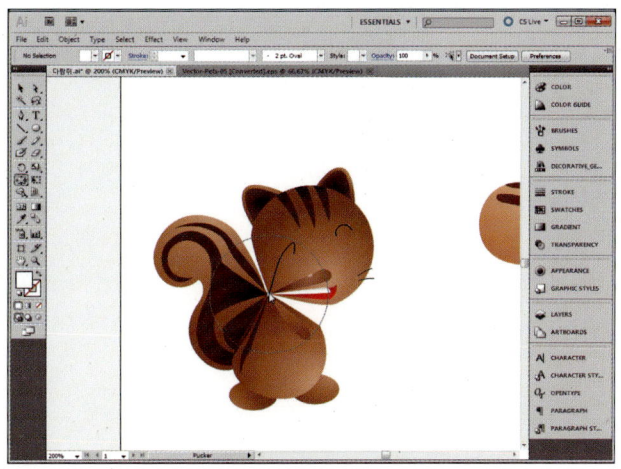

❶ 도구모음에서 구김 툴( )을 선택한다.

❷ 마우스 포인터를 왼쪽 다람쥐 오브젝트에 위치시킨 후 클릭하고 몇 초간 누르고 있으면 이미지가 클릭한 부분을 중심으로 모인다.

❸ 이번에는 도구모음에서 팽창 툴( )을 선택한다.

❹ 마우스 포인터를 오른쪽 다람쥐 오브젝트에 위치시키고 클릭하면 클릭한 부분을 중심으로 다람쥐가 팽창한다.

[Pucker Tool Options] 대화 상자 tip ➕

도구모음에서 구김 툴( )을 더블클릭하면 [Pucker Tool Options] 대화 상자가 나타난다.

❶ Global Brush Dimensions
 · Width, Height : 브러시의 크기를 설정한다.
 · Angle : 브러시를 적용하는 각도를 설정한다.
 · Intensity : 브러시의 강도를 설정한다.
 · Use Pressure Pen : 압력 감지 펜을 사용할 경우에만 활성화된다.

❷ Pucker Options
 · Detail : 오브젝트 외부의 기준점 사이 간격을 조절하는 옵션으로 수치가 클수록 기준점의 사이가 가까워진다.
 · Simplify : 불필요한 기준점을 제거하는 옵션으로 0.2~100까지의 수치를 조절할 수 있으며, 수치가 클수록 기준점이 단순해진다.

❸ Show Brush Size : 이 옵션을 체크하면 도큐먼트에서 브러시의 크기가 표시된다.

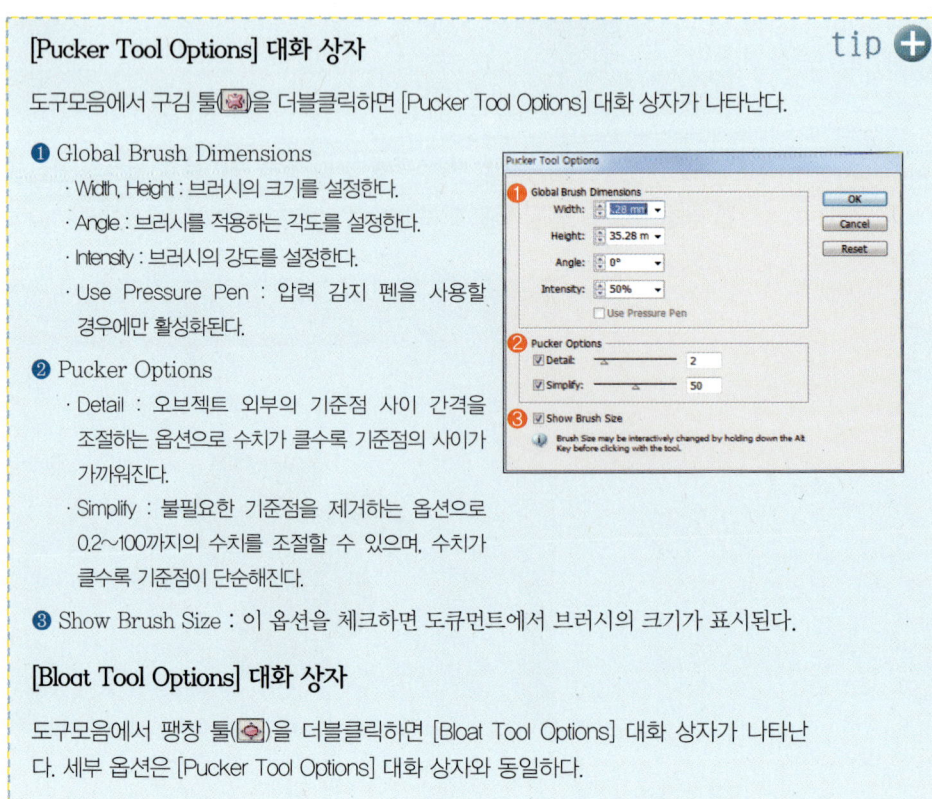

[Bloat Tool Options] 대화 상자

도구모음에서 팽창 툴( )을 더블클릭하면 [Bloat Tool Options] 대화 상자가 나타난다. 세부 옵션은 [Pucker Tool Options] 대화 상자와 동일하다.

| 따라하기 | 03 | 부채꼴 툴, 크리스탈 툴, 링클 툴로 오브젝트 변형하기 |

부채꼴 툴은 오브젝트를 부채꼴 모양으로 안쪽을 향하여 날카롭게 만드는 효과를 얻을 수 있다. 크리스탈 툴은 오브젝트를 바깥쪽으로 날카롭게 만들며 링클 툴은 오브젝트에 주름 효과를 준다.

❶ 도구모음에서 부채꼴 툴(📷)을 선택한다.

❷ 도큐먼트의 왼쪽 하단에 있는 다람쥐 오브젝트 위로 마우스 포인터를 위치시킨 뒤 클릭하면 다람쥐가 안쪽으로 날카롭게 변형된다.

❸ 이번에는 도구모음에서 크리스탈 툴(📷)을 선택한다.

❹ 오른쪽 하단에 있는 다람쥐 오브젝트 위로 마우스 포인터를 위치시킨 뒤 클릭하면 다람쥐가 바깥쪽 부분으로 날카롭게 변형된다.

❺ 도구모음에서 링클 툴(📷)을 선택한다.

❻ 가장 아래에 있는 다람쥐 오브젝트 위로 마우스 포인터를 위치시킨 뒤 클릭하거나 드래그하면 다람쥐 이미지가 주름이 잡힌 듯이 변형된다.

Section 2. 유동화 툴을 이용하여 이미지 변형하기

[Scallop Tool Options] 대화 상자

도구모음에서 부채꼴 툴( )을 더블클릭하면 [Scallop Tool Options] 대화 상자가 나타난다.

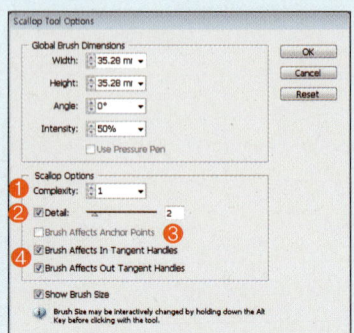

❶ Complexity : 브러시의 세밀한 세부 항목을 조절하여 오브젝트 외곽 부분의 간격 배치를 설정한다. 수치가 클수록 주름의 형태가 더욱 세밀해진다.
❷ Detail : 오브젝트 외부의 기준점 사이 간격을 조절하는 옵션으로 수치가 클수록 기준점의 사이가 가까워진다.
❸ Brush Affects Anchor Points : 브러시가 기준점에 영향을 준다. 이 옵션을 체크하면 기준점을 중심으로 주름이 모인다.
❹ Brush Affects In/Out Tangent Handles : 브러시가 기준점의 방향선 접선 안쪽이나 바깥쪽으로 영향을 준다. 이 옵션을 체크하면 'Brush Affects Anchor Point'를 적용할 수 없다.

[Crystallize Tool Options] 대화 상자

도구모음에서 크리스탈 툴( )을 더블클릭하면 [Crystallize Tool Options] 대화 상자가 나타난다. 세부 옵션은 [Scallop Tool Options] 대화 상자와 동일하다.

[Wrinkle Tool Options] 대화 상자

도구모음에서 링클 툴( )을 더블클릭하면 [Wrinkle Tool Options] 대화 상자가 나타난다.

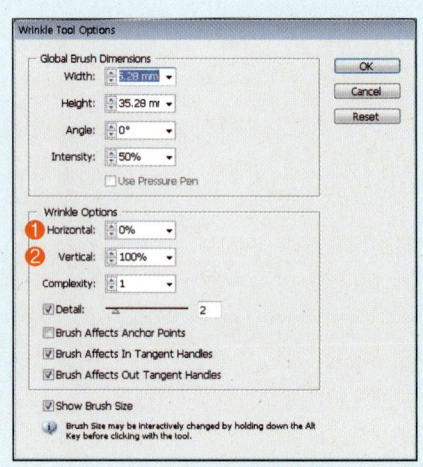

❶ Horizontal : 조절점으로부터 수평으로 얼마만큼의 간격으로 위치시킬 것인지를 설정한다. 수치가 클수록 간격이 멀어진다.
❷ Vertical : 조절점으로부터 수직으로 얼마만큼의 간격으로 위치시킬 것인지 설정한다. 수치가 클수록 간격이 멀어진다.

Section 3
[PATHFINDER] 팔레트를 이용한 오브젝트 구성하기

[PATHFINDER] 팔레트의 기능은 2개 이상의 오브젝트들을 서로 합치거나 하나의 오브젝트를 다수개의 오브젝트로 나누어 새로운 오브젝트를 제작한다. [PATHFINDER] 팔레트의 여러 기능을 사용하면 복잡한 오브젝트를 쉽게 작성할 수 있다.

◐ 알아두기
- [PATHFINDER] 팔레트의 여러 가지 기능들을 이용하여 오브젝트를 다양하게 변형할 수 있다.
- 2개 이상의 겹친 오브젝트를 선택한 후 [PATHFINDER] 팔레트의 기능을 적용하면 자동으로 그룹이 지정된다.

 **01 겹쳐진 오브젝트를 결합하기**

'챕터6_샘플/발도장.ai'를 불러온 후 [PATHFINDER] 팔레트의 [Unite]를 이용하여 겹쳐진 오브젝트를 하나의 오브젝트로 결합해 보자.

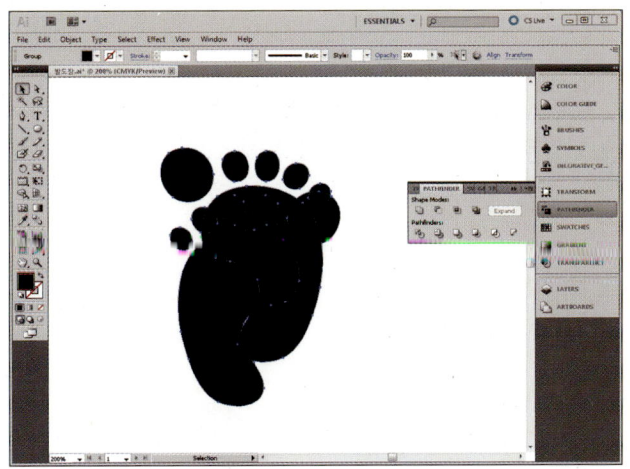

❶ 도구모음의 선택 툴( )을 선택한다.
❷ 선택 툴( )로 상단의 발도장 오브젝트를 선택하여 하단의 발도장 오브젝트와 겹치도록 드래그하여 위치시킨다.
❸ 2개의 발도장 오브젝트를 모두 선택하고 [Window]-[Pathfinder]를 선택한다.
❹ [PATHFINDER] 팔레트가 나타나면 'Unite' 아이콘( )을 클릭한다.
❺ 도큐먼트의 빈 공간을 클릭하여 모든 오브젝트의 선택 상태를 해제한다.

❻ 선택 툴( )로 합쳐진 발도장 오브젝트를 선택하고 아래쪽으로 드래그하여 이동시킨다.

❼ 오브젝트가 이동하더라도 [Unite] 기능이 적용된 상태이기 때문에 오브젝트의 외곽선이 추출되어 완전한 하나의 오브젝트로 만들어져 같이 이동된다.

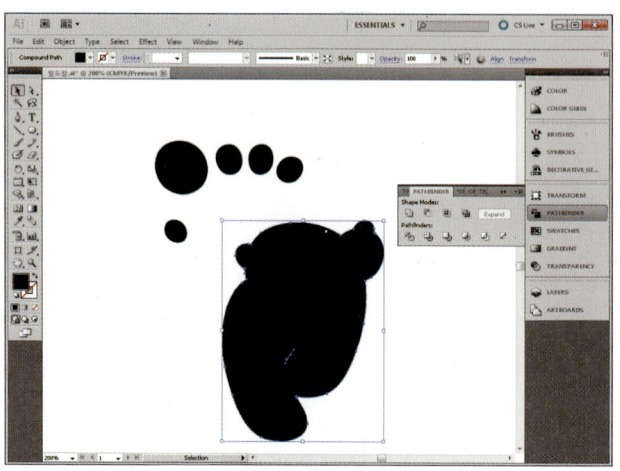

따라하기 02 셰이프 영역을 삭제하여 오브젝트 변형하기

'챕터6_샘플/고래와 상어.ai'를 불러온 후 [Minus Front]로 오브젝트가 겹쳐져 있을 때 위쪽에 배열된 오브젝트의 모양대로 아래쪽에 배열된 오브젝트를 삭제해 보자. 위쪽에 배열된 오브젝트 역시 함께 삭제된다.

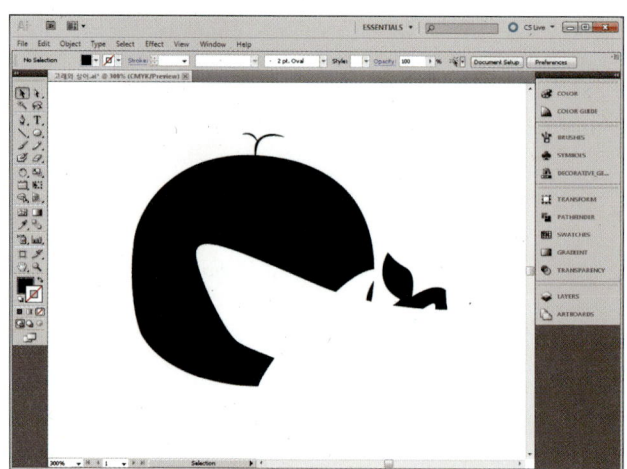

❶ 선택 툴( )로 상어 오브젝트를 고래 오브젝트와 겹치도록 이동시킨다.

❷ 2개의 오브젝트를 모두 선택하고 [PATHFINDER] 팔레트에서 'Minus Front' 아이콘 (　)을 클릭한다.

❸ 위쪽에 배열된 상어 오브젝트가 삭제되면서 상어 오브젝트의 모양대로 고래 오브젝트가 편집된다.

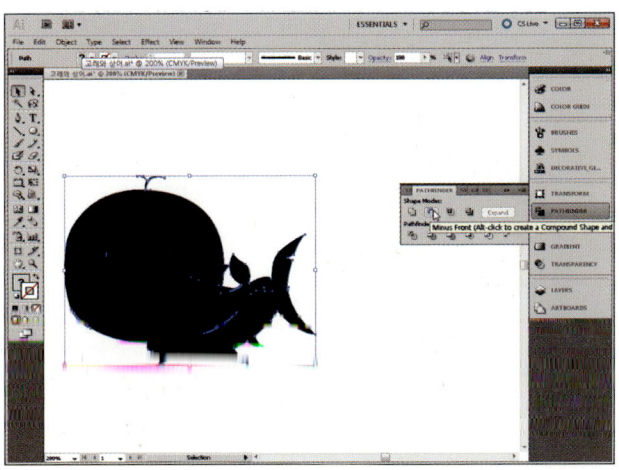

따라하기 03 겹쳐진 오브젝트 이외의 부분 삭제하기

[Intersect]는 오브젝트의 공통된 부분을 제외한 나머지 부분을 삭제하는 기능이다. 겹쳐진 오브젝트 외의 부분을 삭제해 보자.

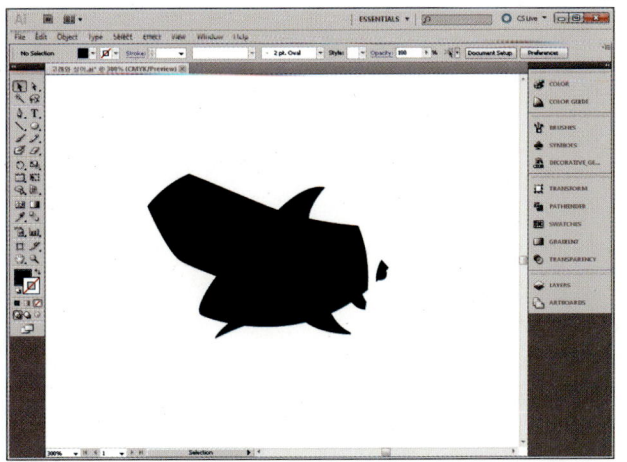

❶ '챕터6_샘플/고래와 상어.ai' 파일을 열고 도구모음의 선택 툴(　)을 선택한다.

❷ 선택 툴(　)로 상어 오브젝트를 드래그하여 고래 오브젝트에 겹쳐지도록 이동시킨다.

❸ 두 오브젝트를 모두 선택한 상태에서 [PATHFINDER] 팔레트의 'Intersect' 아이콘
(🔲)을 클릭한다.
❹ 전체 오브젝트에서 두 오브젝트의 공통된 부분만 남고 그 외 부분은 모두 삭제되는 것
을 확인할 수 있다.

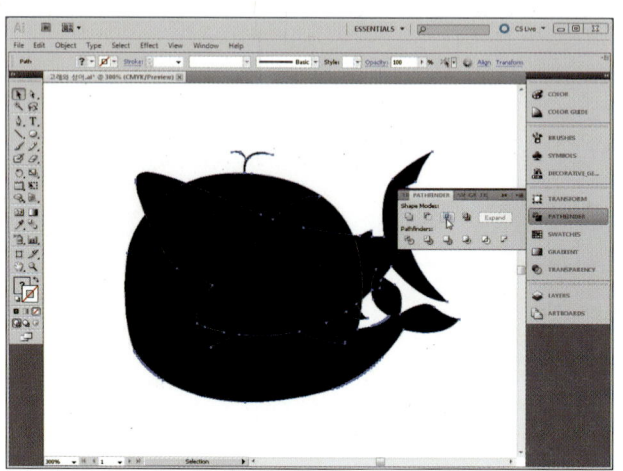

따라하기 04 겹쳐진 오브젝트만 삭제하기

'챕터6_샘플/게와 물고기.ai'를 불러온 후 [Exclude]로 오브젝트가 공통으로 겹쳐진 부분만 삭
제해 보자.

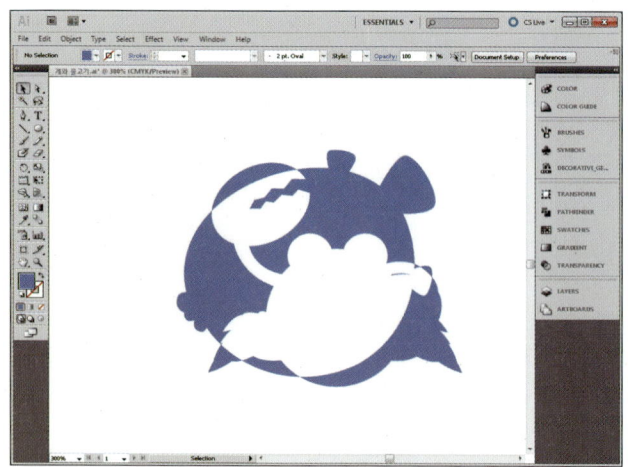

❶ 선택 툴(▶)로 물고기 오브젝트를 게 오브젝트와 겹치도록 이동시킨다.
❷ 전체 오브젝트를 선택한 다음 [PATHFINDER] 팔레트에서 'Exclude' 아이콘(🔲)을
클릭한다.
❸ 오브젝트의 공통된 부분이 삭제된 것을 확인할 수 있다.

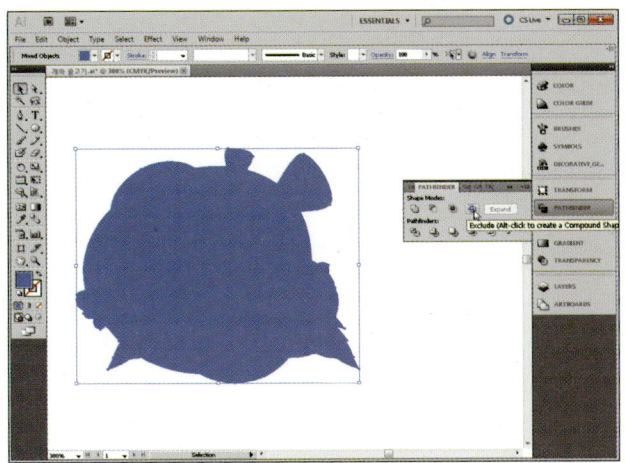

따라하기 05 오브젝트 분리하기

[Divide]를 이용하면 복잡한 이미지도 간단하게 분리할 수 있다. 이미지를 분리해 보자.

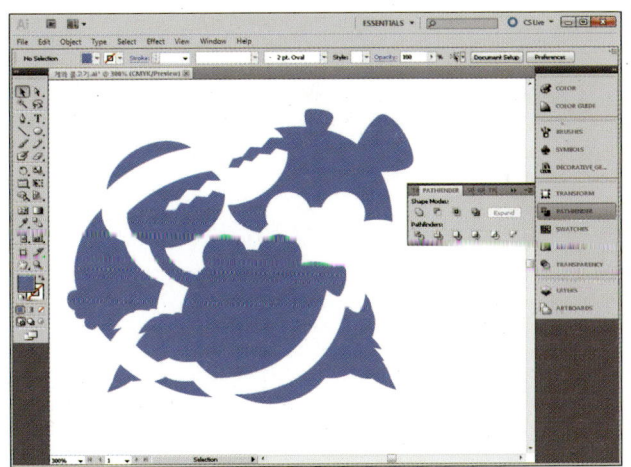

❶ '챕터6_샘플/게와 물고기.ai' 파일을 열고 선택 툴( )로 두 오브젝트가 겹치도록 이동시킨다.

❷ 두 오브젝트를 모두 선택한 다음 [PATHFINDER] 팔레트에서 'Divide' 아이콘( )을 클릭한다.

❸ 오브젝트 위에서 마우스 오른쪽 버튼을 클릭하고 [Ungroup]을 선택하여 오브젝트들을 분리한다.

❹ 선택 툴( )로 나누어진 오브젝트들을 드래그하여 서로 떨어지도록 이동시킨다.

[Pathfinder Trap] 대화 상자   tip ➕

도큐먼트를 출력하면 오브젝트가 맞닿은 부분에 색상이 겹쳐지는 현상이 일어날 수 있다. 트랩 기능은 오브젝트가 맞닿은 부분을 좀더 두껍고 어두운 색상의 곡선을 삽입하여 인쇄를 깨끗하게 처리하는 것으로, 인쇄 과정의 실무적인 부분에서 필요한 기능이다. 세부적인 설정은 [Pathfinder Trap] 대화 상자에서 가능하다.

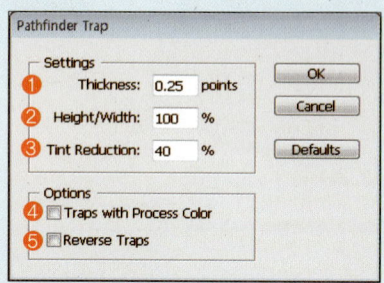

❶ Thickness : 중첩되는 부분에 들어갈 곡선의 굵기를 지정한다.

❷ Height/Width : 선이 겹쳐지는 비율을 조절하는 것으로 400%까지 조절할 수 있다.

❸ Tint Reduction : 겹쳐지는 곳의 색상 농도를 조절한다.

❹ Traps with Process Color : Process Color를 사용할 때 트랩 기능을 적용한다.

❺ Reverse Traps : 트랩 기능을 반전한다.

Section 4. 비트맵 이미지를 벡터 이미지로 만들기

일러스트레이터 CS 버전 이전까지는 손으로 직접 스케치한 이미지를 벡터 이미지로 바꾸기 위해 펜 툴을 이용하여 스케치한 선을 따라 일일이 드로잉하는 작업을 하였다. 그러나 CS 버전부터는 버튼 하나로 비트맵 이미지를 벡터 이미지로 바꾸어주는 [Live Trace]를 제공하고 있다.

> **알아두기**
> - 비트맵 이미지를 벡터 이미지로 쉽게 변환할 수 있다.
> - [Tracing Options Dialog]를 이용하여 [Live Trace]에 여러 가지 효과를 적용할 수 있다.

따라하기 01 스케치 이미지를 깔끔한 선으로 다듬기

'챕터6_샘플/dog.gif'를 불러온 후 비트맵 형태의 스케치 이미지를 선택한 다음 [Live Trace]를 이용하여 진한 선으로 정리된 이미지를 깔끔한 선으로 정리해 보자.

❶ [File]-[New]를 선택하여 새로운 도큐먼트를 연다.

❷ [File]-[Place]를 선택하여 'dog.gif' 파일을 연다.

❸ 도구모음의 선택 툴()로 이미지를 선택하고 바운딩 박스의 조절점을 드래그하여 알맞은 크기로 조절한다.

❹ 화면 상단의 옵션 바에서 [Embed] 버튼(Embed)을 클릭하고 [Live Trace] 버튼(Live Trace)을 클릭한다.

❺ 스케치 이미지의 펜 느낌이 사라지고 깔끔하게 정리된 이미지를 볼 수 있다.

따라하기 02 **그래픽 효과 지정하기**

정리된 비트맵 이미지에 [Tracing Options Dialog]를 적용하여 여러 가지 효과를 낼 수 있다.

❶ 옵션 바에서 [Preset] 항목의 내림 버튼을 클릭한다.

❷ 수묵화의 느낌을 나타내는 [Grayscale]을 선택하면 오브젝트를 흑과 백으로만 나타나도록 변경된다.

❸ [Technical Drawing]을 선택하면 명암의 경계선을 둘러싼 형태의 선으로 표현되어 독특한 형태를 나타낸다.

> **외곽선의 두께 지정하기**   tip ➕
>
> 선택 툴( )로 비트맵 이미지를 선택한 상태에서 옵션 바의 [Live Trace] 버튼
> ( )을 클릭하면 나타나는 [Threshold] 항목의 수치값을 이용하여 외곽선의 두
> 께를 지정할 수 있다.

따라하기 03 **벡터 이미지 완성하기**

[Live Trace] 기능을 사용하면 비트맵 이미지를 벡터 이미지로 전환할 수 있다.

❶ 선택 툴( )로 비트맵 이미지를 선택한 다음 옵션 바의 [Preset] 항목에서 [Detailed Illustration]을 선택한다.

❷ 옵션 바의 [Live Paint] 버튼(Live Paint)을 클릭한다.

❸ 벡터 이미지로 확정짓기 위해 옵션 바에서 [Expand] 버튼(Live Paint)을 클릭한다.

❹ 돋보기 툴( )로 이미지를 확대하여 보거나 선택 툴( )로 이미지를 선택해 보면 벡터 이미지로 변환된 것을 확인할 수 있다.

❺ 아웃라인을 확인하기 위해 [View]-[Outline]을 선택한다. 스케치한 비트맵 이미지의 패스가 벡터 이미지로 그대로 옮겨졌음을 확신할 수 있다. 패스 형태로 보고 싶다면 [View]-[Preview]를 선택한다.

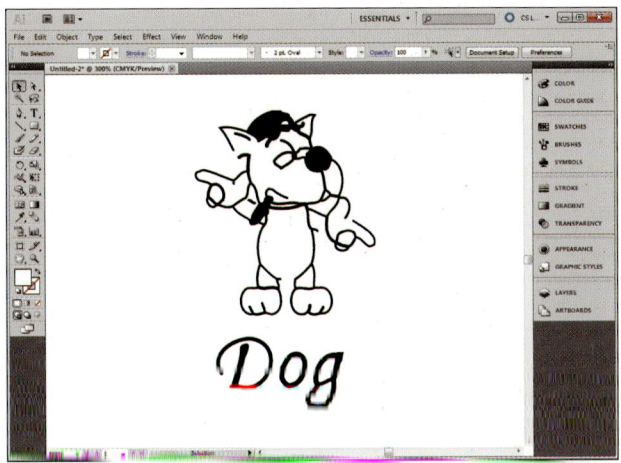

01 혼자해보기

라이브 페인트 버킷 툴을 이용하여 이미지에 색상을 채워보자.

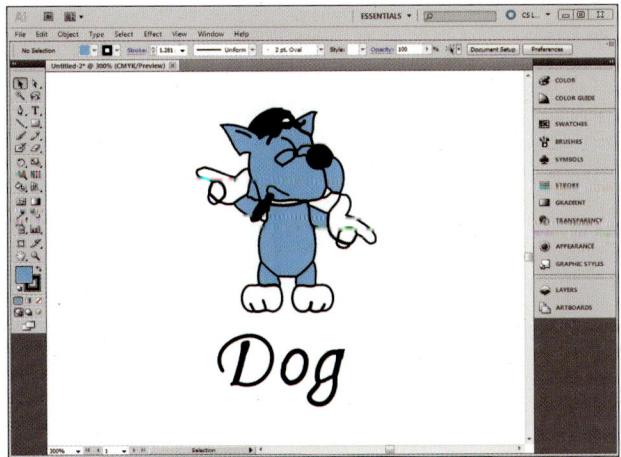

HINT | 도구모음에서 펜 툴( )을 이용하여 끊어진 패스를 연결하여 오브젝트를 완성하고 라이브 페인트 버킷 툴( )을 사용하여 오브젝트에 색상을 적용한다.

Section 4 . 비트맵 이미지를 벡터 이미지로 만들기

[Live Trace] 스타일

[Object]-[Live Trace]-[Tracing Options]을 선택하면 스케치 이미지와 사진 이미지에 다양한 스타일을 적용할 수 있다. 각 스타일에 따라 결과물이 어떻게 나오는지 비교해 보자.

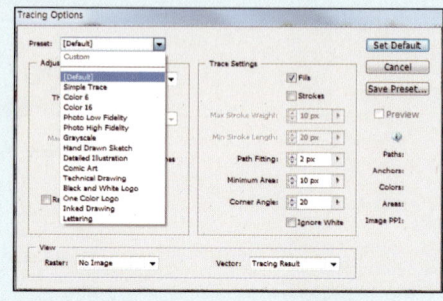

❶ Simple Trace : [Default]와 같은 스타일로 벡터 이미지를 만든다. 단, 흰색 배경이 없다는 차이가 난다. 안쪽에 컬러를 넣지 않고 검은색 명암만 필요할 때 이용한다. 사진 이미지에 적용하면 어두운 명암 부분이 검은색 벡터 파일로 추출된다. 배경에 컬러를 적용하면 팝아트적인 느낌을 나타낼 수 있다.

❷ Color 6 & Color 16 : 컬러를 여섯 단계와 열여섯 단계로 나누어 표현한다. 스케치보다는 명암 단계가 뚜렷이 구분되는 사진 이미지에 적용하는 것이 좋다.

❸ Photo Low Fidelity & Photo High Fidelity : 저품질과 고품질 사진 이미지로 표현한다. High Fidelity로 변화하면 사진 이미지와 흡사한 디테일 일러스트가 완성된다.

❹ Grayscale : 이미지를 흑백 명암으로 구분해서 표현한다.

❺ Hand Drawn Sketch : 명암의 경계선을 선으로 그린다. 검은색 선을 제외한 나머지 컬러는 나타나지 않으며, 선 굵기를 원하는 굵기로 일정하게 설정할 수 있다. 'Technical Drawing'과 함께 면이 아닌 선으로 표현하는 스타일이다. 적용할 당시에는 서로 다른 두께의 선으로 표현되지민 [STROKE] 팔레트나 옵션 바를 이용하여 원하는 굵기로 변경할 수 있다.

❻ Detailed Illustration : 명암을 원본과 가장 흡사하게 표현한다. 스케치 이미지는 정리한 선에 가장 가까운 효과를 내기 때문에 펜으로 그린 일러스트를 벡터화할 때 편리하다.

❼ Comic Art : 만화책에 그린 그림처럼 '필압'이 느껴지도록 표현한다. 일정한 굵기의 펜으로 그린 스케치 이미지라고 해도 'Comic Art' 스타일로 변경하면 선에 강약이 표현되어 좀더 역동적인 느낌을 줄 수 있다.

❽ Technical Drawing : 명암의 경계선을 둘러싼 형태의 선으로 표현한다. 'Hand Drawn Sketch'와 함께 면이 아닌 선으로 표현되는 스타일이다. [STROKE] 팔레트나 옵션 바를 이용해서 원하는 굵기로 변경할 수 있다.

❾ Black and White Logo : 검은색과 흰색 로고 스타일로 표현하는 기능이다. 로고 이미지를 벡터로 만들고자 할 때 [Live Trace]보다는 직접 그리는 것이 좋다.

❿ One Color Logo : 한 가지 색 로고로 표현한다.

⓫ Inked Drawing : 잉크로 그린 듯한 효과를 나타낸다.

⓬ Lettering : 레터링 펜으로 그린 듯한 효과를 나타낸다. 확대하여 살펴보면 질감이 살아있다.

핵심정리 summary

1. 유동화 툴을 이용한 이미지 효과

일러스트레이터 CS5에서 제공하는 다양한 유동화 툴을 이용하면 포토샵 못지 않은 다양한 이미지 효과를 낼 수 있다. 왜곡, 비틀기, 구김, 팽창, 부채꼴, 크리스탈, 링클 툴을 사용하여 이미지 및 오브젝트를 변형하면 새로운 오브젝트를 생성하지 않아도 원하는 오브젝트를 작성할 수 있다. 또한 일곱 가지의 유동화 툴을 적용한 이미지는 효과를 적용한 부분이 끊김과 같은 수정한 표시가 나지 않기 때문에 자연스러운 이미지를 작성할 수 있다.

2. [Live Trace] 옵션 바

한 색으로 정리한 스케치 이미지를 [Place]하거나 [Open]하여 선택하면 옵션 바는 다음과 같은 모양이 된다(이때 모니터 해상도에 따라 일부 항목이 생략되거나 숨겨질 수 있다).

❶ 이미지 파일 상태 정보

❷ Embed : 링크 이미지를 파일에 포함

❸ Edit Original : 원본 파일을 이미지 뷰어에서 오픈

❹ Live Trace : 기본 설정으로 이후부터는 이전에 선택한 [Live Trace]를 적용

❺ [Live Trace]의 스타일 선택

❻ Mask : 이미지 크기만큼 마스크 처리([Live Trace]로 벡터화시켜도 마스크는 유지됨)

3. [PATHFINDER] 팔레트

- [PATHFINDER] 팔레트 기능과 그룹 효과 : 2개 이상 겹쳐진 오브젝트를 선택한 후 [PATHFINDER] 팔레트의 기능을 적용하면 자동으로 그룹 설정이 된다. 합쳐지거나 분리된 오브젝트를 개별적으로 선택하고 수정하려면 [Ungroup]을 선택하여 그룹을 해제하거나 직접 선택 툴( )을 사용한다.

- [PATHFINDER] 팔레트의 겹침 : 겹쳐진 오브젝트를 분리하는 [Divide]을 사용할 때 면 오브젝트에 외곽선이 겹쳐지는 경우 완전히 면 오브젝트 외곽을 넘어서야 하는 점을 주의해야 한다. 외곽선이 면 오브젝트와 완전히 겹쳐지지 않으면 [Divide] 효과가 정상적으로 적용되지 않는다. [PATHFINDER] 팔레트의 기능은 2개 이상의 오브젝트들이 겹친 상태를 이용하여 새로운 형태를 만들어 내는 기능으로 오브젝트가 겹치는 상황을 조절해야 한다.

종합실습 pointup

1. 유동화 툴을 이용하여 오브젝트를 자유롭게 변형해 보자.

[작업 준비물 : 챕터6_샘플/새.ai]

HINT | 오브젝트를 선택한 후 도구모음의 유동화 툴(🔲)을 이용하여 다양하게 변형시킨다.

2. [PATHFINDER] 팔레트를 이용하여 오브젝트를 다양하게 변형해 보자.

[작업 준비물 : 챕터6_샘플/꽃.ai]

HINT | 오브젝트들을 겹치도록 이동시킨 다음 [PATHFINDER] 팔레트를 이용하여 하나의 오브젝트로 합치거나 또는 겹치지 않는 부분만 남기는 등의 다양한 효과를 적용해 본다.

228 Chapter 6 . 자유롭게 오브젝트 변형하기

종합실습 pointup

3. 화면과 같이 문자를 입력한 후 왜곡 효과를 적용해 보자.

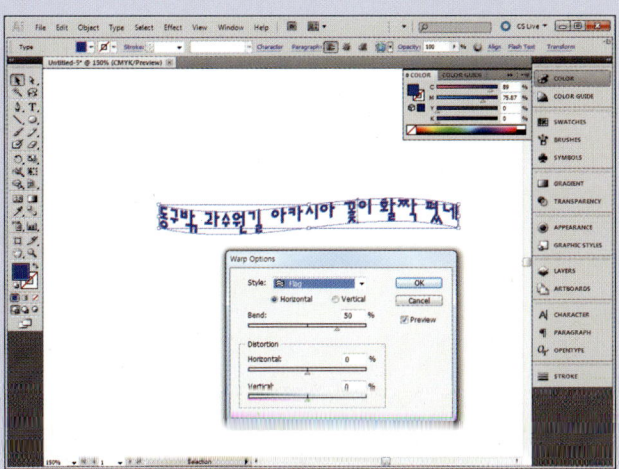

HINT | [File]-[New]를 실행하여 새로운 도큐먼트를 열고 문자 툴(T)을 이용하여 다음과 같이 입력한다. 문자 오브젝트에 색을 지정한 후 [Object]-[Envelope Distort]-[Make with Warp]를 실행하여 나타난 [Warp Options] 대화상자에서 원하는 스타일을 선택한다.

4. 3번에서 작성한 문자 오브젝트를 다른 오브젝트의 형태에 따라 왜곡 변형해 보자.

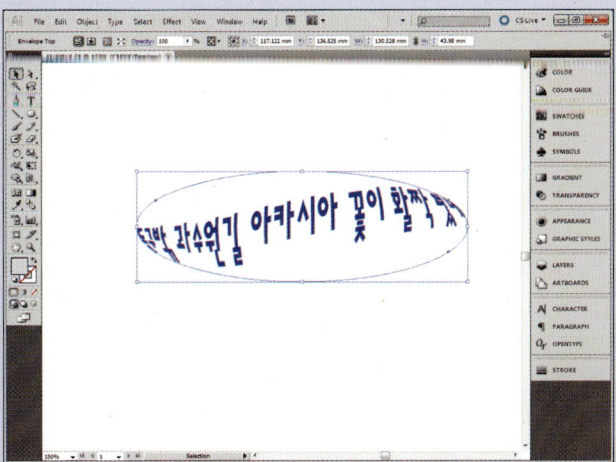

HINT | 문자 오브젝트위에 원형 툴(○)로 가로로 긴 타원을 그린 후 선택 툴(▶)로 모든 오브젝트를 선택한 다음, [Object]-[Envelope Distort]-[Make with Top Object]를 선택하여 문자 오브젝트가 원 오브젝트의 형태로 변형되도록 한다.

Chapter 6. 종합실습   229

07

CHAPTER

오브젝트를 효율적으로 관리하고 실행하기

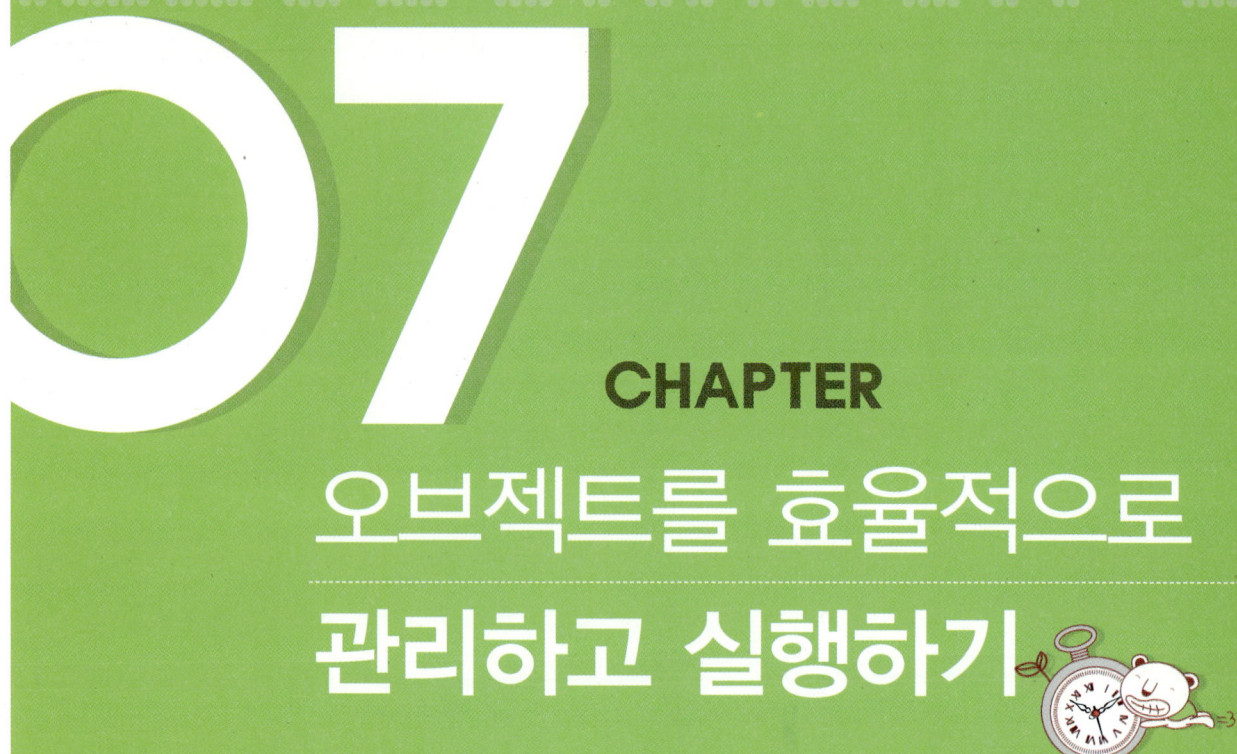

그래픽 스타일, 마스크, 블렌드, 심볼, 액션 기능 등을 사용하여 쉽고 빠르게 디자인 작업을 할 수 있다. 또한 [LAYERS] 팔레트에서 오브젝트를 효율적으로 관리할 수 있어 초보자도 실무 디자이너와 같은 디자인 실력을 가질 수 있다.

Section 1 효율적인 오브젝트 관리를 위한 레이어 사용하기

Section 2 중간 오브젝트를 만드는 블렌드 사용하기

Section 3 간단하게 그래픽 스타일 적용하기

Section 4 마스크 효과 사용하기

Section 5 액션 기능으로 편리하게 작업하기

Section 6 심볼로 반복 이미지 만들기

오브젝트 관리 알아보기

Chapter 7

복잡한 일러스트를 작업할 때 레이어와 액션, 그래픽 스타일 기능 등을 함께 사용하면 효율적인 작업을 할 수 있다. 레이어의 개념부터 사용 방법, 마스크 기능, 레이어 스타일을 오브젝트에 적용하는 방법 등 여러 가지 효과를 적용하는 방법을 알아본다.

01 레이어란?

레이어는 '층'을 의미하는 개념으로, 투명한 여러 개의 유리판 위에 오브젝트가 각각 그려져 있는 것과 같다. 각각의 투명 유리판에 올려 있는 오브젝트들은 유리판의 투명함 때문에 앞 뒤 구분 없이 모든 이미지를 볼 수 있다. 각 이미지들은 서로 다른 유리판에 위치해 있기 때문에 개별적인 편집이 가능하다. 따라서 다른 이미지에 영향을 주거나 받지 않으며 레이어를 감추거나 선택할 수 있고 순서를 재배열할 수 있으며 각 유리판의 이미지들은 다른 유리판으로 이동할 수도 있다. 또한 하나의 레이어 안에 더 작은 개념의 서브 레이어가 존재하여 세밀한 이미지 조정이 가능하다.

02 [LAYERS] 팔레트의 구조

[Window]-[Layers]를 선택하면 화면 상에 [LAYERS] 팔레트가 표시되며 이 팔레트에서 레이어의 기본적인 조작을 할 수 있다. [LAYERS] 팔레트에서 레이어의 이름과 미리 보기 창을 통해 레이어의 구분이 가능하다.

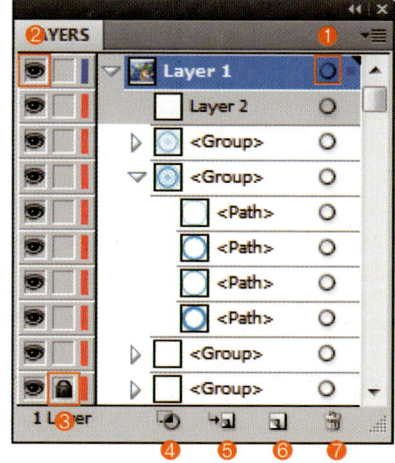

❶ ◎ : Outline 상태의 아이콘으로 **Ctrl** 을 누른 채 눈 아이콘(👁)을 클릭하면 선택 레이어의 오브젝트들이 패스로만 보여진다.

❷ 👁 : 오브젝트를 보이거나 감출 수 있다.

❸ 🔒 : 해당 레이어를 잠그거나 잠금을 해제한다.

❹ 🎭 (Make/Release Clipping Mask) : 마스크를 적용하거나 해제한다.

❺ ➕ (Create New Sublayer) : 선택된 레이어 안에 포함되는 하위 레이어를 생성한다.

❻ 📄 (Create New Layer) : 새로운 레이어를 생성한다.

❼ 🗑 (Delete Selection) : 레이어를 삭제한다.

> **타깃 아이콘** tip ➕
>
> [Appearance] 속성 효과를 관리하기 위해 [LAYERS] 팔레트의 각 레이어 오른쪽에는 타깃 아이콘 기능이 있다. 타깃 아이콘은 작은 원형 모양으로, 원형의 모양을 보고 레이어의 상태를 구별할 수 있다.
>
> · ◎ : 2개의 겹쳐진 원은 레이어, 그룹 오브젝트, 오브젝트가 목표로 정해져 있다는 뜻이다. 목표로 정해졌다는 의미는 Appearance 효과를 적용할 때 대상물이 되었다는 뜻이다. 사용자가 특수 효과를 적용하면 2개의 원이 겹쳐진 곳에 효과가 적용된다.
>
> · ● : 안쪽이 채워진 원은 타깃으로 정해지지 않았지만 이미 Appearance 설정을 가지고 있는 레이어가 다시 목표로 설정되어 있음을 표시한다.
>
> · ○ : 레이어, 그룹 오브젝트, 오브젝트가 타깃, 즉 목표로 정해지지 않고 어떤 Appearance 효과도 적용되지 않은 상태를 의미한다.
>
> · ■ : 타깃 아이콘 옆에 있는 색상을 가진 작은 사각형은 해당 레이어의 패스 색상을 표시한다.

03 [GRAPHIC STYLES] 팔레트

그래픽 스타일 기능은 오브젝트를 선택하고 [GRAPHIC STYLES] 팔레트에서 제공하는 그래픽 스타일을 클릭하면 오브젝트에 바로 스타일을 적용시킬 수 있다. 일러스트레이터 초보자도 일러스트레이터 CS5에서 제공하는 다양한 그래픽 스타일을 이용하면 손쉽게 멋진 효과를 낼 수 있다.

❶ Graphic Styles Libraries Menu( ) : [GRAPHIC STYLES] 팔레트 라이브러리를 불러온다.

❷ Break Link to Graphic Style( ) : 오브젝트에 스타일을 적용한 다음 클릭하면 선택된 오브젝트의 속성 설정과 팔레트에 등록되어져 있는 스타일의 연결이 끊어져 오브젝트의 속성을 수정해도 스타일을 갱신할 수 없다.

❸ New Graphic Style( ) : 새로운 스타일을 만든다. 또한 등록되어 있는 스타일을 드래그하면 스타일이 복사된다.

❹ Delete Graphic Style( ) : 휴지통 모양의 버튼( )을 클릭하거나 스타일을 드래그하면 선택된 스타일이 삭제된다.

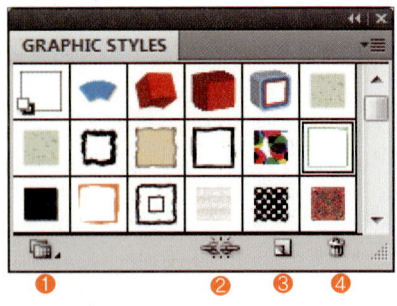

04 마스크(Mask) 기능

마스크 기능은 이미지에서 감추어야 할 부분과 드러나야 할 부분을 구분하여 표현할 때 사용하는 기능으로 일러스트레이터에서는 클리핑 마스크(Clipping Mask)와 레이어 마스크, [TRANSPARENCY] 팔레트의 불투명도 마스크 기능이 있다. 3개의 마스크 기능은 기본적으로 그 기능이 같다.

- 클리핑 마스크 : 마스크 효과를 적용했을 때 드러나는 부분과 감춰지는 부분의 경계가 깨끗하게 잘려지는 것과 같은 효과를 낸다.
- 불투명도 마스크 : 경계 부분을 부드럽게 처리한다.
- 레이어 마스크 기능 : [LAYERS] 팔레트를 이용하여 마스크 효과를 적용한다. 마스크 효과는 기본적으로 화면에서 나타내고 싶지 않은 부분을 가리는 기능이지만 마스크 기능을 이용한 이미지 표현방법에도 많이 활용되고 있다.

05 블렌드 효과

블렌드는 2개 이상 오브젝트의 중간 단계를 색상뿐만 아니라 형태까지도 자동으로 만들어주는 기능으로 그레이디언트의 한 종류이다. 블렌드를 이용하여 다양한 특수 효과를 낼 수 있고 반복적인 그래픽 작업을 쉽게 만들 수 있다.

- 베지어 곡선의 구조

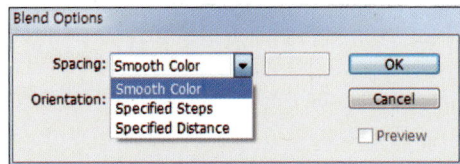

- Spacing(간격)

블렌드 효과를 적용하는 데 있어서 중간 단계의 간격을 설정한다.

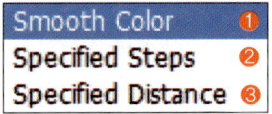

❶ Smooth Color : 중간 단계의 색상이 자연스럽게 변화하다. 사용자 편집이 불가능하며 255개의 중간 단계를 만들어 사연스러운 색상을 표현한다.

❷ Specified Steps : 2개의 오브젝트 중간 단계를 사용자가 설정할 수 있다. 오른쪽의 입력 상자에 숫자를 입력하여 사용한다.

❸ Specified Distance : 2개의 오브젝트 중간 단계를 일정한 거리를 두고 생성하는 방법으로 오른쪽의 입력 상자에 사용자가 거리를 입력하여 사용한다.

- Orientation

오브젝트 중간 단계들의 방향을 지정할 수 있다.

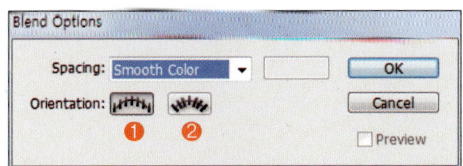

❶ Align To Page( ) : 오브젝트들이 패스 경로에 상관없이 본래의 방향을 유지하는 방식이다.

❷ Align To Path( ) : 오브젝트들이 패스 경로에 따라 각도를 맞추어 정렬한다.

06 심볼

심볼은 파일 크기를 작게 하기 위한 것으로 오브젝트를 심볼로 등록한 후에는 오브젝트 몇 개가 쓰이더라도 파일 크기에는 변함이 없다. 이러한 심볼을 이용하면 일러스트레이터에서는 반복적인 요소들을 파일 크기에 상관없이 빠르고 쉽게 적용할 수 있다. 또한 반복적으로 적용한 심볼 이미지의 수정, 편집에 관한 도구들을 이용하여 손쉽게 심볼 작업을 할 수 있다.

• [Symbolism Tools Options] 대화 상자

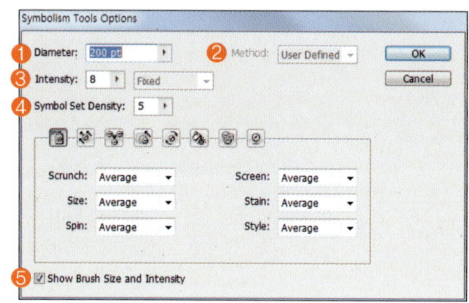

❶ Diameter : 심볼 브러시의 크기를 조절한다.

❷ Method : 심볼 툴을 사용할 때 Average(평균 적용), User Defined(사용자 지정), Random(불규칙) 중에 하나를 선택할 수 있다.

❸ Intensity : 심볼 툴을 드래그할 때 뿌려지는 심볼이 양을 조절한다.

❹ Symbol Set Density : 심볼의 밀도를 조절할 수 있다.

❺ Snow Brush Size and Intensity : 심볼 툴을 사용할 때 적용되는 브러시 범위를 화면에 표시한다.

07 액션

많은 양의 작업을 빠른 시간 내에 완성도 있게 제작할 때 반복적인 작업은 자동 실행 기능을 사용하는 것이 편리하다. 액션 기능은 이러한 반복 작업을 빠르게 만들어 준다.

· 작업 녹음 : 같은 작업을 반복해야 할 때 반복되는 작업을 녹음해서 버튼 하나로 완성한다.

· 기록한 작업 재생, 실행 : 작업 과정을 그대로 기록해 두었다가 다른 오브젝트에 액션 기능을 적용하여 같은 작업을 반복 실행시킬 수 있다.

· 버튼 모드와 바로 가기 키로 더욱 손쉬운 작업 : 액션을 실행할 때 바로 가기 키를 설정한 다음 버튼 하나로 반복된 작업을 실행하는 기능을 이용하면 더욱 편리하다.

효율적인 오브젝트 관리를 위한 레이어 사용하기

하나의 도큐먼트에 많은 오브젝트들이 있는 경우에는 작업이 복잡해질 수 있으나 레이어를 이용하여 오브젝트들을 분류하면 효율적인 작업이 가능해진다.

◎ 알아두기
- 레이어를 이용하여 복잡한 오브젝트를 관리할 수 있다.
- [LAYERS] 팔레트를 이용하여 간단한 오브젝트 편집을 할 수 있다.

따라하기 01 | 레이어 만들고 옵션 설정하기

'챕터7_샘플/팬더.ai'를 불러온 후 [LAYERS] 팔레트 하단에 있는 'Create New Layer' 아이콘을 클릭하여 새로운 레이어를 생성해 보자. 새로운 레이어는 현재 선택되어 있는 레이어 위에 생성되며 레이어 옵션 설정은 해당 레이어를 더블클릭하면 된다.

❶ [Window]-[Layers]를 선택하거나 F7 를 눌러 [LAYERS] 팔레트를 연다.

❷ [LAYERS] 팔레트에서 '왼쪽 팬더' 레이어가 선택된 상태에서 'Create New Layer' 아이콘( )을 클릭한다.

❸ '왼쪽 팬더' 레이어 바로 위에 새 레이어가 생성되었으면 [Window]-[Symbol]을 선택하여 [SYMBOLS] 팔레트를 연다.

❹ [SYMBOLS] 팔레트의 왼쪽 하단의 'Symbol Libraries menu' 아이콘(　)을 클릭해 'Flowers'를 선택한 다음 [Flowers] 팔레트에서 'Bird of Paradise' 심볼을 클릭하여 작업 영역으로 드래그한다.

❺ 새로운 'Layer1' 레이어를 더블클릭하여 나타난 [Layer Options] 대화 상자에서 [Name] 항목은 '꽃', [Color] 항목을 'Yellow'로 지정하고 [OK] 버튼을 클릭하여 옵션을 저장한다.

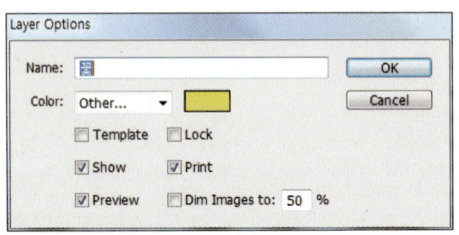

> **tip ⊕**
>
> **레이어 복사하기**
>
> 레이어를 복사하면 해당 레이어에 있는 모든 오브젝트들도 함께 복사된다. 레이어를 복사할 때에는 해당 레이어를 선택하고 'Create New Layer' 아이콘(　) 위로 드래그한다.

따라하기 02 레이어 숨기기

복잡한 작업을 할 때 작업하지 않는 이미지들을 잠깐 화면에서 숨겨두면 작업하는 데 편리하다. 또한 특정 레이어만을 Outline 상태로 만들어 효율적인 작업을 할 수 있다.

❶ [LAYERS] 팔레트에서 '꽃' 레이어 왼쪽의 눈 아이콘(　)을 클릭하면 눈 아이콘(　)이 사라지면서 도큐먼트의 꽃 오브젝트도 사라진다. 이때 다시 사라진 눈 아이콘(　)을 클릭하면 꽃 오브젝트가 나타난다.

❷ [LAYERS] 팔레트에서 '왼쪽 팬더' 레이어의 눈 아이콘( )을 Ctrl 을 누른 상태로 클릭하면 눈 아이콘 모양이 변경되면서 해당 레이어의 오브젝트들이 패스만 보인다. Ctrl 을 누르고 다시 눈 아이콘( )을 클릭하면 이미지가 원래의 모습으로 다시 나타난다.

❸ Alt 를 누른 상태에서 '오른쪽 팬더' 레이어의 눈 아이콘( )을 클릭하면 해당 레이어를 제외한 다른 모든 레이어들이 숨김 상태로 전환된다.

따라하기 03 레이어 잠그기

여러 개의 오브젝트가 겹쳐 있는 경우에는 원하는 오브젝트를 선택하기 어렵거나 작업이 복잡해진다. 이때 작업하지 않는 레이어를 잠금 설정하여 해당 레이어가 선택되지 않도록 하면 효율적으로 다른 레이어들을 작업할 수 있다.

❶ [LAYERS] 팔레트에서 '배경' 레이어의 잠금 아이콘 위치를 클릭하여 잠금 아이콘( )을 표시한다.

❷ 도구모음의 선택 툴( )로 도큐먼트의 배경 오브젝트를 선택해보면 '배경' 레이어가 잠금 설정이 되어 있어 선택할 수 없다. '배경' 레이어의 서브 레이어들의 오브젝트도 자동으로 잠금 설정되어 선택할 수 없다.

❸ 잠금 아이콘( )을 다시 한 번 클릭하면 잠금 설정이 해제된다.

| 따라하기 04 | **[LAYERS] 팔레트의 이동과 합치기**

레이어를 이동하면 오브젝트들의 겹치는 순서가 달라진다. 레이어를 이동할 때는 [LAYERS] 팔레트에서 해당 레이어를 드래그하여 원하는 위치에 놓으면 된다. 레이어가 많아 작업하기가 불편한 경우 [Merge Selected]을 이용하여 비슷한 성격의 레이어끼리 합칠 수 있다.

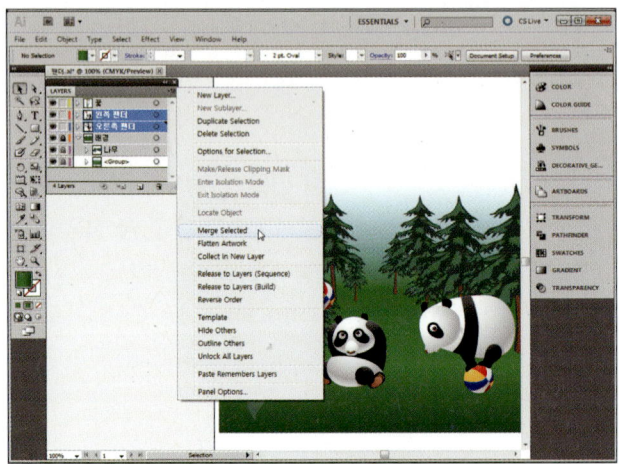

❶ [LAYERS] 팔레트에서 '배경' 레이어를 선택한 다음 '오른쪽 팬더' 레이어 위로 드래그하면 '오른쪽 팬더' 레이어의 오브젝트들이 '배경' 레이어의 오브젝트에 가려 보이지 않는다.

❷ 다시 '배경' 레이어를 '오른쪽 팬더' 레이어 밑으로 드래그하면 '오른쪽 팬더' 레이어의 오브젝트들이 나타난다.

❸ '왼쪽 팬더' 레이어와 '오른쪽 팬더' 레이어를 `Ctrl` 을 누른 상태에서 클릭하여 다중 선택한다. 두 레이어가 선택된 상태에서 [LAYERS] 팔레트의 팝업 버튼(▼≡)을 클릭하여 [Merge Selected]를 선택한다.

❹ '왼쪽 팬더' 레이어와 '오른쪽 팬더' 레이어가 하나로 합쳐진다. 합쳐진 레이어의 이름은 '오른쪽 팬더'가 된다.

tip

[Layer Options] 대화 상자

[LAYERS] 팔레트에서 레이어를 더블클릭하면 해당 레이어의 옵션을 조정할 수 있는 [Layer Options] 대화 상자가 나타난다. [Layer Options] 대화 상자에서는 레이어의 이름, 패스 색상, 잠그기, 흐리기 등의 설정이 가능하다.

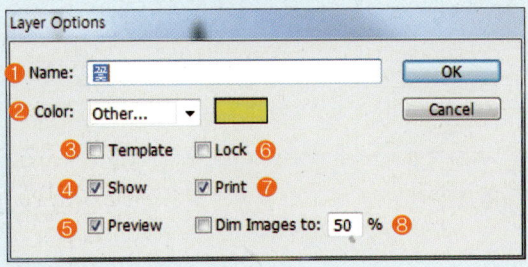

❶ Name : 해당 레이어 내용을 이미지로 이름을 지정한다.
❷ Color : 쉽게 구분 하기 위해 각기 다른 패스 색상으로 각 레이어를 나타내게 이곳을 클릭하여 색상을 설정하면 패스 색상을 바꿀 수 있다.
❸ Template : 템플릿이란 바닥에 이미지를 놓고 본뜨는 것을 말하며 이 옵션을 체크하면 잠금 상태가 되고 이미지가 흐려진다.
❹ Show : 레이어의 이미지를 보이게 하거나 감춘다. [LAYERS] 팔레트의 눈 아이콘(👁)과 같은 역할을 한다.
❺ Preview : 이 옵션의 체크를 해제하면 레이어의 이미지가 Outline 상태로 보인다.
❻ Lock : 레이어의 이미지를 선택하지 못하도록 잠그거나 해제한다.
❼ Print : 인쇄 시 레이어를 출력한다.
❽ Dim Images to : 수치값을 조절하여 비트맵 이미지를 흐릿하게 한다.

Section 2. 중간 오브젝트를 만드는 블렌드 사용하기

블렌드는 2개 이상 오브젝트의 중간 단계를 색상 뿐만 아니라 형태까지도 자동으로 만들어 주는 기능으로 그레이디언트의 한 종류이다. 블렌드 효과를 이용하면 자연스러운 연결 효과를 낼 수 있으며 다양한 특수 효과를 나타낼 수 있는 반복적인 그래픽 작업을 간편하게 만들 수 있다.

◯ 알아두기

- 블렌드 기능으로 오브젝트들의 중간 단계를 쉽게 만들 수 있다.
- 반복적인 그래픽 작업 시 블렌드 기능으로 간단하게 나타낼 수 있다.

따라하기 01 블렌드 적용하기

오브젝트에 블렌드 효과를 적용하여 2개의 오브젝트 사이의 중간 단계를 만들어 본다.

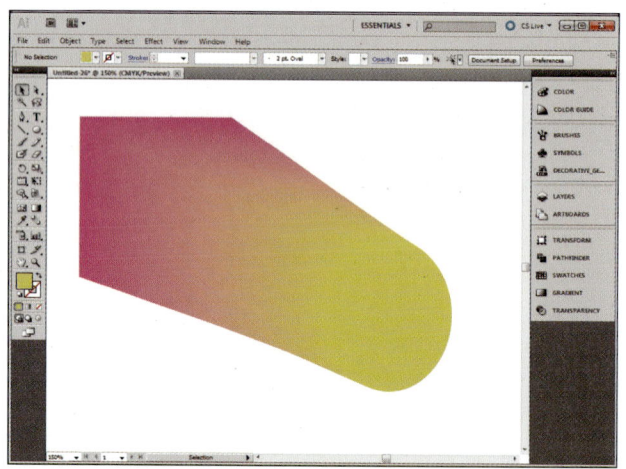

❶ [File]-[New]를 선택하여 새로운 도큐먼트를 연다.

❷ 도구모음의 색상 모드에서 면 색상박스는 [R:234, G:50, B:164], 선 색상박스는 [색상 없음]으로 지정한다.

❸ 도구모음에서 사각형 툴(▢)을 선택하여 도큐먼트에 사각형 오브젝트를 하나 그린다.

❹ 선택 툴(▶)로 빈 도큐먼트 공간을 클릭하여 사각형 오브젝트의 선택상태를 해제한다.

❺ 도구모음의 색상 모드에서 면 색상박스는 [R:232, G:232, B:52], 선 색상박스는 [색상 없음]으로 지정하고 원형 툴(◯)을 선택하여 도큐먼트에 원형 오브젝트를 그린다.

❻ 선택 툴(▶)로 두 오브젝트를 선택하고 [Object]-[Blend]-[Blend Options]를 선택하여 [Blend Options] 대화 상자에서 [Spacing] 항목을 'Smooth Color'로 지정하고 [OK] 버튼을 클릭한다.

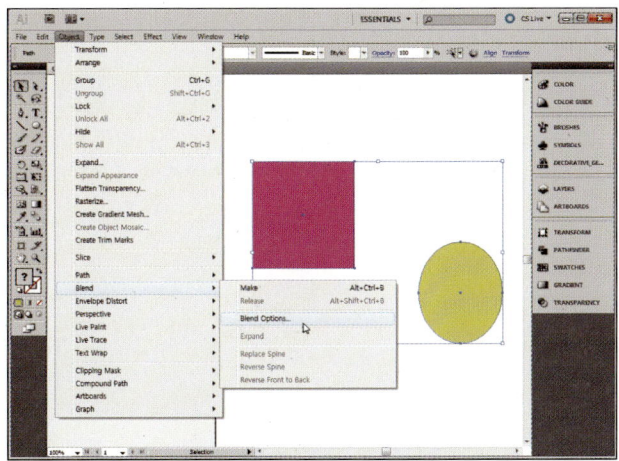
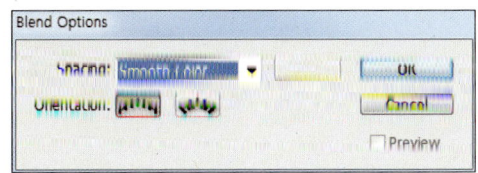

❼ 두 오브젝트가 선택된 상태에서 [Object]-[Blend]-[Make]를 선택하여 블렌드 효과를 적용한다.

01 혼자해보기

별모양 오브젝트를 그리고 블렌드 효과를 적용해 보자.

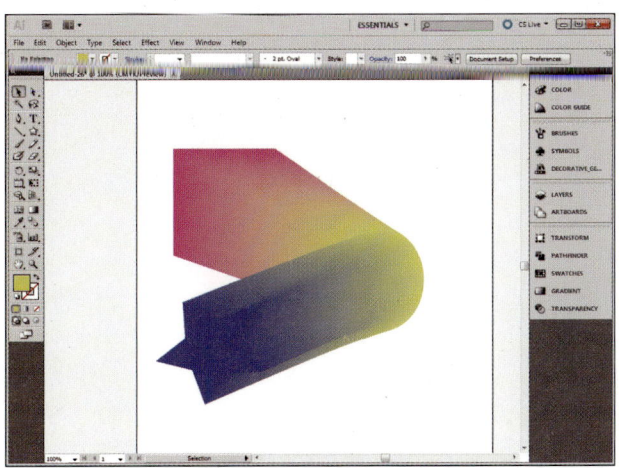

HINT | 도구모음의 색상 모드에서 면 색상박스를 파란색으로 설정하고 별형 툴(☆)로 별 오브젝트를 그린 후, Shift 를 누른 상태에서 선택 툴(▶)로 별과 원 오브젝트를 다중 선택하고 [Object]-[Blend]-[Make]를 선택한다.

Section 2. 중간 오브젝트를 만드는 블렌드 사용하기

[Blend Options] 대화 상자

오브젝트를 클릭하고 블렌드 툴( )을 이용하여 블렌드 효과를 적용하였을 때, 미리 설정해 놓은 블렌드의 옵션대로 오브젝트에 블렌드 효과가 나타난다. 따라서 원하는 블렌드 스타일이 있을 때에는 블렌드 툴( )을 더블클릭하여 [Blend Options] 대화 상자에서 옵션을 재설정해야 한다.

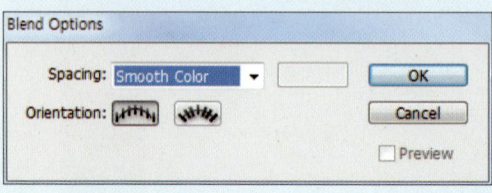

[Blend] 효과

블렌드 기능을 사용하는 방법에는 도구모음의 블렌드 툴( )을 선택하거나 [Object]-[Blend]을 선택하는 방법이 있다.

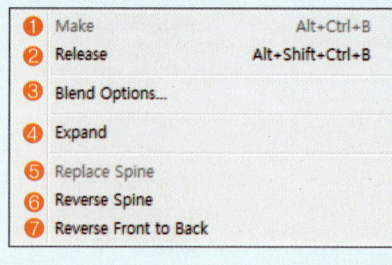

❶ Make : 2개의 오브젝트 중간 단계를 만들어 블렌드 시켜준다.
❷ Release : 블렌드 효과를 해제한다.
❸ Blend Options : 대화 상자에서 블렌드의 방향, 단계를 설정할 수 있다.
❹ Expand : 블렌드를 적용하여 만들어진 중간 단계인 가상의 오브젝트를 독립된 오브젝트로 변환시킨다.
❺ Replace Spine : 블렌드를 다른 형태나 패스로 만들어 방향을 바꾼다.
❻ Reverse Spine : 블렌드를 적용시킨 오브젝트의 순서를 바꾼다.
❼ Reverse Front to Back : 블렌드가 적용된 상태에서 앞에 위치한 오브젝트와 뒤에 위치한 오브젝트의 순서를 바꾼다.

Section 3. 간단하게 그래픽 스타일 적용하기

일러스트레이터 CS5에서 제공하는 [GRAPHIC STYLES] 라이브러리를 이용하면 손쉽게 오브젝트의 다양한 속성들을 적용할 수 있으며 초보자도 멋진 그래픽 효과를 쉽게 얻을 수 있다.

◎ 알아두기

- [GRAPHIC STYLES] 팔레트에서의 클릭 한 번으로 고급스러운 스타일 적용이 가능하다.
- [GRAPHIC STYLES] 라이브러리를 이용하여 오브젝트에 다양한 스타일을 적용할 수 있다.

그래픽 스타일 적용하기

'챕터7_샘플/바니.ai'를 불러온 후 오브젝트를 선택하고 [GRAPHIC STYLES] 팔레트에서 원하는 스타일을 클릭하여 해당 오브젝트에 스타일을 적용해 보자.

❶ 선택 툴(▶)로 토끼가 팔에 걸고 있는 바구니 오브젝트를 선택한다.

❷ [Window]-[Graphic Styles]를 선택하여 [GRAPHIC STYLES] 팔레트를 연다.

❸ [GRAPHIC STYLES] 팔레트 하단의 'Graphic Styles Libraries Menu' 아이콘( )을 클릭하고 [Artistic Effects]를 선택한다.

❹ [ARTISTIC EFFECTS] 팔레트에서 'RGB Gouache'를 선택한다.

❺ 바구니 오브젝트에 그래픽 효과가 적용된 것을 확인할 수 있다. [GRAPHIC STYLES] 라이브러리의 또 다른 스타일을 클릭하면 해당 스타일이 바로 적용된다.

> **그래픽 스타일 합성** tip ➕
>
> [GRAPHIC STYLES] 팔레트에서 원하는 그래픽 스타일 아이콘(🔲)을 Ctrl 을 누른 상태에서 다중 선택한 다음 팔레트의 팝업 버튼(▾≡)을 누르고 [Merge Graphic Styles]를 선택하면 여러 스타일이 합쳐져서 새로운 스타일을 만들 수 있다.

01 혼자해보기 **나무 오브젝트에 그래픽 스타일을 적용해 보자.**

HINT | 선택 툴(▶)로 나무 오브젝트를 선택한 다음 [GRAPHIC STYLES] 팔레트에서 원하는 그래픽 스타일을 클릭하여 적용한다.

Section 4. 마스크 효과 사용하기

마스크 기능은 여러 오브젝트 중에서 가장 앞쪽에 위치한 오브젝트에 마스크 효과를 주어 다른 오브젝트의 일부를 가려주는 기능으로 필요 없는 부분을 안보이게 할 수 있어 편리하다.

⊙ 알아두기

- 불투명도 마스크 기능을 사용하여 부드럽게 마스크 효과를 적용할 수 있다.
- 클리핑 마스크 기능을 사용하여 원하는 형태대로 마스크 효과를 적용할 수 있다.
- 레이어 마스크 기능으로 [LAYERS] 팔레트에서 간단하게 마스크 효과를 적용할 수 있다.

01 마스크(Mask)의 종류

마스크 기능은 어떤 이미지에서 감춰야 할 부분과 드러나야 할 부분을 구분하여 표현할 때 사용하는 기능으로 일러스트레이터에서는 클리핑 마스크(Clipping Mask)와 레이어 마스크, [TRANSPARENCY] 팔레트에서 사용하는 불투명도 마스크 기능이 있다.

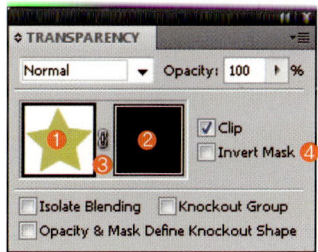

• 불투명도 마스크

불투명도 마스크는 기존 마스크 기능의 외곽 부분이 날카롭게 잘려나는 단점을 보완하여 투명도를 나타내는 마스크 기능을 가지고 있다. [TRANSPARENCY] 팔레트에서 전반적인 작업이 이뤄진다.

❶ 원본 미리 보기 창 : 현재 작업 중인 오브젝트, 그룹, 레이어를 보여준다.

❷ 마스크 미리 보기 창 : 현재 적용 중인 불투명도 마스크의 형태를 표시한다.

❸ 링크 아이콘( ) : 오브젝트와 마스크 간의 링크 여부를 표시한다. 링크 아이콘( )이 활성화되었을 때는 오브젝트와 마스크가 함께 이동을 하고 비활성화되었을 때는 개별적으로 이동한다.

❹ Invert Mask : 불투명도 마스크 효과를 반대로 적용한다.

• 클리핑 마스크

클리핑 마스크(Clipping Mask)는 2개 이상의 오브젝트에 최상위에 배열된 오브젝트로 마스크를 적용할 수 있다. 일정한 형태 안에 원하는 형태 또는 색상을 적용할 수 있다. [Object]-[Clipping Mask]-[Make]를 선택하여 마스크 효과를 적용하고 [Release]로 마스크 효과를 해제할 수 있다.

• 레이어 마스크

[LAYERS] 팔레트 팝업 버튼(▼≡)의 'Make Clipping Mask' 기능으로 레이어 상에서 마스크 효과를 적용할 수 있다. 같은 레이어에서 최상위의 오브젝트로 다른 오브젝트에 마스크를 적용한다.

따라하기 01 부드러운 마스크 적용하기

'챕터7_샘플/자국.ai'를 불러온 후 불투명도 마스크 기능의 명도를 이용하여 부드러운 느낌의 마스크 적용해 보자. [TRANSPARENCY] 팔레트에서 불투명도 마스크 효과를 적용하는 방법에 대해 알아보자.

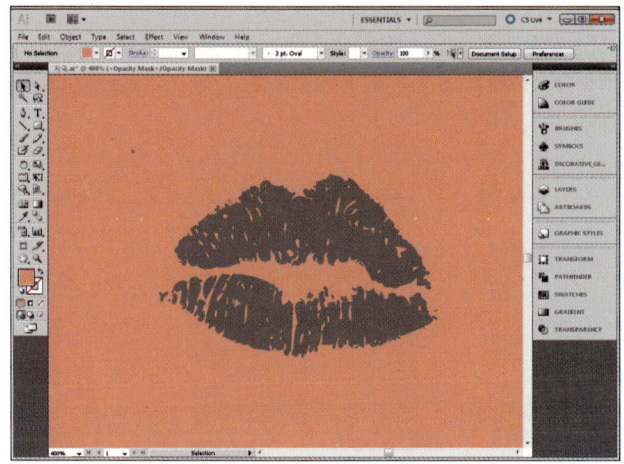

❶ [Window]-[Transparency]를 선택하여 [TRANSPARENCY] 팔레트를 나타낸다.

❷ 선택 툴(▶)로 입술 오브젝트를 선택하면 [TRANSPARENCY] 팔레트 원본 미리 보기 창에 이미지가 나타난다.

❸ 입술 오브젝트가 선택된 상태에서 [TRANSPARENCY] 팔레트의 팝업 버튼(▼≡)을 클릭하여 [Make Opacity Mask]를 선택하거나 [TRANSPARENCY] 팔레트의 오른쪽 마스크 미리 보기 창을 더블클릭한다.

❹ 입술 오브젝트가 화면에서 사라지는 것을 확인할 수 있다. [TRANSPARENCY] 팔레트에서 마스크 미리 보기 창을 클릭하면 마스크 편집 상태로 전환된다.

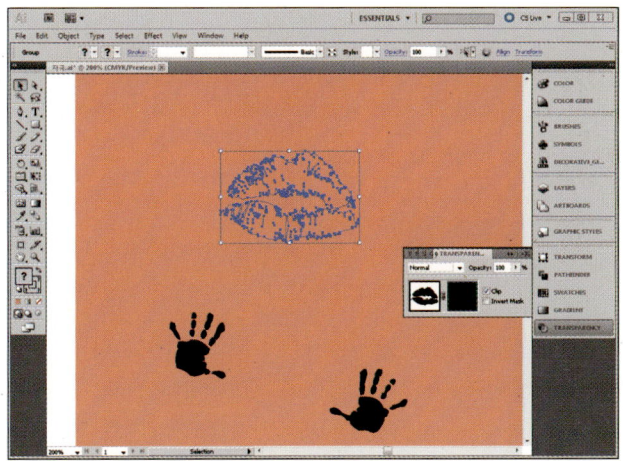

❺ 도구모음에서 스포이드 툴( )을 이용하여 면 색상박스의 색상을 배경색과 같도록 지정하고 사각형 툴( )을 선택한다.

❻ 사각형 툴( )을 이용하여 입술 오브젝트 위로 사각형 오브젝트를 작성하면 입술 오브젝트가 화면에 다시 나타난다. 마스크 편집 상태에서는 사각형 부분이 화면에 나타난다.

❼ 마스크 편집 상태에서 작성한 사각형 오브젝트를 선택하고 [SWATCHES] 팔레트에서 'Radial Gradient 2' 그레이디언트 색상을 클릭하여 적용한다. 그레이디언트 색상으로 인해 불투명도의 범위가 부드럽게 변환된다.

❽ 사각형 오브젝트가 선택되어 있는 상태에서 도구모음의 그레이디언트 툴( )을 선택하고, 사각형 오브젝트 위에서 드래그하여 그레이디언트 색상의 방향을 수정한다.

❾ [TRANSPARENCY] 팔레트에서 원본 미리 보기 창을 클릭하여 마스크 편집 상태를 벗어나 원본 상태로 돌아간다.

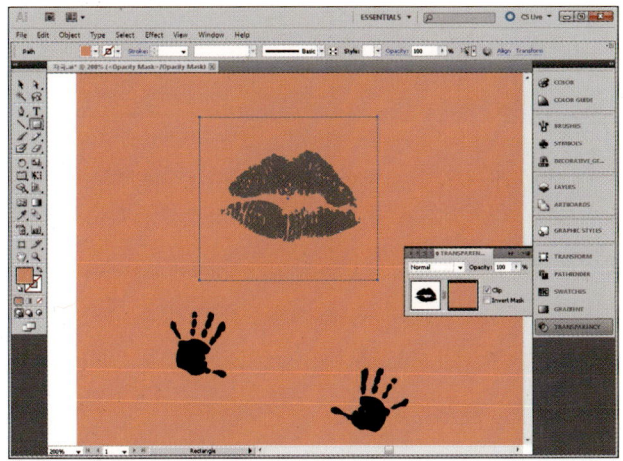

❿ 불투명도 마스크 효과를 해제하려면 [TRANSPARENCY] 팔레트 팝업 버튼(▼≡)의 [Release Opacity Mask]를 선택한다.

⓫ 마스크 편집 상태에서 작성한 그레이디언트 색상이 적용된 사각형 오브젝트가 분리되어 도큐먼트의 가장 위쪽에 배열된다.

> **마스크의 투명도와 그레이디언트** tip ➕
> 마스크가 적용된 오브젝트를 그레이디언트 툴(■)로 드래그하면 드래그할 때마다 오브젝트의 투명도가 변경된다. 이것은 그레이디언트의 농도에 따라서 마스크의 투명도가 조절되기 때문이다. 그레이디언트 색상이 흐릴수록 투명해지고, 진할수록 불투명해진다.

따라하기 02 클리핑 마스크 적용하기

클리핑 마스크 기능은 가장 앞에 위치한 오브젝트의 형태에 따라 다른 오브젝트들과 겹쳐진 부분을 제외한 나머지 부분을 감추는 기능이다. 최상위 오브젝트의 일정한 형태 안에 원하는 오브젝트의 부분만 나타낼 수 있다.

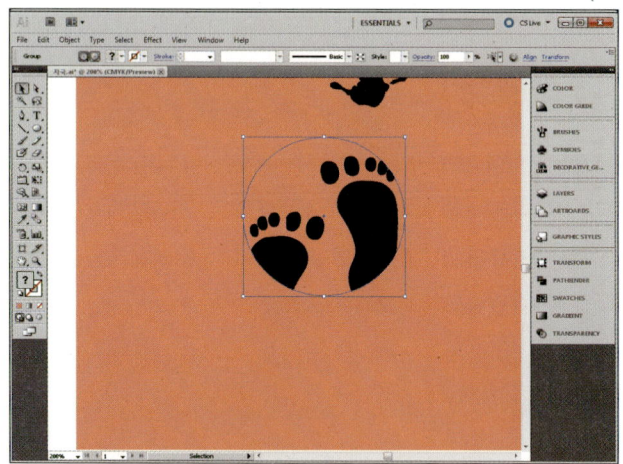

❶ 도구모음의 색상 모드에서 면 색상박스의 색상을 원하는 색으로 지정하고, 선 색상박스는 [검은색]으로 지정한다.

❷ 도구모음에서 원형 툴(◯)을 선택하고 발 오브젝트 위에 일부분만 겹쳐지도록 원 오브젝트를 그린다.

❸ Shift 를 누른 상태에서 선택 툴(▶)로 원 오브젝트와 발 오브젝트를 모두 선택한다.

❹ [Object]-[Clipping Mask]-[Make]을 선택한다.

❺ 원 오브젝트와 겹친 발 오브젝트의 부분만 남고 나머지 부분은 화면에서 가려진다. 이때 화면에 나타나지 않는 부분은 삭제된 것이 아니며, 단지 화면에서 보이지 않을 뿐이다.

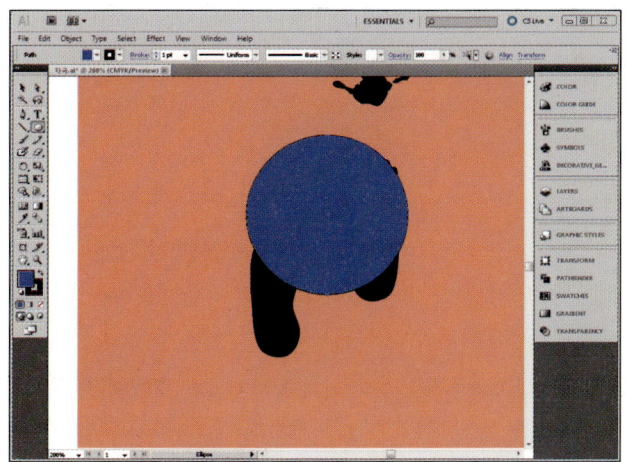

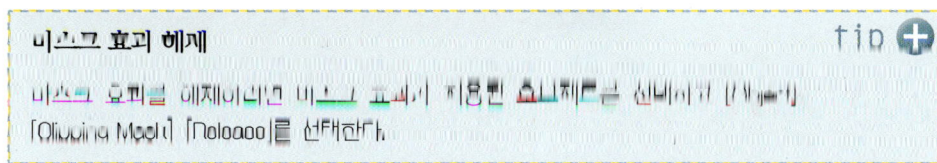

따라하기 03 **레이어 마스크 기능 적용하기**

'챕터7_샘플/액자.ai'를 불러온 후 [Object]-[Clipping Mask]로 [LAYERS] 팔레트의 팝업 버튼에서 [Make Clipping Mask]를 선택한 것과 동일한 결과물을 얻어 보자.

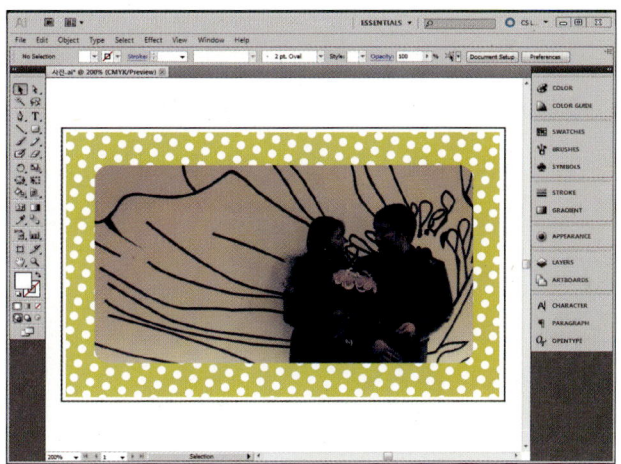

❶ '액자.ai' 파일을 열면 도큐먼트에 사진 이미지가 있다.

❷ 마스크에 적용할 사각형 오브젝트를 작성하기 위해 도구모음에서 색상 모드의 면 색상 박스는 [흰색], 선 색상박스는 [색상 없음]으로 지정한다.

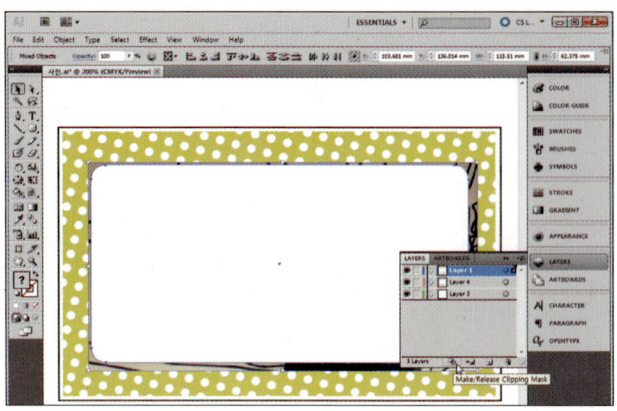

❸ 도구모음에서 둥근 사각형 툴(　)을 선택하고 사진 위에 사진보다 작은 크기로 알맞게 드래그한다.

❹ 선택 툴(　)로 Shift 를 누른 상태에서 사진과 사각형 오브젝트를 다중 선택한다.

❺ [LAYERS] 팔레트 하단의 'Make/Release Clipping Mask' 아이콘(　)을 클릭하여 레이어 마스크를 적용한다.

❻ 이때 최상위 오브젝트에만 마스크가 적용되기 때문에 같은 레이어에 선택되지 않은 다른 오브젝트들은 감춰진다. 둥근 사각형 오브젝트의 모양에 맞추어 사진 이미지의 모양이 변형된다.

❼ 'Make/Releas Clipping Mask' 아이콘(　)을 다시 한 번 클릭하면 레이어 마스크 효과가 해제된다.

01 혼자해보기

'챕터7_샘플/문자.ai'를 불러온 후 레이어 마스크 기능을 이용하여 타이포그래피를 만들어 보자.

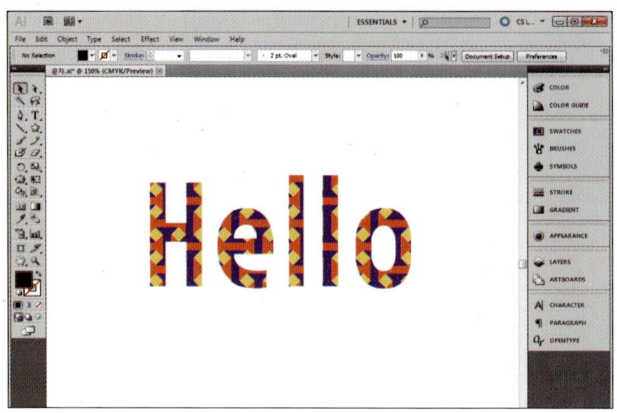

HINT | 문자 오브젝트와 별 오브젝트를 모두 선택한 다음 [Object]-[Clipping Mask]-[Make] 또는 [LAYERS] 팔레트에서 'Make/Releas Clipping Mask' 아이콘(　)을 클릭하여 레이어 마스크 기능을 적용한다.

Section 5. 액션 기능으로 편리하게 작업하기

액션 기능이란 일러스트레이터에서 실행하는 작업 과정을 기록하여 작업 완료 후에도 단 한 번의 명령으로 같은 결과물을 자동으로 만들어 낼 수 있는 편리한 기능이다. [ACTIONS] 팔레트를 활용하여 반복적인 작업을 기록하고, 필요한 경우에 원하는 오브젝트에 기록한 작업을 적용하면 빠르고 손쉽게 작품을 완성할 수 있다.

> **알아두기**
> - 액션 기능으로 작업 과정을 기록할 수 있다.
> - 반복적인 작업 시 액션 기능을 사용하여 작업 시간을 단축시킬 수 있다.

01 [ACTIONS] 팔레트

같은 작업을 여러 번 반복할 때 [ACTIONS] 팔레트를 이용하여 작업 순서를 기록하면 다른 오브젝트에 적용이 가능하며, 기록된 데이터를 저장하면 언제든지 사용할 수 있다.

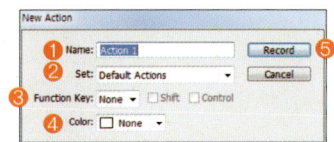

❶ Stop Playing/Recording(■) : 실행 중인 액션을 정지시키거나 액션의 기록을 중지한다.
❷ Begin Recording(●) : 버튼을 클릭한 후 수행하는 작업은 액션으로 기록된다.
❸ Play Current Selection(▶) : 선택한 액션을 선택한다.
❹ Create New Set(□) : 새로운 액션 세트를 만든다.
❺ Create New Action(□) : 새로운 액션을 만든다. 버튼을 클릭하고 액션 이름을 설정하면 새로운 액션이 만들어지면서 자동으로 작업 과정이 기록된다.
❻ Delete Selection(🗑) : 선택한 액션을 삭제한다.

02 [New Action] 대화 상자

[ACTIONS] 팔레트의 'Create New Action' 아이콘(□)을 클릭하면 [New Action] 대화 상자가 나타나며 작성할 액션에 대한 기본 정보를 입력하고 액션 기록을 시작할 수 있다.

❶ Name : 액션의 이름을 설정한다.
❷ Set : 이미 작성된 액션 세트를 지정한다. 액션 세트란 여러 가지 액션을 관리하기 위해 [ACTIONS] 팔레트에 사용자가 만들어 놓은 폴더를 말한다.
❸ Function Key : 액션을 실행하기 위해 Shift 와 Ctrl 을 조합하여 바로 가기 키를 지정할 수 있다.

❹ Color : 등록된 액션의 색상을 지정할 수 있다.
❺ Record : 액션 기록을 시작한다.

| 따라하기 | 01 | **액션과 액션 세트 만들기** |

'챕터7_샘플/실루엣.ai'를 불러온 후 반복적인 작업을 녹음하여 버튼 또는 바로 가기 키 하나로 적용해 보자.

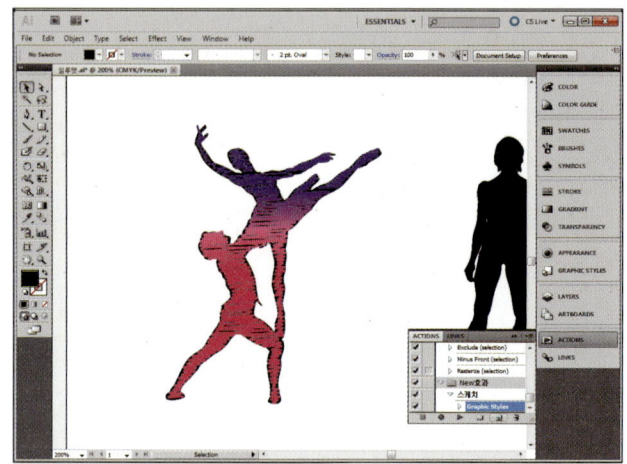

❶ [Window]-[Actions]를 선택하여 [ACTIONS] 팔레트를 연다.
❷ 액션 세트를 만들기 위해 [ACTIONS] 팔레트의 팝업 버튼(▼≡)을 클릭하여 [New Set]를 선택한다.

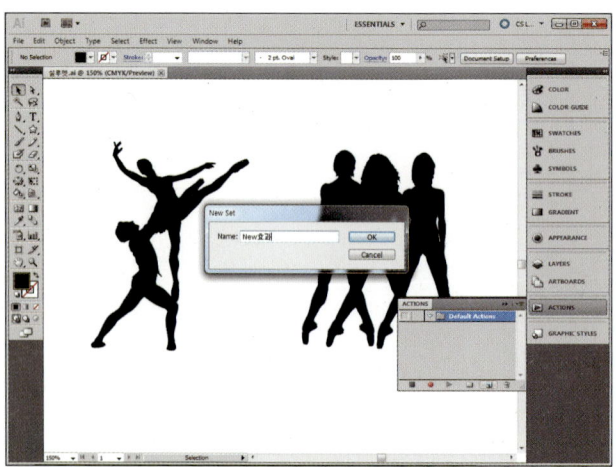

❸ [New Set] 대화 상자가 나타나면 [Name] 항목에 'New효과'를 입력하고 [OK] 버튼을 클릭한다. [ACTIONS] 팔레트에 'New효과'라는 새 액션 세트가 생성된 것을 확인할 수 있다.

❹ 기록할 반복 작업을 생성하기 위해 [Window]-[Graphic Style Libraries]-[Scribble Effects]를 선택하여 [Scribble Effects] 팔레트를 연다.

❺ 선택 툴( )로 왼쪽 발레리노 오브젝트를 선택한 다음 [ACTIONS] 팔레트 하단의 'Create New Action' 아이콘( )을 클릭한다.

❻ [New Action] 대화 상자가 나타나면 [Name] 항목에 '스케치'라고 입력하고 [Record] 버튼( )을 클릭한다.

❼ [Record] 버튼( )을 클릭하는 순간부터 작업이 기록된다. [Scribble Effects] 팔레트에서 'Scribble 1'을 선택하여 발레리노 오브젝트에 효과를 적용한다.

❽ 오브젝트에 효과가 적용되었으며 [ACTIONS] 팔레트에도 기록되었다. 이번 액션 기록이 끝내기 위해 [ACTIONS] 팔레트 하단의 [Stop] 버튼( )을 클릭한다.

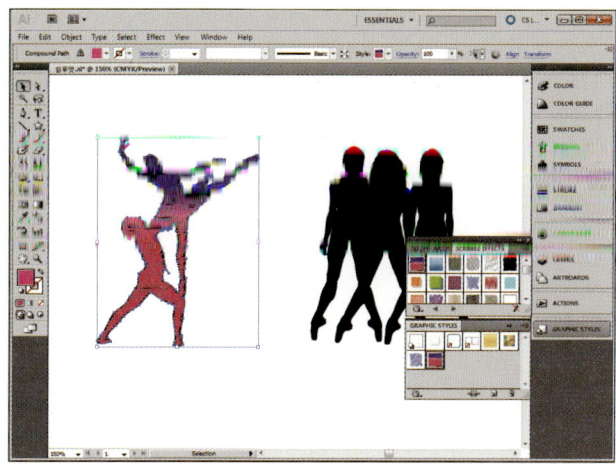

따라하기 02 기록한 액션 적용하기

기록한 액션 작업은 다른 오브젝트에 적용하여 같은 작업을 반복 실행시킬 수 있다.

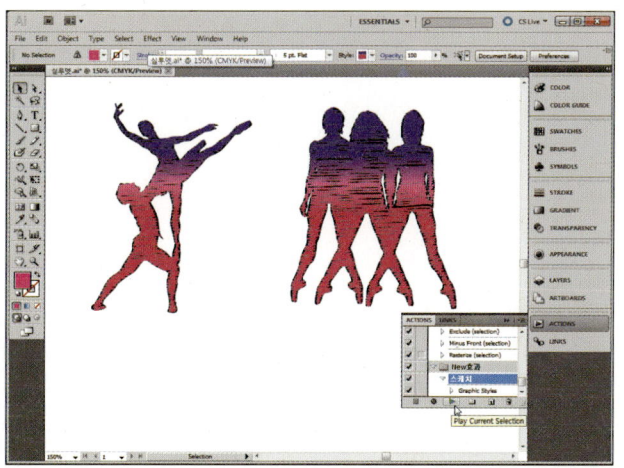

Section 5 . 액션 기능으로 편리하게 작업하기

❶ 선택 툴( )로 오른쪽 댄서 오브젝트를 선택한다.

❷ [ACTIONS] 팔레트에 기록해 두었던 액션 메뉴 '스케치'를 선택한다.

❸ [Play] 버튼( )을 클릭하여 저장된 액션을 선택한다. 이전에 실행하였던 작업 과정과 동일한 작업이 댄서 오브젝트에도 적용되며 버튼 하나로 손쉽게 완성되는 것을 확인할 수 있다.

따라하기 03 액션 저장하기

기록한 액션을 저장하면 다음 작업 시에도 액션을 적용할 수 있다.

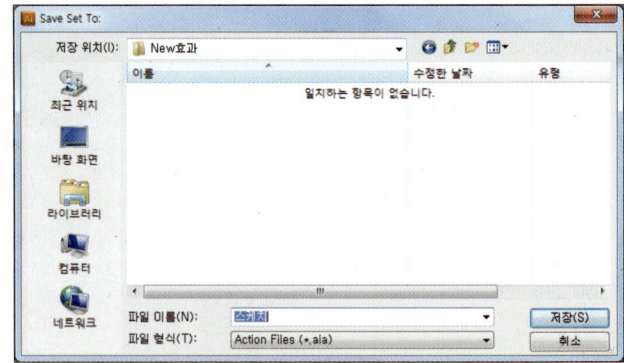

❶ [ACTIONS] 팔레트에서 'New효과' 폴더를 선택한다. 액션은 액션 폴더가 통째로 저장되기 때문에 항상 [ACTIONS] 팔레트의 목록 중에서 액션 세트 폴더를 선택해야 한다.

❷ [ACTIONS] 팔레트의 팝업 버튼( )을 클릭하여 [Save Actions]를 선택한다.

❸ [Save Set To:] 대화 상자가 나타나면 저장 경로를 설정하여 액션 파일을 저장한다. 저장되는 파일의 확장자는 액션 파일 포맷인 '*.aia' 파일이다.

❹ 저장 경로 폴더를 열어 보면 액션 파일이 저장된 것을 확인할 수 있다.

❺ 저장된 액션 파일을 불러올 때에는 [ACTIONS] 팔레트의 팝업 버튼( )을 클릭하여 [Load Actions]를 선택한다.

01 혼자해보기

새로운 액션 기능을 작성하여 오브젝트에 적용해 보자.

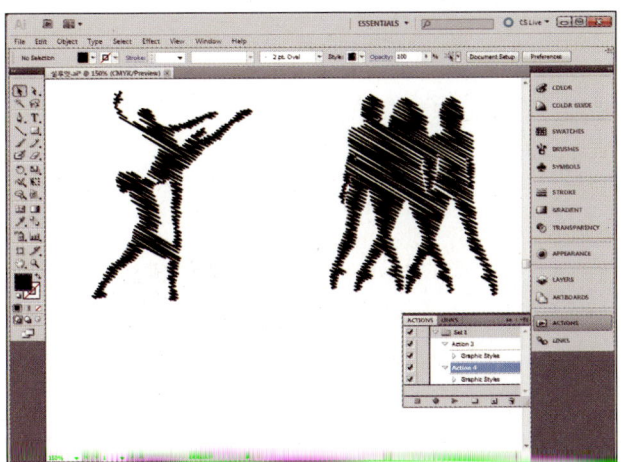

HINT | [ACTIONS] 팔레트에서 'Create New Action' 아이콘( )을 클릭하여 액션 이름을 지정하고 [Record] 버튼( )을 클릭한 다음 [GRAPHIC STYLE] 팔레트로 오브젝트에 효과를 적용하고 [Stop] 버튼( )을 클릭한다.

02 혼자해보기

1번에서 작성한 새로운 액션 기능을 저장해 보자.

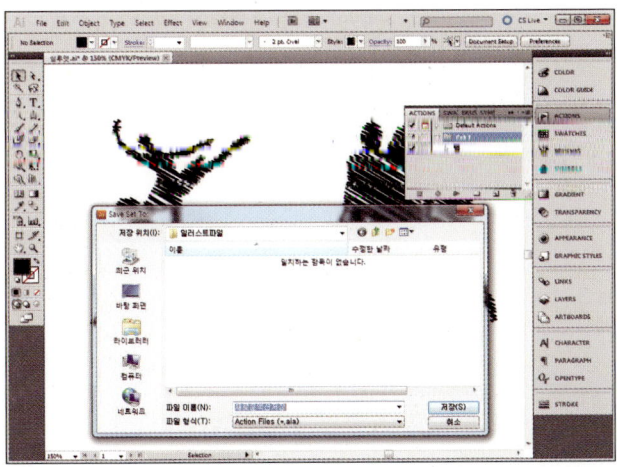

HINT | [ACTIONS] 팔레트에서 1번에서 작성한 새 액션 폴더를 선택한 다음 팝업 버튼( )을 클릭하여 [Save Actions]을 선택하고 저장 경로를 설정하여 액션 파일을 저장한다.

Section 6. 심볼로 반복 이미지 만들기

일러스트레이터 CS5에서 제공하는 심볼 관련 툴을 이용하면 직접 오브젝트들을 작성하지 않아도 다양한 오브젝트를 얻을 수 있다. [SYMBOLS] 팔레트를 이용하여 심볼에 관련한 옵션을 설정하면 심볼의 크기, 개수, 밀도 등을 효과적으로 적용할 수 있다.

◎ 알아두기
- [SYMBOLS] 팔레트에 오브젝트를 심볼로 등록할 수 있다.
- 심볼 관련 툴들로 심볼을 편집할 수 있다.

따라하기 01 심볼 등록하기

'챕터7_샘플/나무와새.ai'를 불러온 후 심볼을 사용하기 위해 원하는 오브젝트를 [SYMBOLS] 팔레트에 드래그하여 등록해 보자. 일러스트레이터 CS5에서 작성한 모든 오브젝트는 심볼로 등록이 가능하다.

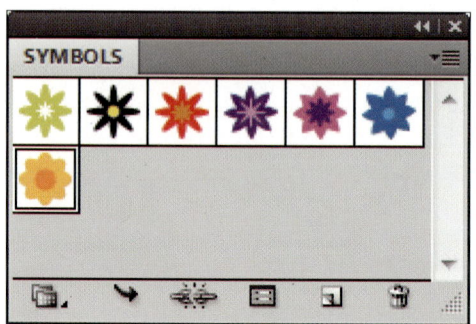

❶ 도구모음의 선택 툴( )을 선택한다.
❷ 선택 툴( )로 [SYMBOLS] 팔레트에 등록할 꽃 오브젝트를 하나 선택한다.
❸ 선택한 꽃 오브젝트를 [SYMBOLS] 팔레트로 드래그하면 마우스 포인터에 '+' 표시가 나타난다.
❹ [Symbol Options] 대화 상자가 나타나면 [Type] 항목을 'Graphic'으로 설정하고 [OK] 버튼을 클릭한다. [SYMBOLS] 팔레트에 해당 꽃 오브젝트가 심볼로 등록된 것을 확인할 수 있다.
❺ 나머지 꽃 오브젝트들도 [SYMBOLS] 팔레트에 심볼로 등록한다.
❻ 심볼로 등록한 오브젝트들은 도큐먼트에서 삭제한다.

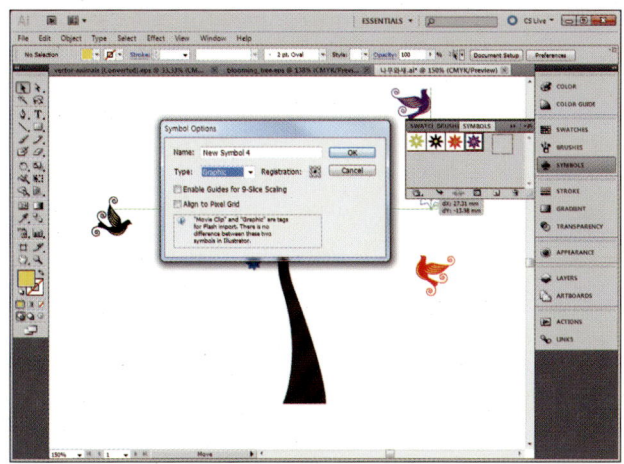

따라하기 02 심볼 관련 툴 사용하기

[SYMBOLS] 팔레트에 등록된 심볼을 사용하기 위한 심볼 스프레이어 툴의 사용방법을 알아본다. 심볼 스프레이어 툴 외에 7개의 심볼 관련 툴을 사용하면 심볼의 크기와 간격, 각도, 색상, 투명도, 스타일 등을 조절할 수 있다.

❶ 도구모음에서 심볼 스프레이어 툴( )을 선택한다.

❷ [SYMBOLS] 팔레트에서 이전에 등록한 꽃 심볼을 하나 선택한다.

❸ 심볼 스프레이어 툴( )로 나무 오브젝트 위에 몇 초간 클릭하면 꽃 인스턴스가 도큐먼트에 나타난다. 드래그하는 속도에 따라 인스턴스의 양이 달라진다.

Section 6 . 심볼로 반복 이미지 만들기

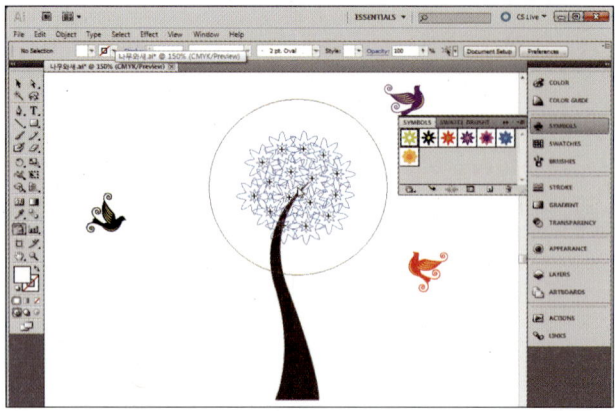

❹ [SYMBOLS] 팔레트에서 원하는 심볼을 선택하고 도큐먼트에 클릭 또는 드래그하여 나무 오브젝트를 완성한다.

❺ 선택 툴( )로 심볼들을 선택한 상태에서 도구모음의 심볼 스크런처 툴( )을 선택한 다음 꽃 인스턴스들을 클릭하면 꽃 인스턴스들이 안쪽으로 모인다.

❻ Alt 를 누른 상태에서 심볼 스크런처 툴( )로 클릭하면 꽃 인스턴스들이 바깥쪽으로 흩어진다.

❼ 흩어져서 생긴 빈 공간을 메우기 위해 심볼 크기 조절 툴( )을 선택하고 흩어진 꽃 인스턴스의 가운데 부분을 클릭하여 꽃 인스턴스들을 확대시킨다.

❽ 심볼 스크리너 툴( )을 사용하면 꽃 인스턴스들의 투명도를 적용시킬 수 있다.

❾ 심볼 색조 툴( )을 선택하고 [SWATCHES] 팔레트에서 원하는 색상 및 패턴을 선택한 다음 꽃 인스턴스에 클릭하면 색상을 변경할 수 있다.

01 혼자해보기

[SYMBOLS] 팔레트에 새 모양의 심볼을 등록하고 도큐먼트에 작성해 보자.

HINT | 새 오브젝트를 [SYMBOLS] 팔레트로 드래그하여 심볼로 등록하고 심볼 스프레이어 툴( )로 도큐먼트에 클릭하여 새 인스턴스를 작성한다.

핵심정리 summary

1. 레이어의 개념

레이어(Layer)란 투명 필름이라 생각하면 쉬운 개념이다. 예를 들어 그림을 그릴 때 한 장의 도화지 위에 그림을 그릴 수가 있다. 그림을 잘못 그렸을 경우 도화지를 버리고 처음부터 다시 그려야하지만, 레이어를 이용하면 이런 불편을 줄일 수 있다. 사람을 그린다고 가정할 때 여러 필름에 얼굴 따로 몸 따로 팔, 다리 각각 따로 서로 다른 레이어에 그려 넣으면 잘못 그린 투명 필름만 다시 그려서 위치에 넣으면 된다. 또한 레이어들의 겹침 순서에 따라 오브젝트 레벨이 정해지므로 작업을 할 때 작업 이미지가 있는 레이어를 정확하게 선택하고 작업해야 한다.

2. 블렌드 효과

블렌드는 마치 애니메이션과 같이 2개의 서로 다른 오브젝트의 형태 변화를 단계별로 보여주는 효과이다. 블렌드 효과는 형태뿐만 아니라 시작과 끝에 해당하는 오브젝트의 기준점을 어느 부분에 클릭하느냐에 따라 블렌드의 형태가 달라진다. 외곽선이 투명인 두 오브젝트에 블렌드 효과를 적용하면 그레이디언트와 같은 효과를 나타낼 수 있으며, 두 패스 사이에 블렌드 효과를 적용하면 지정한 선의 수만큼 그 공간을 채워 두 선을 연결해준다. 일러스트레이터의 강력한 그래픽 기능 중의 하나인 블렌드 기능을 이용하면 다양하고 창조적인 그래픽 작업을 작성할 수 있다.

3. [GRAPHIC STYLES] 팔레트와 [APPEARANCE] 팔레트

- [GRAPHIC STYLES] 팔레트는 다양한 이미지 효과를 오브젝트에 적용해 주는 팔레트로 사용자가 여러 가지 효과를 적용한 스타일을 [GRAPHIC STYLES] 팔레트에 등록할 수 있다. 또한 다른 오브젝트에도 손쉽게 같은 스타일을 적용할 수도 있다.

- [APPEARANCE] 팔레트는 오브젝트의 원형을 보존하면서 여러 가지 효과를 적용할 수 있는 팔레트이다. 하나의 오브젝트에 1개 이상의 면과 외곽선을 추가 적용할 수 있으며 또 다른 각각의 다른 효과를 적용할 수 있는 팔레트이다. 그리고 적용된 속성은 필요에 따라 추가하거나 삭제할 수 있다.

4. 마스크 기능

- 어떤 이미지에서 감춰야 할 부분과 드러나야 할 부분을 구분하여 표현하는 기능을 마스크라 한다.

- 클리핑 마스크 : 마스크 효과를 적용했을 때 드러나는 부분과 감춰지는 부분의 경계가 깨끗하게 잘려지는 것과 같은 효과를 나타낸다.
- 불투명도 마스크 : 마스크 효과의 경계 부분을 부드럽게 나타낸다.
- 레이어 마스크 : [LAYERS] 팔레트 기능을 이용하여 마스크 효과를 적용한다.

5. **심볼**
   - 심볼이란 일러스트레이터에서 제공하는 아트 오브젝트로써 하나의 완성된 오브젝트로 사용이 가능할 정도로 다양하고 완성도가 높은 이미지이다.
   - 일러스트레이터에서 작성한 모든 오브젝트들은 심볼로 등록할 수 있으며, 언제든지 드래그하여 심볼을 사용할 수 있다.
   - 도구모음의 8개 심볼 관련 도구들을 이용하여 심볼들의 크기나 방향, 투명도, 스타일 등을 쉽게 조절하고 편집할 수 있다.

6. **액션 기능에 적용되지 않는 작업들**
   - 오브젝트를 선택하는 것은 기록되지 않는다. 작업이 한 번 수행된 후 자동으로 선택되는 기능을 이용하거나 [Select] 메뉴를 이용한다.
   - 도구모음에 위치한 툴들의 사용을 자제해야 한다. 툴을 사용하는 것보다 메뉴의 명령을 사용하는 것이 좋다. 액션을 기록할 때 여러 가지 툴을 사용하면 툴을 선택하고 해제하는 작업까지도 기록될 수 있으므로 단지 오브젝트에 효과를 적용하는 작업을 기록하기 위해서는 툴 사용을 자제하는 것이 좋다.
   - 마우스로 선택하거나 드래그한 작업은 기록이 잘되지 않으므로 메뉴의 명령이나 바로 가기 키를 사용한다.
   - 문자를 입력하는 것은 기록이 되지 않으므로 문자를 입력한 다음 액션을 기록한다.

1. [GRAPHIC STYLES] 팔레트를 이용하여 문서 이미지를 만들어 보자.

HINT | [File]-[New]를 실행하여 새로운 도큐먼트를 생성하고 사각형 오브젝트를 그린 다음 [GRAPHIC STYLES] 라이브러리에서 [Scribble Effects]-[Scribble 15]를 선택하여 그래픽 스타일을 적용하고 문자 툴(T)을 이용하여 'Love Song'을 입력한다.

2. 심볼을 등록하고 사용해 보자.

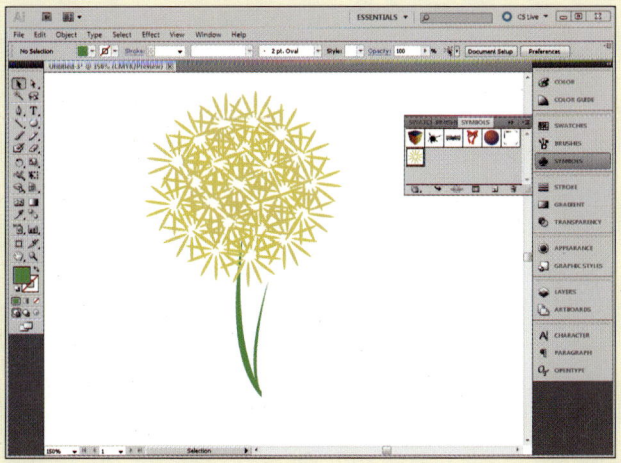

HINT | [File]-[New]를 실행하여 새로운 도큐먼트를 생성하고 원형 툴(○)을 사용하여 긴 원을 그려 꽃잎을 그린 뒤 복사하여 꽃 오브젝트를 그리고, [SYMBOLS] 팔레트로 드래그하여 등록한 다음 심볼 스프레이어 툴( )로 도큐먼트에 클릭하여 완성한다.

08

CHAPTER

필터와 이펙트로 이미지 효과 적용하기

필터와 이펙트 기능을 사용하여 그래픽 이미지에 다양한 효과를 적용하여 작품을 완성할 수 있다. 필터와 이펙트 기능의 사용 방법 및 메뉴, 장점을 살펴보고 이미지 별로 어울리는 효과를 찾아보도록 한다.

Section 1 이미지에 필터 적용하기

Section 2 이미지에 이펙트 적용하기

Section 3 [Filter Gallery] 대화 상자를 이용한 다양한 필터 효과

Section 4 부드럽거나 혹은 날카로운 효과 적용하기

이미지에 다양한 효과 적용하기

Chapter 8

포토샵을 비롯한 일러스트레이터에서의 필터나 이펙트 기능은 그래픽 이미지에 다양한 효과를 적용하고 수작업으로 완성하기 어려운 효과를 쉽고 간편하게 적용하는 것을 말한다.

01 필터 기능

일러스트레이터 CS5에서 제공하는 필터 기능은 크게 벡터용과 비트맵용 필터로 구분된다. 벡터용 필터는 일러스트레이터를 사용해 만들어진 벡터 이미지에 적용할 수 있는 필터를 말하지만 몇몇 기능은 비트맵 이미지에도 적용이 가능하다. 비트맵용 필터란 사진과 같은 비트맵 이미지에 적용할 수 있는 필터를 말한다. 비트맵용 필터는 오직 비트맵 이미지에만 효과를 적용할 수 있기 때문에 벡터 이미지는 비트맵 이미지로 변환한 후에 사용할 수 있다. 또한 비트맵 필터는 Blur, Pixelate, Sharpen 필터를 제외하면 색상 모드가 RGB 모드였을 때만 필터 기능을 사용할 수 있다.

02 이펙트 기능

일러스트레이터 CS5의 [Effect] 메뉴의 기능을 살펴보면 이전 버전의 일러스트레이터의 [Filter] 메뉴 또는 [Object] 메뉴에서 볼 수 있는 기능들이 중복되어 있는 것을 볼 수 있다. 이전 버전의 [Filter] 메뉴 또는 [Object] 메뉴의 명령과 CS5 버전의 [Effect] 메뉴의 동일한 명령은 효과도 동일하다. 그러나 [Effect] 메뉴의 명령은 원본의 속성을 그대로 유지한 채 효과를 적용할 수 있지만, [APPEARANCE] 팔레트에 적용된 효과가 등록되어 필요할 때마다 수정할 수 있는 것이 차이점이다. [Effect] 메뉴의 명령을 사용하면 독자적인 특수 효과를 사용하기 때문에 호환성에 문제가 있고 파일 크기가 커질 수 있으며 실행 속도가 느려진다.

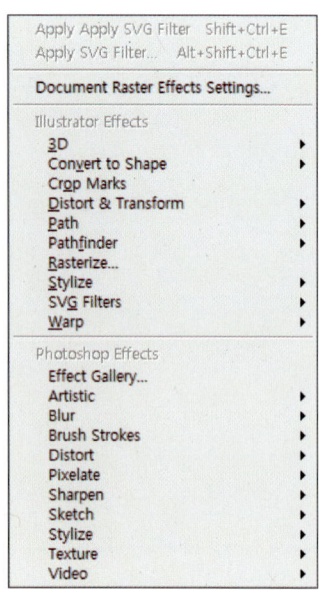

03 필터 및 이펙트 갤러리

그래픽 이미지에 필터 및 이펙트 기능을 적용할 때 각각의 효과들이 모두 하나의 필터 및 이펙트 갤러리에서 적용되어질 수 있다. 각 이미지에 효과를 적용할 때 한 번의 클릭으로 쉽게 적용할 수 있으며, 미리 보기 화면에서 여러 개의 필터를 적용하여 결과를 미리 보고 원하는 효과를 결정할 수도 있다.

04 필터와 이펙트의 공통 메뉴

- Artistic : 회화적인 효과를 적용한다.

▲원본이미지　▲Colored Pencil　▲Cutout　▲Neon Glow

- Blur : 오브젝트나 비트맵 이미지를 흐리게 만든다.

▲원본이미지　▲Gaussian Blur　▲Radial Blur　▲Smart Blur

• Brush Stroke : 다양한 붓터치 효과를 적용한다.

▲원본이미지 ▲Accented Edges ▲Spatter ▲Sumi-e

• Distort : 다양한 재질을 가진 형태로 변형한다.

▲원본이미지 ▲Diffuse Glow ▲Glass ▲Ocean Ripple

• Pixelate : 오브젝트의 픽셀 또는 색상을 변형한다.

▲원본이미지 ▲Color Halftone ▲Crystallize ▲Pointillize

• Sharpen : 선명하고 날카롭게 변형한다.

▲원본이미지 ▲Unsharp Mask

• Sketch : 스케치한 느낌으로 변형한다.

▲원본이미지 ▲Charcoal ▲Halftone Pattern ▲Water Paper

• Stylize : 독특한 스타일의 필터 및 이펙트를 적용한다.

▲원본이미지

▲Glowing Edges

• Texture : 다양한 질감을 적용한다.

▲원본이미지

▲Craquelure

▲Chalk

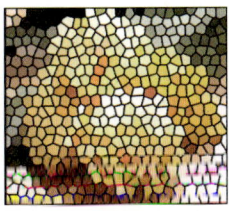
▲Stained Glass

• Video : TV 또는 동영상 등에 사용하는 이미지로 전환한다.

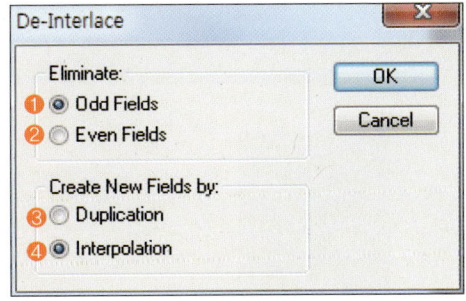

· De-Interlace : 대화 상자의 여러 항목 값을 사용해서 동영상 이미지에서 캡처한 비트맵 이미지를 적절한 형태로 조절한다.

❶ Odd Fields : 가로로 홀수 층의 주사선(픽셀)을 제거한다.

❷ Even Fields : 가로로 짝수 층의 주사선(픽셀)을 제거한다.

❸ Duplication : 픽셀을 제거한 뒤 다른 층의 픽셀을 복사해서 채운다.

❹ Interpolation : 픽셀을 복사하지 않고 중간 색상으로 채운다.

· NTSC Colors : NTSC 방송용 색상 모드로 전환한다.

Section 1. 이미지에 필터 적용하기

일러스트레이터 CS5에서는 이전 버전에 있었던 [Filter] 메뉴를 없애고 [Effect] 메뉴에 중복되어 있었던 [Filter] 메뉴와 [Object] 메뉴의 필터 관련된 기능들을 [Effect] 메뉴에 정리하였다.

> **알아두기**
> - [Crop Marks] 효과는 비트맵 이미지의 색상을 추출하여 재단선을 만들거나 모자이크 오브젝트를 생성할 수 있다.
> - [Warp]은 오브젝트, 텍스트, 이미지 등을 자유롭게 변형할 수 있다.

따라하기 01 [Crop Marks] 효과 적용하기

'챕터8_샘플/포스터.ai'를 불러온 후 [Crop Marks]로 이미지에 재단선을 만들어 보자. 재단선이란 필요 없는 부분을 잘라내기 위해 표시하는 보조선을 말한다.

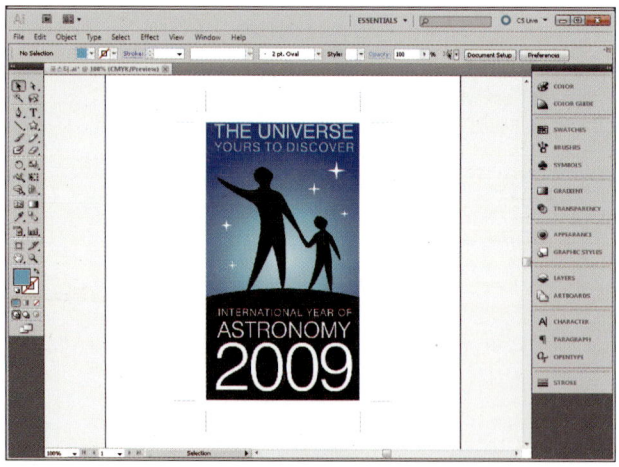

❶ 선택 툴( )로 이미지를 선택한다.
❷ [Effect]-[Crop Marks]를 선택한다.
❸ 선택한 이미지 주위에 재단선이 나타나는 것을 확인할 수 있다.

따라하기 02 [Warp] 효과 적용하기

[Warp]은 오브젝트 또는 이미지를 원하는 형태로 자유롭게 변형한다.

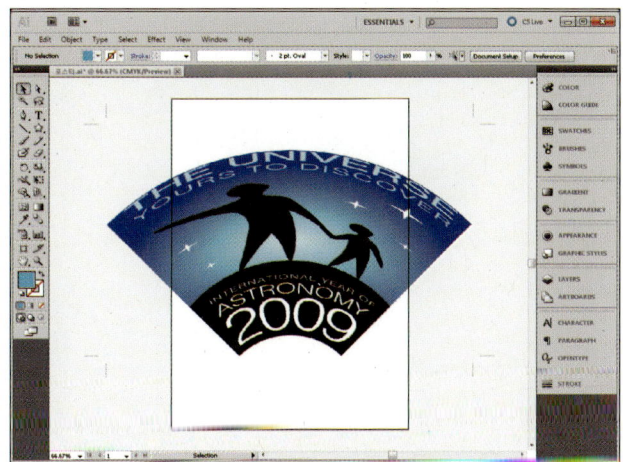

❶ 도구모음의 선택 툴( )로 이미지를 선택한다.

❷ [Effect]-[Warp]-[Arc]를 선택한다.

❸ [Warp Options] 대화 상자가 나타나면 [Style] 항목에서 'Arc'를 선택하고 [OK] 버튼을 클릭한다.

❹ 선택한 이미지가 'Arc' 모양으로 변형되는 것을 확인할 수 있다.

❺ 다른 [Warp] 효과를 다시 적용하는 경우 [Effect]-[Warp]을 선택하면 나타나는 대화 상자에서는 [Apply New Effect] 버튼을 클릭한다. 이 대화 상자를 더 이상 나타나지 않도록 하고 싶다면 'Don't Show Again'에 체크한다.

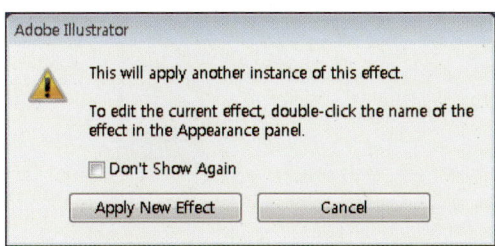

Section 1. 이미지에 필터 적용하기

01 혼자해보기 — 다양한 [Warp] 효과를 적용해 보자.

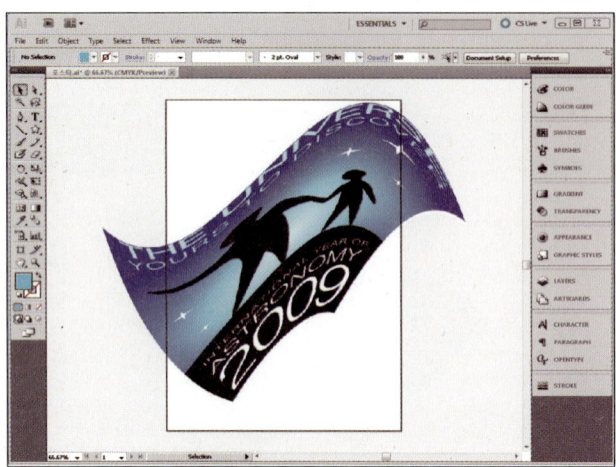

HINT | 이미지를 선택하고 [Effect]-[Warp]-[Arc]를 선택하여 [Warp Options] 대화 상자에서 [Style] 항목을 조절하여 이미지를 변형시킨다.

02 혼자해보기 — 도형 오브젝트에 다양한 [Warp] 효과를 적용해 보자.

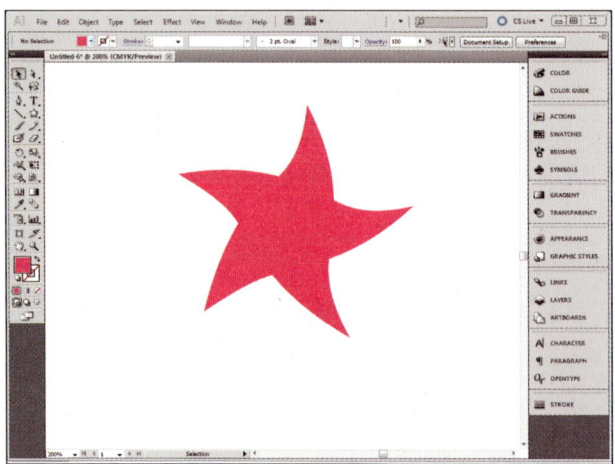

HINT | 새로운 도큐먼트를 작성하고 도형 툴을 이용하여 별 오브젝트를 만든다. 별 오브젝트를 선택한 상태에서 [Effect]-[Warp]-[Arc]를 실행하여 나타난 [Warp Options] 대화 상자에서 [Style] 항목을 조절하여 오브젝트를 변형시킨다.

Section 2 이미지에 이펙트 적용하기

다양한 이펙트 명령은 오브젝트에 간단하게 특수 효과를 적용하는 필터와 같은 기능을 제공한다. 오브젝트의 속성을 그대로 유지한 채 다양한 효과를 적용하는 것이 특징이다.

알아두기

- [Convert to Shape]는 오브젝트의 형태를 사각형, 원형 등으로 자연스럽게 바꾼다.
- [Distort & Transform] 계열 이펙트로 오브젝트의 형태를 다양한 방법으로 변형할 수 있다.
- [Path] 효과를 이용하여 원본을 그대로 유지한 채 오브젝트에 외곽선을 작성할 수 있다.
- [Pathfinder] 계열 이펙트는 2개 이상의 오브젝트들을 더하기, 빼기, 교차 등의 기능으로 새로운 형태를 만든다. [PATHFINDER] 팔레트 기능과 같다.
- [Rasterize] 명령을 이용하여 벡터 이미지를 비트맵 이미지로 변환할 수 있다.
- [SVG Filters]는 이미지를 플래시와 유사한 벡터형식과 DB와의 연동이 가능한 프로그래밍적인 기능이 있는 와이홀릭을 속성으로 한 HTML서브 파일의 SVG 파일로 만든다.

따라하기 01 [Convert to Shape] 효과 적용하기

'챕터8_샘플/Study아이콘.ai'를 불러온 후 [Convert to Shape]로 오브젝트의 형태를 사각형, 둥근 사각형, 원형으로 바꿔 보자. 자동 크기 조절이 가능하며 웹 디자인의 버튼, 아이콘 등을 만들기에 적합한 도구이다.

❶ 선택 툴(▶)로 노란색 얼굴 오브젝트를 선택한다.
❷ [Effect]-[Convert to Shape]-[Rounded Rectangle]을 선택한다.

❸ [Shape Options] 대화 상자가 나타나면 'Relative' 옵션에 체크하고 [Extra Width/Height] 항목을 각각 '1'로 입력한다.

❹ [Corner Radius] 항목에 '100 pt'를 입력하고 [OK] 버튼을 클릭한다.

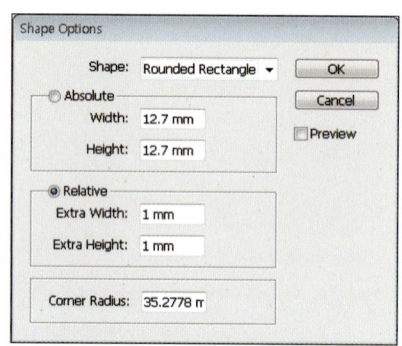

> **[Shape Options] 대화 상자** tip ➕
>
> ❶ Shape : 오브젝트에 적용하는 도형의 형태를 선택한다.
> ❷ Absolute : 원본 오브젝트의 크기에 관계없이 가로, 세로의 길이를 조정한다.
> ❸ Relative : 원본 오브젝트의 크기에 수치값을 더하여 길이를 조정한다.
> ❹ Corner Radius : [Rounded Rectangle]에서만 사용할 수 있는 옵션이며 사각형 모서리의 둥근 반지름을 설정한다.

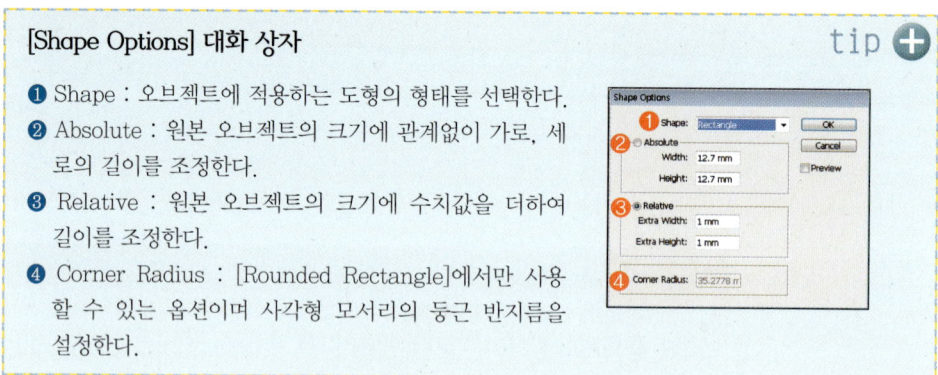

따라하기 02 [Distort & Transform] 효과로 오브젝트의 형태 변형하기

'챕터8_샘플/Cool아이콘.ai'를 불러온 후 [Distort & Transform]을 사용하여 오브젝트의 형태를 자유롭게 변형해 보자.

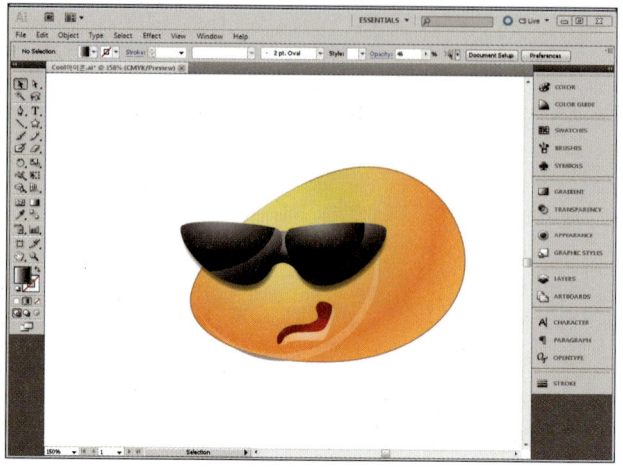

❶ 선택 툴( )로 노란색 얼굴 오브젝트를 선택한다.

❷ [Effect]-[Distort & Transform]-[Free Distort]을 선택한다.

❸ [Free Distort] 대화 상자가 나타나면 오브젝트 외곽선의 기준점을 드래그하여 다양하게 변형시킨 후 [OK] 버튼을 클릭한다.

❹ 얼굴 오브젝트가 변형된 것을 확인할 수 있다.

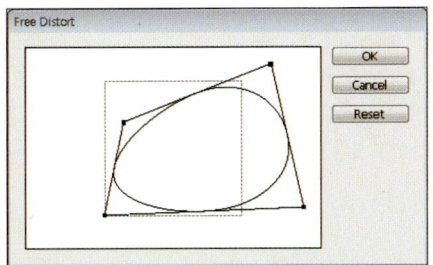

[Distort & Transform]을 적용하여 다양하게 오브젝트를 변형해 보자.

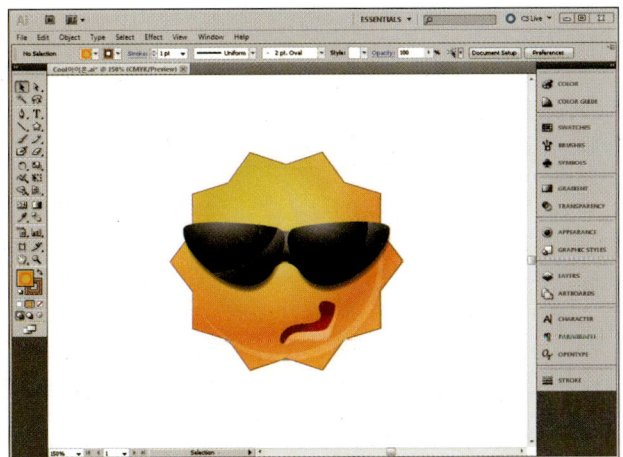

HINT | 얼굴 오브젝트를 선택한 상태에서 [Effect]-[Distort & Transform]-[Zig Zag]를 선택하여 변형한다.

[Distort & Transform] 효과

1. Free Distort(자유롭게 왜곡하기) : 오브젝트의 4개 조절점을 드래그하여 자유롭게 왜곡 변형할 수 있다. 단 곡선 변환은 되지 않는다.
2. Pucker & Bloat(오브젝트 둥글거나 뾰족하게 만들기) : 오브젝트의 형태를 오므라들게 하거나(0보다 작은 값 지정) 부풀리게(0보다 큰 값 지정) 할 수 있다. 대화 상자에서 Pucker에 가깝게 슬라이더 바를 움직이면 오므라들고 Bloat에 가깝게 움직이면 부풀려진다.
3. Roughen(울퉁불퉁하게 변형하기) : 오브젝트의 패스에 기준점을 추가하면서 거칠게 만드는 필터이다. 수치값을 크게 설정할 경우 형태를 못 알아볼 정도로 왜곡시키기 때문에 작게 설정하는 것이 좋다.
4. Tweak(비틀기) : 불규칙적으로 패스의 곡선 형태를 오브젝트의 안쪽 또는 바깥쪽으로 일그러뜨린다.
5. Twist(소용돌이 형태로 변형하기) : 오브젝트를 소용돌이 형태로 비튼다. 대화 상자의 [Angle] 항목에 '0'보다 큰 값(양수)을 입력하면 시계 방향으로, '0'보다 작은 값(음수)을 입력하면 시계 반대 방향으로 회전한다.
6. Zig Zag(지그재그 형태로 변형하기) : 오브젝트를 지그재그 형태로 변형시킨다. [Point] 항목의 'Smooth' 옵션을 체크하면 오브젝트의 패스이 부드럽게 휘어지도록 할 수 있다.

[Rasterize] 대화 상자

Rasterize는 벡터 이미지를 비트맵 이미지로 변환하는 기능이며 [Object]-[Rasterize]과 같지만 벡터 이미지의 속성을 간직한 상태에서 비트맵 이미지로 만들 수 있다. 벡터 이미지이기 때문에 패스의 형태를 수정할 수 있고 비트맵으로 바로 업데이트하여 보여준다.

1. Color Model : 색상 모드를 선택한다.
2. Resolution : 비트맵 이미지로 변환하였을 때 해상도를 선택한다.
3. Background : 배경색을 선택한다. [White] 항목에 체크하면 비트맵 이미지의 배경을 흰색으로 채우고 [Transparent] 항목에 체크하면 배경을 투명하게 처리한다.
4. Options : [Anti-Aliasing] 항목은 비트맵 이미지에 안티-앨리어싱을 적용하여 외곽선으로 부드럽게 만들고 [Create Clipping Mask] 항목에 체크하면 비트맵 이미지에 Clipping Mask를 자동으로 만든다.

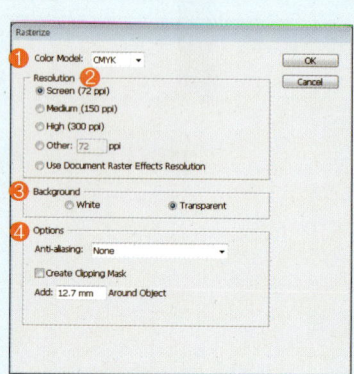

> **[Path] 효과**　　　　　　　　　　　　　　　　　　　　　　　　tip
>
> ❶ Offset Path : 오브젝트에 독립된 외곽선을 만든다.
> ❷ Outline Object : 외곽선을 면이 채워진 오브젝트로 만든다.
> ❸ Outline Stroke : 오브젝트에 외곽선을 만든다.
>
>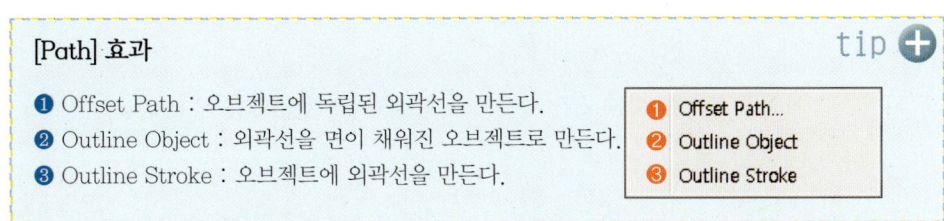

따라하기 03 [SVG Filters] 효과 적용하기

'챕터8_샘플/Sick아이콘.ai'를 불러온 후 [SVG Filters]를 사용하여 기타 효과들을 추가하여 SVG로 저장해 보자. [SVG Filters]는 파일이 웹 브라우저에서 보이기 전까지 래스터화하지 않으므로 작은 크기에서도 깨짐 현상이 없이 정확하게 보이는 장점이 있다. 오브젝트를 선택하고 [Apply SVG Filters]로 간단히 효과를 적용할 수 있으며 다른 SVG 파일에 사용된 필터를 [Import]하여 불러올 수도 있다.

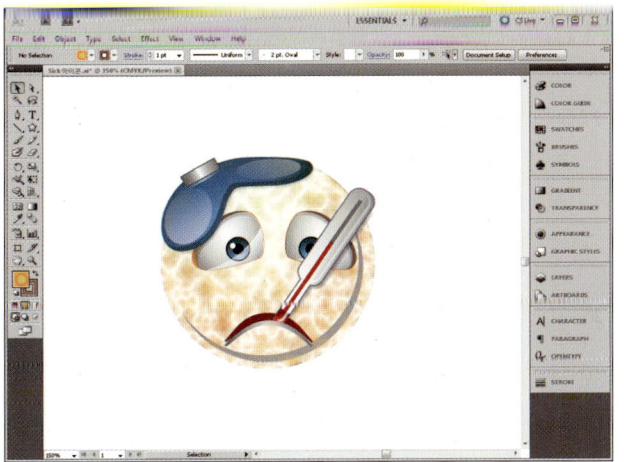

❶ 도구모음의 선택 툴(▶)로 노란색 얼굴 오브젝트를 선택한다.
❷ [Effect]-[SVG Filters]-[AI_Alpha_1]을 선택하여 오브젝트에 알파값을 적용한다.

Section 2 . 이미지에 이펙트 적용하기　277

[SVG Filters] 효과

❶ Al_Alpha_1 : 오브젝트에 알파값이 적용된다.
❷ Al_Alpha_4 : Al_Alpha_1보다 조금 더 진하게 표현된다.
❸ Al_BevelShadow_1 : 베벨과 그림자 효과가 적용되어 오브젝트가 앞으로 튀어나오는 효과를 표현한다.
❹ Al_CoolBreeze : 원본 이미지와 상관없이 검은색이 적용되면서 주변으로 파란색의 그레이디언트 효과가 적용된다.
❺ Al_Dilate_3 : 오브젝트를 팽팽하게 확대시킨다.
❻ Al_Dilate_6 : Al_Dilate_3보다 원본 오브젝트를 조금 더 팽창시킨다.
❼ Al_Erode_3 : 오브젝트를 축소하는 효과이다.
❽ Al_Erode_6 : Al_Erode_3보다 축소 비율이 더 높은 효과로 원본 오브젝트가 작을 경우 오브젝트가 거의 보이지 않는다.
❾ Al_GaussianBlur_4 : 가우시안 분포함수를 적용하여 오브젝트를 부드럽게 흐린다.
❿ Al_GaussianBlur_7 : Al_GaussianBlur_4보다 더 부드럽게 흐리는 효과이다.
⓫ Al_PixelPlay_1 : 웹 브라우저 상에서 원본 오브젝트를 픽셀 단위로 애니메이션과 같이 나타내는 효과이다.
⓬ Al_PixelPlay_2 : 웹 브라우저 상에서 원본 오브젝트를 픽셀 단위로 애니메이션과 같이 나타내는 효과이며 색상이 적용된다.
⓭ Al_Shadow_1 : 오브젝트에 그림자 효과를 적용한다.
⓮ Al_Shadow_2 : Al_Shadow_1보다 더 넓고 흐린 그림자 효과를 적용한다.
⓯ Al_Static : 원본 오브젝트가 작은 점들로 이루어지며 웹 브라우저 상에서는 작은 점들이 반짝거리는 효과를 갖는다.
⓰ Al_Turbulence_3 : 원본 오브젝트에 파스텔 톤의 무지개 색상을 적용한다.
⓱ Al_Turbulence_5 : Al_Turbulence_3보다 파스텔 톤의 무지개 색상 입자가 더 곱게 적용된다.
⓲ Al_Woodgrain : 원본 오브젝트에 나무 느낌의 색상과 질감을 적용한다.

[Filter Gallery] 대화 상자를 이용한 다양한 필터 효과

[Effect Gallery]을 실행하면 나타나는 [Filter Gallery] 대화 상자를 이용하여 이미지에 다양한 필터 효과를 적용할 수 있다.

◐ 알아두기

- [Artistic]으로 회화적인 이미지를 만들 수 있다.
- [Brush Strokes]를 적용하여 직접 붓으로 그린 듯한 이미지를 만들 수 있다.
- [Distort] 계열 필터는 벡터 이미지를 이루는 오브젝트의 형태를 독특하게 변형할 수 있다.
- [Sketch]로 이미지에 회화적인 느낌과 독특한 드로잉의 느낌을 적용할 수 있다.
- [Stylize]는 오브젝트를 변형하거나 새로운 오브젝트를 추가한다.
- [Texture]로 이미지에 질감을 입힐 수 있다.

설명하기 01 [Filter Gallery] 대화 상자

[Effect]-[Effect Gallery]를 선택하여 나타나는 [Filter Gallery] 대화 상자를 이용하면 일러스트레이터 CS5가 제공하는 다양한 필터 효과를 한 번에 적용하거나 미리 보기를 통해 원하는 효과를 선택할 수 있다.

❶ 미리 보기 창 : 효과를 적용하여 이미지를 미리 보기 할 수 있다.
❷ 필터 선택 창 : 다양한 필터들의 목록을 나타내며 원하는 필터를 클릭하면 미리 보기 창에서 적용한 결과를 볼 수 있다.
❸ 필터 옵션 창 : 선택한 필터의 다양한 옵션을 조절할 수 있다.
❹ 필터 레이어 : 필터를 적용한 레이어들의 목록을 나타내며 눈 아이콘을 클릭하면 해당 필터의 효과가 감추어지고 원본 이미지 또는 다른 필터 효과들만 나타난다.

따라하기 01 **회화적인 이미지 만들기**

'챕터8_샘플/0_3_1.bmp'를 불러온 후 [Artistic]으로 비트맵 이미지에 직접 그림을 그린 듯한 효과를 만들어 보자. 나타나는 대화 상자를 통해 옵션을 조절할 수 있다.

❶ '0_3_1.bmp' 파일을 연다.

❷ 선택 툴( )로 이미지를 선택하고 [Effect]-[Artistic]-[Cutout] 또는 [Effect]-[Effect Gallery]를 선택하여 [Artistic]-[Cutout]를 선택한다.

❸ 필터 옵션 창에서 [Number of Levels] 항목은 '7', [Edge Simplicity] 항목은 '2'로 입력하고 [OK] 버튼을 클릭한다.

280 **Chapter 8 .** 필터와 이펙트로 이미지 효과 적용하기

tip

[Artistic] 효과

1. Colored Pencil...
2. Cutout...
3. Dry Brush...
4. Film Grain...
5. Fresco...
6. Neon Glow...
7. Paint Daubs...
8. Palette Knife...
9. Plastic Wrap...
10. Poster Edges...
11. Rough Pastels...
12. Smudge Stick...
13. Sponge...
14. Underpainting...
15. Watercolor...

❶ Colored Pencil : 색연필로 선을 칠한 느낌을 나타낸다.

❷ Cutout : 색상과 형태를 단순화시켜 비슷한 색상을 가진 픽셀들이 합쳐져 단순하고 강한 이미지를 표현한다.

❸ Dry Brush : 마른 브러시로 빽빽하게 칠한 느낌을 나타내는 필터이다. 브러시의 크기(Brush Size), 브러시의 세밀함(Brush Detail), 재질감(Texture) 등을 설정할 수 있다.

❹ Film Grain : 노이즈를 추가해 주는 필터이며 이미지의 미드톤(Midtone)과 섀도우(Shadow) 부분에 더 많은 점을 뿌려줌으로써 독특한 결과물을 얻을 수 있다.

❺ Fresco : 프레스코(Fresco)는 이탈리아어로 원작이 완전히 마르지 않은 벽면에 수채화 물감으로 그리는 벽화를 의미한다.

❻ Neon Glow : 테두리 부분을 자동으로 감지하여 네온이 퍼지는 효과를 연출한다.

❼ Pint Daubs : 붓으로 거칠게 페인팅한 그림처럼 만들고 브러시 타입(Brush Type)의 종류로는 Simple, Light Rough, Dark Rough, Wide Sharp, Wide Blurry, Sparkle의 여섯 가지를 제공한다.

❽ Palette Knife : 유화물감을 Palette Knife(미술용 나이프)로 칠한 듯한 효과를 나타낸다.

❾ Plastic Wrap : 플라스틱 랩을 덮어씌운 듯한 효과를 연출해 주는 필터이다.

❿ Poster Edges : 색상을 단순화(Posterization)시키면서도 색상 경계면의 검은색을 강조하는 것으로 수치값이 크면 목판화의 느낌이 나타난다.

⓫ Rough Pastels : 거친 파스텔로 그리는 효과를 연출하며 여러 가지 옵션 중 [Texture] 항목에서는 적용할 효과의 질감과 방향, 크기 등을 조절할 수 있다.

⓬ Smudge Stick : 파스텔, 분필(Chalk) 등으로 젖은 캔버스에 문질러 그린 듯한 효과를 연출할 수 있다.

⓭ Sponge : 촉촉하게 젖은 스펀지로 칠하는 효과를 연출한다.

⓮ Underpainting : 페인트의 질감을 느끼게 해주면서도 이미지가 젖어들 듯 캔버스에 묻히는 것 같은 효과를 나타낸다.

⓯ Watercolor : 수채화처럼 이미지를 연출하는 필터로 이미지에 수채화 같은 붓터리 느낌을 나타낸다.

따라하기 02 붓터치를 이용한 회화 효과 만들기

'챕터8_샘플/0_5_1.bmp'를 불러온 후 [Brush Strokes]으로 이미지에 브러시를 이용한 회화 효과를 적용해 보자.

❶ '0_5_1.bmp' 파일을 연다.

❷ 선택 툴( )로 이미지를 선택하고 [Effect]-[Brush Strokes]-[Sumi-e] 또는 [Effect]-[Effect Gallery]를 선택하여 [Brush Strokes]-[Sumi-e]를 선택한다.

❸ [Sumi-e]나 [Filter Gallery] 대화 상자에서 [Stroke Width] 항목은 '6'으로, [Stroke Pressure] 항목은 '4'로 입력하고 [OK] 버튼을 클릭한다.

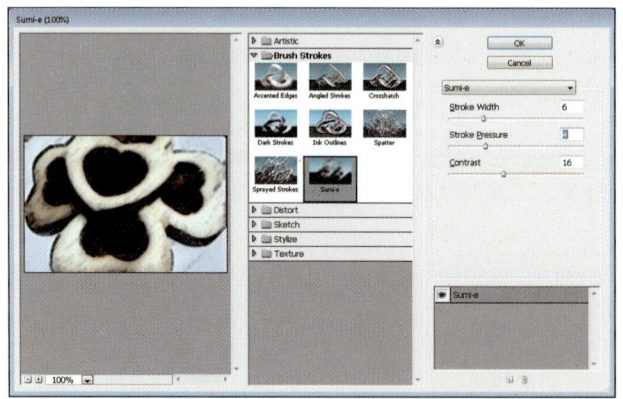

[Brush Strokes] 효과 tip

① Accented Edges...
② Angled Strokes...
③ Crosshatch...
④ Dark Strokes...
⑤ Ink Outlines...
⑥ Spatter...
⑦ Sprayed Strokes...
⑧ Sumi-e...

❶ Accented Edges : 색상의 대비값이 큰 부분에 검은색의 경계선을 그려주거나 경계선 부분을 부드럽게 처리한다. [Edge Width] 항목의 수치값이 클수록 경계선의 폭이 넓어지며, 반대로 작으면 작을수록 섬세하게 경계선이 지정된다. 또한 [Edge Brightness] 항목의 수치값이 클수록 경계선은 밝아지고 [Smoothness] 항목의 값이 클수록 부드러운 이미지가 된다.

❷ Angled Strokes : 직선 형태의 선을 대각선 방향으로 그린 듯한 느낌을 준다. [Direction Balance] 항목의 수치값이 클수록 오른쪽 윗부분에서 왼쪽 아랫부분으로 선이 적용되고, 수치값이 작을수록 왼쪽 윗부분에서 오른쪽 아랫부분으로 선이 적용된다. [Stroke Length] 항목의 수치값과 [Sharpness] 항목의 수치값을 이용하여 선의 길이와 날카로운 정도를 조정한다.

❸ Crosshatch : 연필선을 교차해서 이미지의 형태를 거칠게 표현한다. [Stroke Length] 항목과 [Sharpness] 항목의 수치값을 지정하여 선의 길이와 날카로운 정도를 조정하고 [Strength] 항목의 수치값이 클수록 표현되는 선의 강도가 높게 지정된다.

❹ Dark Strokes : 이미지의 명도에 따라 선의 길이가 다르게 표현되는 것으로 전체적으로 어둡게 표현된다. [Balance] 항목의 수치값이 작을수록 이미지 전체에 효과가 적용되며, 수치값이 클수록 어두운 부분에 브러시 효과가 적용된다. 또한 [Black Intensity] 항목의 수치값이 클수록 어두운 부분이 확대되며, [White Intensity] 항목의 수치값이 클수록 하이라이트 되는 부분이 확대된다.

❺ Ink Outlines : 이미지의 외곽선에 잉크로 그린 듯한 효과를 준다. [Dark Intensity] 항목의 수치값이 클수록 어두운 부분이 확대되어 선이 진하게 표현되며 [Light Intensity] 항목의 수치값이 클수록 하이라이트되는 부분이 확대되어 나타난다.

❻ Spatter : 이미지 위에 물감을 흩뿌리거나 찍어낸 듯한 효과를 지정하는 필터로 [Spray Radius] 항목의 수치값이 작을수록 세밀하게 뿌려진다. [Smoothness] 항목의 수치값이 클수록 이미지가 부드러워지지만 수치값이 너무 크면 이미지의 형태가 흐릿해지므로 적당한 수치값을 지정해야한다.

❼ Sprayed Strokes : 에어브러시를 이용하여 이미지 위에 스프레이를 뿌린 듯한 효과를 나타낸다. [Stroke Length] 항목의 수치값과 [Spray Radius] 항목의 수치값을 이용하여 스프레이의 길이와 크기를 조절할 수 있고 [Spray Direction] 항목에서 선이 뿌려지는 방향을 조절할 수 있다.

❽ Sumi-e : 수묵화 기법과 비슷한 효과를 주는 것으로, 화선지에 먹물이 흡수되어 번지는 것처럼 이미지를 표현한다. [Stroke Width] 항목과 [Stroke Pressure] 항목을 지정하여 선의 폭과 압력을 지정할 수 있으며 [Contrast] 항목의 수치값을 지정하여 색상 대비를 조절할 수 있다.

따라하기 03 **다양한 질감의 이미지 만들기**

'챕터8_샘플/0_6_1.bmp'를 불러온 후 [Distort]로 이미지를 왜곡하면서 독특한 효과를 사용해 보자. 유리를 통해 이미지를 보는 듯한 느낌, 바다 물결을 통해 이미지를 굴절시키는 듯한 효과를 표현하는 데 적합하다.

 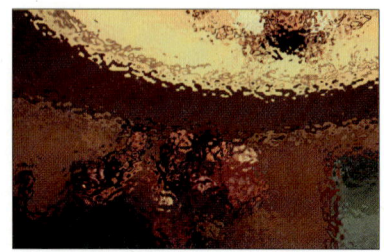

❶ '0_6_1.bmp' 파일을 연다.

❷ 선택 툴()로 이미지를 선택하고 [Effect]-[Distort]-[Glass] 또는 [Effect]-[Effect Gallery]를 선택하여 [Distort]-[Glass]를 선택한다.

❸ [Glass]나 [Filter Gallery] 대화상자에서 [Distortion] 항목과 [Smoothness] 항목을 모두 '3'으로 입력하고 [OK] 버튼을 클릭한다.

[Distort] 효과 tip ➕

❶ Diffuse Glow : 이미지의 하이라이트 부분에 빛을 반사하는 점들을 뿌린 듯한 효과를 나타내는 필터로 [Graininess] 항목의 수치값이 작을수록 점들이 섬세하게 뿌려져 부드럽게 빛을 발산한다. [Glow Amount] 항목의 수치값이 클수록 밝게 빛을 발산하며 [Clear Amount] 항목의 수치값이 작을수록 이미지 전체에 효과가 나타난다.

❷ Glass : 유리를 통해 이미지를 보는 것과 같은 효과를 나타내는 필터로 [Distortion] 항목의 수치값이 클수록 변형되는 정도가 커지며 [Scaling] 항목의 수치값이 작을수록 적용된 텍스처의 크기가 커진다. 텍스처는 일러스트레이터에서 기본으로 제공하는 것 외에 포토샵에서 직접 만든 뒤에 [Texture] 항목에서 'Load Texture'를 선택하여 불러올 수도 있다.

❸ Ocean Ripple : 바다 물결을 통해 이미지를 굴절시키는 효과를 나타낸다. [Glass]와 비슷한 텍스처를 이용하여 이미지를 변형할 수 있다.

❶ Diffuse Glow...
❷ Glass...
❸ Ocean Ripple...

| 따라하기 04 | 스케치한 이미지 만들기 |

'챕터8_샘플/0_09_1.bmp'를 불러온 후 [Sketch]로 이미지에 회화적인 느낌과 독특한 드로잉의 느낌을 적용해 보자. 펜의 두께나 면과 선의 색상을 적절하게 설정하여 보다 회화적인 효과를 적용할 수 있다. 이미지를 전혀 다른 느낌으로 만들어 주기도 하므로 벡터 이미지와 함께 사용하여 독특한 느낌의 이미지를 만들 수 있다.

❶ '0_09_1.bmp' 파일을 연다.

❷ 선택 툴( )로 이미지를 선택하고 [Effect]-[Sketch]-[Charcoal] 또는 [Effect]-[Effect Gallery]를 선택하여 [Sketch]-[Charcoal]를 선택한다.

❸ [Charcoal]이나 [Filter Gallery] 대화 상자에서 [Light/Dark Balance] 항목을 '80'으로 입력하고 [OK] 버튼을 클릭한다.

> **[Sketch] 효과**　　　　　　　　　　　　　tip ➕
>
> ① Bas Relief...
> ② Chalk & Charcoal...
> ③ Charcoal...
> ④ Chrome...
> ⑤ Conte Crayon...
> ⑥ Graphic Pen...
> ⑦ Halftone Pattern...
> ⑧ Note Paper...
> ⑨ Photocopy...
> ⑩ Plaster...
> ⑪ Reticulation...
> ⑫ Stamp...
> ⑬ Torn Edges...
> ⑭ Water Paper...
>
> ❶ Bas Relief : 이미지에 양각 효과를 지정하여 마치 벽화를 조각한 듯한 효과를 나타낸다. [Detail], [Smoothness], [Light] 항목이 있다.
>
> ❷ Chalk & Charcoal : 분필과 목탄을 이용하여 그림을 그린 것 같은 회화 효과를 나타낸다. 목탄 영역(Charcoal Area), 분필 영역(Chalk Area), 선의 압력(Stroke Pressure) 등을 조절하여 2개의 브러시 효과를 적용해 주면 독특한 흑백의 회화 이미지를 얻을 수 있다.
>
> ❸ Charcoal : 원본의 색상을 삭제하고 목탄화 이미지로 바꾼다. 목탄의 농도(Charcoal Thickness), 세밀함(Detail), 밝은 색과 어두운 색의 균형(Light/Dark Balance) 항목이 있다.
>
> ❹ Chrome : 이미지의 명도에 따라 메탈의 질감을 덧씌워 메탈 느낌으로 이미지를 표현한다.
>
> ❺ Conte Crayon : 콩테 크레용으로 그린 듯한 흑백 이미지로 바꾼다. 전경색 단계(Foreground Level), 배경색 단계(Background Level)의 수치를 조절하여 흑백 대비를 설정하고 [Texture] 항목에서 원하는 재질감을 선택하여 재질감의 크기(Scaling)와 양감(Relief), 빛의 방향(Light) 등을 조절함으로써 이미지에 독특한 재질감과 회화 느낌을 나타낼 수 있다.
>
> ❻ Graphic Pen : 얇은 그래픽 펜 촉으로 터치한 듯한 효과를 보여준다.
>
> ❼ Halftone Pattern : 이미지를 하프 톤의 망점으로 나타낸다. Circle, Dot, Line, 이 세 가지 스타일의 망점을 선택할 수 있다.
>
> ❽ Note Paper : 이미지에 엠보싱과 망점을 부여해 독특한 부조 효과를 보여준다. 이미지의 균형(Image Balance), 점의 양(Graininess), 양감(Relief)을 선택한다.
>
> ❾ Photocopy : 사진을 복사했을 때 빛이 들어가 바랜 것처럼 이미지가 처리된다. 세밀함(Detail), 어두운 색(Darkness) 등의 수치를 조절하여 이미지의 테두리를 살려줌으로써 음화 사진(Negative) 같은 느낌의 이미지를 만들 수 있다.
>
> ❿ Plaster : 동판의 이미지처럼 금속성 엠보싱을 보여준다. 이미지의 균형(Image Balance), 부드러움(Smoothness), 빛의 방향(Light) 등을 조절하여 동판의 이미지를 만들 수 있다.
>
> ⓫ Reticulation : 이미지 위에 선택한 수치만큼 점의 크기와 양을 설정하여 점을 추가한다. 점의 농도(Density), 검은색 단계(Foreground Level), 흰색 단계(Background Level)를 조절하여 독특한 망점을 추가함으로써 고품질의 이미지를 얻을 수 있다.
>
> ⓬ Stamp : 스탬프로 찍은 이미지처럼 선명한 검은 선으로 이미지를 표현한다.
>
> ⓭ Torn Edges : 뜯어진 종이를 붙인 것처럼 이미지를 표현한다.
>
> ⓮ Water Paper : 캔버스에 수채화 물감을 칠했을 때 번지는 것처럼 표현된다. [Fiber Length] 항목의 수치값이 클수록 번지는 효과가 많이 나타나며 [Brightness] 항목의 수치값이 클수록 전반적인 이미지 색상이 밝아진다. [Contrast] 항목의 수치값이 클수록 색상의 대비값이 커져 선명한 이미지를 얻을 수 있다.

따라하기 05 독특한 이미지 만들기

'챕터8_샘플/0_10_1.bmp'를 불러온 후 [Stylize]로 이미지 경계 부분의 색상에서 질감이나 명도 등을 탐색하여 이미지의 외곽선 부분이 빛으로 발산하는 듯한 효과를 사용해 보자. 네온 효과를 적용시킬 때 많이 사용된다.

① '0_10_1.bmp' 파일을 연다.

② 선택 툴( )로 이미지를 선택하고 [Effect] 메뉴에서 [Stylize]-[Glowing Edges]를 실행하거나 [Effect] [Effect Gallery]를 선택하여 [Stylize]-[Glowing Edges]를 선택한다.

③ [Glowing Edges]나 [Filter Gallery] 대화 상자에서 [Edge Brightness] 항목은 '13'으로, [Smoothness] 항목은 '10'으로 입력하고 [OK] 버튼을 클릭한다.

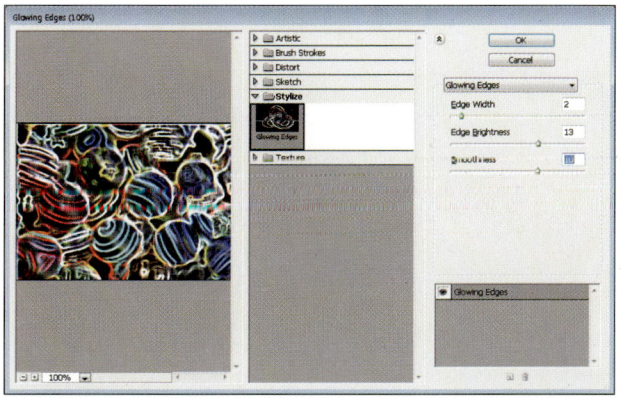

> **[Glowing Edges] 대화 상자 옵션** tip
>
> [Edge Width] 항목의 수치값이 클수록 외곽선이 두꺼워지며, [Edge Brightness] 수치값이 클수록 경계선이 밝은 색상으로 표현된다.

> **[Illustrator Effect]-[Stylize] 효과**　　　　　　　　　　　　　　　　　tip ➕
>
> ❶ Drop Shadow : 자연스러운 그림자 효과를 작성한다.
> ❷ Feather : 오브젝트의 외곽을 부드럽게 처리한다.
> ❸ Inner Glow : 오브젝트의 내부에 빛이 퍼지는 효과를 준다. 빛이 퍼지는 정도, 색상, 강도 등을 대화 상자에서 조절할 수 있다.
> ❹ Outer Glow : 오브젝트의 바깥쪽으로 빛이 퍼지는 효과를 준다. [Inner Glow]와 반대 효과로 빛이 퍼지는 정도, 색상, 강도 등을 대화 상자에서 조절할 수 있다.
> ❺ Round Corners : 오브젝트의 모서리를 둥글게 변환할 수 있다.
> ❻ Scribble : 직접 손으로 그린 것과 같은 벡터 이미지를 만들 수 있다. 정형화된 디자인 요소에 좀 더 친근감 있고 부드러운 느낌을 주거나 스케치 같은 일러스트레이션을 만들고, 디자인에 교차선을 추가하거나 구불구불 움직이는 선을 만들 때 유용한다.

따라하기 06 | 다양한 질감의 이미지 만들기

'챕터8_샘플/0_11_1.bmp'를 불러온 후 [Texture]로 이미지에 질감을 입혀 보자. 일러스트레이터에서 제공하는 질감 이외에 사용자가 직접 제작한 이미지를 [Load Texture]를 이용하여 적용시킬 수 있다.

 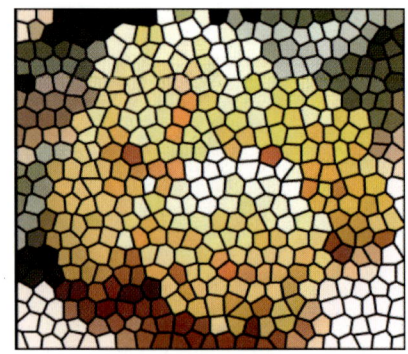

❶ '0_11_1.bmp' 파일을 연다.

❷ 선택 툴(▶)로 이미지를 선택하고 [Effect] 메뉴에서 [Texture]-[Stained Glass]를 선택하거나 [Effect]-[Effect Gallery]를 선택하여 [Texture]-[Stained Glass]를 선택한다.

❸ [Stained Glass]나 [Filter Gallery] 대화 상자에서 [Edge Brightness] 항목은 '13'으로, [Smoothness] 항목은 '10'으로 입력하고 [OK] 버튼을 클릭한다.

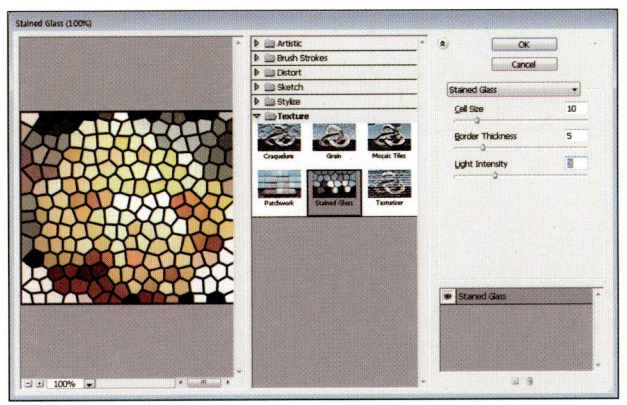

> **[Stained Glass] 대화 상자 옵션** tip
>
> 셀의 크기(Cell Size), 테두리 선의 굵기(Border Thickness), 밝은 색의 명암도(Light Intensity) 등을 조절함으로써 멋진 스테인드 글라스의 재질감을 얻을 수 있다.

> **[Texture] 효과** tip
>
> ① Craquelure : 벽면에 새겨진 이미지처럼 질감을 부여한다. 갈라진 경계의 간격(Crack Spacing), 갈라진 경계의 깊이(Crack Depth), 갈라진 경계의 밝기(Crack Brightness) 등을 조절함으로써 독특한 재질감을 얻을 수 있다.
>
>
>
> ② Grain : 선택한 이미지에 노이즈를 부여한다. 갈라진 농도(Intensity), 대비(Contrast) 등을 조절하고 망점의 스타일(Grain Type) 등을 선택하여 독특한 재질감을 얻을 수 있다.
>
> ③ Mosaic Tiles : 모자이크처럼 독특한 질감을 부여한다. 타일의 크기(Tile Size), 갈라진 틈의 두께(Grout Width), 밝은 부분의 두께(Lighten Grout) 등을 조절함으로써 독특한 재질감을 얻을 수 있다.
>
> ④ Patchwork : 사각형의 높낮이가 다른 느낌의 블록을 만든다. 사각형의 크기(Square Size), 양감(Relief) 등을 조절함으로써 입체적인 재질감을 얻을 수 있다.
>
> ⑤ Stained Glass : 교회나 성당의 창문처럼 이미지의 색상을 기초해서 셀을 생성한다.
>
> ⑥ Texturizer : 이미지에 다양한 질감을 부여한다. 재질감(Texture)을 선택할 수도 있고, [Load Texture] 항목을 이용해 외부에서 불러들여 사용할 수 있다. 재질감의 크기(Scaling), 양감(Relief)과 빛의 방향(Light) 등을 조절함으로써 원하는 재질감을 얻을 수도 있다.

Section 4. 부드럽거나 혹은 날카로운 효과 적용하기

[Effect] 메뉴의 명령들은 적용한 효과들을 이전 과정으로 되돌릴 수 있으며 언제나 수정이 가능하다.

> **◉ 알아두기**
> - [Apply Last Filter] or [Effect]는 바로 전에 실행한 명령을 다시 선택한다.
> - [Last Filter] or [Effect]는 바로 전에 실행한 명령을 수정하여 선택한다.
> - [Blur]로 선명한 이미지를 흐릿한 이미지로 바꿀 수 있다.
> - [Pixelate]로 이미지의 픽셀을 재조합하는 효과를 낼 수 있다.
> - [Sharpen]로 흐릿한 이미지를 선명한 이미지로 바꿀 수 있다.

따라하기 01 흐린 이미지 만들기

'챕터8_샘플/0_4_1.bmp'를 불러온 후 [Blur]로 카메라 렌즈에 초점이 맞지 않아 흐릿하게 보이는 효과를 적용해 보자. 이미지를 구성하는 픽셀의 경계선 색상을 평균화한다. 선택 툴을 이용하여 특정한 이미지 이외의 영역에 흐릿한 효과를 주어 부각시키려는 부분을 강조하는 방법으로 많이 사용된다.

❶ '0_4_1.bmp' 파일을 연다.
❷ 선택 툴(▶)로 이미지를 선택하고 [Effect]-[Blur]-[Radial Blur]를 선택한다.
❸ [Radial Blur] 대화 상자가 나타나면 [Amount] 항목을 '10'으로 입력한다.
❹ [Blur Method] 항목은 'Spin', [Quality] 항목은 'Good'으로 설정하고 [OK] 버튼을 클릭한다.

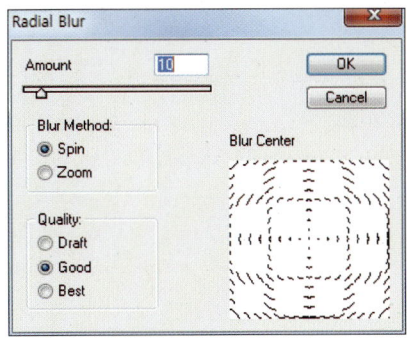

[Blur Method]   tip ➕

'Zoom'을 선택하면 카메라를 회전시키거나 빠르게 확대시키는 줌 효과를 얻을 수 있고, 'Spin'을 선택하면 이미지를 중심으로 끌어당기는 듯한 효과를 주게 되므로 집중과 속도감을 얻을 수 있다.

[Blur] 효과   tip ➕

❶ Gaussian Blur : 조점을 흐리게 하여 이미지를 부느텁게 처리한다. [Gaussian Blur] 대화 상자에서 [Radius] 항목에 '0.1~250'의 수치값을 입력해 효과를 적용할 수 있다. 값이 클수록 효과가 커지며 지나치게 효과를 적용하면 이미지의 경계선 색상이 모호하게 표현되어 형태를 알아보기 힘들다.
❷ Radial Blur : [Blur Method] 항목의 값에 따라 효과가 달라진다.
❸ Smart Blur : 이미지의 지저분한 노이즈를 없애주어 이미지가 더 선명하게 보이는 효과를 나타낸다.

❶ Gaussian Blur...
❷ Radial Blur...
❸ Smart Blur...

따라하기 02 오브젝트의 픽셀 또는 색상 변형하기

'챕터8_샘플/0_7_1.bmp'를 불러온 후 [Pixelate]로 이미지의 픽셀을 재조합하여 재미있는 효과를 적용해 보자. 원형이나 다각형 형태의 이미지를 구성한다. 이미지에 망점이 보이게 하거나 동판화 효과를 낼 때 주로 사용한다.

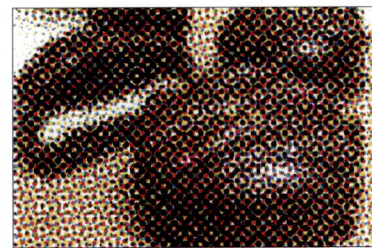

❶ '0_7_1.bmp' 파일을 연다.

❷ 선택 툴()로 이미지를 선택하고 [Effect]–[Pixelate]–[Color Halftone]을 선택한다.

❸ [Color Halftone] 대화 상자가 나타나면 [Max. Radius] 항목을 '6'으로 입력하고 [OK] 버튼을 클릭한다.

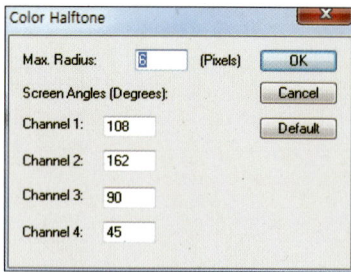

> **[Color Halftone] 대화 상자 옵션**   tip ➕
>
> [Max. Radius] 항목은 픽셀의 크기를 조절하고 [Screen Angles] 항목은 채널의 도트 편차를 조절한다.

> **[Pixelate] 효과**   tip ➕
>
>
>
> ❶ Color Halftone : 인쇄할 때 생성되는 하프톤 모양을 크게 확대하여 이미지를 원형의 점으로 나타내어 마치 컬러 인쇄물을 돋보기로 확대하여 보는 것과 같은 효과를 나타낸다.
>
> ❷ Crystallize : 크리스탈에 이미지를 투과한 듯한 효과를 나타내며 이미지의 픽셀을 다각형 모양으로 지정한 다음 색상값을 평균화시킨다. [Cell Size] 항목은 다각형의 크기를 지정할 수 있으며, '3~300' 사이의 값을 입력할 수 있다.
>
> ❸ Mezzotint : 이미지를 동판화로 찍은 듯한 효과를 주는 필터로, 이미지에 강한 채도와 스트로크 효과를 지정하여 표현한다. [Mezzotint] 대화 상자의 [Type] 항목에서 제공하는 열 가지 스트로크의 길이와 도트의 양을 적절히 조합하여 효과를 적용할 수 있다.
>
> ❹ Pointillize : 점묘화처럼 이미지를 규칙적인 점으로 표현하는 필터로, 회화적인 이미지를 연출한다. [Cell Size] 항목에 '3~300' 수치값을 입력하여 셀의 크기를 조정할 수 있다.

따라하기 03 선명한 이미지 만들기

'챕터8_샘플/0_8_1.bmp'를 불러온 후 [Sharpen]으로 흐릿한 이미지를 보다 선명하게 만들어 보자. 이미지에서 색상이 변화되는 경계선 부분만을 강조하여 픽셀의 색상 대비값을 높여 이미지를 전반적으로 밝고 세밀하게 표현한다.

❶ '0_8_1.bmp' 파일을 연다.

❷ 선택 툴( )로 이미지를 선택하고 [Effect]-[Sharpen]-[Unsharp Mask]를 선택한다.

❸ [Unsharp Mask] 대화 상자가 나타나면 [Amount] 항목을 '50.0', [Radius] 항목을 '1.0'으로 입력하고 [OK] 버튼을 클릭한다.

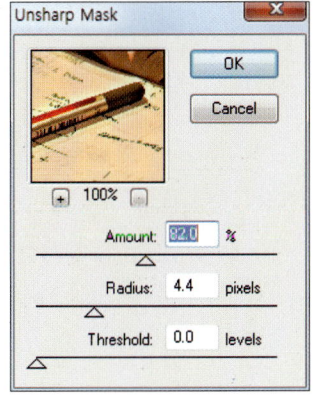

Section 4. 부드럽거나 혹은 날카로운 효과 적용하기

핵심정리 summary

1. 필터

- [Free Distort]는 오브젝트를 역동적으로 왜곡하는 필터로 [Free Distort] 대화 상자에서 조절점을 드래그하여 오브젝트에 왜곡, 과장, 기울기 등의 효과를 지정하여 자유롭게 변형할 수 있다.
- [Pucker & Bloat]는 오브젝트 기준점을 부풀리거나 오므라들게 하는 필터다. 간단한 도형을 쉽게 변형하여 패턴으로 사용할 수 있다.
- [Roughen]은 오브젝트를 울퉁불퉁하게 만드는 필터로 정형화된 곡선이나 직선을 자연스러운 이미지로 만들 수 있다.
- [Twist]는 오브젝트의 형태를 일정한 각도로 비틀어 변형하는 필터로 소용돌이나 회오리 모양으로 오브젝트의 형태를 변형하면서 매우 역동적으로 표현할 수 있다.
- [Round Corners]는 오브젝트의 각진 모서리를 둥글게 만들어 딱딱하고 거친 외곽선을 완만한 곡선 형태로 조정하여 부드러운 이미지를 만들 때 사용하면 편리하다.

2. 이펙트

- [3D]는 평면 오브젝트의 시점을 다르게 설정하여 공간감이 살아있는 형태로 변형하여 전체적으로 입체 효과를 더욱 실감나게 표현할 수 있다.
- [Scribble]는 직접 손으로 그린 것 같은 터치 효과로, 크레용이나 색연필로 스케치한 듯한 효과를 나타내어 부드럽고 친근한 이미지를 만든다.
- [SVG Filters]는 파일 크기가 작아도 깨짐 없이 선명하고 정확한 효과를 적용할 수 있다.

3. 필터와 이펙트

일러스트레이터 CS3 버전까지는 [Filter]와 [Effect] 메뉴를 분리하였으며 오브젝트 메뉴와 중복되는 기능이 많았다. 일러스트레이터 CS5에서는 이러한 중복 기능을 없애기 위해 [Filter] 메뉴를 과감하게 없애고 중복 기능을 깔끔하게 정리한 [Effect] 메뉴를 제공한다. [Effect] 메뉴에서 [Filter]와 [Effect] 효과를 모두 사용할 수 있으며, 적용한 효과는 언제든지 수정이 가능하다.

4. [APPEARANCE] 팔레트

[Effect] 효과를 오브젝트에 적용하면 [APPEARANCE] 팔레트에 작업 내용이 기록된다. 새 오브젝트를 그리거나 이미 효과가 적용된 오브젝트의 일부를 수정할 때 [APPEARANCE] 팔레트를 사용하면 손쉽고 빠르게 작업할 수 있다.

1. [Effect Gallery] 대화 상자를 이용하여 다양한 느낌의 효과를 적용해 보자.

   [작업 준비물 : 챕터8_샘플/음식.ai]

   HINT | 이미지를 선택한 상태에서 [Effect]-[Effect Gallery]를 선택한 다음 미리 보기 창을 확인하며 원하는 효과 및 옵션을 설정한다.

2. 이펙트 효과를 적용하여 오브젝트를 만화 캐릭터와 같은 효과로 변경해 보자.

   [작업 준비물 : 챕터8_샘플/말.ai]

   HINT | 오브젝트를 선택하고 [Effect]-[Artistic]-[Poster Edges]를 선택하여 적용한다.

09

CHAPTER

입체감이 살아 있는 3D
오브젝트 만들기

일러스트레이터 CS6에서는 2차원 오브젝트뿐만 아니라 3차원 입체 오브젝트도 쉽게 간편하게 만들 수 있다. CS5 버전에서는 더욱 향상된 기능으로 입체적인 오브젝트를 만들고 원근감 툴을 이용하여 정확하게 입체적인 드로잉이 가능하다.

Section 1 　　[3D] 효과로 입체적인 오브젝트 만들기

Section 2 　　[3D] 효과로 입체 타이포그래피 만들기

Section 3 　　원근감 툴을 이용한 입체적인 그래픽 작업하기

3D 오브젝트 만드는 방법 알아보기

Chapter 9

3D 관련 툴과 대화 상자를 이용하면 쉽고 간편하게 입체적인 오브젝트를 작성할 수 있다. 드래그 한 번으로 원하는 각도와 방향을 조절할 수 있으며 문자 오브젝트에도 입체감을 적용하여 다양한 타이포그래피 작성이 가능하다. CS5에서 새롭게 제공하는 원근감 툴을 이용하면 정확한 수치와 비율로 입체적인 드로잉을 할 수 있다.

01 3D 입체 오브젝트 기능

일러스트레이터에서 3D 기능은 [Effect]-[3D]를 선택하여 사용할 수 있으며 오브젝트를 돌출시키고, 모서리의 형태를 설정할 수 있는 [Extrude & Bevel], 오브젝트를 회전하여 입체물을 작성하는 [Revolve], 오브젝트를 다양한 시점으로 변경하는 [Rotate]이 있다.

```
Extrude & Bevel...
Revolve...
Rotate...
```

02 [3D Rotate Options] 대화상자

선택한 오브젝트를 다양한 각도로 회전하는 [3D Rotate Options] 대화 상자에서 가로축, 세로축의 각도를 직접 입력하거나 'Track Cube'를 통해 마우스로 직접 조절한다. 또한 [Position] 항목에 있는 다양한 위치를 선택하여 오브젝트를 회전할 수 있다. [Perfective] 항목에서 수치값을 조절하여 원근감을 가진 3D 오브젝트를 작성할 수 있다.

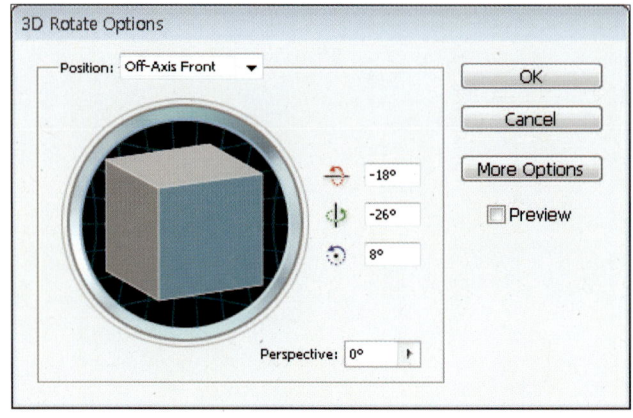

03 원근감 격자 툴(Perspective grids)

일러스트레이터 CS5에서 새롭게 제공하는 원근감 그리드 기능은 오브젝트를 따로 변경하지 않아도 정확한 수치와 비율에 맞도록 자동으로 원근감을 적용하여 쉽고 빠르게 원근감이 있는 일러스트를 작성할 수 있도록 도와준다. 드래그하는 것으로 원근감을 적용할 수 있으며, 소실점의 개수는 1개에서 3개까지 변경이 가능하다. 원근감 격자 툴( )과 원근감 선택 툴( )을 이용하여 원근감 있는 배경뿐만 아니라 원근감 있는 타이포그래피도 디자인할 수 있다. 그리드의 각 축은 마음대로 조절할 수 있으며 그리드 선의 색상 또한 변경이 가능하다.

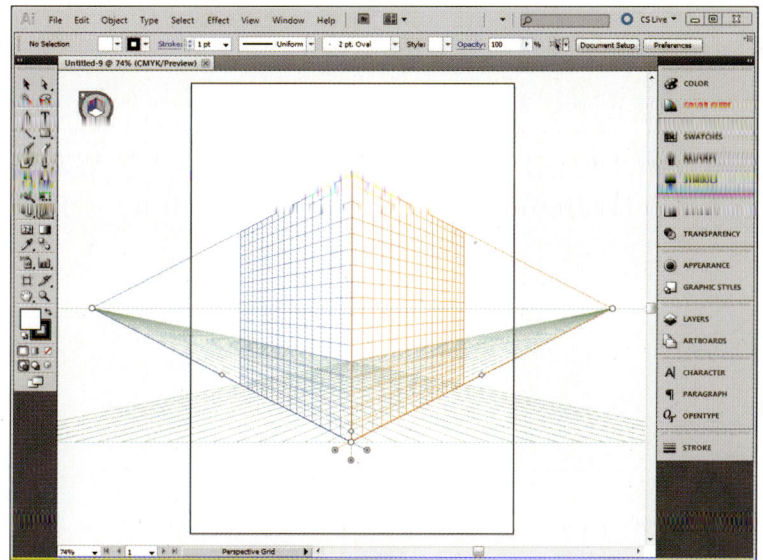

원근감 격자 툴( )로 제작한 타이포그래피는 선택 툴( )로 드래그하는 경우 경고 메시지 창이 활성화된다. 이 때 [OK] 버튼을 클릭하면 원근감 선택 툴( )로 수정할 수는 없지만 각 오브젝트에 대한 색상은 자유롭게 바꾸어 표현할 수 있다.

Section 1. [3D] 효과로 입체적인 오브젝트 만들기

입체감 있는 오브젝트를 렌더링하는 작업은 평면적인 오브젝트에 깊이감을 주는 작업으로 많은 작업 시간이 소요되지만 일러스트레이터의 [3D] 기능을 사용하면 손쉽게 3차원 오브젝트를 작성할 수 있다.

◎ 알아두기

- [Extrude & Bevel]로 돌출된 입체 오브젝트를 만들 수 있다.
- [3D Revolve]로 조명 효과를 적용한 입체 오브젝트를 만들 수 있다.

따라하기 01 돌출된 3D 오브젝트 만들기

'챕터9_샘플/원숭이.ai'를 불러온 후 [Extrude & Bevel]로 오브젝트에 두께와 모서리 형태를 설정하여 입체적으로 만들어 보자. 3D 오브젝트 효과를 적용한 오브젝트는 본래의 패스를 그대로 가지고 있기 때문에 수정이나 변경도 가능하다.

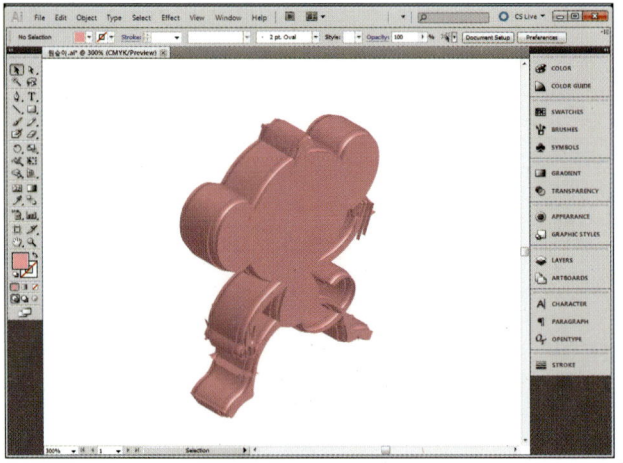

❶ 선택 툴(▶)로 오브젝트를 선택하고 [Effect]-[3D]-[Extrude & Bevel]을 선택한다.

❷ [3D Extrude & Bevel Options] 대화 상자에서 'Preview' 항목을 체크하면 미리 보기 창에서 오브젝트를 미리 보면서 작업할 수 있다.

❸ 'Track Cube'를 마우스로 드래그하여 3D 오브젝트의 시점과 위치를 조절한다.

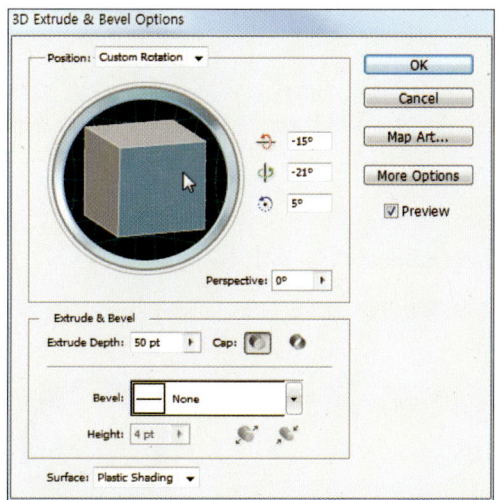

④ [Position] 항목의 내림 버튼을 클릭하며 이미 설정되어 있는 여러 가지 시점이 있어 정확한 시점으로 오브젝트 좌표를 조절할 수 있다. [Position] 항목이 'Isometric Left'를 선택하면 오브젝트가 왼쪽을 향하여 위치한다.

⑤ [Position] 항목에서 'Isometric Right'를 선택하면 오브젝트가 오른쪽을 향해 위치한다. [Extrude & Bevel] 항목에서 [Extrude Depth]의 수치값을 '30'으로 입력하면 오브젝트의 두께가 수치값만큼 두꺼워진다.

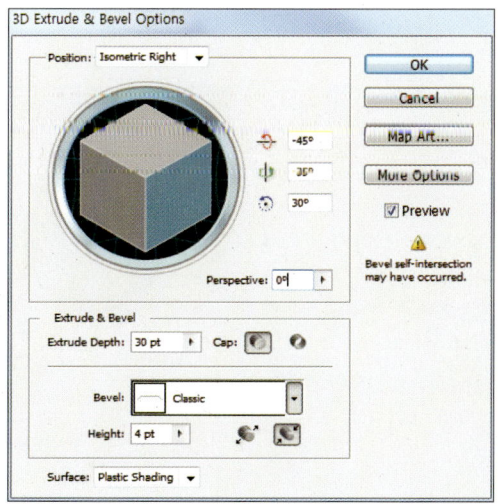

⑥ [Bevel] 항목은 입체 오브젝트의 모서리 형태를 조절하는 항목으로 모양을 선택하고 [Height]의 수치값을 '2 pt'로 지정하여 모서리가 깎이는 정도를 조절한다. [Bevel] 항목을 'Complex2'로 설정하고 [OK] 버튼을 클릭하여 3D 오브젝트를 완성한다.

Section 1 . [3D] 효과로 입체석인 오브젝트 만들기 301

3D 제작 시 주의점

복잡한 오브젝트를 작성하여 입체로 만드는 경우 오브젝트의 구멍 또는 홈이 있는 경우에도 모두 입체 기능이 적용되므로 복잡한 오브젝트에 [3D] 효과를 적용할 때에는 이를 주의하여 작성하도록 한다.

[3D Extrude & Bevel Options] 대화 상자

❶ Position : 원하는 입체효과와 위치를 선택할 수 있다.
❷ Extrude Depth : [3D] 오브젝트의 깊이를 나타낸다. 깊이란 오브젝트의 두께 또는 돌출 정도를 뜻한다.
❸ Bevel : [3D] 효과가 적용될 오브젝트의 모서리 형태를 설정한다.
❹ Height : [3D] 효과가 적용될 오브젝트의 모서리가 꺾인 부분의 크기를 설정한다.
❺ Surface : [3D] 효과가 적용될 오브젝트의 표면이 갖는 재질과 조명의 종류를 선택할 수 있다.
❻ Map Art : 오브젝트의 표면에 이미지를 심벌화하여 적용한다.

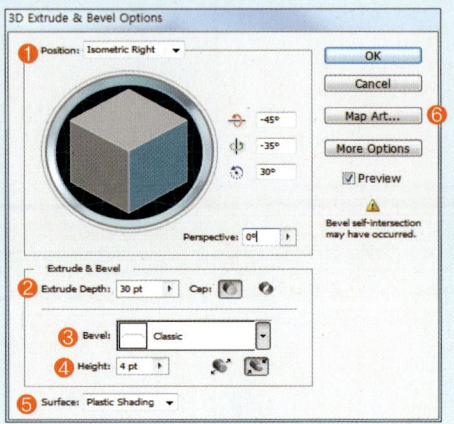

[3D Revolve Options] 대화 상자

❶ Position : 원하는 3D 시점과 위치를 선택한다.
❷ Perspective : 3D 오브젝트의 원근감 정도를 결정한다.
❸ Cap : 내부를 채워서 렌더링하거나 외부를 채워서 렌더링하는 것을 결정한다.
❹ Offset : 회전 중심축에서 얼마나 더 확장하여 렌더링할지를 결정한다.
❺ Surface : 3D 오브젝트의 표면이 갖는 재질과 조명의 종류를 선택한다.

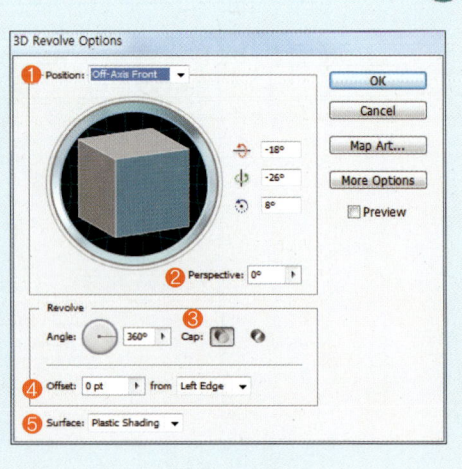

| 따라하기 | 02 | 입체 뱅글 만들기 |

[Effect]-[3D] 기능을 이용하여 입체화된 오브젝트의 겉 표면에 다른 이미지를 덧입힐 수 있다. 단 매핑할 이미지는 반드시 심볼로 등록되어 있어야 하며 매핑 부분을 지정하여 설정할 수 있다.

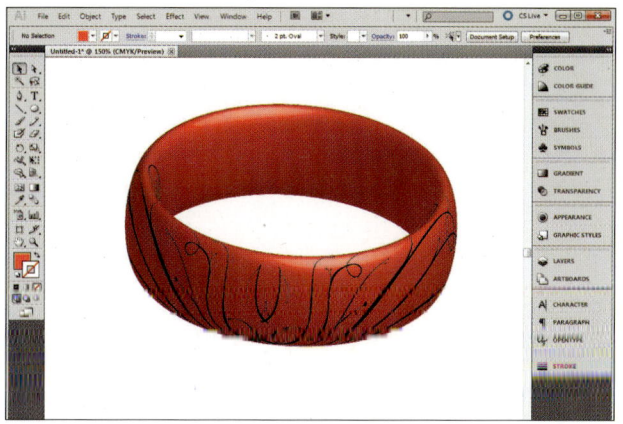

❶ [File]-[New]을 선택하여 새로운 도큐먼트를 연다.

❷ 도구모음에서 원형 툴( )을 이용하여 세로로 긴 타원형 오브젝트를 작성한다.

❸ 오브젝트가 선택된 상태에서 도구모음의 면 색상박스를 더블클릭하여 [Color Picker] 대화 상자를 연다.

❹ RGB의 색상값을 [R:233, G:71, B:72]로 입력한 다음 [OK] 버튼을 클릭하고 선 색상박스는 「색상 없음」으로 지정한다.

❺ 오브젝트를 선택한 상태에서 [Effect]-[3D]-[Revolve]를 선택한다.

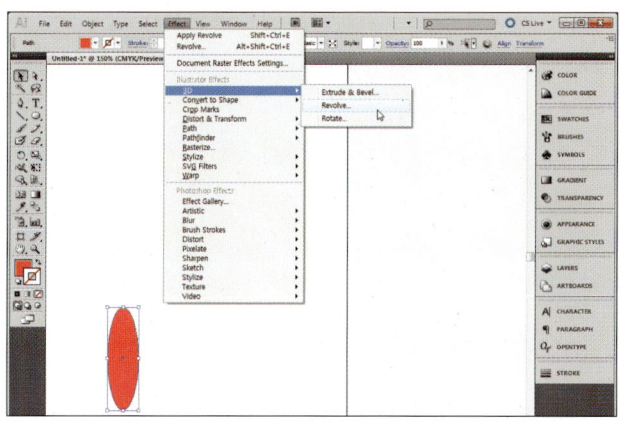

❻ [3D Revolve Options] 대화 상자에서 [Preview] 항목을 체크하여 오브젝트의 변형 상태를 미리 확인한다.

Section 1. [3D] 효과로 입체적인 오브젝트 만들기

❼ [Offset] 항목의 수치값을 '150'으로 입력하면 오브젝트의 형태가 가로로 긴 튜브 형태로 변하는 것을 확인할 수 있다.

❽ 육면체 모양의 'Track Cube'를 마우스로 드래그하여 오브젝트의 윗면이 보이도록 회전시킨다.

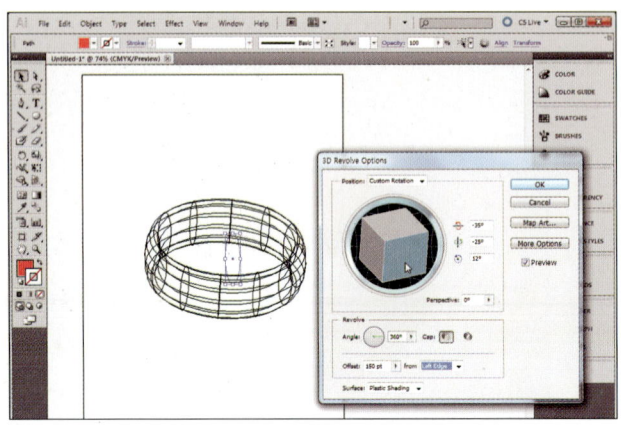

❾ [Map Art] 버튼(Map Art...)을 클릭하여 [Map Art] 대화 상자를 나타낸다.

❿ [Map Art] 대화 상자에서 [Symbol] 항목의 내림 버튼을 눌러 'Florid Strokes' 심볼을 선택한다.

⓫ 심볼을 그림과 같이 크기를 조절하고 위치시킨 다음 [OK] 버튼을 클릭하고 [3D Revolve] 대화 상자의 [OK] 버튼을 클릭하여 입체적인 뱅글 오브젝트를 완성한다.

01 혼자해보기

[3D Revolve] 대화 상자를 이용하여 모자 오브젝트를 만들어 보자.

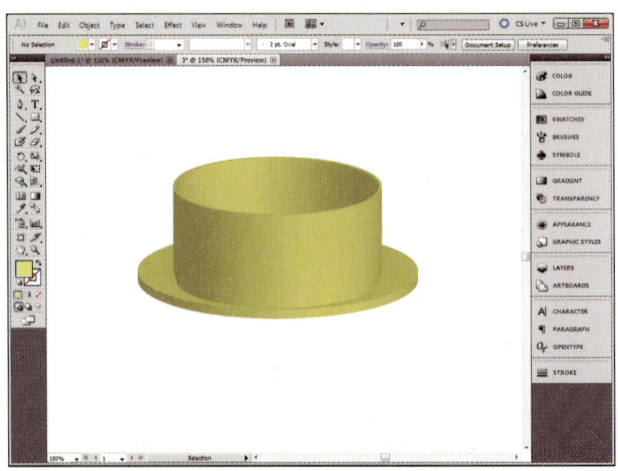

HINT | 노란색 사각형 오브젝트를 2개를 그룹화 시켜 'ㄴ' 형태로 작성한 다음 [Effect]-[3D]-[Revolve]를 선택하고 [Offset] 항목의 수치값을 조절하여 모자 오브젝트를 완성한다.

| 따라하기 03 | 입체 오브젝트에 조명 효과 적용하기 |

'챕터9_샘플/뱅글.ai'를 불러온 후 [3D]를 적용한 오브젝트에 조명 효과를 적용하여 입체 효과를 더욱 돋보이게 만들어 보자. 하나의 오브젝트에 여러 개의 조명을 적용할 수 있으며, 조명의 강도를 조절하여 보다 현실감 있는 오브젝트를 제작할 수 있다.

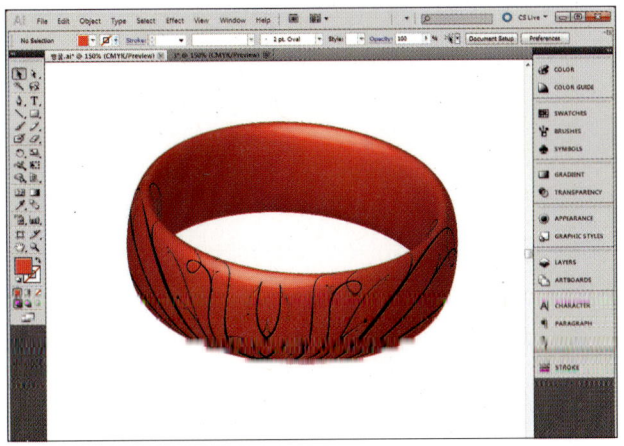

❶ 선택 툴(▶)로 뱅글 오브젝트를 선택한다.

❷ 뱅글 오브젝트에 적용되어 있는 3D의 입체 속성을 변경하기 위해 [Window]-[APPEARANCE]를 선택하여 [APPEARANCE] 팔레트를 나타낸다.

❸ [APPEARANCE] 팔레트에서 'Add New Effect'( ) 아이콘을 클릭하여 [3D]-[3D Revolve]를 선택하면 [3D Revolve Options] 대화 상자가 나타난다.

❹ [3D Revolve Options] 대화 상자의 [More Options] 버튼(More Options)을 클릭하여 [Surface] 항목을 확장시킨다. 대화 상자가 확장되면 [More Options] 버튼(More Options)은 [Fewer Options] 버튼(Fewer Options)으로 바뀌며, 이 버튼을 클릭하면 [Surface] 항목이 다시 원래의 상태로 축소된다.

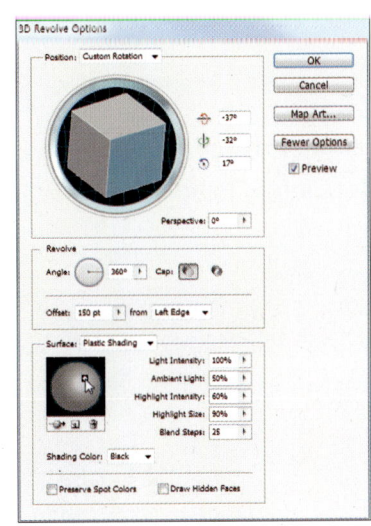

❺ [Surface] 항목의 공 모양을 가진 상자에서 작은 흰색 점이 현재의 조명 상태를 나타낸다. 흰색 점을 클릭하여 왼쪽으로 이동시켜 조명을 변경하면 오브젝트에 적용된 조명 상태도 함께 변경된다.

❻ 원하는 조명 효과를 설정한 다음 [OK] 버튼을 클릭하여 현실감 있는 뱅글 이미지를 완성한다.

Section 1. [3D] 효과로 입체적인 오브젝트 만들기

따라하기 04 입체 오브젝트에 무늬 적용하기

[3D] 효과를 적용한 오브젝트의 각 면에 서로 다른 무늬를 적용하여 다양한 오브젝트를 작성할 수 있다.

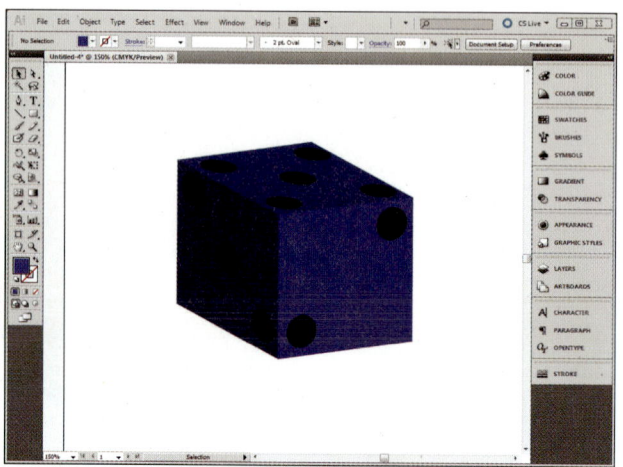

❶ [File]-[New]를 선택하여 새로운 도큐먼트를 작성한다.

❷ [Window]-[Symbol]을 선택하여 나타난 [SYMBOLS] 팔레트의 왼쪽 하단의 'Symbol Library Menu' 아이콘( )을 클릭하여 '3D Symbols' 항목을 선택한다.

❸ [3D Symbols] 대화 상자에서 주사위 무늬 6개를 드래그하여 [SYMBOLS] 팔레트로 옮긴다.

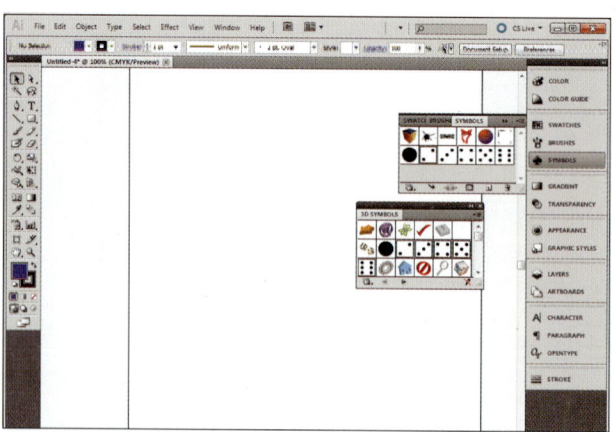

❹ 도구모음의 면 색상박스를 더블클릭하여 [R:63, G:55, B:211]를 입력하고 [OK] 버튼을 클릭한다. 선 색상박스는 [색상 없음]으로 지정한다.

❺ 사각형 툴( )을 선택하고 Shift 를 누른 상태에서 드래그하여 정사각형 오브젝트를 작성한다.

❻ 정사각형 오브젝트가 선택된 상태에서 [Effect]-[3D]-[Extrude & Bevel]을 선택한다.

❼ [3D Extrude & Bevel Options] 대화 상자에서 [Extrude Depth] 항목의 수치값을 조절하여 정육면체의 형태와 비슷하도록 설정한다.

❽ [Map Art] 버튼(Map Art...)을 클릭하여 [Map Art] 대화 상자를 연다. [Symbol] 항목을 클릭하여 주사위 무늬를 선택한 후 크기를 조절하고 가운데로 위치시킨다.

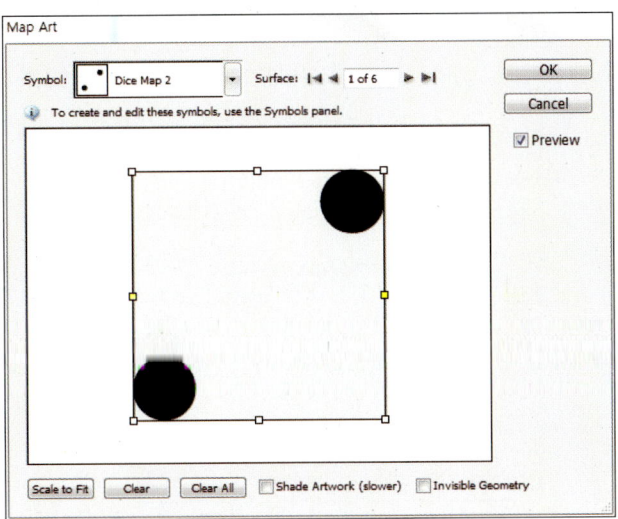

❾ [Surface] 항목의 Next 버튼(▶)을 클릭하여 정육면체의 다른 면을 선택한 다음 [Symbol] 항목에서 다른 주사위 무늬를 선택하고 크기 및 위치를 조절한다. 같은 방법으로 다른 면에도 주사위 무늬를 적용시킨다.

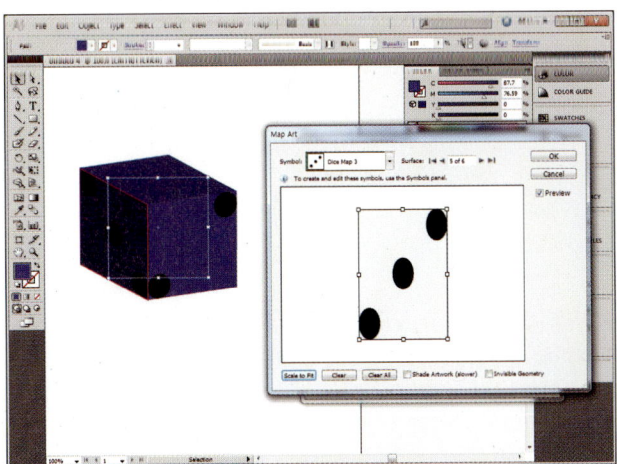

❿ 모든 조절이 끝나면 [OK] 버튼을 클릭하고 [3D Extrude & Bevel Options] 대화 상자에서도 [OK] 버튼을 클릭하여 주사위 오브젝트를 완성한다.

[Map Art] 대화 상자 tip

❶ Symbol : [SYMBOLS] 팔레트에 등록된 심볼을 선택하여 어떤 무늬를 매핑할지 결정한다.
❷ Surface : 3D 오브젝트의 각 면을 분리하여 볼 수 있다.
❸ Scale to Fit : 면 안에 딱 맞도록 심볼의 크기를 조절한다.
❹ Clear : 현재 화면에 불러온 매핑 이미지를 삭제한다.
❺ Clear All : 불러온 모든 매핑 이미지를 삭제한다.
❻ Shade Artworks : 매핑된 입체 오브젝트에 명암을 적용한다.
❼ Invisible Geometry : 매핑 이미지만 남기고 오브젝트는 숨긴다.

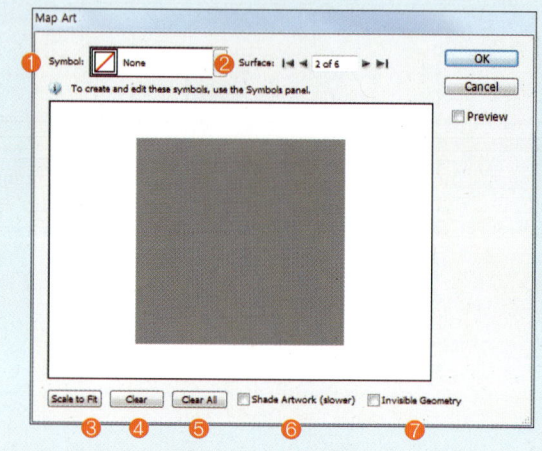

[3D] 효과로 입체 타이포그래피 만들기

일러스트레이터 CS5에서는 그래픽 오브젝트뿐만 아니라 문자 오브젝트에도 쉽고 간편하게 [3D] 효과를 적용할 수 있다. [3D] 효과를 적용한 입체 타이포그래피를 만들어 본다.

알아두기

- [3D Extrude & Bevel Options] 대화 상자를 이용하여 문자 오브젝트에 [3D] 효과를 적용할 수 있다.
- [3D Revolve Options] 대화 상자를 이용하여 입체 효과를 수정할 수 있다.

따라하기 01 문자 오브젝트에 [3D] 효과 적용하기

문자 오브젝트에 [3D] 효과를 적용하여 입체적인 타이포그래피를 만들어 보자.

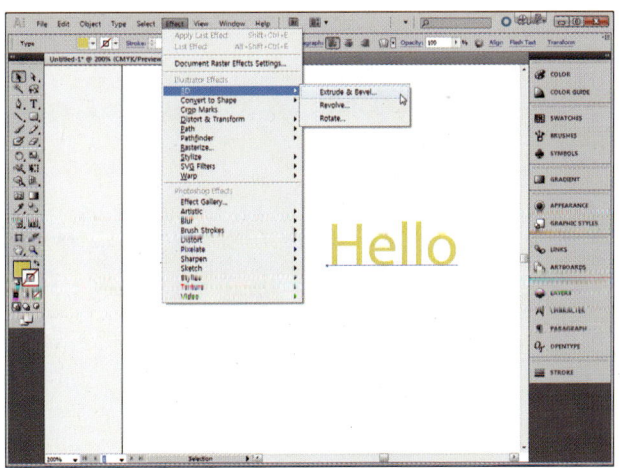

❶ [File]-[New]를 선택하여 새로운 도큐먼트를 연다.

❷ 도구모음의 색상 모드에서 면 색상 모드를 노란색으로 지정한 다음 문자 툴(T)로 빈 도큐먼트를 클릭한 다음 커서가 깜빡일 때 'Hello'를 입력한다.

❸ 도구모음의 선택 툴(▶)로 문자 오브젝트를 선택하고 [Effect]-[3D]-[Extrude & Bevel]을 선택한다.

❹ [3D Extrude & Bevel Options] 대화 상자가 나타나면 가운데 사각형을 선택하고 드래그하여 입체 각도 및 방향과 같은 입체 효과를 조절한다. 사각형을 드래그하여 움직이면 자동으로 x축, y축, z축의 각도 수치값이 변화된다.

❺ 입체효과를 조절한 후 [OK] 버튼을 누르면 문자 오브젝트에 [3D] 효과가 적용된 것을 확인할 수 있다.

따라하기 02 [3D] 효과를 이용하여 독특한 타이포 그래피 만들기

'챕터9_샘플/입체타이포그래피.ai'를 불러온 후 [3D] 효과에 다른 여러 가지 효과를 적용하여 다양하고 독특한 타이포그래피를 작성해 보자. 이때까지 배운 일러스트레이터의 기능들과 창의력을 발휘하여 나만의 타이포그래피를 작성해 보자.

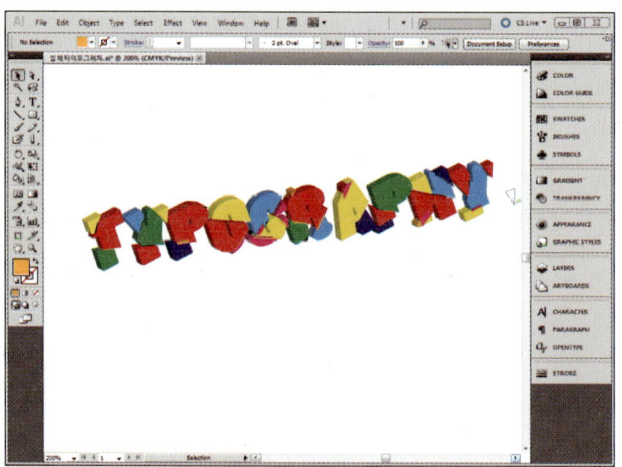

❶ 선택 툴( )로 문자 오브젝트를 선택한다.

❷ [Type]-[Create Outlines]를 선택하여 문자 오브젝트를 이미지 오브젝트로 이미지화 시킨다.

❸ 도구모음의 지우개 툴( )을 1~2초간 눌러 나타나는 나이프 툴( )로 문자 오브젝트를 원하는 대로 자른다.

❹ 선택 툴( )로 모든 조각 오브젝트들을 선택하고 마우스 오른쪽 버튼을 눌러 [Ungroup]을 선택한다.

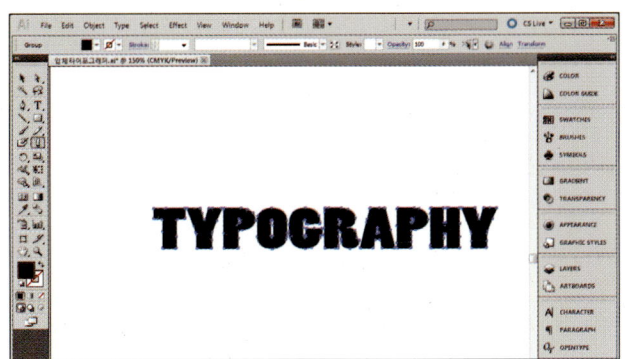

❺ [Object]-[Transform]-[Transform Each]를 선택하여 나타나는 [Transform Each] 대화 상자에서 [Angle] 항목의 수치값을 '20'으로 입력하고 [OK] 버튼을 클릭한다.

❻ [Object]-[Transform]-[Reset bounding box]를 선택하여 기울어져 있는 바운딩 박스를 원래대로 되돌려 놓는다.

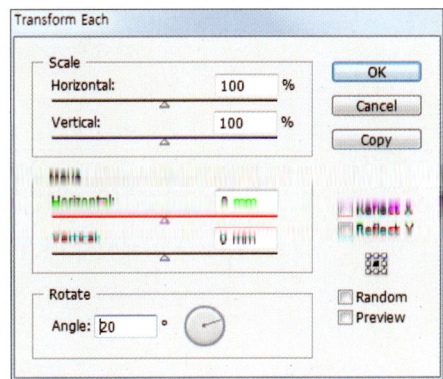

❼ 도구모음의 라이브 페인트 버킷 툴( )을 선택하고 [SWATCHES] 팔레트에서 원하는 배색띠를 선택하여 조각난 문자 오브젝트에 다양한 색을 적용한다.

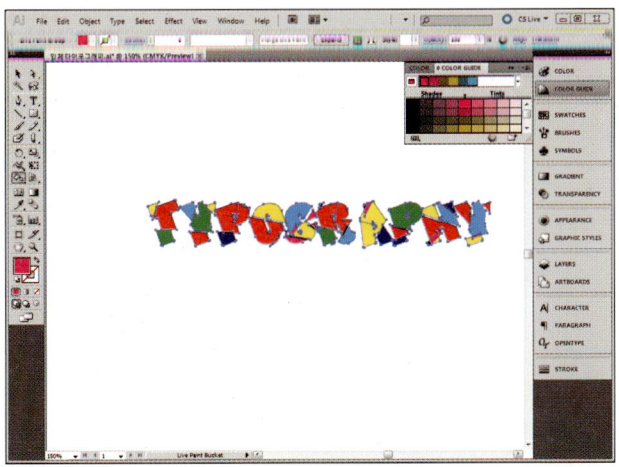

❽ 문자 오브젝트에 입체 효과를 적용하기 위하여 [Effect]-[3D]-[Extrude & Bevel]을 선택한 다음 [3D Extrude & Bevel Options] 대화 상자에서 [Extrude Depth] 항목의 수치값을 '10 pt'로 입력하고 [OK] 버튼을 클릭한다.

❾ 독특한 형태의 3D 타이포그래피를 확인할 수 있다.

Section 3. 원근감 툴을 이용한 입체적인 그래픽 작업하기

일러스트레이터 CS5는 엄청난 기능의 원근감 툴을 새롭게 제공한다. 원근감 툴을 이용하면 정확한 수치로 원근감 있는 일러스트를 쉽게 작성할 수 있으며 드래그하는 것만으로도 다양한 원근감을 적용할 수 있다. 또한 이 툴을 활용하면 원근감 있는 타이포그래피를 손쉽게 제작하여 디자인에 활용할 수 있다.

> **알아두기**
> - 원근감 그리드 툴을 사용하여 도큐먼트의 그리드 선을 나타내고 조절할 수 있다.
> - 원근감 선택 툴을 이용하여 원근감 있는 일러스트 및 타이포그래피를 제작할 수 있다.

따라하기 01 원근감 그리드 툴 사용하기

일러스트레이터 CS5가 새롭게 제공하는 강력한 기능 중의 하나인 원근감 툴을 사용하면 쉽고 빠르게 원근감이 적용된 일러스트를 작성할 수 있다.

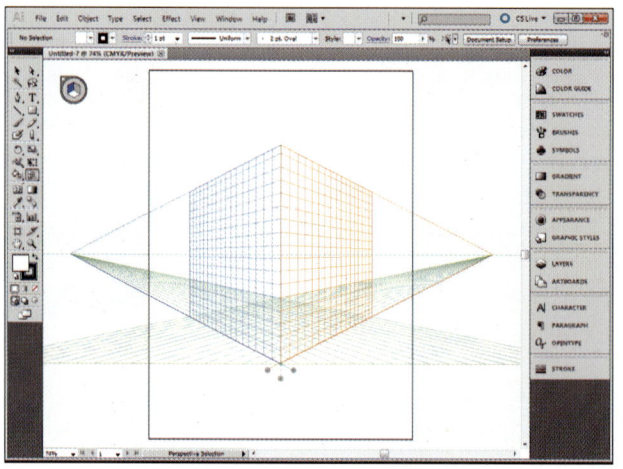

❶ [File]-[New]를 선택하여 새로운 도큐먼트를 연다.

❷ 도구모음에서 원근감 그리드 툴(圖)을 선택하여 도큐먼트에 원근감 있는 그리드 선을 나타낸다.

❸ 그리드 선의 각 모서리에 있는 기준점을 마우스로 드래그 하여 원근감을 조절한다.

❹ 기본적으로 나타나는 그리드 선은 'Two Point Perspective'이며 포인트의 개수를 조절하기 위해 [View]-[Perspective Grid]-[Three Point Perspective]-[3P-Normal View]를 선택한다.

❺ 도큐먼트의 그리드 선이 3개의 점으로 이루어진 원근감을 나타낸다.

❻ 도큐먼트의 왼쪽 상단에 나타난 위젯은 그리드 위치 및 방향을 나타낸다. 마우스로 위젯 내부의 사각형의 왼쪽 면을 클릭하면 그리드 선의 왼쪽 부분을 기준으로 오브젝트를 작성할 수 있으며, 위젯 내부의 사각형을 제외한 동그라미 부분을 클릭하면 그리드 선의 어떤 부분에도 관여하지 않고 일반적인 오브젝트를 작성할 수 있다.

❼ 도큐먼트의 원근감 있는 그리드 선을 없애기 위해서는 [View]-[Perspective Grid]-[Hide Grid]를 선택한다.

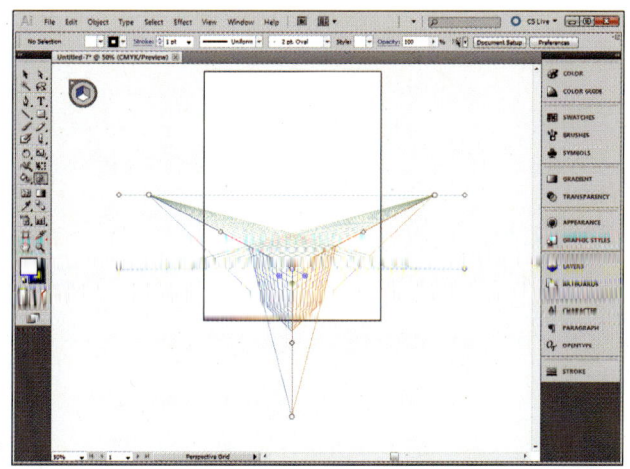

[Perspective Grid]의 명칭   tip ➕

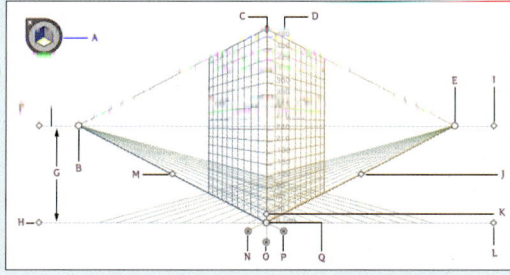

Ⓐ Plane switching widget : 이 위젯은 드로잉 그리드를 전환하고자 할 때 사용되며, 위젯의 설정에 따라 도구모음에서 그리드 선택 툴()로 그리드 선의 방향에 맞는 오브젝트를 작성할 수 있다.

· A : Left Grid Plane
· B : No Active Grid Plane
· C : Right Grid Plane
· D : Horizontal Grid Plane

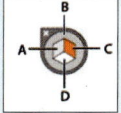

· 위젯은 기본적으로 나타나도록 설정되어 있으나 작업에 방해가 되는 경우, 도구모음에서 그리드 선택 툴()을 더블클릭하여 나타나는 [Perspective Grid options] 대화 상자에서 [Show Active Plane Widget] 항목의 체크를 해제하여 나타나지 않도록 한다. 또한 위치를 이동하고자 하면 [Widget Position] 항목에서 원하는 위치를 선택한다.

Ⓑ Left Vanishing Point : 왼쪽 방향의 소실점을 의미하며 좌우로 이동시켜 소실점의 위치를 변경할 수 있다.
Ⓒ Vertical Grid Extent : 세로 방향의 그리드 범위를 확장하거나 축소할 수 있다.
Ⓓ Perspective Grid Ruler : 도큐먼트가 아닌 그리드 선에 적용되는 눈금자로 [View]-[Perspective]-[Show Rulers]를 선택하여 나타낸다.
Ⓔ Right Vanishing Point : 오른쪽 방향의 소실점을 의미하며 좌우로 이동시켜 소실점의 위치를 변경할 수 있다.
Ⓕ Horizon Line : 사물을 바라보는 사람의 눈높이(Eye Level)을 의미한다.
Ⓖ Horizon Height : 지평선의 높이(위치), 즉 Ground Level로부터 사람의 눈높이인 Horizon Level까지의 거리를 의미하며 Horizon Level Point를 조절함에 따라 달라질 수 있다.
Ⓗ, Ⓛ Ground Level : 지평선의 높이(위치)를 의미하며 포인트를 드래그하여 그리드를 통째로 이동시킬 수 있다.
Ⓘ Horizon Level : 사물을 바라보는 사람의 눈높이(Horizon Line)를 의미하며 포인트를 상하로 이동시켜 조절한다.
Ⓙ, Ⓜ Extent of Grid : 그리드의 범위를 나타내며 Grid Cell Size에 따라 설정할 수 있는 범위가 달라진다.
Ⓚ Grid Cell Size : 그리드 셀의 크기를 설정한다.
Ⓝ Right Grid Plane Control : 오른쪽 그리드 면의 위치를 조절하여 보다 풍성한 원근 오브젝트를 생성할 수 있다.
Ⓞ Horizontal Grid Plane Control : Vertical Grid Extent Point를 기준으로 Ground Level과 각 그리드의 형태를 세로방향으로 조절한다.
Ⓟ Left Grid Plane Control : 왼쪽 그리드 면의 위치를 조절하여 보다 풍성한 원근 오브젝트를 생성할 수 있다.
Ⓠ Origin : 모든 Grid, Line, Level, Extend의 중심축이다.

[Define Perspective Grid] 대화 상자

❶ Name : 그리드의 이름을 보고 종류를 설정할 수 있다.
❷ Perspective Grid Settings : 원근감 있는 그리드의 종류, 크기, 각도, 거리 등의 옵션을 설정한다.
❸ Grid Color & Opacity : 그리드 면의 왼쪽, 오른쪽 선들의 색상과 투명도를 지정한다.

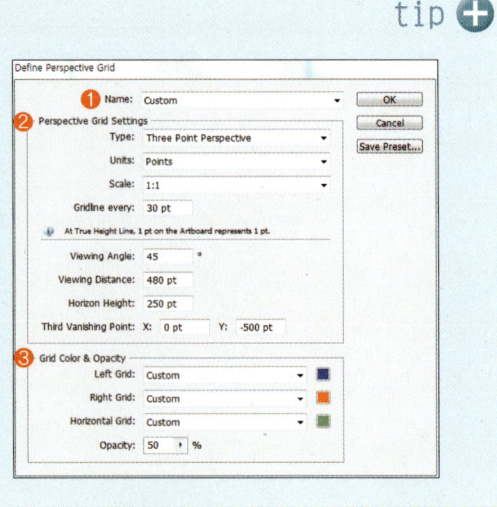

> **[Perspective Grid] 효과** tip
>
> ❶ Show Grid : 원근감 있는 드로잉을 위해 원근감 그리드를 나타내도록 하는 명령이며 도큐먼트에 그리드 선이 나타나있는 경우에는 [Hide Grid] 명령으로 바뀐다.
> ❷ Show Rulers : 도큐먼트가 아닌 원근감 드로잉에 사용되는 눈금자이다.
> ❸ Snap to Grid : 원근감 그리드 선에 오브젝트가 달라붙도록 하는 기능으로 이 기능을 통해 정확한 작도가 가능하다.
> ❹ Lock Grid : 사용자가 도구모음에서 원근감 그리드 툴( )을 선택하게 되면 제공되는 [Perspective Grid]의 [Vanishing Point], [Level Point], [Control Point] 등을 변경하여 목적에 맞는 형태로 그리드를 편집할 수 있다. 그러나 이러한 편집을 원하지 않는 경우 이 명령을 사용하여 그리드를 잠글 수 있다.
> ❺ Lock Station Point : 기본적으로 Vanishing Point의 이동은 각각 별개로 움직이지만 Station Point를 잠가두게 되면 양쪽의 Vanishing Point가 함께 움직이게 된다.
> ❻ Define Grid : [Define Perspective Grid] 대화 상자를 나타내어 그리드와 관련된 설정을 할 수 있다.
> ❼ One Point Perspective : 1 소실점 Perspective Grid를 생성한다.
> ❽ Two Point Perspective : 기본 모드로써 2 소실점 Perspective Grid를 생성한다.
> ❾ Three Point Perspective : 3 소실점 Perspective Grid를 생성한다.

따라하기 02 원근감 선택 툴을 이용하여 원근감 있는 일러스트 제작하기

'챕터9_샘플/집.ai'를 불러온 후 원근감 툴을 사용하여 원근감 있는 건물 오브젝트를 작성해 본다. 원근감 있는 오브젝트를 작성할 때에는 햇빛의 방향을 고려하여 색상을 지정해야 한다.

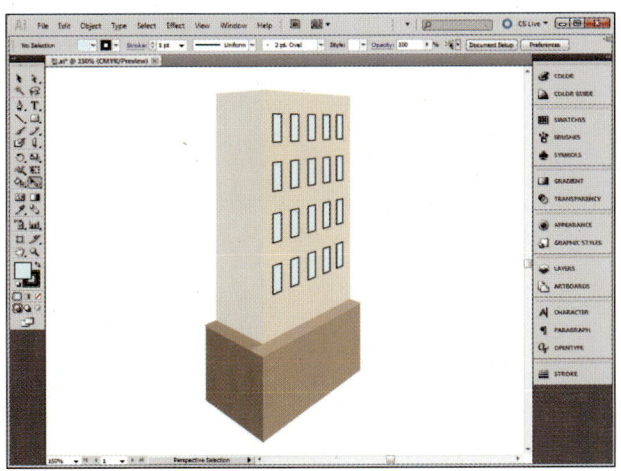

Section 3. 원근감 툴을 이용한 입체적인 그래픽 작업하기

❶ 도구모음의 원근감 그리드 툴(📐)을 선택하면 도큐먼트에 원근감 있는 그리드 선이 나타난다.

❷ 마우스로 그리드 선의 축을 드래그하여 원하는 원근감 그리드 선으로 조절한다.

❸ 도구모음의 원근감 그리드 툴(📐)을 1~2초간 누르면 나타나는 원근감 선택 툴(▶)을 선택한다.

❹ 원근감 선택 툴(▶)로 첫 번째 네모 오브젝트를 선택한 다음 드래그하여 그림과 같이 위치시키면 직사각형 모양의 오브젝트가 그리드 선에 맞추어 자동으로 모양이 바뀌는 것을 볼 수 있다.

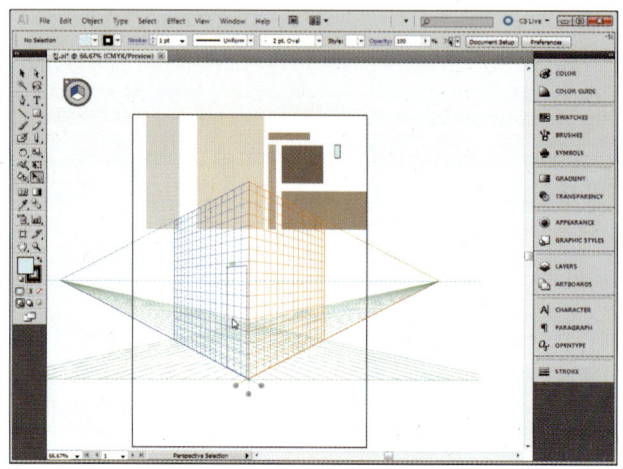

❺ 이번에는 왼쪽 상단의 'Plane switching widget'의 사각형에서 오른쪽 면(Right Grid Panel)을 선택한다.

❻ 원근감 선택 툴(▶)로 두 번째 네모 오브젝트를 선택한 다음 드래그하여 다음과 같이 위치시킨다.

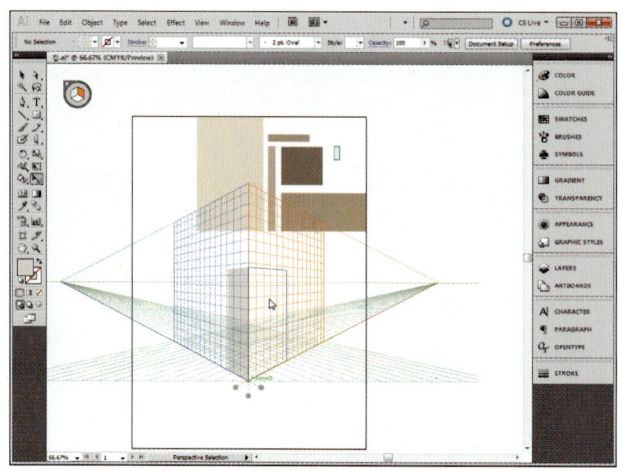

❼ 이번에는 왼쪽 상단의 'Plane switching widget'의 사각형에서 하단 면(Horizontal Grid Panel)을 선택한다.

❽ 원근감 선택 툴( )로 왼쪽의 맨 위의 네모 오브젝트를 선택한 다음 드래그하여 다음과 같이 위치시킨다. 왼쪽의 세로로 긴 네모 오브젝트도 다음과 같이 위치시킨다. 변형된 오브젝트들의 외곽선을 드래그하여 자연스러운 크기로 조절한다.

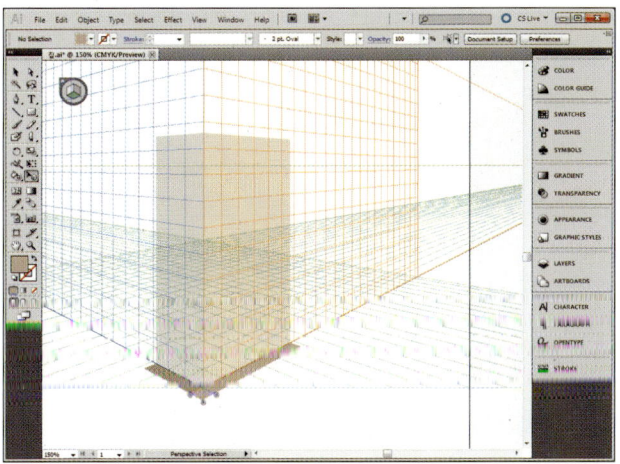

❾ 위와 같은 방법으로 오른쪽 상단의 남은 두 네모 오브젝트를 'Plane switching widget'의 사각형에서 왼쪽 면(Left Grid Panel)와 오른쪽 면(Right Grid Panel)을 선택하여 그림과 같이 위치시킨다. 크기가 맞지 않는 경우에는 해당 위치로 드래그 한 뒤 오브젝트의 외곽선을 드래그하여 크기를 조절한다.

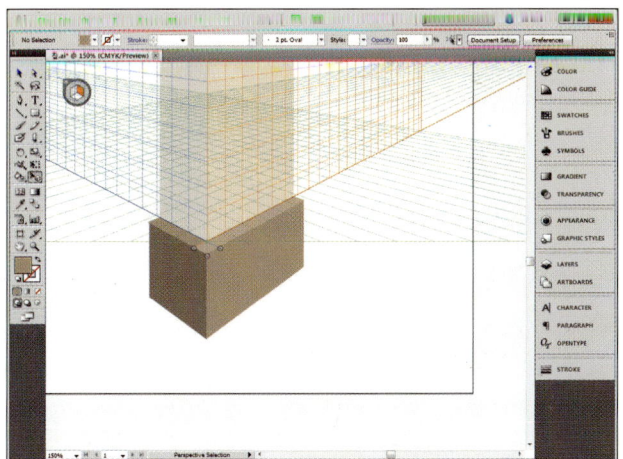

❿ 마지막으로 'Plane switching widget'의 사각형에서 오른쪽 면(Right Grid Panel)을 선택한다. 그리고 창문 오브젝트를 드래그하여 오른쪽 벽면 위에 위치시킨다.

⓫ 창문 오브젝트가 선택된 상태에서 Shift 와 Alt 를 누른 채 옆으로 드래그하여 창문 오브젝트를 복사한다. 같은 방법으로 벽면을 창문으로 가득 채운다.

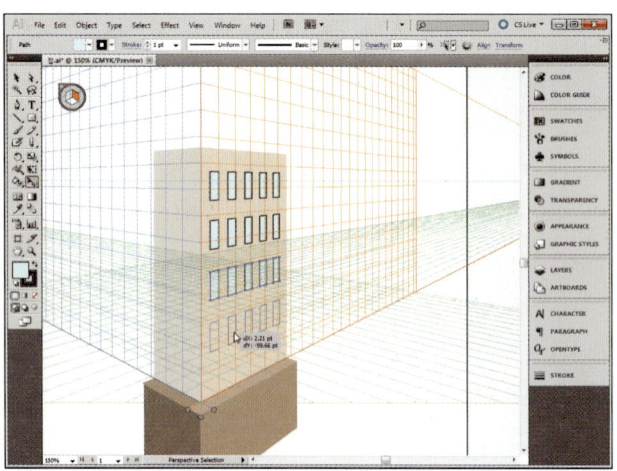

⑫ [View]-[Perspective Gird]-[Hide Grid]를 선택하여 도큐먼트에 나타난 그리드 선을 숨긴다.

01 혼자해보기

원근감 그리드 기능을 이용하여 타이포그래피를 작성해 보자.

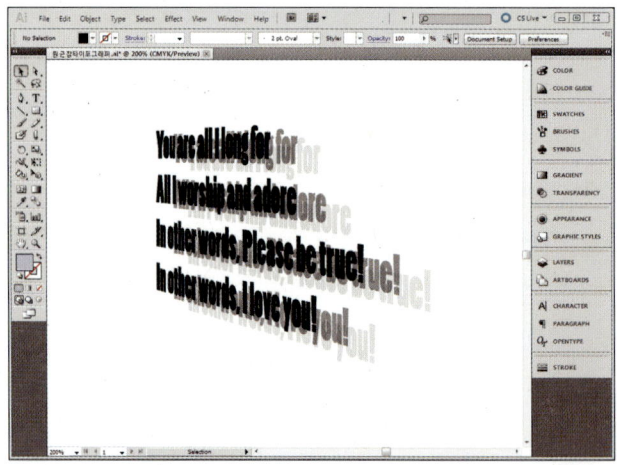

HINT | 원근감 그리드를 나타낸 후 원근감 선택 툴(　)로 문자 오브젝트를 드래그하여 위치시킨 다음 Alt 를 누른 채 드래그하여 복사하고, 복사한 문자 오브젝트의 색상 또는 투명도를 조절한다.

핵심정리 summary

1. 3D

3D는 3차원(Three Dimensions, Three Dimensional)의 약자로 컴퓨터 분야에서 3차원 컴퓨터 그래픽스를 가리킨다. 3차원 컴퓨터 그래픽스(3D computer graphics)는 2차원의 그래픽과는 달리, 컴퓨터에 저장된 모델의 기하학적 데이터(각 점의 위치를 높이, 폭, 깊이의 세 가지 축으로 하는 공간 좌표를 이용하여 저장)를 이용해 3차원적으로 표현한 뒤에 2차원적 결과물로 처리, 출력하는 컴퓨터 그래픽이다.

3D 이미지는 가로, 세로뿐 아니라, 깊이까지도 인식할 수 있도록 만들어진다. 3D 이미지는 사용자가 그 장면과 관련이 있는 것처럼 느끼고 상호 작용할 수 있게 만들어졌을 때, 이를 가상현실이라고 부른다. 웹 브라우저에서 3D 이미지를 보고 상호 작용하기 위해서는 특별한 플러그인 뷰어가 필요하며 가상 현실 체험을 위해서는 별도의 장비가 필요하다.

3D 이미지 제작은 모자이크 세공, 기하학, 렌더링 등 세 가지 과정으로서 나누어서 볼 수 있다. 첫 번째 과정에서는, 연결된 점들을 사용하여 개별 객체들의 모델이 창조되며, 이것은 여러 개의 개별적인 다각형으로 만들어진다. 그 다음 단계에서는, 그 다각형들이 다양한 방법으로 변환되며, 조명 효과가 적용된다. 세 번째 단계에서는, 변환된 이미지들이 매우 미세하고 상세한 묘사를 가진 객체들로 렌더링된다.

[3D] 효과를 만드는데 사용되는 유명한 제품들에는 Extreme 3D, LightWave 3D, Ray Dream Studio, 3D Studio MAX, Softimage 3D, 그리고 Visual Reality 등이 있다. 현재 3D 그래픽에 대한 관심이 매우 높아져 TV, 영화뿐만 아니라 건축업, 의료시설 등에도 3 차원 그래픽이 적용되어 많이 활용되고 있다.

 핵심정리 summary

2. 원근법

원근법이란 3차원의 공간을 2차원의 평면상에 표현하는 방법을 말하며 좁은 뜻으로 르네상스기에 확립된 수학적/기하학적 투시도법을 말한다. 또한 원근법은 인간의 눈으로 보는 공간사상(空間事象 : 3차원)을 규격된 평면(平面 : 2차원) 위에 묘사적으로 표현하는 회화기법이며 투시도법이라고도 한다.

그림의 모양은 보는 눈의 위치가 높은 곳에 있을 때는 조감도 모양이 되고 반대로 낮은 곳에 눈이 있을 때는 충관도(蟲觀圖 : 고층빌딩을 올려다볼 때의 구도)가 된다. 또한 그리려고 하는 사물에 대해서 화면을 평행으로 설정하느냐 비스듬히 설정하느냐에 따라 각각 평행투시도가 되기도 하고 사투시(斜透視)의 도형이 되기도 한다.

이와 같은 기본적인 생각을 바탕으로 눈의 거리와 시야, 그리고 시각의 관계로 그림 모양이 결정된다. 또 이론적으로는 도상(圖上)에서 무한 거리에 있는 점의 투시는 소실점과 일치하므로 눈의 위치에 따라서 설정된 지평선상에 있게 된다. 이러한 과학적 근거를 기초로 원근법이 성립된 것은 15세기 이탈리아 르네상스기이지만 공간사상의 원근관계를 그리려는 생각은 옛날부터 있었음을 미술작품을 통해서도 알 수 있다.

▲ 다빈치의 〈최후의 만찬〉 : 예수 머리 위의 소실점으로부터 대각선으로 뻗어나가는 원근법의 법칙이 나타남.

1. [3D] 효과를 이용하여 컵을 만들어 보자.

   [작업 준비물 : 챕터9_샘플/컵.ai]

   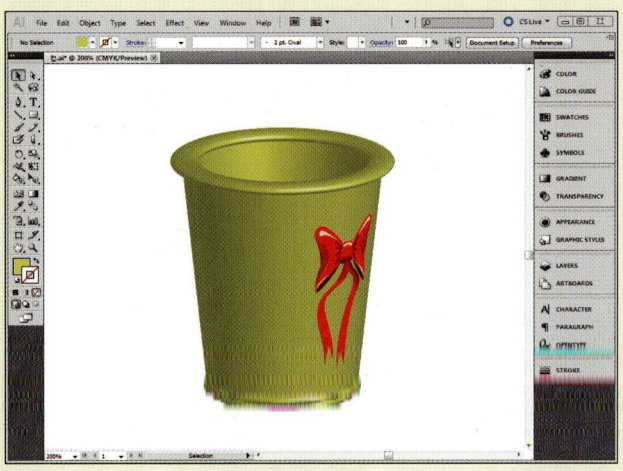

   HINT | 파일을 열고 노란색 오브젝트를 선택한 다음 [Effect]-[3D]-[Revolve]를 선택하여 나타난 [3D Revolve Options] 대화 상자에서 [Offset]-[From] 항목을 조절하여 컵 오브젝트를 완성시킨다.

2. 원근감 그리드 툴을 이용하여 입체적인 일러스트를 작성해 보자.

   [작업 준비물 : 챕터9_샘플/건물.ai]

   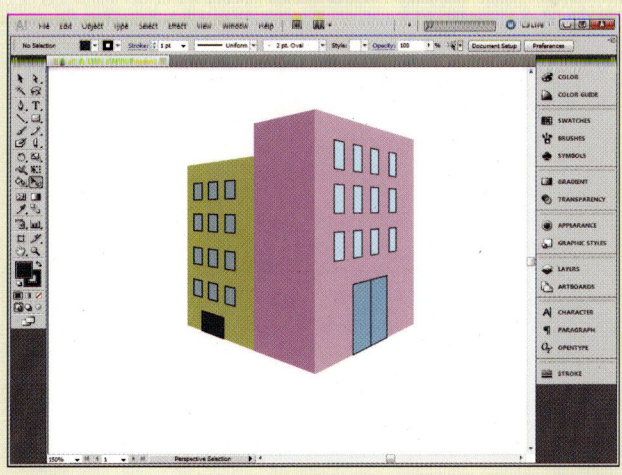

   HINT | 도구모음의 그리드 툴(📐)을 선택하여 도큐먼트에 원근감 그리드를 나타낸 뒤, 원근감 그리드 선택 툴(▶)로 오브젝트를 드래그하여 알맞게 위치시킨다.

Chapter 9 . 종합실습

CHAPTER

쉽고 빠른 그래프와
웹 기능 익히기

일러스트레이더 CS5에서는 일반적인 그래픽 작업뿐만 아니라 벡터 이미지를 사용하여 데이터 및 디자인을 응용해 정확한 그래프를 작성할 수 있다. 또한 이미지를 분할하는 기법으로 용량을 줄여 웹에 최적화된 이미지를 완성하여 웹 사이트를 제작할 수 있다.

Section 1 수치와 데이터를 이용해 그래프 만들기

Section 2 그래프에 디자인 적용하기

Section 3 원하는 형태로 이미지 분할하기

Section 4 웹 페이지에 알맞은 이미지를 만드는 분할 기능 사용하기

Section 5 링크시키고 이미지 최적화하기

그래프와 웹 기능 알아보기

Chapter 10

일러스트레이터 CS5에서 제공하는 아홉 가지 그래프를 사용하여 옵션을 설정하고 별도의 이미지를 등록하여 기본 그래프부터 독특한 이미지의 그래프를 만들 수 있다. 또한 최적화된 이미지의 웹 디자인이 가능하다.

01 그래프 제작

일러스트레이터는 그래픽 작업뿐만 아니라 그래프 작성을 위한 여러 가지 편리한 기능을 제공하고 있다. 도구모음의 다양한 그래프 툴과 메뉴에서 제공하는 그래프 옵션을 이용하여 시각적인 이미지와 수치값에 의한 자동화 작업이 가능하다. 일러스트레이터에서 작성한 다양한 그래프는 목적에 맞는 이미지에 이용할 수도 있으며 프레젠테이션에 필요한 이미지를 삽입하는 등의 강력한 기능을 제공하고 있다.

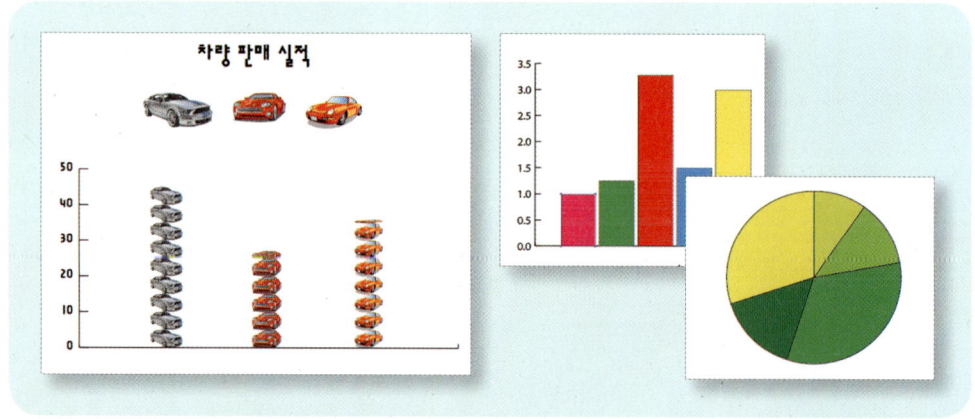

02 다양한 그래프 타입(Graph Type) 툴

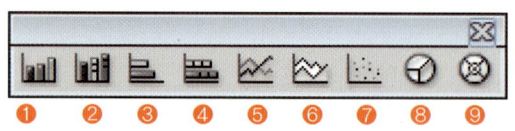

❶ 컬럼 그래프 툴 : 세로 방향의 막대로 구성되는 일반적인 막대 그래프이다.

❷ 분할 컬럼 그래프 툴 : 두 가지 이상의 변수로 하나의 막대에 가로로 누적되는 정도가 표시되는 그래프이다.

❸ 바 그래프 툴 : 가로 방향의 막대로 구성되는 막대 그래프이다.

❹ 분할 바 그래프 툴 : 두 가지 이상의 변수로 하나의 막대에 세로로 누적되는 정도가 표시되는 그래프이다.

❺ 선 그래프 툴 : 데이터가 점으로 표시되며 점과 점을 직선으로 연결시켜주기 때문에 데이터의 변화율을 쉽게 알아볼 수 있는 그래프이다.

❻ 영역 그래프 툴 : 서로 다른 변수들의 종합과 변화를 쉽게 파악할 수 있는 그래프이다.

❼ 분산 그래프 툴 : 데이터를 이용하여 X, Y 좌표값으로 점의 위치를 표시하여 나타내는 그래프이다.

❽ 파이 그래프 툴 : 파이 모양의 그래프로써 전체의 데이터에서 하나의 데이터가 차지하는 비율을 볼 수 있는 그래프이다.

❾ 레이더 그래프 툴 : 방사형으로 분할되어 점의 치우침으로 쉽게 알아볼 수 잇는 그래프이나

03 웹 디자인

일러스트레이터 CS5에서는 드로잉 기능과 더불어 홈페이지 제작 시 쉽게 이미지와 HTML 문서를 제작할 수 있다. [Save for Web & Devices]와 이를 분할시키는 [Slice] 기능이 있어 이미지를 분할할 수 있으며, [Optimized] 기능을 이용하여 GIF, JPEG 등의 포맷 방식으로 저장할 수 있다. 또한 웹 디자인에 필요한 강력한 드로잉 기능을 이용하여 비트맵 이미지를 손쉽게 제작할 수 있어 비트맵 이미지와 HTML 문서를 동시에 제작 가능하다.

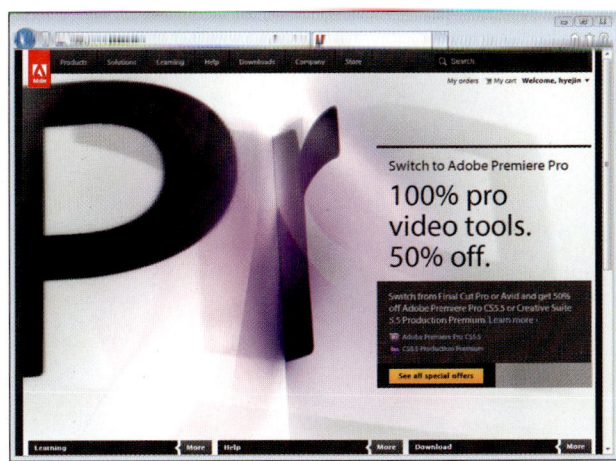

04 HTML5와 만난 일러스트레이터 CS5

어도비 사가 자사의 일러스트레이터 CS5 디자인 에디터에 개발자들이 웹 및 모바일 플랫폼에 자신들이 디자인을 그대로 내보내기 할 수 있도록 웹 형식의 HTML5 패키지를 추가했다. 내보내기 기능을 통해 디자이너가 화면에 보이는 그대로를 웹 페이지, 스마트폰 그리고 태블릿과 같은 멀티 플랫폼뿐만 아니라 출판물에도 손쉽게 구축할 수 있다고 어도비 수석 제품 매니저인 데이비드 메이시(David Macy)는 말했다. 어도비 HTML5 패키지는 디자인을 CSS3뿐만 아니라 HTML5 Canvas 요소와 XML 이미지 포맷인 SVG(확장 가능한 벡터그래픽)로 렌더링할 수 있다.

이제 일러스트레이터 CS5를 사용함으로 디자이너들은 일러스트레이터에서 웹 페이지로 만든 페이지를 내보낼 수 있다. 일러스트레이터의 모든 기능에도 불구하고 디자이너들은 창작과 원본의 웹을 연주하듯 전, 후를 넘나들며 CS5를 수정하고 반영시킬 수 있다. 그럼 이 기능이 여러 플랫폼을 위한 제품을 디자인하는 데 걸리는 시간을 극적으로 줄일 수 있을 것이라고 말했다. 또한 SVG를 통해 사용자는 이미지에 대해 더 자세히 확대할 수 있어 모바일 플랫폼에도 최적화된 이미지를 제작할 수 있다.

05 일러스트레이터의 분할 기능

[Slice] 기능은 웹 이미지에서 자주 사용되는 이미지를 분할하는 기능으로 도구모음의 분할 툴과 [Object]-[Slice]으로 실행할 수 있다. [Slice]란 이미지를 분할하여 분할된 이미지에 링크(Link), 롤오버 기능 등 좀 더 세밀한 부분까지 웹 효과를 적용할 수 있는 것을 말하며, 빠른 로딩 효과를 얻을 수 있다.

06 Flash Catalyst와의 양방향 편집

Adobe Flash Catalyst에서 추가한 구조와 인터랙션을 그대로 유지하면서 일러스트레이터에서 아트웍을 생성하고, 편집할 수 있다. 특히 이런 일련의 작업에 코드 작성이 전혀 필요하지 않다는 것이 큰 장점이다.

07 Adobe CS Review와 통합

어도비 CS Live 온라인 서비스 중 하나인 어도비 CS Review를 사용한 온라인 검토를 통해 전 세계에 있는 클라이언트와 정보를 공유할 수 있다. CS Live 온라인 서비스를 통해 지원되는 기능 중 하나인 [CS Review] 기능은 일러스트레이터와 연계되어 협업 환경을 개선해 준다. 이 서비스는 온라인 검토 기능을 통해 아트웍 공유를 가능하게 해 주며, 주석을 확인할 수 있게 해 준다.

Section 1. 수치와 데이터를 이용해 그래프 만들기

그래프 툴을 사용하여 기능적인 면과 디자인적인 면까지 표현하여 그래프를 작성할 수 있으며 개성 있는 통계 자료를 만들 수 있다. 일러스트레이터 CS5는 아홉 가지 타입의 그래프 형태를 제공하며 사용자의 스타일에 따라 수정이 가능하다.

◎ 알아두기
- 그래프 툴을 사용하여 데이터 입력 상자에 수치값을 입력해 그래프를 작성한다.
- 그래프의 색상 및 형태를 편집할 수 있다.

따라하기 01 | 데이터를 이용한 그래프 만들기

그래프 툴로 도큐먼트에 드래그하면 나타나는 데이터 입력상자에 수치값을 입력하여 그래프를 만들어 보자.

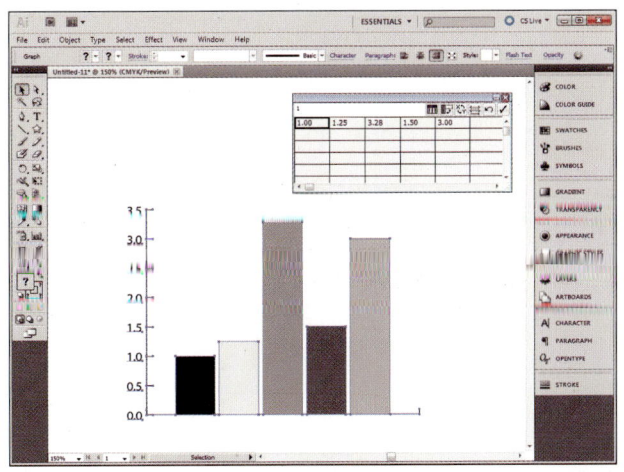

❶ [File]-[New]를 선택하여 새로운 도큐먼트를 작성하고 도구모음에서 컬럼 그래프 툴( )을 선택한다.

❷ 컬럼 그래프 툴( )로 도큐먼트의 빈 공간에 사각 형태로 드래그한다.

❸ 데이터 입력 상자가 나타나면 그림과 같이 하나의 셀마다 수치값을 입력하고 오른쪽 상단에 있는 체크 표시 모양의 [Apply] 버튼( )을 클릭한다.

❹ 데이터 입력 상자에 입력한 수치값대로 흑백의 그래프가 작성된다.

❺ 데이터 입력 상자에서 자유롭게 수치값을 수정할 수 있으며, 데이터 입력상자를 닫은 경우에는 선택 툴( )로 그래프를 선택하고 [Object]-[Graph]-[Data]를 선택하여 데이터 입력상자를 연다.

❻ 데이터 입력상자가 화면에 다시 나타나면 셀에 입력된 수치값을 수정한 다음 체크 표시 모양의 [Apply] 버튼(✓)을 클릭한다.

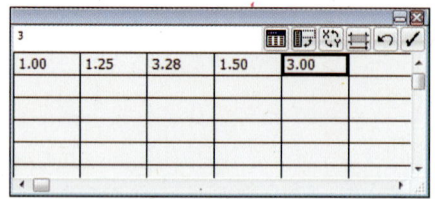

데이터 입력 상자 사용 시 주의점   tip ➕

처음 컬럼 그래프 툴(📊)로 드래그하는 범위가 그래프의 전체 범위로 설정되므로 작업 시 데이터의 분량을 고려하여 신중히 드래그해야 한다. 입력이 끝난 다음 선택 툴(▶)로 그래프를 더블클릭하면 다시 데이터 입력 상자가 나타나므로 값을 수정할 수 있다. 데이터 입력 상자에서 [Apply] 버튼(✓)을 한 번 클릭하고 나면 다시 적용되지 않는다.

따라하기 02 그래프 변경하기

이미 작성한 흑백의 그래프에 컬러를 입히고 그래프의 형태를 변경하여 독특하고 개성 있는 그래프로 변경할 수 있다.

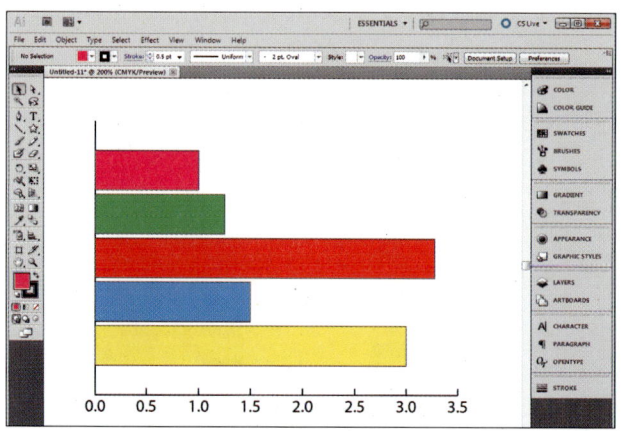

❶ 도구모음의 직접 선택 툴(▶)로 그래프의 막대 하나를 클릭하여 선택한다.

❷ [SWATCHES] 팔레트에서 원하는 색상을 클릭하여 선택한 막대 그래프의 색상을 변경한다.

❸ 직접 선택 툴(▶)로 다른 막대 오브젝트들도 각각 개별적으로 선택하여 색상을 변경한다.

❹ 도구모음의 선택 툴(▶)로 그래프를 전체 선택하고 [Object]-[Graph]-[Type]을 선택한다.

❺ [Graph Type] 대화 상자가 화면에 나타나면 [Type] 항목에서 'Bar'를 선택하고 [OK] 버튼을 클릭한다.

❻ 선택한 그래프의 형식이 가로 방향 그래프로 변경되는 것을 확인할 수 있다.

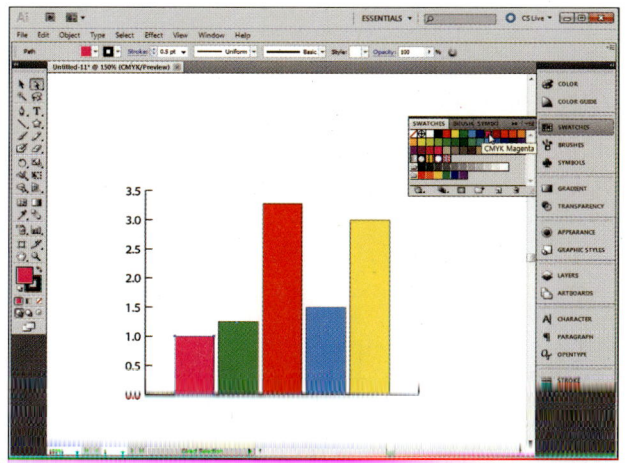

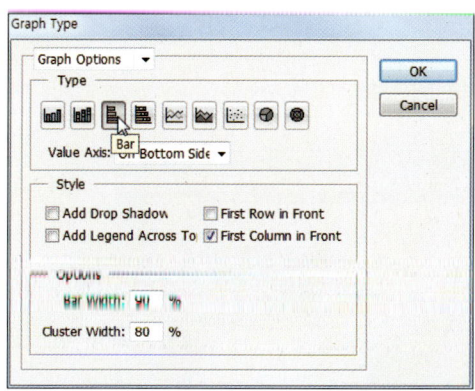

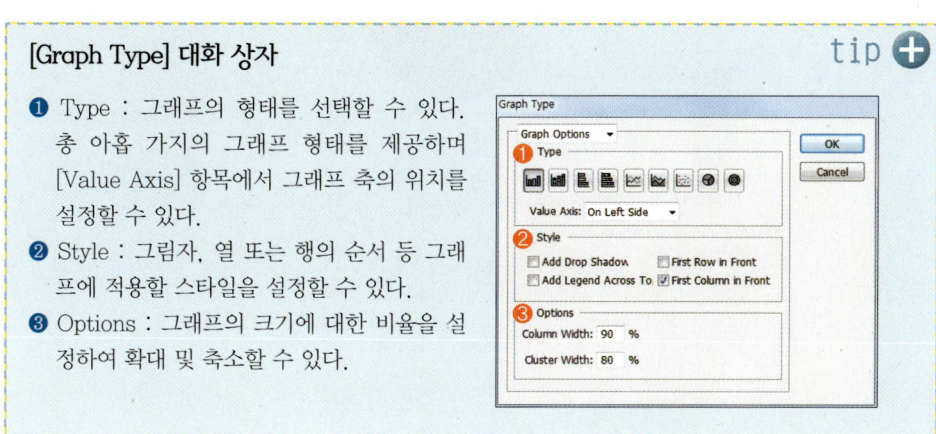

[Graph Type] 대화 상자

❶ Type : 그래프의 형태를 선택할 수 있다. 총 아홉 가지의 그래프 형태를 제공하며 [Value Axis] 항목에서 그래프 축의 위치를 설정할 수 있다.

❷ Style : 그림자, 열 또는 행의 순서 등 그래프에 적용할 스타일을 설정할 수 있다.

❸ Options : 그래프의 크기에 대한 비율을 설정하여 확대 및 축소할 수 있다.

01 혼자해보기
작성한 막대 그래프를 원형 그래프로 변환해 보자.

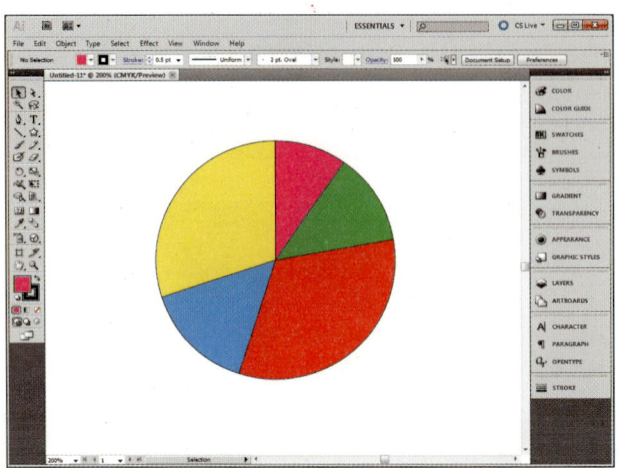

HINT | 선택 툴로 그래프를 전체 선택한 다음 [Object]-[Graph]-[Type]을 선택하여 나타난 [Graph Type] 대화 상자에서 [Type] 항목을 'Pie'로 선택하고 [OK] 버튼을 클릭한다.

02 혼자해보기
원형 그래프의 색상을 변형해 보자.

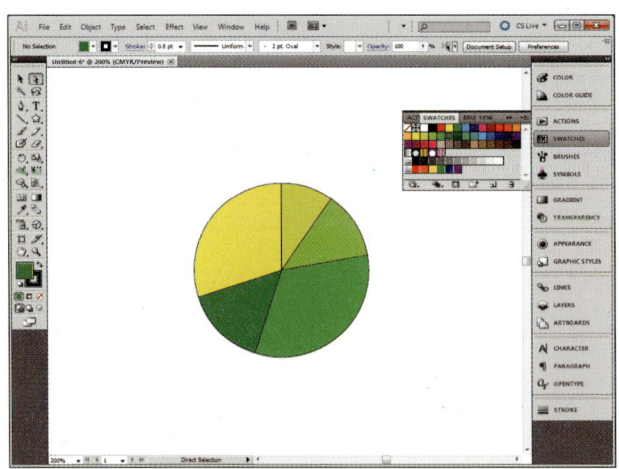

HINT | 직접 선택 툴로 원형 그래프 내부의 부채꼴 조각을 하나씩 선택한 후 [SWATCHES] 팔레트에서 원하는 색을 클릭하여 색을 변경한다.

Section 2. 그래프에 디자인 적용하기

딱딱해 보이는 그래프에 다양한 이미지를 적용하면 시각적 효과로 인해 주목성을 높일 수 있다. 그래프에 사용할 이미지를 미리 준비하고 디자인으로 등록하면 그래프에 언제든지 이미지를 적용할 수 있다.

> **알아두기**
> - 디자인 이미지를 등록하여 컬럼 그래프를 만들 수 있다.
> - [Column]을 이용하여 컬럼, 분할 컬럼, 바, 분할 바 그래프를 만들 수 있다.
> - 마커를 이용하여 그래프를 다양하게 디자인할 수 있다.

따라하기 01 디자인 이미지 등록하기

'챕터10_샘플/그래프.ai'를 불러온 후 오브젝트를 디자인 이미지로 등록하고 컬럼 그래프를 만들어 보자.

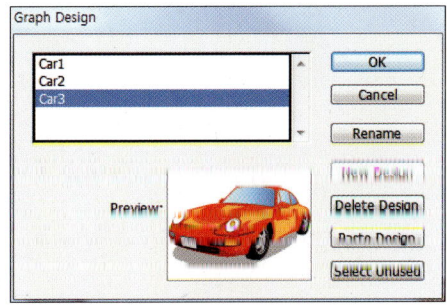

❶ 선택 툴( )로 첫 번째 자동차 오브젝트를 선택한 다음 디자인 이미지로 등록하기 위해 [Object]-[Graph]-[Design]을 선택한다.

❷ [Graph Design] 대화 상자가 나타나면 [New Design] 버튼(New Design)을 클릭하여 선택한 오브젝트를 이미지로 등록시킨다.

❸ 새로 등록한 디자인 이미지의 이름을 수정하기 위해 [Rename] 버튼(Rename)을 클릭한다.

❹ [Rename] 대화 상자가 나타나면 [Name] 항목에 'Car1'을 입력하고 [OK] 버튼을 클릭하여 그래프 이미지의 이름을 변경한다.

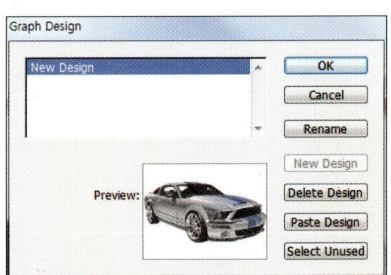

❺ 나머지 자동차 오브젝트들도 'Car2' ~ 'Car5'의 이름으로 모두 디자인 이미지로 등록한다.

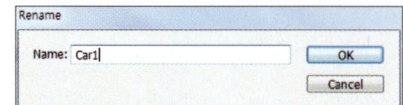

따라하기 02 | 컬럼 그래프에 디자인 적용하기

[Column]을 이용하여 디자인할 수 있는 그래프는 컬럼 그래프, 분할 컬럼 그래프, 바 그래프, 분할 바 그래프 등이 있다.

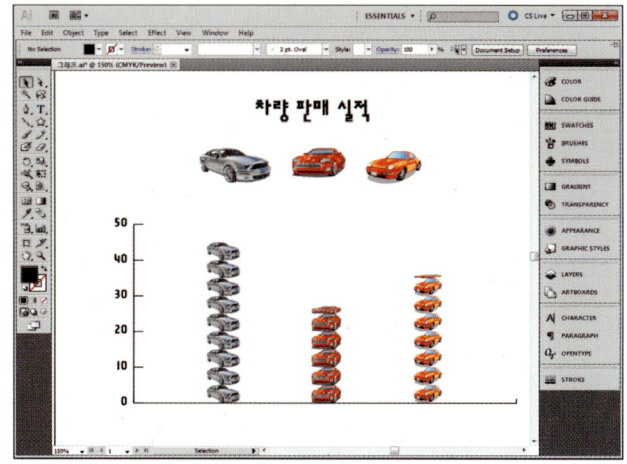

❶ 직접 선택 툴( )로 막대 그래프를 하나 선택하고 [Object]-[Graph]-[Column]을 선택한다.

❷ [Graph Column] 대화 상자가 나타나면 'Car1'을 선택하고 [Column Type] 항목을 [Repeating]으로 설정한다.

❸ 항목들이 활성화되면 그래프에 반복 설정되어 나타나는 디자인 이미지의 크기를 설정하는 [Each Design Represents] 항목의 값을 '5'로 입력하고 [OK] 버튼을 클릭한다.

❹ 그래프에 첫 번째 자동차 오브젝트 형태의 디자인 이미지가 적용된 것을 볼 수 있다.

❺ 디자인 이미지로 등록한 나머지 2개의 오브젝트도 남은 막대 그래프에 [Graph Column] 대화 상자를 이용하여 적용한다.

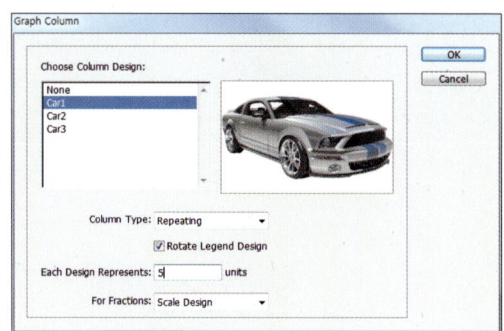

| 따라하기 | 03 | 마커 방식 그래프 만들기 |

'챕터10_샘플/마커.ai'를 불러온 후 마커(Maker)로 재미있는 그래프를 만들어 보자. 디자인할 수 있는 그래프에는 선, 분산, 레이더 그래프 등이 있다.

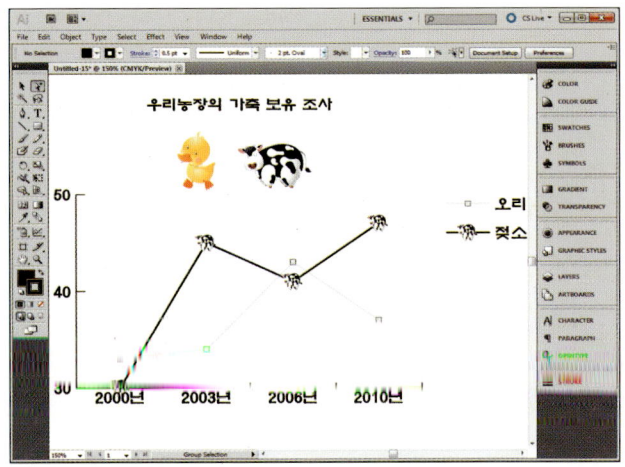

❶ 도구모음의 색상 모드에서 면과 선 색상박스를 [색상 없음]으로 지정한다.
❷ 오브젝트를 디자인으로 등록하기 위해 사각형 툴(■)을 선택하고 투명한 사각형 오브젝트를 그린다.
❸ 투명한 사각형 오브젝트를 오리 오브젝트의 가운데 부분에 위치시킨다.
❹ 사각형 오브젝트가 선택되어 있는 상태에서 마우스 오른쪽 버튼을 클릭하여 표시되는 [Arrange]-[Send to Back]을 선택하여 오리 오브젝트의 뒤로 배치시킨다.

❺ 선택 툴(▶)로 사각형 오브젝트와 오리 오브젝트를 모두 선택하고 [Object]-[Graph]- [Design]을 선택한다.

Section 2 . 그래프에 디자인 적용하기   333

❻ [Graph Design] 대화 상자에서는 작은 사각형이 포함된 부분만 [Preview] 항목에 나타난다. [New Design] 버튼(New Design)을 클릭한다.

❼ [Graph Design] 대화 상자에서 [Rename] 버튼(Rename)을 클릭하여 디자인 이미지의 이름을 '오리'로 입력하고 [OK] 버튼을 클릭한다. [Graph Design] 대화 상자의 [OK] 버튼을 클릭하여 그래프 디자인 등록을 마친다.

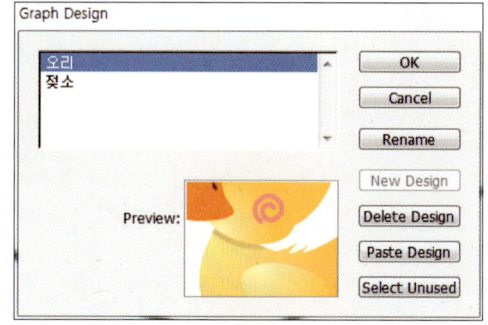

❽ 같은 방법으로 '젖소'를 그래프 디자인으로 등록한다.

❾ 도구모음에서 선 그래프 툴( )을 선택하고 도큐먼트의 빈 공간에 사각 형태로 드래그한다.

❿ 데이터 입력 상자의 각각의 셀에 그림과 같이 입력한 다음 [Apply] 버튼( )을 클릭한다.

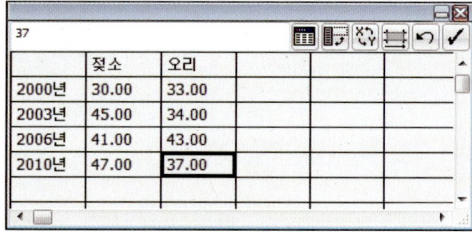

⓫ 선 그래프는 작은 사각형으로 수치값을 표현한다. 도구모음에서 그룹 선택 툴( )을 선택하고 검정색 작은 사각형을 천천히 세 번 클릭하면 같은 라인에 연결된 작은 사각형들이 함께 선택된다.

⓬ 검정색 사각형들이 선택된 상태에서 [Object]-[Graph]-[Marker]을 선택한다.

⓭ [Graph Marker] 대화 상자에서 미리 등록해 둔 그래프 디자인 중에서 '젖소'를 선택하고 [OK] 버튼을 클릭한다.

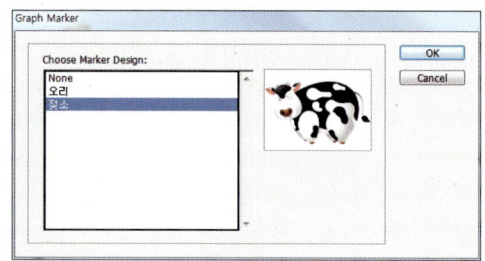

> **이미지 등록 시 사각형을 뒤로 배치하는 이유**   tip ➕
>
> 적용되는 디자인의 크기가 마커 크기에 한정되므로 이미지를 그대로 등록하면 디자인이 매우 작은 크기로 그래프에 적용된다. 그래서 작은 사각형을 오브젝트의 뒤로 배치하여 작은 사각형의 크기를 마커의 크기로 지정해 줌으로써 그 위의 이미지가 크게 보이도록 한다.

01 혼자해보기

마커로 등록한 오리 그래프 디자인을 그래프에 적용해 보자.

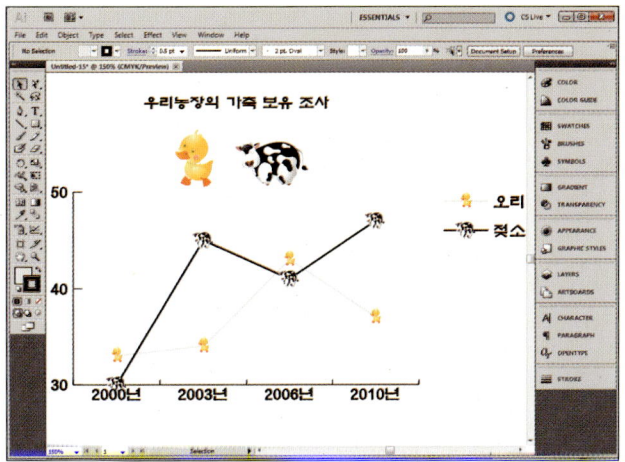

HINT | 그룹 선택 툴(▶)로 회색 점을 세 번 클릭하여 모두 선택한 다음 [Object]-[Graph]-[Marker]를 선택하고 오리 그래프 디자인을 선택한다.

02 혼자해보기

그래프에서 원하는 부분의 마크만 다른 이미지로 변경해 보자.

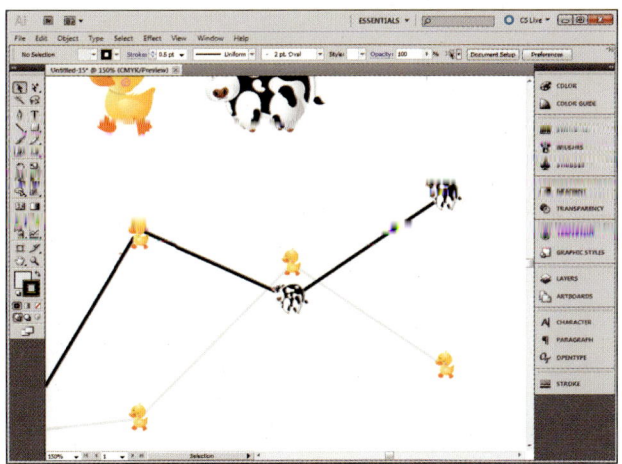

HINT | 직접 선택 툴(▶)로 소 이미지의 마크를 천천히 두 번 클릭하여 하나의 마크만 선택되도록 한 후, [Object]-[Graph]-[Marker]를 실행하여 나타난 [Graph Marker] 대화 상자에서 오리를 선택하고 [OK] 버튼을 클릭한다.

Section 3. 원하는 형태로 이미지 분할하기

일러스트레이터 CS5는 웹 페이지 구축을 위한 최적화된 이미지 분할 툴을 제공한다. 하나의 오브젝트를 여러 개의 영역으로 나눌 수 있으며 이미지 조각을 따로 만들 수도 있다.

> **알아두기**
> - 분할 툴을 사용하여 직접 분할 영역을 만들 수 있다.
> - 분할 선택 툴로 분할 영역을 선택하거나 조절할 수 있다.
> - 분할 툴로 분할한 영역을 다시 나누거나 합칠 수 있다.

따라하기 01 │ 분할 툴 사용하기

'챕터10_샘플/페이퍼.ai'를 불러온 후 분할 툴을 사용하여 사용자가 원하는 대로 직접 분할 영역을 만들어 레이아웃을 디자인해 보자.

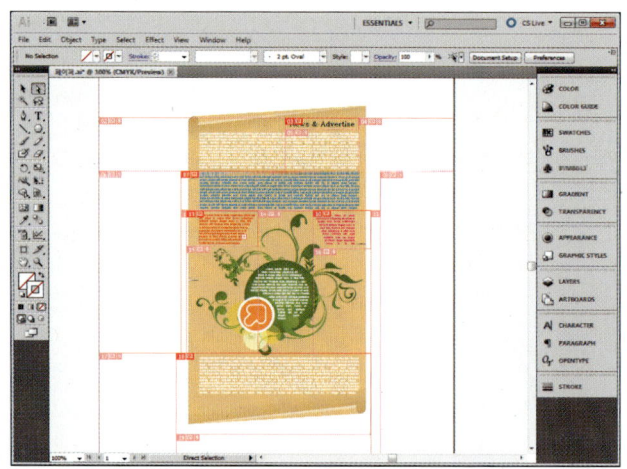

❶ 도구모음에서 분할 툴(✂)을 선택한다.
❷ 분할 툴(✂)로 제목 부분을 사각 형태로 드래그한다.
❸ 분할 툴(✂)로 드래그한 부분을 기준으로 오브젝트가 분할된다. 다른 부분에도 분할 툴(✂)로 드래그하여 작업을 반복 선택한다.
❹ 분할 툴(✂)로 전체 이미지의 끝부분까지 연속해서 드래그하면 분할된 각 영역에 숫자가 표시되며 각 이미지로 분할된다.

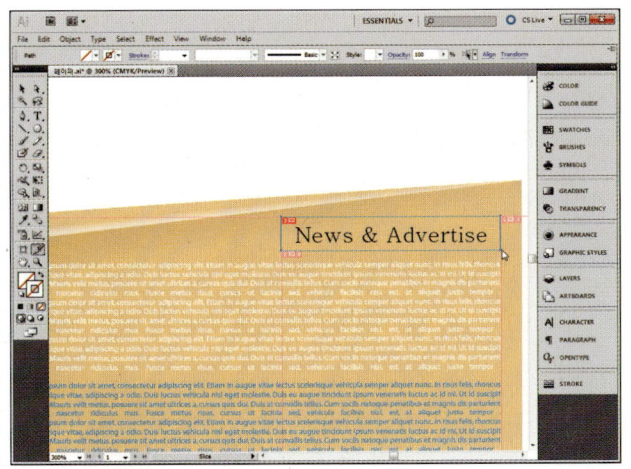

> **AutoSlice와 SubSlice** tip ⊕
> 분할 툴(🔪)을 사용하여 분할된 영역을 SubSlice라 하고 분할 툴(🔪)에 의해 자동으로 생성되는 분할 영역을 AutoSlice라고 한다. SubSlice는 분할 선택 툴(🔪)로 다시 선택하여 이동과 수정이 가능하지만 AutoSlice는 분할 선택 툴(🔪)로 선택할 수 없다.

따라하기 02 분할 영역 수정하기

'챕터10_샘플/기사_1.ai'를 불러온 후 분할 선택 툴을 사용하여 분할 툴로 분할된 영역을 선택하거나 크기를 조절해 보자. 분할 영역을 드래그하여 그 영역만을 축소 또는 확대시킬 수 있다.

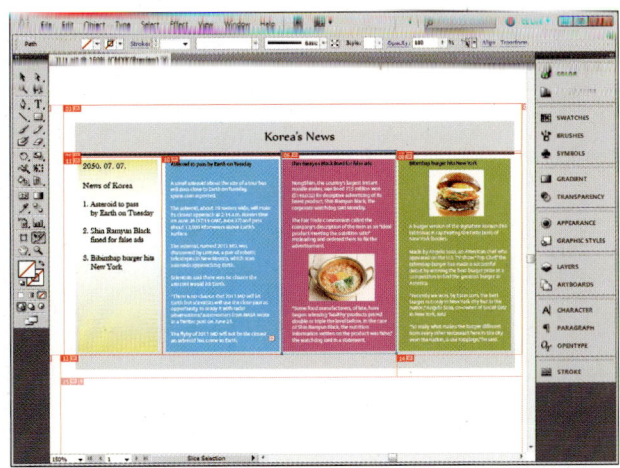

❶ '기사_1.ai' 파일을 열면 분할 툴(🔪)을 이용하여 이미지가 분할되어 있다.
❷ 도구모음에서 분할 선택 툴(🔪)을 선택한다.
❸ 먼저 8번 영역을 클릭하여 선택한다.

Section 3 . 원하는 형태로 이미지 분할하기 **337**

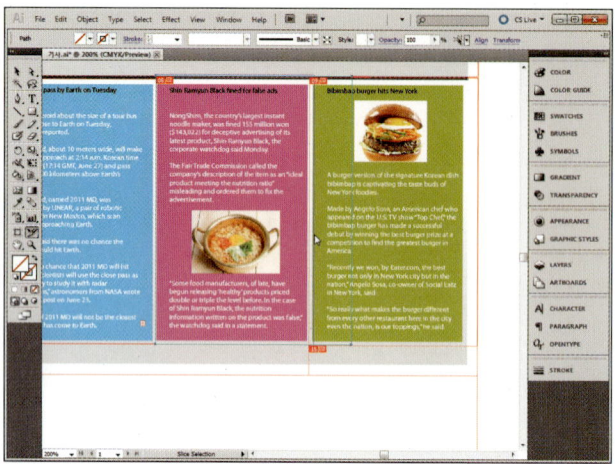

❹ 6번 영역을 이미지에 맞도록 축소하기 위해 마우스 포인터를 8번 영역의 오른쪽 분할 경계선에 위치시킨다.

❺ 마우스 포인터가 양쪽 화살표 모양으로 바뀌면 왼쪽으로 드래그하여 분할된 영역을 축소시킨다.

01 혼자해보기
왼쪽 메뉴 부분의 분할 영역을 알맞게 확장시켜 보자.

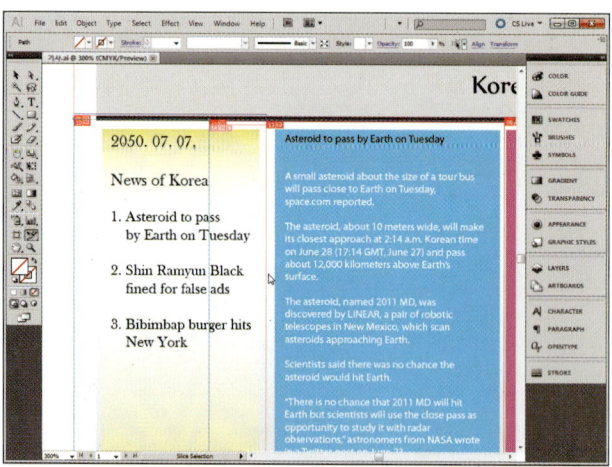

HINT | 분할 선택 툴(🔲)로 10번 영역을 선택한 다음 오른쪽 분할 경계선을 오른쪽으로 드래그하여 알맞게 확장시킨다.

> **[Object]-[Slice] 효과** tip
>
> 도구모음의 분할 툴( )과 함께 이미지를 분할하는 기능으로, 안내선을 이용하여 이미지를 분할할 수 있다. [Slice] 기능으로 이미지를 분할하는 것은 일러스트레이터에서 오브젝트가 분할되는 것이 아니라 HTML 파일로 저장했을 때 이미지가 분할되어 저장된다.
>
> ❶ Make : 선택된 오브젝트를 분할한다.
> ❷ Release : 분할된 슬라이스를 삭제한다.
> ❸ Create from Guides : 안내선을 기준으로 이미지를 분할한다.
> ❹ Create from Selection : 선택된 오브젝트를 기준으로 이미지를 분할한다.
> ❺ Duplicate Slice : 선택된 분할 이미지의 선택 상태를 복제한다.
> ❻ Combine Slices : 2개 이상의 분할 영역을 하나의 영역으로 합친다.
> ❼ Divide Slices : 선택한 분할 영역을 수치를 이용하여 여러 개의 분할 영역으로 분할한다.
> ❽ Delete All : [Slice] 기능으로 분할한 모든 분할 영역을 삭제한다.
> ❾ Slice Options : 선택한 분할 영역에 대한 옵션을 설정할 수 있다.
> ❿ Clip to Artboard : [Document Setup]에서 설정한 아트보드 전체를 기준으로 슬라이스로 나눈다.

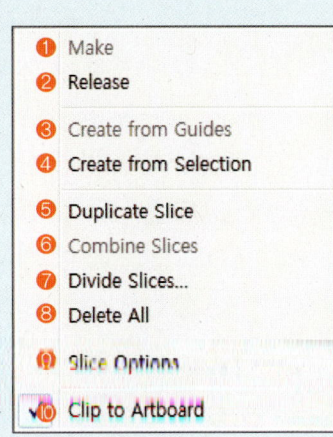

따라하기 03 분할 영역 나누고 합치기

'챕터10 샘플/기사 2.ai'를 불러온 후 분할한 영역을 [Divide Slices]로 다시 나누거나 [Combine Slices]를 이용하여 합쳐 보자.

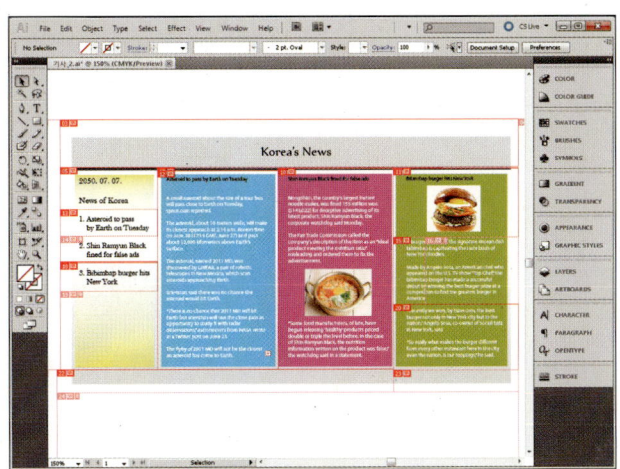

❶ 도큐먼트에 이미지들의 영역이 분할되어 있는 것을 볼 수 있다.

❷ 도구모음에서 분할 선택 툴( )을 선택하고 왼쪽의 메뉴 부분 영역을 클릭한다.

❸ [Object]-[Slice]-[Divide Slices]를 선택한다.

❹ [Divide Slice] 대화 상자가 나타나면 [Divide Vertically into] 항목에 체크 표시를 해제한다.

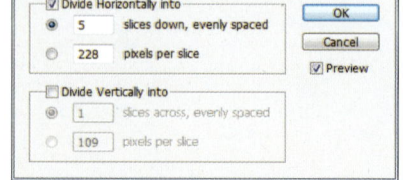

❺ [Divide Horizontally into] 항목의 수치값을 '5'로 입력한 다음 [OK] 버튼을 클릭한다.

❻ 분할 영역이 가로 방향 다섯 칸으로 분할된다.

❼ 분할된 각 영역을 이미지 영역과 맞추기 위해 수정한다. 영역의 경계선에 마우스 포인터를 위치시키고 양쪽 화살표로 바뀌면 드래그하여 이미지의 영역과 맞춘다.

❽ 분할 선택 툴( )로 다시 메뉴 부분을 드래그하여 선택한다.

❾ 분할한 영역을 다시 합치기 위해 [Object]-[Slice]-[Combine Slices]를 선택한다.

❿ [Combine Slices]으로 분할되었던 영역이 다시 합쳐진다.

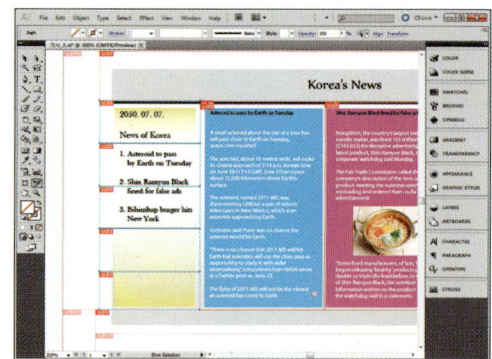

02 혼자해보기 분할된 영역을 합쳐보자.

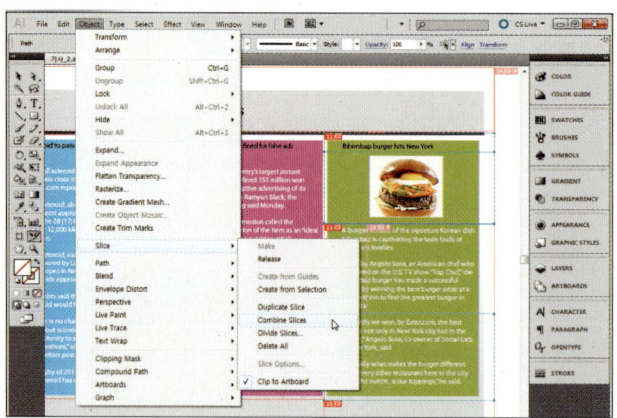

HINT | 오른쪽의 기사 부분의 분할된 영역을 모두 선택한 다음 [Object]-[Slice]-[Combine Slices]을 선택한다.

Section 4. 웹 페이지에 알맞은 이미지를 만드는 분할 기능 사용하기

일러스트레이터에서 제공하는 분할 기능은 최적화된 웹 페이지를 제작하는 데 도움을 준다. 웹 페이지에 이미지를 삽입할 수 있도록 신속한 분할이 가능하며 [Slice] 기능을 이용하여 이미지를 작게 분할하여 링크 또는 버튼으로 설정할 수 있다. 또한 분할된 이미지들은 용량이 작기 때문에 웹 페이지에서 보다 빠르게 나타난다.

◎ 알아두기
- [Slice Make]를 실행하면 분할 영역이 자동으로 나눠진다.
- [Create From Guide]를 선택하여 안내선 형태대로 이미지를 분할할 수 있다.
- [Create From Selection]을 선택하여 오브젝트가 선택된 상태대로 분할할 수 있다.

따라하기 01 [Slice Make]로 이미지 분할하기

'챕터10_샘플/웹페이지.ai'를 불러온 후 [Object]-[Slice]-[Make] 명령으로 분할된 이미지의 위치를 자동으로 업데이트되도록 해 보자.

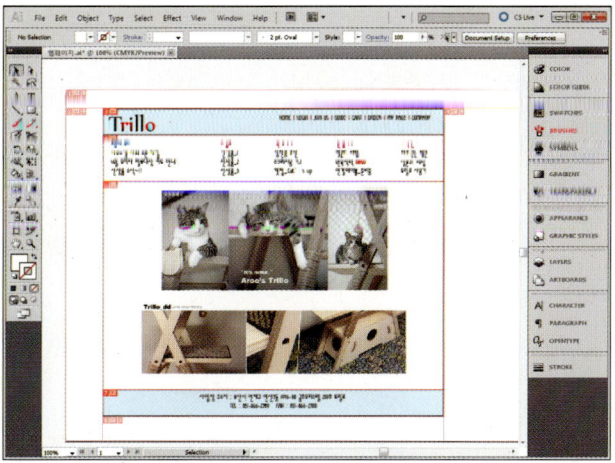

❶ 도큐먼트에 웹 이미지가 나타난다.
❷ Ctrl + A 를 눌러 모든 오브젝트를 선택한다.
❸ [Object]-[Slice]-[Make]를 선택한다.
❹ 선택한 오브젝트에 일련번호가 매겨지면서 이미지가 분할된 것을 확인할 수 있다.

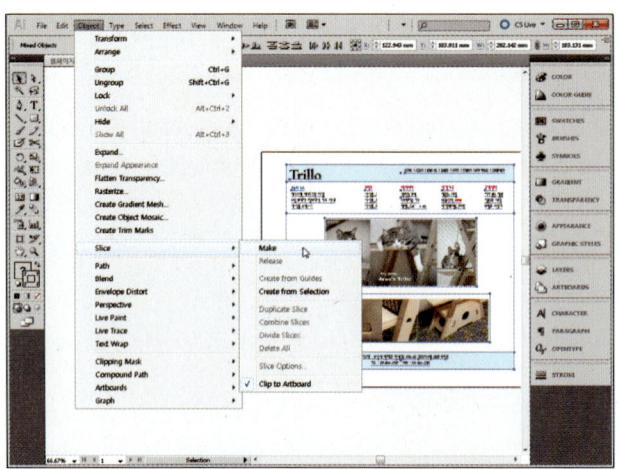

tip ➕ 이미지를 분할하는 이유

웹 페이지에서 커다란 이미지를 불러오는 시간보다 작게 나누어진 이미지를 여러 개 불러오는 시간이 더 짧으며 분할된 이미지에 [Link]와 같은 다양한 웹과 관련된 효과를 적용하기 위해 이미지를 분할한다. 이미지 분할 효과를 해제하려면 [Object]-[Slice]-[Release]를 선택한다. [Slice] 효과가 해제되어 분할된 이미지는 원본 상태로 되돌려진다.

따라하기 02 안내선 형태로 분할하기

안내선으로 분할하려는 부분을 표시한 다음 [Create From Guide]로 간단하게 안내선 형태대로 이미지를 분할할 수 있다.

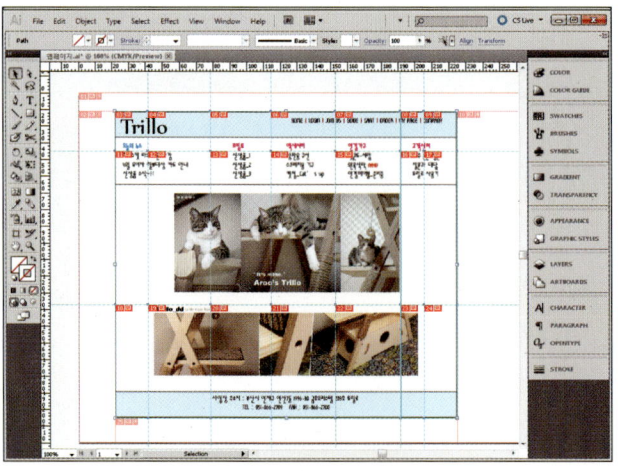

❶ '웹페이지.ai' 파일을 연다.
❷ [View]-[Show Rulers]를 선택하여 도큐먼트에 눈금자를 나타낸다.

❸ 도큐먼트 왼쪽과 상단에 위치한 눈금자를 분할할 영역으로 드래그하여 원하는 형태의 가이드를 만든다.

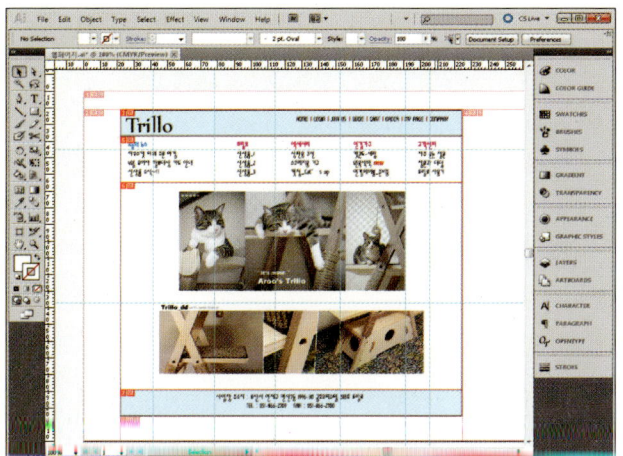

❹ Ctrl + A 를 눌러 모든 오브젝트를 선택한다.

❺ [Object]-[Slice]-[Create From Guides]를 선택한다.

❻ 안내선에 따라 오브젝트가 분할되는 것을 확인할 수 있다.

따라하기 03 오브젝트대로 분할하기

[Object]-[Slice]-[Create From Selection]을 사용하면 오브젝트가 선택된 상태로 분할할 수 있다.

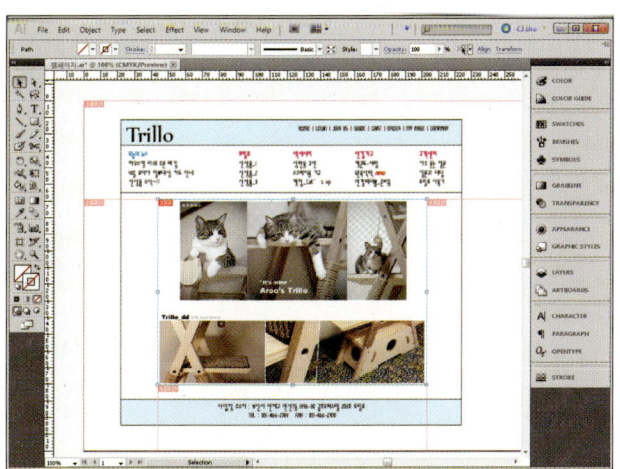

❶ '웹페이지.ai' 파일을 연다.

Section 4. 웹 페이지에 알맞은 이미지를 만드는 분할 기능 사용하기

❷ 선택 툴(🔺)로 Shift 를 누른 채 가운데 고양이 사진 이미지와 아래의 가구 사진 이미지를 다중 선택한다.

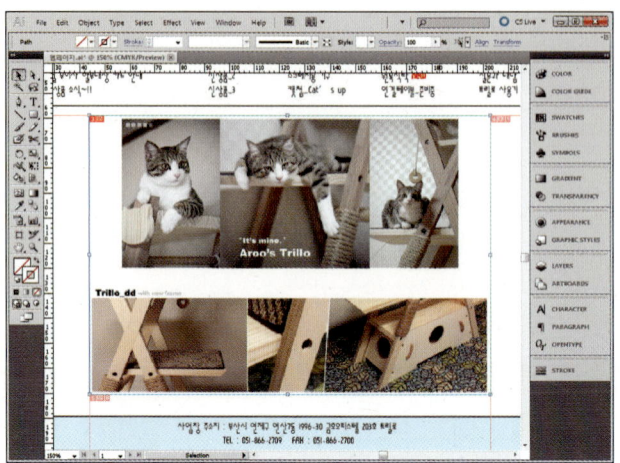

❸ [Object]-[Slice]-[Create From Selection]을 선택한다.
❹ 선택한 이미지에 번호가 붙여지면서 이미지가 분할된다.

01 혼자해보기

그래프에서 원하는 부분의 마크만 다른 이미지로 변경해 보자.

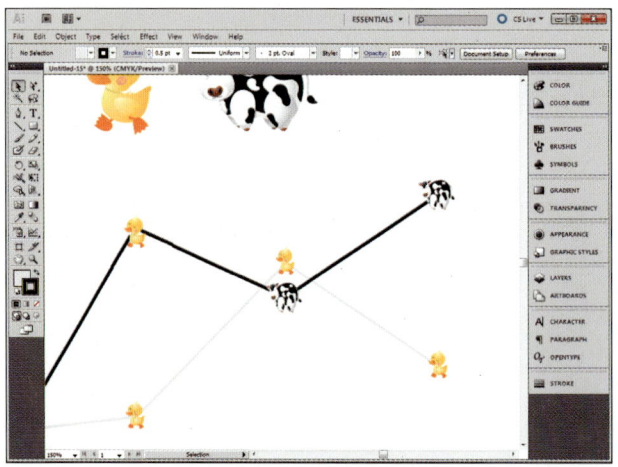

HINT | 직접 선택 툴(🔺)로 소 이미지의 마크를 천천히 두 번 클릭하여 하나의 마크만 선택되도록 한 후, [Object]-[Graph]-[Marker]를 실행하여 나타난 [Graph Marker] 대화 상자에서 오리를 선택하고 [OK] 버튼을 클릭한다.

Section 5

링크시키고 이미지 최적화하기

일러스트레이터는 포토샵처럼 작성한 이미지 파일을 손쉽게 웹 이미지로 저장할 수 있다. 또한 오브젝트를 웹에 나타내기 위해 링크시키고 이미지를 최적화할 수 있다.

> ◑ **알아두기**
> - 웹에 게시하기 위해 오브젝트를 링크시킬 수 있다.
> - [Save for Web & Devices]를 사용하여 웹 이미지에 최적화된 파일을 만들 수 있다.

따라하기 01 메뉴에 링크시키기

'챕터10_샘플/웹페이지_분할.ai'를 불러온 후 하이퍼오브젝트 또는 이미지에 URL을 링크해 보자.

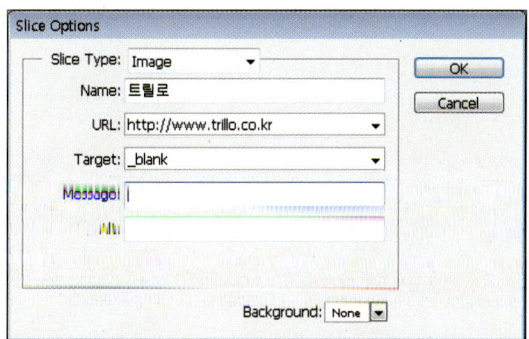

❶ '웹페이지_분할.ai' 파일을 연다.

❷ 도구모음에서 선택 툴( )을 선택하고 원하는 이미지 부분을 선택한다. 여기에서는 가운데 고양이 사진 부분을 선택한다.

❸ 링크시키기 위해 [Object]-[Slice]-[Slice Options]을 선택한다.

❹ [Slice Option] 대화 상자가 나타나면 [Name] 항목에는 '트릴로', [URL] 항목에는 'http://www.trillo.co.kr'을 입력한다. [Target] 항목은 '_blank'를 선택한다.

> **[Slice Option] 대화 상자의 [Alt]**   tip
> [Alt] 항목에 메시지를 입력하면 마우스를 위치하였을 때 입력한 메시지가 표시된다.

따라하기 02 | Save for Web & Devices로 이미지 최적화하기

[Save for Web & Devices]를 사용하면 용량을 줄이면서 최적화된 파일로 변환하여 웹에 알맞은 이미지로 저장할 수 있다.

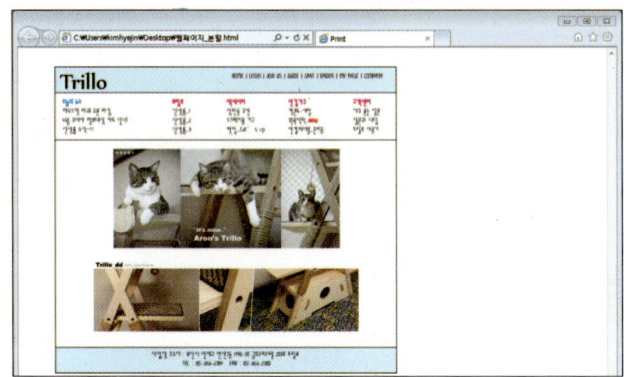

❶ '웹페이지_분할.ai' 파일을 열고 HTML과 이미지를 저장하기 위해 [File]-[Save for Web & Devices]를 선택한다.

❷ [Save for Web & Devices] 대화 상자가 나타나면 위의 탭에서 [4-Up] 탭을 클릭하고 이미지 파일의 포맷 형식과 압축률을 설정한 다음 [Save] 버튼( )을 클릭하여 저장한다. 여기에서 [Setting] 항목은 'JPEG', [Quality] 항목은 '100%'로 지정한다.

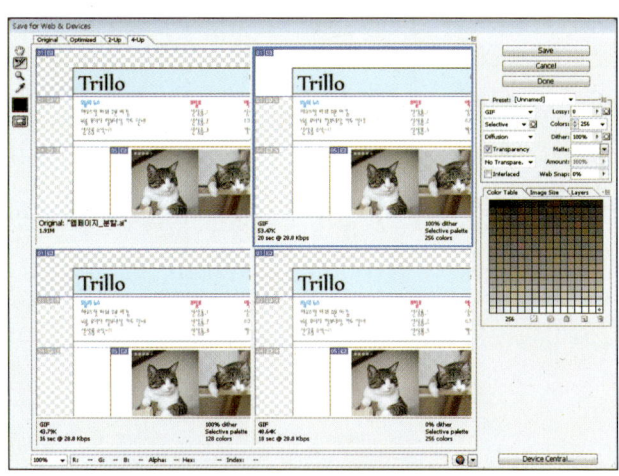

❸ [Save Optimized As] 대화 상자가 나타나면 [파일 형식] 항목에서 'HTML and Images'로 선택하여 확장자를 '*.html'로 지정한 다음 [Save] 버튼( )을 클릭한다.

❹ 저장한 폴더를 찾아 'HTML' 문서를 더블클릭하면 웹 브라우저가 실행되면서 웹 문서가 표시된다.

❺ FTP를 이용하여 저장해 놓은 이미지와 HTML 문서를 웹에 업로드하면 어디서든지 볼 수 있는 웹 사이트가 완성된다.

[Save for Web & Devices] 대화 상자

tip

[Save for Web & Devices] 대화 상자의 오른쪽에 있는 [Preset] 항목은 이미지를 최적화시키기 위한 여러 가지 설정을 할 수 있다. 저장할 수 있는 파일 형식은 GIF, JPEG, PNG-8, PNG-24, SWF, SVG, WBMP가 있고 각 형식에 따라 옵션의 설정 내용이 조금씩 다르다.

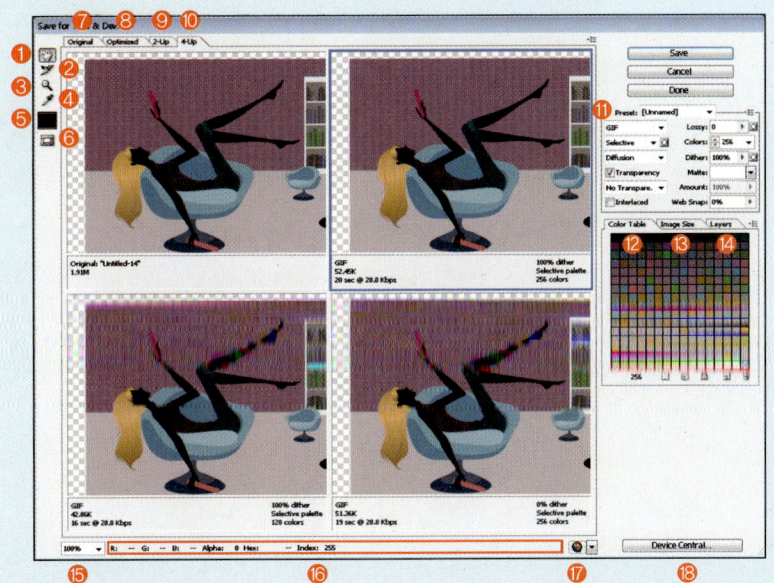

❶ 손 툴(Hand Tool) : 안 보이는 이미지를 볼 때 화면을 이동하여 사용한다.
❷ 분할 선택 툴(Slice Select Tool) : 분할된 이미지를 개별적으로 선택할 때 사용한다.
❸ 돋보기 툴(Zoom Tool) : 이미지를 확대 또는 축소할 때 사용한다.
❹ 스포이트 툴(Eyedropper Tool) : 이미지의 색상을 추출할 때 사용한다.
❺ 색상 창(Eyedropper Color) : 스포이트 툴(❹)로 선택한 색상을 표시한다.
❻ Toggle Slices Visibility : 분할된 상태의 가이드를 보여준다.
❼ Original : 원본 오브젝트 그대로 비트맵 이미지를 보여준다.
❽ Optimized : [Preset] 항목에서 설정한 이미지를 보여준다.
❾ 2-up : Original과 Optimized 상태를 동시에 보여준다.
❿ 4-up : 하나의 Original과 서로 다른 세 가지의 Optimized 상태를 동시에 보여준다.
⓫ Preset : 이미지를 어떠한 방식으로 저장할 것인지 설정하는 옵션 창이다.
⓬ Color Table : GIF 파일과 같은 8bit 미만의 색상 체계에서 색상 구성을 표시한다.
⓭ Image Size : 이미지의 크기나 품질을 조절하는 이미지 크기 조절 창이다.
⓮ Layers : 레이어를 이용한 CSS Style 기능을 사용할 수 있다.
⓯ Zoom Level : 이미지를 % 단위로 축소 또는 확대하는 내림 메뉴를 열 수 있다.
⓰ 색상 상태 바 : 색상값을 수치로 표현하는 상태바이다.
⓱ Preview in Default Browser : 익스플로러를 실행시켜 이미지를 웹 브라우저에서 볼 수 있도록 하는 미리 보기이다.
⓲ Test in Device Central : 향상된 모바일 및 영상의 개발 프로세스를 제공한다.

1. 다양한 그래프 명령

- [Type] : [Object]-[Graph]-[Type]는 다양한 그래프의 형태를 선택할 수 있고, 그래프에 적용하는 옵션을 설정하고 수정할 수 있는 대화 상자를 나타낸다.

- [Data] : [Object]-[Graph]-[Data]는 수치값에 의한 정확한 그래프를 작성할 수 있다. 그래프를 작성할 때 수치를 입력하는 곳이 [Data] 대화 상자이다.

- [Design] : [Object]-[Graph]-[Design]은 그래프에 일러스트레이터에서 작성한 시각적인 그래프를 작성할 때 사용한다. 먼저 수치에 의한 그래프를 작성한 후 원하는 이미지를 그래프와 대치할 수 있도록 이미지를 등록한다.

- [Column] : [Object]-[Graph]-[Column]은 컬럼 그래프나 바 그래프 같은 막대 그래프에 이미지를 적용시켜주는 명령이다. [Column Type] 항목은 'Vertically Scaled', 'Uniformly Scaled', 'Repeating', 'Sliding' 네 가지 타입으로 구성되어 있으며 상황에 맞도록 선택하여 그래프를 변화시킬 수 있다.

- [Maker] : [Object]-[Graph]-[Maker]는 선 그래프나 분산 그래프, 레이더 그래프에 원하는 이미지를 적용하려면 그래프의 특성상 [Column]을 사용하지 않고 [Marker]를 사용해야 하며 'Maker'라는 용어의 의미는 그래프에 삽입되는 사각 형태의 점을 의미한다.

2. 분할 툴과 분할 선택 툴

도구모음의 분할 툴로는 이미지를 분할하는 기능인 분할 툴과 분할된 이미지를 개별적으로 선택할 수 있는 분할 선택 툴이 있다.

- 분할 툴(Slice Tool) : 분할 툴은 일러스트레이터에서 작성한 오브젝트를 부분적으로 나눈다. 크기가 큰 이미지를 웹에서 사용하게 되면 로딩(Loading) 시간이 길어질 수 있으므로 이미지를 조각으로 나누어 배치하는 데 이런 경우에 분할 툴을 사용해 이미지를 분할하여 HTML 파일로 작성할 수 있다.

- 분할 선택 툴(Slice Selection Tool) : 분할 툴을 이용하여 이미지를 분할한 다음 분할된 각각의 이미지를 분할 선택 툴을 이용하여 선택하고 이동할 수 있으며, 다양한 옵션을 설정할 수 있다.

1. **컬럼 그래프에 디자인을 적용하여 개성있는 그래프를 만들어 보자.**

   [작업 준비물 : 챕터10_샘플/선호도조사.ai]

   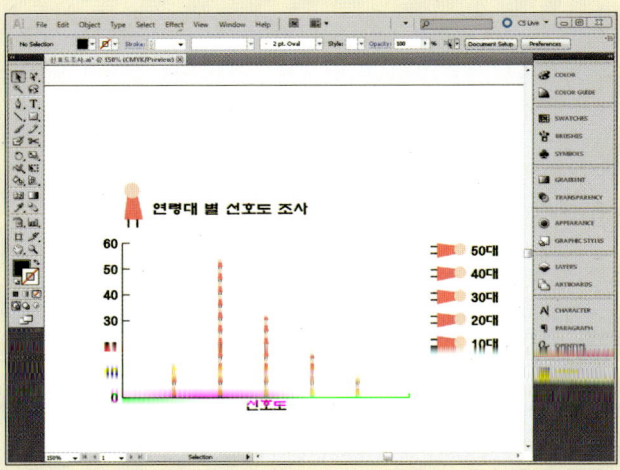

   HINT | [Object]-[Graph]-[Design]을 선택하여 이미지를 등록하고 [Object]-[Graph]-[Column]을 선택하여 나타난 [Graph Column] 대화 상자에서 등록한 이미지를 선택한 다음 [Column Type] 항목을 'Repeating', [Each Design Represents] 항목을 '5'로 설정한다.

2. **분할 툴을 이용하여 오브젝트를 분할해 보자.**

   [작업 준비물 : 챕터10_샘플/JinaHomepage.ai]

   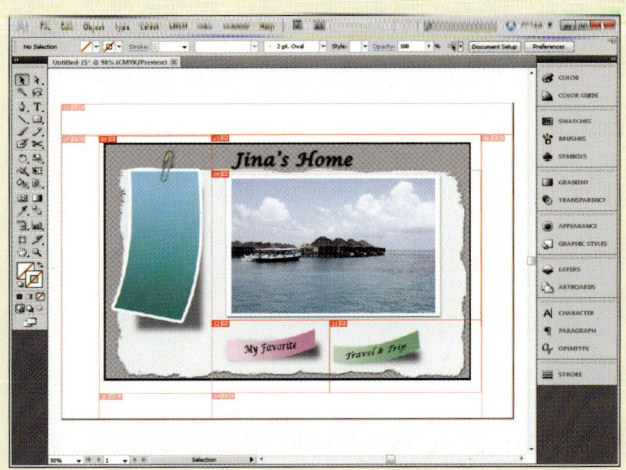

   HINT | 메뉴와 이미지 등 분할할 영역을 구상한 다음 도구모음의 분할 툴( )과 분할 선택 툴( )로 드래그하여 이미지를 분할한다.

색인

기호

3D	319
[ALIGN] 팔레트	69
[CHARACTER] 팔레트	169
[COLOR GUIDE] 팔레트	162
[COLOR] 팔레트	162
[GRADIENT] 팔레트	163
[PATHFINDER] 팔레트	227
[SWATCHES] 팔레트	162

C

CMYK 모드	135

D

Draw Behind	129
Draw Inside	129
Draw Normal	129

F

Full Screen Mode	56
Full Screen Mode with Menu Bar	56

G

Grayscale 모드	135

H

HSB 모드	135

N

Normal Screen Mode	56

R

RGB 모드	135

T

Text Wrap	196

ㄱ

그래프 타입(Graph Type) 툴	324

ㄷ

도구모음	23, 25
도구모음의 툴	26
도큐먼트	23

ㄹ

레이어	261
레이어 마스크	248, 262

ㅁ

마스크(Mask)	247
미리 보기(Overprint Preview)	54

ㅂ

베지어 곡선(Bezier Curve)	94
불투명도 마스크	247, 262
블렌드 효과	234, 261
비트맵 이미지와 벡터 이미지	50

ㅅ

상태표시줄	24
색상 모드	135
심볼	236, 262

ㅇ

아웃라인(Outline)	55
아트보드(Artboards)	16
액션	236
옵션 바	23
원근감 격자 툴	299
원근법	320
유동화 툴	203
이펙트	294
일러스트레이터	14, 50

ㅋ

캘리그래피 (Calligraphy)	171
클리핑 마스크	247, 262

ㅍ

팔레트	24, 30
패스(Path)	95
펜 툴의 형태	95
픽셀 미리 보기(Pixel Preview)	55
필터	294

속전속결
일러스트레이터 CS5

1판 1쇄 발행 | 2011년 10월 20일
1판 2쇄 발행 | 2015년 5월 30일

저　자 | 김혜선, 신송미
발행인 | 김길수
발행처 | (주)영진닷컴
주　소 | 서울시 금천구 가산디지털 1로 24 대륭 13차 10층 (우)153-778

등　록 | 2007. 4. 27. 제16-4189호

ⓒ 2011., 2015. (주)영진닷컴
ISBN | 978-89-314-4184-0

이 책에 실린 내용의 무단전재 및 무단복제를 금합니다.
내용 문의는 저자 이메일(frvrhot@nate.com)으로 해 주십시오

http://www.youngjin.com